수능특강

사회탐구영역 경제

기획 및 개발

김은미(EBS 교과위원)
박　민(EBS 교과위원)
박빛나리(EBS 교과위원)

감수

한국교육과정평가원

책임 편집

김소영

📄 정답과 해설은 EBS*i* 사이트(www.ebsi.co.kr)에서 다운로드 받으실 수 있습니다.

교재 내용 문의	교재 정오표 공지	교재 정정 신청
교재 및 강의 내용 문의는 EBS*i* 사이트(www.ebsi.co.kr)의 학습 Q&A 서비스를 활용하시기 바랍니다.	발행 이후 발견된 정오 사항을 EBS*i* 사이트 정오표 코너에서 알려 드립니다. 교재 → 교재 자료실 → 교재 정오표	공지된 정오 내용 외에 발견된 정오 사항이 있다면 EBS*i* 사이트를 통해 알려 주세요. 교재 → 교재 정정 신청

항공·보건·조리 특성화대학

초당대학교

2025학년도 신입생 모집

대학기본역량진단 일반재정지원대학
재정지원수혜 2022~2024
(교육부 2021년)

광주 전남 4년제 사립대학 취업률 2위 73.4%
전국 평균 취업률 64.2%
(2022년 대학알리미 공시 기준)

대학 평생교육체제 지원사업 선정
(LiFE 2.0)

콘도르비행교육원 / 항공기술교육원 / 초당드론교육원 운영
- 국토교통부, 항공종사자 전문교육기관 및 무인헬기 조종사 양성 교육기관 지정

수시모집: 2024년 9월 9일(월) ~ 13일(금)
정시모집: 2024년 12월 31일(화) ~ 2025년 1월 3일(금)

 초당대학교

입학문의: 1577-2859

▶ 바로가기

58530 전라남도 무안군 무안읍 무안로 380

 유튜브
초당대학교

 페이스북
초당대학교

 인스타그램
@chodang.univ

 카카오톡채널
초당대학교입학상담

수능특강

사회탐구영역 경제

이 책의 **차례** Contents

세계 시장과 교역

V **경제생활과 금융**

이 책의 **구성과 특징** Structure

핵심 내용 정리

교과서의 핵심 내용을 쉽게 이해할 수 있도록 체계적이고 일목요연하게 정리하였습니다.

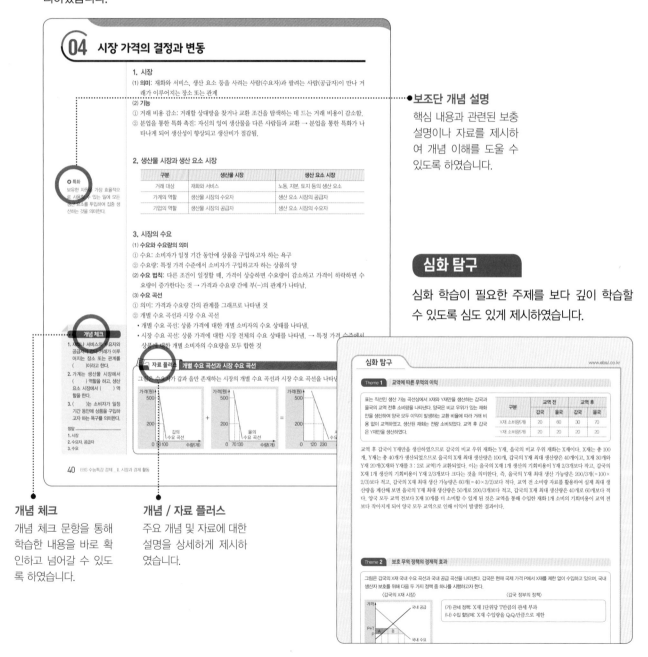

● 보조단 개념 설명

핵심 내용과 관련된 보충 설명이나 자료를 제시하여 개념 이해를 도울 수 있도록 하였습니다.

심화 탐구

심화 학습이 필요한 주제를 보다 깊이 학습할 수 있도록 심도 있게 제시하였습니다.

개념 체크

개념 체크 문항을 통해 학습한 내용을 바로 확인하고 넘어갈 수 있도록 하였습니다.

개념 / 자료 플러스

주요 개념 및 자료에 대한 설명을 상세하게 제시하였습니다.

수능 기본 문제

기본 개념과 원리 및 간단한 분석 수준의 문항들로 구성하여 교과 내용에 대한 기본 이해 능력을 향상시 킬 수 있도록 하였습니다.

문항코드

문항코드로 문제를 검색하면 해설 영상 이 바로 재생될 수 있도록 하였습니다.

수능 실전 문제

보다 세밀한 분석 및 해석을 요구하는 다양한 유형의 문항들을 수록하여 응용과 탐구 및 문제 해결 능력을 향상시킬 수 있도록 하였습니다.

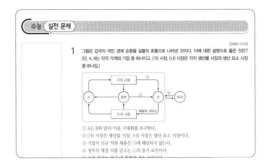

기출 플러스

대단원별 대표 기출 문제를 수록하여 출제 경향과 유 형을 파악할 수 있도록 하였습니다.

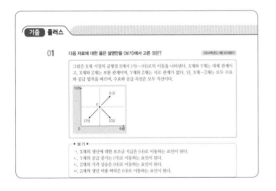

정답과 해설

정답과 오답에 대한 자세한 설명을 통해 문제에 대한 이해를 높이고, 유사 문제 및 응용 문제에 대한 대비 가 가능하도록 하였습니다.

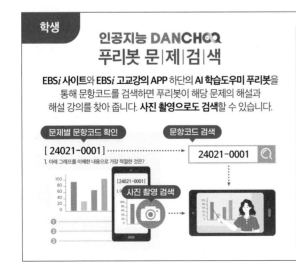

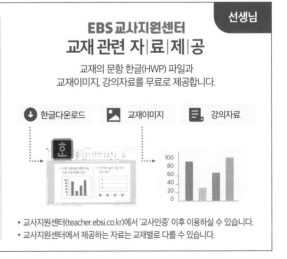

수능 고득점을 위한 **EBS 교재 활용법**

EBS 교재 **연계 사례**

2024학년도 수능 문항 2번

02 경제 체제 A, B에 대한 설명으로 옳은 것은? (단, A, B는 각각 계획 경제 체제, 시장 경제 체제 중 하나임.)

주거 문제를 해결하는 것은 안정적인 경제생활을 위해 필수적이다. A를 채택하고 있는 갑국에서는 사유 재산권을 토대로 주택의 종류와 수량, 생산 방식 및 분배가 시장 가격 기구를 통해 결정된다. 반면 B를 채택하고 있는 을국에서는 토지에 대한 국가 소유권을 토대로 주택 공급과 관련된 모든 사항이 정부의 명령에 따라 결정된다.

① A에서는 경제 문제 해결에 있어 효율성보다 형평성을 강조한다.
② B에서는 '보이지 않는 손'의 기능을 중시한다.
③ B에서는 정부의 계획과 통제에 의한 자원 배분을 중시한다.
④ B에서는 A와 달리 희소성에 따른 경제 문제가 발생하지 않는다.
⑤ A와 B에서는 모두 자유로운 경쟁을 통한 이윤 추구를 보장한다.

2024학년도 EBS 수능특강 23쪽 5번

05 다음은 갑국과 을국 헌법의 일부를 나타낸다. 이에 대한 설명으로 옳은 것은? (단, 갑국과 을국은 각각 시장 경제 체제와 계획 경제 체제 중 하나를 채택하고 있음.)

〈갑국〉

제23조 모든 국민의 재산권은 보장된다.
제32조 개인과 기업의 자유로운 경제적 의사 결정은 보장된다.

〈을국〉

제20조 생산 수단은 국가가 소유한다.
제21조 …(중략)… 국가 소유권의 대상에는 제한이 없다.

① 갑국은 생산 수단의 사적 소유를 인정하지 않을 것이다.
② 을국 헌법에는 시장 경제 체제의 요소가 나타나 있다.
③ 갑국은 을국에 비해 자원 배분의 효율성보다 형평성을 강조할 것이다.
④ 갑국은 을국과 달리 개별 경제 주체의 경제적 자율성을 중시할 것이다.
⑤ 을국은 갑국에 비해 시장 가격 기구의 역할을 강조할 것이다.

연계 분석 및 학습 대책

2024학년도 수능 2번 문항은 EBS 수능특강 23쪽 5번 문항과 연계되어 출제되었다.

두 문항은 모두 시장 경제 체제와 계획 경제 체제의 특징을 파악하는 문제로 출제되었다. EBS 수능특강 문제에서는 시장 경제 체제를 채택한 국가의 헌법과 계획 경제 체제를 채택한 국가의 헌법을 제시하여 생산 수단의 소유 형태, 자원 배분에 있어 효율성과 형평성의 강조, 경제 주체의 경제적 자율성, 시장 가격 기구의 역할 등을 파악하도록 하였다. 한편, 수능 문제에서는 시장 경제 체제와 계획 경제 체제의 특징을 시장 가격 기구의 역할과 생산 수단의 소유 형태를 일반적인 자료로 제시하여 각 경제 체제의 특징을 파악하는 문제로 변형되었지만, EBS 교재의 헌법 조항의 내용을 그대로 유지하여 EBS 교재와의 연계성을 높였다.

시장 경제 체제와 계획 경제 체제를 파악하는 문항은 거의 매년 수능에 출제되는 문제이며, EBS 교재와의 연계 형태는 다양한 방식으로 구성된다. EBS 교재의 본문이나 개념 플러스 내용을 활용해 연계 문항을 구성하기도 하고, 수능 기본 문제나 수능 실전 문제 유형을 재구성하기도 한다. 따라서 EBS 교재의 본문 내용을 숙지하고 수능 기본 문제를 통해 기본기를 다진 후 수능 실전 문제를 통해 주어진 문항에 제시된 단서를 찾아내는 연습을 해야 한다. 특히, 경제 체제의 유형을 비교하여 일반적인 특징을 파악하는 문항은 비교적 쉽게 출제되므로 실수가 없도록 EBS 수능 연계 교재를 통해 개념을 확실하게 학습하여 다양한 문항 형태에 익숙해지도록 해야 한다.

수능 고득점을 위한 EBS 교재 활용법

EBS 교재 연계 사례

2024학년도 수능 문항 14번

14 다음 자료에 대한 분석으로 옳은 것은?

그림은 무역 이전인 t기 갑국의 X재 시장 상황을 나타낸다. t+1기에 갑국은 자유 무역을 통해 국제 가격 [(가)] 달러에 X재를 수입하였으며, 이로 인해 국내 생산자 잉여가 t기에 비해 1,050달러 감소하였다. t+2기에 갑국은 국내 생산자를 보호하기 위해 X재 1개당 일정액의 관세를 부과하였으며, 이로 인해 국내 생산자 잉여가 t+1기에 비해 600달러 증가하였다. 단, 갑국에서 생산된 X재는 전량 국내 시장에서 판매되고, 국제 가격은 변함이 없으며, 국내 수요와 국내 공급은 변동이 없다.

① (가)는 '10'이다.
② t+1기 국내 소비량은 t기보다 40개 많다.
③ t+2기 관세 수입은 800달러이다.
④ t+2기 수입량은 t+1기보다 40개 적다.
⑤ t+2기 국내 소비자 잉여는 t+1기보다 1,800달러 적다.

2024학년도 EBS 수능특강 132쪽 6번

02 다음 자료에 대한 설명으로 옳은 것은?

그림은 갑국 X재 시장의 국내 수요 곡선과 국내 공급 곡선을 나타낸다. X재의 국제 가격은 P_1로 일정하고, 갑국은 국제 가격으로 X재를 무제한 수입할 수 있다. 갑국 정부는 국내 산업 보호를 위해 수입하는 ⊙X재에 대해 개당 T만큼의 관세를 부과하거나 X재를 생산하는 ⓒ국내 생산자에게 개당 T만큼의 보조금을 지급하는 정책 중 하나를 시행하고자 한다. 단, 갑국에서 생산된 X재는 모두 국내 시장에서 판매된다.

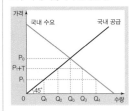

① ⊙에 따른 정부의 관세 수입은 $T \times Q_2Q_4$이다.
② ⊙으로 인해 갑국 내 X재 시장의 소비자 잉여는 $T \times Q_2Q_3$만큼 감소한다.
③ ⓒ에 따른 갑국 내 X재 소비량은 Q_0이다.
④ ⓒ으로 인해 X재 수입량은 Q_1Q_2만큼 감소한다.
⑤ ⊙보다 ⓒ으로 인한 갑국 내 X재 생산자의 공급량이 더 많다.

연계 분석 및 학습 대책

2024학년도 수능 14번 문항은 EBS 수능특강 132쪽 6번 문항과 연계되어 출제되었다.

두 문항은 모두 국내 수요와 공급 곡선을 활용하여 관세 부과 이전과 이후의 국내 상황을 분석하는 문제로 출제되었다. EBS 수능특강 문제에서는 국내 수요와 공급 곡선을 제시하고, 관세 부과 이전과 이후의 국내 생산량과 국내 소비량, 소비자 잉여 등을 기호로 제시하여 파악하도록 하였다. 한편, 수능 문제에서는 국내 수요과 공급 곡선을 제시하고, 관세 부과 이전과 이후의 국내 생산량과 국내 소비량, 소비자 잉여 등 구체적인 수치를 주고 분석하는 문제로 변형되었다. EBS 교재로 해당 문제의 평가 요소를 제대로 학습하였다면 수능 문항을 해결할 수 있을 정도로 문제 형식과 평가 요소가 그대로 유지되어 EBS 교재와의 연계성을 높였다.

관세 부과에 따른 시장 상황의 변화를 묻는 문항은 표나 그래프 등을 활용하여 다양한 형태로 수능에 출제되고 있으며, 특히 EBS 교재의 본문이나 개념 플러스 내용을 활용해 연계 문항을 구성하기도 하고 수능 기본 문제나 수능 실전 문제 유형을 재구성하기도 한다. 문항을 재구성할 때는 묻는 내용이나 형식이 비슷한 경우도 있지만, 그림이나 표를 재구성하거나 선지의 내용을 재구성하는 경우가 많다. 따라서 EBS 연계 교재를 통해 정확하게 익혀 다양한 문항 형태에 익숙해지고, 분석 능력과 추론 능력을 향상시킬 수 있도록 다양한 자료를 통해 학습해야 한다.

희소성과 합리적 선택

1. 경제 활동과 그 주체 및 객체

(1) 경제 활동의 유형

① 생산
- 의미: 생산 요소를 이용해 사람들에게 필요한 재화나 서비스를 만들어 내거나 이미 만들어진 재화와 서비스의 가치를 증대시키는 활동(부가 가치의 창출)
- 특징: 재화의 제조를 비롯하여 저장, 운송, 판매 등의 서비스 제공도 생산에 포함됨.

② 분배: 생산 과정에 참여한 대가를 주고받는 경제 활동

생산 요소	대가	사례
노동	임금	회사에서 노동자로 근무하면서 받는 월급, 연봉, 성과급 등
토지	지대	토지를 임대해 주고 받는 임대료 등
자본	이자	은행에 저축하여 받는 이자 등

③ 소비
- 의미: 만족감(효용)을 얻기 위해 생활에 필요한 재화나 서비스를 구매 또는 사용하는 활동
- 특징: 욕구를 충족시키는 활동으로, 생산의 원동력이 됨(소비를 통해 생산이 지속됨).

(2) 경제 활동의 주체 및 객체

① 경제 활동의 주체: 경제 활동을 수행하는 개인 혹은 집단

유형	특징	목적
가계	• 소비 활동의 주체 • 생산물 시장의 수요자, 생산 요소 시장의 공급자	효용 극대화
기업	• 생산 활동의 주체 • 생산물 시장의 공급자, 생산 요소 시장의 수요자	이윤 극대화
정부	• 재정 활동의 주체: 가계와 기업에 조세 부과 및 공공재 제공 • 생산물 시장 수요자, 생산 요소 시장의 수요자	사회적 후생의 극대화
외국	• 수출입(교역)의 주체 • 다른 나라의 가계, 기업, 정부를 포괄함.	각국 경제 주체의 이익 극대화

② 경제 활동의 객체: 경제 활동의 대상

생산물	• 재화: 만족감을 주는 유형의 물질 • 서비스: 만족감을 주는 무형의 인간 활동
생산 요소	• 노동: 생산을 목적으로 하는 인간의 육체적 · 정신적 활동 • 토지: 자연으로부터 획득한 자원 • 자본: 인간이 만들어 낸 물적 생산 요소

(3) 경제 활동의 순환

① 경제 활동의 연속성: 생산, 분배, 소비는 각각 독립적으로 이루어지는 활동이 아닌 상호 밀접하게 연결되어 있는 활동임.

② 경제 활동의 순환: 기업이 생산한 재화와 서비스는 가계 소비의 대상이 되고, 기업의 생산 과정에서 창출되는 부가 가치는 생산에 참여한 사람들에게 소득의 형태로 분배되며, 이 소득은 가계 소비의 원천이 됨.

2. 희소성과 경제 문제

(1) 희소성

① 의미: 인간의 욕구에 비해 이를 충족시켜 줄 수 있는 자원이 상대적으로 부족한 상태 → 인간의 욕구와 자원의 양에 따라 달라지는 상대적인 개념

② 특징
- 경제 문제(선택의 문제) 발생의 근본 원인
- 시간과 공간에 따라 희소성이 달라질 수 있음.
- 희소성이 커질수록 시장 가격이 상승함.

③ 희소성과 희귀성

구분	의미
희소성	인간의 욕구에 비해 자원의 양이 상대적으로 부족한 상태
희귀성	자원의 절대적인 양이 적은 상태

④ 희소성의 유무에 따른 재화의 구분

구분	무상재(자유재)	경제재
의미	인간의 욕구보다 많이 존재하여 무상으로 소비할 수 있는 재화	인간의 욕구보다 상대적으로 적게 존재하여 대가를 지불해야 소비할 수 있는 재화
희소성 유무	희소성이 없음.	희소성이 있음.
수요·공급 곡선	그래프: 수요, 공급 (가격, 수량 축)	그래프: 수요, 공급 (가격, 수량 축)

(2) 경제 문제

① 발생 원인: 자원의 희소성

② 기본적인 경제 문제의 세 가지 유형

유형	내용	사례
생산물의 결정	• '무엇을, 얼마나 생산할 것인가'를 결정하는 문제 • 생산물의 종류와 수량 선택의 문제	전기 자동차와 내연 기관 자동차 중 어떤 것을 더 생산할 것인가?
생산 방법의 결정	• '어떻게 생산할 것인가'를 결정하는 문제 • 생산 요소의 선택과 결합 방법의 문제	인력을 더 고용할 것인가, 자동화 설비를 확충할 것인가?
분배 방식의 결정	• '누구에게 어떻게 분배할 것인가', '누구를 위하여 생산할 것인가'를 결정하는 문제 • 생산된 가치의 분배 방식을 결정하는 문제	직원들에게 나누어 줄 성과급 지급 방식을 차등 비율로 할 것인가, 균등 비율로 할 것인가?

③ 기본적인 경제 문제의 해결 기준
- 효율성: 최소 비용으로 최대 편익 추구
- 형평성: 자원의 공정한 분배

✪ 무상재와 경제재의 관계
무상재는 무상재의 수요가 증가(석유를 가공하여 사용하기 시작하면서 석유 수요 증가)하거나 공급이 감소(환경 오염으로 맑은 물의 공급이 감소)하는 경우 경제재로 변하기도 한다.

✪ 시장 균형 가격이 형성되지 않는 재화

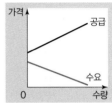

그림의 재화는 공급자가 최소로 받고자 하는 가격이 소비자가 최대로 지불하고자 하는 가격보다 높아 시장 균형 가격이 형성되지 않는다. 따라서 이 재화는 희소성이 없는 무상재가 아니다.

개념 체크

1. 자원의 절대적인 양이 적은 상태를 (　　　)이라고 하고, 인간의 욕구에 비해 자원이 상대적으로 부족한 상태를 (　　　)이라고 한다.

2. 희소성이 없어 무상으로 소비할 수 있는 재화는 (　　　)이고, 희소성이 있어 대가를 지불해야 소비할 수 있는 재화는 (　　　)이다.

3. '어떻게 생산할 것인가'를 결정하는 문제는 (　　　)의 결정에 대한 기본적인 경제 문제이다.

정답
1. 희귀성, 희소성
2. 무상재(자유재), 경제재
3. 생산 방법

✪ 기회비용의 구성

기회비용은 명시적 비용과 암묵적 비용의 합이다.

3. 기회비용과 합리적 선택

(1) 기회비용

① 의미: 선택 가능한 여러 대안 중 하나의 대안을 선택함으로써 포기하게 되는 대안들 중 가장 가치가 큰 것

② 기회비용과 경제 문제: 경제 문제는 희소성으로 인한 선택의 문제이고, 모든 선택의 문제에는 항상 선택에 따른 기회비용이 발생함.

③ 기회비용의 구성: 명시적 비용+암묵적 비용

- 명시적 비용: 대안을 선택함으로써 실제 지출하는 비용
- 암묵적 비용: 다른 대안을 선택했다면 얻을 수 있었던 가치

(2) 합리적 선택

① 기회비용과 합리적 선택: 기회비용을 최소화하는 선택이 합리적 선택임.

② 순편익과 합리적 선택: 순편익이 양(+)의 값을 갖는 대안을 선택하는 것이 합리적 선택임.

- 편익: 선택으로 얻게 되는 이득이나 만족
- 비용: 선택할 때의 기회비용
- 순편익: 편익−비용(기회비용)

✪ 합리적 선택과 순편익

둘 이상의 선택 가능한 대안 중에서 하나를 선택하는 경우 합리적 선택은 순편익이 양(+)의 값을 갖는 대안을 선택하는 것이다. 합리적 선택이 아닌 다른 대안 선택의 순편익은 음(−)의 값을 가진다.

(3) 매몰 비용

① 의미: 이미 지출하여 회수가 불가능한 비용

② 매몰 비용과 합리적 선택: 매몰 비용은 이미 지출하여 회수할 수 없는 비용으로, 합리적 선택을 위해서는 매몰 비용을 고려하면 안 됨.

(4) 합리적 의사 결정 과정(Ⅰ → Ⅲ → Ⅱ → Ⅳ → Ⅴ단계로도 진행 가능함.)

Ⅰ단계 – 문제 인식	• 문제의 내용과 성격 파악 • 문제 해결의 필요성 인식
Ⅱ단계 – 대안 나열	• 문제와 관련된 자료와 정보 수집 • 선택할 수 있는 대안들 탐색
Ⅲ단계 – 평가 기준 설정	• 대안의 장단점이나 특징 등을 평가하기 위한 다양한 평가 기준 제시 • 각 평가 기준에 가중치 부여 가능
Ⅳ단계 – 대안 평가	• 각 대안의 비용과 편익을 비교·분석 • 비용 분석 시 기회비용 고려
Ⅴ단계 – 최종 선택 및 실행	• 검토한 대안 중 가장 합리적인 대안 선택 • 선택한 대안의 검토 및 평가

개념 체크

1. 기회비용은 대안을 선택함으로써 실제 지출하는 비용인 (　　) 비용과 다른 대안을 선택했다면 얻을 수 있었던 가치인 (　　) 비용의 합이다.

2. (　　　)은 이미 지출하여 회수가 불가능한 비용으로, 합리적 선택을 위해서는 이를 고려해서는 안 된다.

3. 경제적 유인 중 해당 행동을 더 하도록 유도하는 것은 (　　), 해당 행동을 덜 하도록 유도하는 것은 (　　)이라고 한다.

정답
1. 명시적, 암묵적
2. 매몰 비용
3. 긍정적 유인, 부정적 유인

4. 경제적 유인

(1) 의미: 사람들이 어떤 행동을 하거나 하지 않도록 동기를 부여하는 금전적인 보상 또는 손실

(2) 유형

구분	긍정적 유인	부정적 유인
의미	해당 행동을 더 하도록 유도(강화)하는 유인	해당 행동을 덜 하도록 유도(약화)하는 유인
효과	행위자에게 편익 증가, 비용 감소	행위자에게 편익 감소, 비용 증가
사례	취업 취약 계층 신규 채용 시 지원하는 고용 장려금	쓰레기 무단 투기를 하는 사람에게 적발 시 부과하는 범칙금

Theme 1 경제적 활동의 순환과 모형의 특성

경제 문제에 당면하여 의사 결정을 내리는 경제 주체에는 가계, 기업, 정부 그리고 외국이 있다. 가계는 생산물 시장에서 효용을 추구하기 위해 소비를 하며, 생산 요소를 기업과 정부에 제공한다. 기업은 생산물 시장에서 이윤을 추구하기 위해 생산을 하며, 재화와 서비스를 가계와 정부에 판매한다. 정부는 사회적 후생을 추구하기 위해 가계와 기업으로부터 조세를 걷어 민간 부문에 필요한 사회 간접 자본이나 제도를 마련한다. 한 국가의 경제 주체는 외국과 무역 거래를 한다.

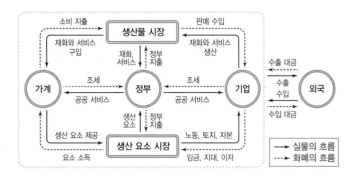

이러한 경제 활동의 순환 모형은 현실의 다양한 복잡함을 무시하고 있다. 많은 기업들은 생산물을 가계에 판매하기보다는 다른 기업들에게 판매한다. 예를 들어, 철강 회사는 자동차 회사와 같은 다른 회사에게 주로 판매할 뿐, 가계에는 판매하지 않는다. 또한 4차 산업혁명 시대 '산업의 쌀'이라고 불리는 반도체도 기업에 의해 생산되어 전자, 통신 관련 소비재(소비자가 직접 소비하는 재화)를 생산하는 다른 기업에게 판매되는 현상이 나타난다. 그러나 기업 간 거래의 흐름을 표현하지 않음으로 인해 경제학에서 가정하는 모형이 경제의 순환 과정을 제대로 설명하는 데 근본적 한계가 있다고 보기는 어렵다. 경제학에서는 경제 현상의 중요 원리를 나타내기 위해 현실 경제 활동의 수많은 복잡함을 의도적으로 무시하는 모형을 사용한다. 단순한 모형은 여러 경제 부문들이 상호 작용하는 양상의 기본적 원리를 부각시켜 드러낼 수 있기 때문이다.

Theme 2 암묵적 비용이란?

갑은 자신의 소득으로 X재~Z재 중 하나를 선택하여 소비하고자 한다. 표는 X재~Z재 각각의 가격과 편익을 나타낸다.

(단위: 만 원)

구분	X재	Y재	Z재
가격	3	5	8
편익	7	8	9

합리적 선택은 순편익이 양(+)의 값을 갖는 대안을 선택하는 것이며, 이를 위해 X재~Z재 선택에 따른 암묵적 비용이 반드시 고려되어야 한다. 암묵적 비용은 다른 대안을 선택했다면 얻을 수 있었던 가치를 의미하는 것으로, 명시적 비용과 함께 기회비용을 구성하는 요소이다.

위의 자료에서 갑의 X재 소비에 따른 암묵적 비용은 Y재를 소비했다면 얻을 수 있었던 편익에서 Y재의 명시적 비용을 뺀 값인 3만 원이다. 왜냐하면 갑이 X재를 소비하지 않는다면 그 다음으로 많은 경제적 가치(편익－명시적 비용)를 얻을 수 있는 Y재가 대안이 되고, Y재를 소비했다면 얻을 수 있었던 경제적 가치(편익－명시적 비용)가 3만 원이기 때문이다. 같은 방법으로 갑의 Y재 소비에 따른 암묵적 비용은 X재를 소비했다면 얻을 수 있었던 편익에서 X재의 명시적 비용을 뺀 값인 4만 원이며, Z재 소비에 따른 암묵적 비용은 X재를 소비했다면 얻을 수 있었던 편익에서 X재의 명시적 비용을 뺀 값인 4만 원이다. 따라서 갑의 X재~Z재 소비에 따른 순편익은 각각 1만 원, －1만 원, －3만 원이므로 갑은 X재를 소비하는 것이 합리적이다.

[24021-0001]

01 표는 경제 활동의 유형 A와 B의 공통점과 차이점을 나타낸다. 이에 대한 설명으로 옳은 것은? (단, A, B는 각각 소비와 생산 중 하나임.)

구분	A	B
공통점	(가)	
차이점	재화나 서비스의 가치를 증대시키는 활동이다.	(나)

① A는 효용 극대화를 추구하는 경제 주체가 담당한다.
② B의 경제 주체는 생산물 시장의 공급자 역할을 한다.
③ B는 A와 달리 생산에 참여한 대가를 주고받는 활동이다.
④ (가)에는 '민간 경제 주체의 경제생활을 구성하는 활동에 포함된다.'가 들어갈 수 있다.
⑤ (나)에는 '서비스를 대상으로는 이루어지지 않는 활동이다.'가 들어갈 수 있다.

[24021-0002]

02 그림은 민간 경제의 순환을 나타낸다. 이에 대한 옳은 설명만을 〈보기〉에서 고른 것은?

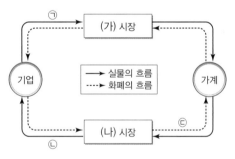

• 보기 •
ㄱ. (가) 시장은 생산 요소 시장, (나) 시장은 생산물 시장이다.
ㄴ. 여행사의 테마별 여행 상품 출시는 ㉠에 해당한다.
ㄷ. 자본을 제공하고 받는 이자는 ㉢에 해당한다.
ㄹ. 회사원이 받는 월급은 ㉡에 해당한다.

① ㄱ, ㄴ   ② ㄱ, ㄷ   ③ ㄴ, ㄷ
④ ㄴ, ㄹ   ⑤ ㄷ, ㄹ

[24021-0003]

03 표는 기본적인 경제 문제 A~C에 따른 의사 결정 사례를 나타낸다. 이에 대한 설명으로 옳은 것은?

구분	의사 결정 사례
A	은행이 연 4.5% 금리의 대출 상품을 없애고, 연 4.3% 금리의 대출 상품을 출시하였다.
B	(가)
C	(나)

① A는 '어떻게 생산할 것인가'를 결정하는 경제 문제에 해당한다.
② B와 C는 모두 경제 문제의 해결 기준으로 효율성이 고려되지 않는다.
③ (가)에 '은행이 고객 응대 인공 지능 로봇을 도입하며 인력을 감축하였다.'가 들어가면, B는 생산 방법의 결정에 대한 경제 문제이다.
④ (나)에 '보험 회사가 직원들 성과급의 차등 지급 비율을 높였다.'가 들어가면, B는 생산물의 결정에 대한 경제 문제이다.
⑤ (나)에 '자동차 기업이 노후화된 생산 장비를 최신 생산 장비로 교체하였다.'가 들어가면, C는 분배 방식의 결정에 대한 경제 문제이다.

[24021-0004]

04 그림은 A재와 B재 각각의 수요 곡선과 공급 곡선을 나타낸다. 이에 대한 옳은 설명만을 〈보기〉에서 고른 것은?

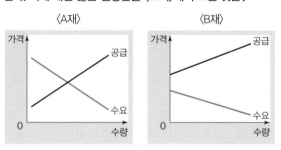

• 보기 •
ㄱ. A재는 경제재에 해당한다.
ㄴ. B재는 무상재에 해당한다.
ㄷ. A재는 B재와 달리 시장 균형 가격이 형성되는 재화이다.
ㄹ. A재와 B재는 모두 인간의 욕구에 관계없이 자원의 양이 절대적으로 부족한 재화이다.

① ㄱ, ㄴ   ② ㄱ, ㄷ   ③ ㄴ, ㄷ
④ ㄴ, ㄹ   ⑤ ㄷ, ㄹ

[24021-0005]

05 교사의 질문에 대해 옳게 답변한 학생만을 〈보기〉에서 고른 것은? (단, A~C는 각각 가계, 기업, 정부 중 하나임.)

경제 주체 A~C 중 A는 공공재를 공급하고, B와 C로부터 조세를 징수합니다. 또한 A는 생산물 시장에서 C가 생산한 재화를 구입하기도 합니다. A~C에 대해 발표해 볼까요?

● 보기 ●
갑: A는 생산 요소 시장의 수요자 역할을 합니다.
을: B는 생산 요소 시장의 공급자 역할을 합니다.
병: B는 C와 달리 이윤 극대화를 추구하는 경제 주체입니다.
정: C는 A와 달리 사회적 후생 극대화를 추구하는 경제 주체입니다.

① 갑, 을   ② 갑, 병   ③ 을, 병
④ 을, 정   ⑤ 병, 정

[24021-0006]

06 다음 자료에 대한 옳은 설명만을 〈보기〉에서 고른 것은?

표는 편의점에서 판매하는 상품 A와 B에 대한 구매 혜택, 갑이 소비하며 얻는 개당 편익, 개당 가격을 나타낸다. 갑은 편익과 기회비용만을 고려하여 ㉠ 상품 A를 3개 소비하거나 ㉡ 상품 B를 2개 소비하는 것 중 하나를 합리적으로 선택하고자 한다. 단, 제시된 내용 이외의 다른 조건은 고려하지 않는다.

구분	A	B
구매 혜택	2개 구매 시 1개 무료 증정	1개 구매 시 1개 무료 증정
편익(원)	2,400	2,700
가격(원)	1,500	2,100

● 보기 ●
ㄱ. 명시적 비용은 ㉠을 선택할 때가 ㉡을 선택할 때보다 작다.
ㄴ. 기회비용은 ㉠을 선택할 때와 ㉡을 선택할 때가 동일하다.
ㄷ. 편익은 ㉡을 선택할 때가 ㉠을 선택할 때보다 크다.
ㄹ. 갑은 ㉠을 선택하는 것이 합리적이다.

① ㄱ, ㄴ   ② ㄱ, ㄷ   ③ ㄴ, ㄷ
④ ㄴ, ㄹ   ⑤ ㄷ, ㄹ

[24021-0007]

07 다음 자료의 A, B에 해당하는 경제적 개념으로 옳은 것은?

〈경제적 사례〉
샌드위치 가게를 운영하는 갑은 최근 식재료 비용의 급격한 상승으로 인한 어려움을 해결하기 위해 토지를 임차하여 일부 식재료를 직접 재배하고자 한다. 적절한 재배지 선정을 위해 ㉠30만 원을 내고, ㉡부동산 컨설팅 프로그램에 등록하였다.

교사: 제시된 사례에서 갑이 ㉡을 취소할 경우 ㉠을 전액 돌려받을 수 있다면, ㉠은 갑이 부동산 컨설팅 프로그램에 참여하는 것의 A에 포함됩니다. 한편, 갑이 ㉡을 취소할 경우 ㉠을 전혀 돌려받을 수 없다면, ㉠은 갑이 부동산 컨설팅 프로그램에 참여하는 것의 B에 포함됩니다.

	A	B		A	B
①	편익	기회비용	②	편익	매몰 비용
③	기회비용	편익	④	매몰 비용	기회비용
⑤	기회비용	매몰 비용			

[24021-0008]

08 밑줄 친 ㉠, ㉡에 대한 설명으로 옳은 것은?

• 갑국은 어린이 보호 구역에서 보행자가 다치는 교통사고를 줄이기 위해 법을 개정하여 어린이 보호 구역에서 제한 속도를 위반한 운전자에게 ㉠ 범칙금을 기존에 비해 2배 부과하고 있다.
• 을국의 한 지방 자치 단체는 투명 페트병 별도 분리 배출제의 정착을 위해 주민이 라벨지를 제거한 투명 페트병 20개를 모아 관할 주민센터로 가져오면 유료로 판매하는 ㉡ 쓰레기 종량제 봉투를 무상으로 지급하고 있다.

① ㉠은 부과 대상의 비용 증가 요인이다.
② ㉠은 운전자에게 교통 법규를 준수하도록 동기를 부여하는 금전적 보상이다.
③ ㉡은 지급 대상의 편익 감소 요인이다.
④ ㉡은 정부의 명령에 의해 문제를 해결하는 사례이다.
⑤ ㉡은 ㉠과 달리 인간이 합리적으로 행동한다는 것을 전제로 하는 정책에 해당한다.

[24021-0009]

1 밑줄 친 ㉠~㉣에 대한 설명으로 옳은 것은?

식당을 경영하는 갑은 최근 경제 여건을 고려하여 다음과 같은 ㉠ 운영 전략을 구성하였다.

〈운영 전략〉

• ㉡ 직원들에게 나누어 줄 성과급의 차등 지급 정도를 높인다.
• ㉢ 기존의 주방 설비를 주문 메뉴에 알맞은 재료 준비와 조리 도구 작동 등이 자동화된 주방 설비로 교체하여 숙련도가 낮은 직원도 음식을 능숙하게 만들 수 있게 한다.
• ㉣ 인기 메뉴를 더 효율적으로 판매하기 위해 고객들의 주문이 가장 저조한 메뉴를 없앤다.

---

① ㉠의 과정에서 자원의 희소성은 고려되지 않는다.
② ㉡은 '무엇을, 얼마나 생산할 것인가'를 결정하기 위한 것이다.
③ ㉢은 생산 요소의 선택과 결합 방법을 결정하기 위한 것이다.
④ ㉣은 ㉡과 달리 생산된 가치의 분배 방식을 결정하기 위한 것이다.
⑤ ㉡, ㉣과 달리 ㉢과 관련된 기본적인 경제 문제는 해결 기준으로 효율성이 고려된다.

[24021-0010]

2 다음 자료에 대한 설명으로 옳은 것은?

표는 경제 활동의 유형과 객체에 따른 민간 부문의 경제 활동 사례를 나타낸다. 단, A, B는 각각 생산과 분배 중 하나이다.

경제 활동의 유형	경제 활동의 객체	경제 활동 사례
A	노동	(가)
	토지	농장 운영을 위해 땅에 대한 지대를 지불하였다.
B	재화	(나)
	서비스	(다)

① A는 '생산', B는 '분배'이다.
② B는 A와 달리 사회적 후생 극대화를 추구하는 활동이다.
③ '전자 제품 회사가 시스템 반도체를 제조하였다.'는 (가)에 해당한다.
④ '의류 회사가 직원들에게 성과급을 지급하였다.'는 (나)에 해당한다.
⑤ '문화 콘텐츠 회사가 유명 가수의 공연을 제작하였다.'는 (다)에 해당한다.

[24021-0011]

3 밑줄 친 ⊙~②에 나타난 민간 경제의 순환에 대한 옳은 설명만을 〈보기〉에서 고른 것은?

> 시장에서 거래되는 전기차에 대한 경제 활동을 살펴보면 민간 경제의 순환을 파악할 수 있다. 일단 전기차 제조업체는 ⊙ 생산 요소 시장에서 생산에 필요한 것들을 구입한다. 이를 이용해 ⓒ 전기차를 제조한 후 소비자에게 판매하여 판매 수입을 얻는다. 판매 수입으로는 ⓒ 생산 요소 구입에 대한 대가를 지불하게 되는데, ② 이러한 대가를 받은 경제 주체는 자동차 시장에서 다시 전기차를 구입할 수 있다. 이렇게 전기차와 화폐는 순환한다.

> **● 보기 ●**
> ㄱ. ⊙에서 가계는 수요자이다.
> ㄴ. ⓒ은 부가 가치를 창출하는 경제 활동이다.
> ㄷ. ⓒ의 주체는 효용 극대화를 추구한다.
> ㄹ. ②은 소비 활동을 주로 담당한다.

① ㄱ, ㄴ   ② ㄱ, ㄷ   ③ ㄴ, ㄷ   ④ ㄴ, ㄹ   ⑤ ㄷ, ㄹ

[24021-0012]

4 다음 자료에 옳은 분석만을 〈보기〉에서 있는 대로 고른 것은?

> 갑은 여행을 위해 A 공항에서 출발하여 C 공항에 도착하는 항공권을 예약하고자 한다. 표는 갑이 이용할 수 있는 항공권의 종류와 각각의 운항 정보를 나타낸다. 항공기 이용을 통해 갑이 얻는 편익은 항공권 종류와 관계없이 2,000달러로 동일하고, 중간 경유지에서 대기하는 시간을 포함하여 항공기를 이용할 경우 소요되는 시간당 가치는 50달러로 일정하며, 갑은 이를 비용으로 인식한다. 단, 갑은 중간 경유지 공항에 머물 경우 환승을 위해 대기만 할 예정이며, 편익과 기회비용만을 고려하여 합리적으로 결정한다. 또한 제시된 내용 이외의 다른 조건은 고려하지 않는다.

구분	출발지	중간 경유지	도착지	소요 시간	요금
(가) 항공권	A 공항	없음.	C 공항	비행 10시간	700달러
(나) 항공권	A 공항	B 공항	C 공항	비행 14시간＋대기 ⊙ 시간	350달러

> **● 보기 ●**
> ㄱ. (가) 항공권의 경우 소요 시간의 가치는 항공권 요금보다 작다.
> ㄴ. (가) 항공권을 이용할 경우의 순편익이 양(＋)의 값이라면, ⊙은 '1'이 될 수 있다.
> ㄷ. ⊙이 '2'라면, (나) 항공권을 이용하는 것이 합리적이다.

① ㄱ   ② ㄴ   ③ ㄱ, ㄷ   ④ ㄴ, ㄷ   ⑤ ㄱ, ㄴ, ㄷ

[24021-0013]

5 다음 자료에 대한 옳은 설명만을 〈보기〉에서 고른 것은?

> 표는 갑이 앞으로 1년 동안 ○○온라인 쇼핑몰을 통해 구입할 소비량 A, B에 따른 지출 총액을 나타낸다.
>
> | 소비량 | A | B |
> |---|---|---|
> | 지출 총액(만 원) | 100 | 200 |
>
> 갑은 현재 ○○온라인 쇼핑몰 이용자에게 혜택을 제공하는 멤버십 종류 (가), (나) 중 하나를 선택하여 가입하려고 한다. 단, 갑은 (나) 선택을 통해 아낀 가입비를 1년 만기 시 4% 이자를 지급받는 정기 예금 상품에 투자하며, 편익과 기회비용만을 고려하여 합리적으로 결정한다. 또한 제시된 내용 이외의 다른 조건은 고려하지 않는다.
>
> > (가): 멤버십 가입비 10만 원, 1년 동안 구입액의 12% 할인 혜택 제공
> > (나): 멤버십 가입비 없음, 1년 동안 구입액의 3% 할인 혜택 제공

● 보기 ●

ㄱ. 멤버십 가입비는 매몰 비용에 해당하지 않으므로 합리적 선택을 위해 고려해야 한다.
ㄴ. 소비량 A를 예상하며 (가)에 가입할 경우의 명시적 비용은 13만 4,000원이다.
ㄷ. 소비량 A를 예상한다면, (나)에 가입하는 것이 합리적이다.
ㄹ. 소비량 B를 예상한다면, (나)에 가입할 경우의 암묵적 비용에서 (가)에 가입할 경우의 암묵적 비용을 뺀 값은 −7만 6,000원이다.

① ㄱ, ㄴ   ② ㄱ, ㄷ   ③ ㄴ, ㄷ   ④ ㄴ, ㄹ   ⑤ ㄷ, ㄹ

[24021-0014]

6 다음 자료에 대한 옳은 설명만을 〈보기〉에서 고른 것은?

> 그림에 해당하는 전자 제품의 공식 명칭은 무선 호출기(Numeric pager)인데, 삐삐 소리가 난다고 하여 '삐삐'라고 불렸다. '삐삐'는 집 전화나 공중 전화를 이용해 보낸 전화번호나 짧은 메시지를 수신하는 기기이다.
>
> 갑국에서 휴대 전화가 본격적으로 보급되기 전인 t년에는 소비자들에게 '삐삐'가 많이 판매되었다. 그러나 t+5년에는 휴대 전화가 빠르게 보급되면서 '삐삐'의 판매량이 매우 적어졌으며, 재고가 증가하였다. 결국, t+10년에는 '삐삐'의 생산과 소비가 모두 사라졌다.

● 보기 ●

ㄱ. t년의 '삐삐'는 경제재에 해당한다.
ㄴ. t+5년의 '삐삐'는 희귀성을 갖지 않는다.
ㄷ. t년과 달리 t+5년의 '삐삐'는 모든 가격 수준에서 공급량이 수요량보다 많다.
ㄹ. t+5년과 t+10년의 '삐삐'는 모두 경제적 가치를 갖지 않는다.

① ㄱ, ㄴ   ② ㄱ, ㄷ   ③ ㄴ, ㄷ   ④ ㄴ, ㄹ   ⑤ ㄷ, ㄹ

[24021-0015]

7 다음 자료에 대한 분석으로 옳은 것은?

> 표는 X재만 생산하는 갑 기업이 X재 1개를 생산하기 위해 필요로 하는 노동과 자본의 조합 A~E를 나타낸다. 생산 요소 시장에서 노동 1단위의 가격은 12달러, 자본 1단위의 가격은 15 달러이며, 갑 기업은 노동과 자본만을 이용하여 A~E 조합 중 하나에서 X재 1개를 생산하고 자 한다. 단, 갑 기업이 생산을 포기하는 경우는 없으며, X재는 생산 비용과 관계없이 일정한 가격으로 판매된다. 제시된 내용 이외의 다른 조건은 고려하지 않는다.

구분	A	B	C	D	E
노동(단위)	60	50	40	35	20
자본(단위)	60	70	75	80	95

① A에서 생산할 때의 총생산 비용은 1,650달러이다.
② B에서 생산할 때의 총생산 비용은 C에서 생산할 때보다 작다.
③ C에서 생산할 때의 암묵적 비용은 B에서 생산할 때 얻을 수 있었던 가치이다.
④ D에서 생산할 때의 총생산 비용에서 자본 비용이 차지하는 비율은 A에서 생산할 때의 4/3 배이다.
⑤ E에서 생산하는 것이 합리적이다.

[24021-0016]

8 다음 대화에 대한 설명으로 옳은 것은?

① A 정책은 해당 경제 주체의 비용 감소 요인이다.
② A 정책은 해당 경제 주체에게 부정적인 경제적 유인으로 작용한다.
③ B 정책은 해당 경제 주체의 비용 증가 요인이다.
④ B 정책은 부정적 유인이 긍정적 유인보다 경제적 유인의 효과가 높음을 전제한다.
⑤ A 정책과 B 정책은 모두 경제 활동의 자유를 허용하지 않는 정책에 해당한다.

02 경제 체제 및 시장 경제의 원리

❖ 생산 수단
도구나 기계 등 인간 생활에 필요한 상품을 생산하는 데 사용하는 것을 말한다.

1. 경제 체제의 유형

(1) 경제 체제

① 의미: 기본적인 경제 문제를 해결하기 위해 합의된 제도나 방식

② 기준에 따른 경제 체제 유형

기준	유형	특징
경제 문제 해결 방식	전통 경제 체제	전통, 관습, 종교 등에 의한 경제 문제 해결
	계획 경제 체제	정부의 명령·계획에 의한 경제 문제 해결
	시장 경제 체제	시장 원리에 의한 경제 문제 해결
생산 수단 소유 형태	사회주의 경제 체제	생산 수단의 국공유화
	자본주의 경제 체제	생산 수단의 사유화

❖ '보이지 않는 손'
애덤 스미스가 『국부론』에서 주장한 시장의 기능을 말한다. '보이지 않는 손'은 시장에서 수요와 공급에 의해 결정되는 시장 가격을 통해 효율적인 자원 배분이 이루어지는 현상을 의미한다.

(2) 전통 경제 체제

① 특징: 전통, 관습, 종교 등에 의한 경제 문제 해결

② 장점: 경제생활의 안정, 사회의 안정성 및 지속성 보장 등

③ 한계: 전통과 관습에 의한 경제 활동의 제한, 사회 변화 및 발전의 제약, 외부 변화에 신속한 대처 능력 부족 등

(3) 계획 경제 체제

① 특징: 정부의 결정과 통제에 의한 경제 문제 해결, 사회주의와 결합하여 사유 재산권이 원칙적으로 부정되어 생산 수단의 국유화, 개별 경제 주체의 경제 활동 자유 제한

② 장점: 정부의 계획에 의한 부와 소득의 불평등 완화, 정부의 명령과 계획에 따른 자원 배분 등으로 사회 주요 목적의 신속한 달성 등

③ 한계: 사유 재산권 및 경제 활동 자유의 제한으로 인한 경제적 유인 부족 → 경제 활동의 창의성과 역량 발휘 저해, 비효율적 자원 배분, 소비자의 다양한 욕구를 반영한 계획 수립의 어려움, 정부의 잘못된 결정으로 인해 경제 발전의 저해 가능 등

개념 체크

1. 기본적인 경제 문제를 해결하기 위해 합의된 제도나 방식을 (　　　)라고 한다.
2. 경제 체제는 (　　　)에 따라 자본주의 경제 체제와 사회주의 경제 체제로 나눌 수 있다.
3. (　　　)는 시장 원리에 의해 경제 문제를 해결하는 경제 체제이고, (　　　)는 정부의 계획 및 명령에 의해 경제 문제를 해결하는 경제 체제이다.

정답
1. 경제 체제
2. 생산 수단 소유 형태
3. 시장 경제 체제, 계획 경제 체제

(4) 시장 경제 체제

① 특징: 시장 원리에 의한 경제 문제 해결, 자본주의와 결합하여 사유 재산권 보장, 시장 가격에 기초한 개별 경제 주체의 자유로운 의사 결정 보장(사적 이윤 추구 활동 보장)

② 장점: '보이지 않는 손'의 작동으로 효율적인 자원 배분, 사유 재산권 보장으로 개인의 능력과 창의성 발휘 등

③ 한계: 빈부 격차의 발생으로 형평성 저해, 급격한 경기 변동 가능성으로 인해 시장의 안정성 저해 등

(5) 혼합 경제 체제

① 등장 배경: 1930년대의 대공황 → 시장의 자동 조절 기능에 대해 한계를 체감한 정부가 시장에 적극적으로 개입하여 경제 문제 해결을 시도함.

② 특징: 시장 경제적 요소와 계획 경제적 요소를 혼용, 오늘날 대부분의 국가는 혼합 경제 체제를 채택함, 국가가 추구하는 목표에 따라 혼합의 정도가 다름.

제23조	① 모든 국민의 재산권은 보장된다. 그 내용과 한계는 법률로 정한다.
	② 재산권의 행사는 공공복리에 적합하도록 하여야 한다.
제32조	① …… 국가는 사회적·경제적 방법으로 근로자의 고용의 증진과 적정 임금의 보장에 노력하여야 하며, 법률이 정하는 바에 의하여 최저 임금제를 시행하여야 한다.
제119조	① 대한민국의 경제 질서는 개인과 기업의 경제상의 자유와 창의를 존중함을 기본으로 한다.
	② 국가는 균형 있는 국민 경제의 성장 및 안정과 적정한 소득의 분배를 유지하고, 시장의 지배와 경제력의 남용을 방지하며, 경제 주체 간의 조화를 통한 경제의 민주화를 위하여 경제에 관한 규제와 조정을 할 수 있다.

우리나라 「헌법」 제23조와 제119조를 보면 원칙적으로 사유 재산권 보장과 경제 활동의 자유 보장을 명시하고 있지만, 재산권 행사와 경제 활동의 자유에 대한 한계 역시 명시하고 있다. 또한 제32조 1항과 제119조 2항 등과 같이 정부의 개입을 통한 정책을 표방하고 있다. 따라서 우리나라는 시장 경제의 틀을 유지하는 가운데 계획 경제적 요소가 일부 더해진 혼합 경제 체제의 특징이 나타나 있음을 알 수 있다.

❂ 사유 재산권
개인이나 민간 기업이 사유 재산을 사용하여 얻은 이익을 소유하거나 자유롭게 처분할 수 있는 권리를 말한다.

2. 시장 경제의 기본 원리

(1) 시장 가격에 의한 자원 배분
① 경제 활동의 신호등과 같은 역할: 시장 가격은 경제 주체들에게 기본적인 경제 문제 해결에 관한 정보를 제공함.
② 자원의 효율적 배분 기능: 시장 가격은 인위적인 통제 없이 희소한 자원이나 상품을 충분한 지불 의사와 능력을 갖춘 소비자나 기업에 배분함.

(2) 이익 추구 보장
① 경제 활동의 자유를 통해 개인의 이익 추구 보장(사유 재산권 보장)
② 자신의 의사에 따라 이익을 극대화하려는 과정에서 사회 전체의 이익 향상에 이바지함.
③ 사유 재산권 보장과 개인의 이익 추구 보장을 통해 경제적 유인 동기 강화

우리가 맛있는 저녁 식사를 할 수 있는 것은 푸줏간 주인이나 제빵사들의 박애심 덕분이 아니다. 오히려 그들의 돈벌이에 관한 관심 덕분이다. 돈을 벌기 위해 열심히 일하는 것이 사회 전체에도 이익을 가져다준다. 개인은 사적 이익만 추구하고 이 과정에서 그들이 의도하지 않은 어떤 목적을 달성하기 위해 '보이지 않는 손'에 이끌려 자신이 의도치 않았던 목표를 달성하게 된다. 의도치 않았다고 해서 사회에 나쁜 영향을 끼치는 것만은 아니다. 사회의 이익을 의도적으로 증진시키려 할 때보다 자신의 이익만을 추구함으로써 개인은 더 자주, 더 효율적으로 사회의 이익을 증진시킬 수 있다. - 애덤 스미스, 「국부론」 -

애덤 스미스는 인간은 이익을 얻고자 하는 이기심 때문에 더 열심히 일하고, 이익에 대한 열망이 클수록 더 많은 이익을 얻기 위해 노력한다고 보았다. 또한 '보이지 않는 손'은 모든 시장 참가자가 열심히 일하도록 유도하고, 자원의 효율적 배분에 기여하여 시장 참가자 모두에게 만족스러운 결과를 준다고 보았다.

개념 체크
1. 우리나라는 시장 경제의 틀을 유지하면서 계획 경제적 요소가 일부 더해진 (　　　) 체제의 특징이 나타난다.
2. (　　　)은 인위적인 통제 없이 희소한 자원이나 상품을 충분히 지불할 의사와 능력을 갖춘 소비자나 기업에 배분하는 역할을 한다.
3. 개인이나 민간 기업이 사유 재산을 사용하여 얻은 이익을 소유하거나 자유롭게 처분할 수 있는 권리를 (　　　)이라고 한다.

정답
1. 혼합 경제
2. 시장 가격
3. 사유 재산권

✪ 독점
어떤 상품의 생산이나 유통을 하나의 기업이 차지하는 것을 말한다.

✪ 담합
사업자 상호 간의 경쟁을 피하기 위해 다른 기업과 공동으로 가격을 결정하거나 거래 상대방을 제한하는 등 부당하게 경쟁을 제한하는 행위를 말한다.

✪ 공정한 경쟁을 보장하기 위한 우리나라의 제도
우리나라는 독점을 규제하고 기업들 간 공정한 거래를 하도록 유도하기 위해 「독점 규제 및 공정 거래에 관한 법률」을 제정하여 경제 주체 간 공정하고 자유로운 경쟁을 보장한다.

(3) 분업과 교환

① 분업

의미	생산 과정을 여러 부문으로 나누어 각자가 맡은 업무를 수행하는 방식
유형	• 기술적 분업: 한 상품의 생산 과정을 세분화하여 서로 다른 공정을 담당 • 사회적 분업: 직업의 분화, 부품 생산 기업과 완제품 생산 기업의 관계
효과	• 긍정적 측면: 기능 숙달로 노동의 생산성 향상, 특화 품목의 교환을 통한 상호 간의 이익 추구 가능 • 부정적 측면: 단순 반복의 노동으로 노동자의 피로·스트레스 증가, 일부 공정에 지연이 발생할 경우 전체 생산에 차질

② 특화

의미	자신이 가지고 있는 생산 요소를 특정 재화나 서비스 생산에 집중하는 것
효과	생산성을 향상시켜 자급자족 방식보다 자원의 효율적인 활용이 가능함.

③ 교환

의미	재화나 서비스, 생산 요소를 다른 사람에게 주고 다른 재화나 서비스 또는 화폐를 얻는 것
효과	자신이 가장 잘하는 일 또는 잘할 수 있는 일에 특화와 분업을 가능하게 하여 교환 당사자 모두에게 이익을 가져다줌.

(4) 경쟁의 원리

① 시장 경제 체제는 자유로운 경쟁을 보장함.

② 기업 간 경쟁: 더 적은 비용으로 좋은 상품을 개발하여 더 많은 이윤을 얻기 위해 경쟁 → 창의력 발휘 및 사회 전체의 효율성 향상에 기여함.

③ 소비자 간 경쟁: 더 적은 비용으로 더 큰 편익을 주는 상품을 구입하기 위해 경쟁 → 기업이 더 저렴하고 좋은 상품을 개발하게 하는 유인 동기 제공

3. 시장 경제 원리를 뒷받침하는 제도

(1) 사유 재산권 보장

① 사유 재산권 보장은 가계의 효용 극대화와 기업의 이윤 극대화를 위한 경제적 유인을 제공함.

② 사유 재산권의 보장은 개인과 민간 기업에 경제 활동 동기를 부여함.

(2) 공정한 경쟁 보장

① 시장에서 자원이 효율적으로 배분되고 시장 경제가 유지·발전되기 위해서는 각 경제 주체 간의 공정한 경쟁이 보장되어야 함.

② 정부는 독점 및 기업의 담합 등의 불공정한 행위를 규제하여 경제 주체 간의 공정한 경쟁을 보장하기 위해 노력해야 함.

(3) 경제 활동의 자유 보장

① 시장 경제 체제는 경제 주체가 자유롭게 경제적 의사 결정을 할 수 있도록 보장함.

② 정부는 영업의 자유, 계약의 자유, 직업 선택의 자유, 기업의 경제상 선택의 자유 등 경제 주체의 자유로운 경제 활동을 보장하기 위해 법규를 제정함.

개념 체크

1. 한 상품의 생산 과정을 여러 부문으로 나누어 각자가 맡은 업무를 수행하는 방식을 ( )이라고 한다.

2. ( )는 자신이 가지고 있는 생산 요소를 특정 재화나 서비스 생산에 집중하는 것을 의미한다.

3. 정부는 독점 및 기업의 담합 등의 불공정한 행위를 규제하여 경제 주체 간의 공정한 ( )을 보장하기 위해 노력한다.

정답
1. 분업
2. 특화
3. 경쟁

우리나라 최저 임금 제도에 반영된 경제 체제의 유형

〈최저 임금법〉

제1조	이 법은 근로자에 대하여 임금의 최저 수준을 보장하여 근로자의 생활 안정과 노동력의 질적 향상을 피함으로써 국민 경제의 건전한 발전에 이바지하는 것을 목적으로 한다.
제6조	① 사용자는 최저 임금의 적용을 받는 근로자에게 최저 임금액 이상의 임금을 지급하여야 한다. ③ 최저 임금의 적용을 받는 근로자와 사용자 사이의 근로 계약 중 최저 임금액에 미치지 못하는 금액을 임금으로 정한 부분은 무효로 하며, 이 경우 무효로 된 부분은 이 법으로 정한 최저 임금액과 동일한 임금을 지급하기로 한 것으로 본다.

최저 임금제는 노사 간의 자율적 임금 결정 과정에서 저임금 근로자에 대한 보호를 위해 정부가 개입하여 임금의 최저 수준을 정하고, 사용자에게 이 수준 이상의 임금을 지급하도록 강제하는 제도이다. 이는 기업의 경제 활동에 일정 부분 제약을 가하는 제도이지만, 임금의 최저 수준에 대한 제약만 가할 뿐 기본적으로 시장 가격에 기초한 개별 경제 주체의 자유로운 의사 결정을 보장한다는 점에서 오로지 정부의 결정과 통제에 의해 경제 문제를 해결하는 것과는 구분된다. 따라서 우리나라 최저 임금 제도는 혼합 경제 체제의 특징이 나타난다.

우리나라의 최저 임금제는 1986년 12월 31일 제정·공포된 「최저 임금법」을 근거로 1988년 1월 1일부터 시행되고 있다. 현행 최저 임금 결정은 매년 3월 31일 고용 노동부 장관이 사용자 위원 9인, 공익 위원 9인, 근로자 위원 9인, 의결권이 없는 특별 위원 3인으로 구성된 최저 임금 위원회에 심의를 요청함으로써 절차가 개시되며, 최저 임금 위원회는 심의·의결을 거쳐 다음 해의 최저 임금안을 고용 노동부에 제출한다. 고용 노동부는 이를 고시하여 노사측의 이의 제기를 받은 후 다음 해의 최저 임금을 최종 결정·고시한다.

교환이 가져다주는 이익

2006년 캐나다 몬트리올의 한 대학에 재학 중이던 남학생 킬은 종이 클립으로 농가를 구입하였다. 얼핏 들어도 말이 되지 않는 일이 실제로 일어난 것이다. 킬은 우선 자신이 가진 종이 클립과 붕어처럼 생긴 펜을 교환하였다. 당시 펜을 가지고 있었던 사람은 자신이 쓰지 않는 우스꽝스러운 펜보다 종이 클립을 더 가치 있게 생각했고, 반대로 킬은 종이 클립보다 펜을 더 가치 있게 생각했기 때문에 교환은 성공적으로 이뤄질 수 있었다. 그 다음에 킬은 붕어처럼 생긴 펜과 수제 문손잡이를, 문손잡이와 캠핑용 난로를 교환하는 등 계속해서 물물 교환을 진행하였다. 이 과정에서 유명 뮤지션인 앨리스 쿠퍼와 오후 시간을 보낼 수 있는 이벤트 티켓과 1년 동안의 집세를 교환하기도 하였다. 킬은 교환의 막바지에 할리우드 영화에 단역으로 출연할 권리를 가지게 되었는데, 이것을 한 농장의 집과 교환하였다. 가난한 학생이었던 킬에게는 집세를 내지 않아도 되는 농장의 집이 단역 출연보다 훨씬 큰 가치가 있었고, 농가 소유주에게는 단역 출연이 농장의 집보다 훨씬 큰 가치가 있어 서로 이러한 교환을 할 수 있었다. 킬의 교환을 단계별로 살펴보면, 이는 교환의 주체를 모두 만족시킨 거래였다. 즉, 각자 자신이 가지고 있었던 것보다 교환하려는 것이 더 큰 가치 있다고 판단했기 때문에 흔쾌히 킬과의 교환에 응했던 것이다.

시장 경제는 기본적으로 경제 주체의 자유 의사에 기반한 시장 가격 기구를 중시하며, 이에 따른 거래를 추구한다. 동일한 재화, 서비스인 경우에도 사람마다 이에 대해 부여하는 가치가 다르기 때문에 시장 경제에서는 끊임없이 교환이 발생한다. 자급자족 경제에서는 자신이 어떤 생산에 대한 능력과 전문성이 없더라도 생활에 필요한 것을 직접 생산해야 하는데, 교환에 따른 이익 추구를 보장하는 시장 경제에서는 자신이 가장 잘하는 일 또는 잘할 수 있는 일에 특화와 분업을 가능하게 하여 자원이 효율적으로 배분되도록 한다.

[24021-0017]

01 그림은 갑국과 을국의 경제 문제에 대한 해결 방식이 나타난 신문 기사이다. 이에 대한 설명으로 옳은 것은? (단, 갑국, 을국은 각각 시장 경제 체제와 계획 경제 체제 중 하나를 채택하고 있음.)

//○○신문	//□□신문
갑국 정부는 계속되는 물가 상승에 대해 자율적인 시장 원리에 따라 해결될 것으로 전망하였다.	을국은 국내 매장된 광물 자원을 경제적으로 이용하기 위해 정부의 명령으로 설비와 인력을 투입하였다.

① 갑국은 전통에 의한 자원 배분을 중시한다.
② 을국은 갑국과 달리 경제 활동에서 경제적 유인을 중시한다.
③ 갑국은 을국에 비해 자원 배분의 효율성을 중시한다.
④ 을국은 갑국에 비해 자원 배분 과정에서 '보이지 않는 손'의 역할을 중시한다.
⑤ 갑국과 을국에서는 모두 자원 배분 과정에서 비효율성이 나타나지 않는다.

[24021-0018]

02 다음 대화에 대한 옳은 설명만을 〈보기〉에서 고른 것은? (단, A, B는 각각 시장 경제 체제와 계획 경제 체제 중 하나임.)

> 교사: 경제 체제의 유형 A와 B에 대해 탐구한 내용을 발표해 보세요.
> 갑: A에서는 경제 활동 과정에서 경제적 유인 체계를 중시합니다.
> 을: ┌─────── (가) ───────┐
> 교사: ㉠옳게 발표한 학생은 한 명입니다.

● 보기 ●
ㄱ. ㉠이 '갑'이라면, 생산 수단의 사적 소유를 원칙적으로 인정하는 경제 체제는 B이다.
ㄴ. ㉠이 '을'이라면, A에서는 B와 달리 민간 경제 주체의 자유로운 경쟁을 강조한다.
ㄷ. ㉠이 '을'이라면, B에서는 A와 달리 시장의 자기 조정 능력을 중시한다.
ㄹ. (가)에 'B에서는 자원의 희소성이 나타나지 않는다.'가 들어가면, A는 시장 경제 체제이다.

① ㄱ, ㄴ   ② ㄱ, ㄷ   ③ ㄴ, ㄷ
④ ㄴ, ㄹ   ⑤ ㄷ, ㄹ

[24021-0019]

03 그림은 질문 (가)를 통해 경제 체제 A와 B를 구분한 것이다. 이에 대한 옳은 설명만을 〈보기〉에서 고른 것은? (단, A, B는 각각 시장 경제 체제와 계획 경제 체제 중 하나임.)

● 보기 ●
ㄱ. (가)에는 '기본적인 경제 문제에 직면합니까?'가 들어갈 수 있다.
ㄴ. A가 '계획 경제 체제'라면, (가)에는 '생산 수단의 국공유화가 원칙입니까?'가 들어갈 수 있다.
ㄷ. B가 '시장 경제 체제'라면, (가)에는 '개인의 경제적 자율성을 강조합니까?'가 들어갈 수 있다.
ㄹ. (가)에 '생산물의 생산 방법을 정부가 결정합니까?'가 들어가면, B는 시장 경제 체제이다.

① ㄱ, ㄴ   ② ㄱ, ㄷ   ③ ㄴ, ㄷ
④ ㄴ, ㄹ   ⑤ ㄷ, ㄹ

[24021-0020]

04 다음 대화에서 갑과 을의 주장에 대한 옳은 분석 및 추론만을 〈보기〉에서 고른 것은?

> 사회자: 최근 국제 곡물 가격의 급격한 상승으로 인해 국내 소비자가 부담해야 하는 식료품비가 급격히 증가하고 있는 상황입니다. 이에 대해 어떻게 대응해야 할까요?
> 갑: 국내 기업들이 식료품의 원료를 저렴한 가격에 원활히 공급받을 수 있도록 불합리한 정부 규제를 폐지하고, 기업들 간 자율적인 가격 인하 경쟁을 유도해야 합니다.
> 을: 국내 소비자들의 식료품비 부담을 줄이기 위해 정부 재정을 투입하여 식료품 할인 쿠폰을 발행하는 등 정부의 적극적인 노력이 필요합니다.

● 보기 ●
ㄱ. 갑은 시장 가격 기구의 역할을 중시할 것이다.
ㄴ. 을은 민간 경제 주체만으로는 경제 운용의 한계가 있음을 주장할 것이다.
ㄷ. 갑은 을에 비해 식료품 소비자에 대한 정부의 직접적 조치를 강조할 것이다.
ㄹ. 갑은 '큰 정부', 을은 '작은 정부'를 지지할 것이다.

① ㄱ, ㄴ   ② ㄱ, ㄷ   ③ ㄴ, ㄷ
④ ㄴ, ㄹ   ⑤ ㄷ, ㄹ

[24021-0021]

05 다음 대화에서 갑과 을의 주장에 대한 옳은 분석 및 추론만을 〈보기〉에서 고른 것은?

> 교사: 기업의 최고 경영자들은 자신의 스케줄을 스스로 관리할 수 있음에도 불구하고 이를 비서실에 맡기고, 자신은 경영 활동에 전념합니다. 이에 대해 설명해 보세요.
> 갑: 과도한 채용으로 기업의 비용을 높이는 불필요한 행동입니다.
> 을: 자신이 더 잘할 수 있는 일에 전념하여 기업의 성과를 높이는 행동입니다.

> ● 보기 ●
> ㄱ. 갑은 특화의 효과를 중시하지 않을 것이다.
> ㄴ. 을은 시장 경제의 기본 원리를 부정할 것이다.
> ㄷ. 을은 갑에 비해 기회비용이 적게 드는 경제 활동에 집중하는 것을 중시할 것이다.
> ㄹ. 갑과 을은 모두 효율성보다 형평성을 강조할 것이다.

① ㄱ, ㄴ　　　② ㄱ, ㄷ　　　③ ㄴ, ㄷ
④ ㄴ, ㄹ　　　⑤ ㄷ, ㄹ

[24021-0022]

06 다음 자료에 대한 설명으로 옳은 것은?

> 그림은 갑국과 을국의 생산 가능 곡선을 나타낸다. 갑국과 을국은 모두 X재와 Y재만을 생산하며, 교역은 거래 비용 없이 양국 간에만 이루어진다.

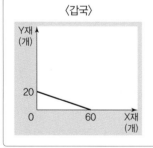
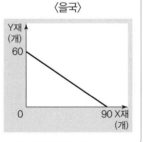

① 갑국의 X재 1개 생산의 기회비용은 Y재 3개이다.
② 을국의 Y재 1개 생산의 기회비용은 X재 2/3개이다.
③ 을국의 Y재 생산에 대한 기술 향상은 Y재 1개 생산에 따른 기회비용을 감소시키는 요인이다.
④ 갑국과 을국은 모두 X재 45개와 Y재 10개를 동시에 생산할 수 있다.
⑤ 갑국이 X재에, 을국이 Y재에 특화하여 교역할 경우 갑국은 교환의 이익을 얻을 수 없다.

[24021-0023]

07 다음은 우리나라 법률 조항의 일부를 나타낸다. 이에 대한 설명으로 옳은 것은?

> 제6조 ③ 최저 임금의 적용을 받는 근로자와 사용자 사이의 근로 계약 중 최저 임금액에 미치지 못하는 금액을 임금으로 정한 부분은 무효로 하며, 이 경우 무효로 된 부분은 이 법으로 정한 최저 임금액과 동일한 임금을 지급하기로 한 것으로 본다.

① 정부의 시장 개입을 배척한다.
② 시장의 자동 조절 기능에 전적으로 의존하는 근거가 된다.
③ 근로자와 사용자 중 사용자를 보호하기 위한 목적이 나타난다.
④ 모든 근로자의 임금을 정부의 명령으로 결정하는 것의 근거가 된다.
⑤ 노동 시장에서 경제 주체의 자유로운 활동을 제한하는 근거가 된다.

[24021-0024]

08 다음 자료에 대한 옳은 분석 및 추론만을 〈보기〉에서 고른 것은?

> 표는 갑국과 을국이 X재와 Y재를 각각 1개씩 생산하는 데 필요한 노동자 수를 나타낸다. 갑국과 을국은 모두 노동만을 사용하여 직선인 생산 가능 곡선상에서 X재와 Y재만을 생산하고, 생산된 재화는 전량 소비된다. 갑국과 을국은 비교 우위가 있는 재화만을 생산하여 양국 모두 이익이 발생하는 교환 비율에 따라 거래 비용 없이 양국 간에만 교역한다.
>
> (단위: 명)

구분	갑국	을국
X재	7	10
Y재	10	12

> ● 보기 ●
> ㄱ. 갑국은 X재 생산에 비교 우위를 가진다.
> ㄴ. 을국의 Y재 1개 생산의 기회비용은 X재 6/5개이다.
> ㄷ. 갑국과 을국의 1명당 노동 비용이 같다면, X재 1개 생산에 대한 노동 비용은 을국이 갑국보다 작다.
> ㄹ. 갑국의 1명당 노동 비용이 을국의 2배라면, 갑국은 Y재에 특화하는 것이 유리하다.

① ㄱ, ㄴ　　　② ㄱ, ㄷ　　　③ ㄴ, ㄷ
④ ㄴ, ㄹ　　　⑤ ㄷ, ㄹ

[24021-0025]

1 다음 자료에 대한 옳은 설명만을 〈보기〉에서 고른 것은? (단, A~C는 각각 전통 경제 체제, 시장 경제 체제, 계획 경제 체제 중 하나임.)

- '정부의 명령에 의한 자원 배분을 중시하는가?'에 대한 A와 B의 응답은 일치하지 않는다.
- '전통과 관습에 의한 경제 문제 해결을 중시하는가?'에 대한 B와 C의 응답은 일치한다.
- 　(가)　에 대한 A와 C의 응답은 일치하지 않는다.

━● 보기 ●━
ㄱ. A에서는 B와 달리 자원의 희소성으로 인한 경제 문제가 발생한다.
ㄴ. B에서는 C와 달리 생산 요소의 선택과 결합 방식을 정부가 결정한다.
ㄷ. C에서는 A, B와 달리 개인의 이윤 추구 동기를 중시하지 않는다.
ㄹ. (가)에는 '개별 경제 주체의 자유로운 경제 활동을 중시하는가?'가 들어갈 수 있다.

① ㄱ, ㄴ　　　② ㄱ, ㄷ　　　③ ㄴ, ㄷ　　　④ ㄴ, ㄹ　　　⑤ ㄷ, ㄹ

[24021-0026]

2 다음 자료에 대한 옳은 설명만을 〈보기〉에서 고른 것은?

〈A 기업의 경영 일지〉
- 생산 요소를 활용하여 X재와 Y재를 동시에 생산할 수 있지만, 현재는 더 많은 부가 가치를 창출할 수 있는 ㉠X재만을 생산하고 있음.
- 현장 노동자들의 작업 개선 제안 내용들을 검토하여 ㉡X재의 생산 과정을 기존 4단계에서 6단계로 변경하고, 각 단계를 전문적으로 담당하는 노동자를 배치하여 생산하고 있음.
- 완성된 X재를 시장에 판매하고, ㉢X재의 생산 원료인 Y재를 시장에서 구매하면서 이윤이 점차 증가하고 있음.

━● 보기 ●━
ㄱ. A 기업은 경제 활동의 자율성에 대한 제약을 받고 있다.
ㄴ. ㉠은 생산 요소의 효율적 활용을 추구하는 것이다.
ㄷ. ㉡은 노동 생산성의 향상 요인이다.
ㄹ. ㉢은 Y재 생산자의 이윤 추구를 저해한다.

① ㄱ, ㄴ　　　② ㄱ, ㄷ　　　③ ㄴ, ㄷ　　　④ ㄴ, ㄹ　　　⑤ ㄷ, ㄹ

[24021-0027]

3 밑줄 친 ㉠~㉣에 대한 설명으로 옳은 것은?

> 갑국은 현재 대내외적 여건으로 ㉠ 시중 금리가 급격히 상승하고 있다. 이에 대응하는 다양한 시각이 존재하는데, 첫 번째는 취약 계층의 이자 부담 완화를 위해 ㉡ 정부가 금리를 낮은 수준의 특정 값으로 고정하여 통제해야 한다는 관점이다. 두 번째는 금리를 인위적으로 낮은 수준에 고정할 경우 과도한 부채의 발생, 그로 인한 미래 성장 잠재력 악화 등의 문제가 야기되지만, 금융 회사 간 경쟁을 촉진하면 금리 상승 폭을 충분히 줄일 수 있으므로 ㉢ 자율적인 시장 원리를 존중해야 한다는 관점이다. 세 번째는 앞의 두 관점을 절충하여 ㉣ 정부가 금리의 상한선을 정해 과도한 상승을 막아야 한다는 관점이다.

① ㉠은 자원의 희소성과 관계없이 결정된다.
② ㉡은 금융 회사의 이윤 추구 활동을 중시할 것이다.
③ ㉢은 사유 재산권 보장의 필요성을 경시할 것이다.
④ ㉡은 ㉣과 달리 형평성보다 효율성을 강조할 것이다.
⑤ ㉢과 ㉣은 모두 '보이지 않는 손'의 역할을 인정할 것이다.

[24021-0028]

4 다음 자료에 대한 옳은 설명만을 〈보기〉에서 고른 것은?

> **〈경제 체제를 이해하는 게임 활동〉**
>
> [게임 규칙] 갑, 을 순서대로 카드를 한 장씩 뽑은 후 각자 자신이 뽑은 카드에 적힌 경제 체제의 장점을 논리적으로 설명해야 한다. 자신이 뽑은 경제 체제의 장점을 옳게 설명할 경우 1점을 획득하며, 상대방이 뽑은 경제 체제의 단점까지 함께 옳게 설명할 경우 1점을 더해 2점을 획득한다. 단, (가)~(라)는 갑과 을이 진술한 내용이고, 진술 내용별로 점수를 획득하며, 제시된 점수 획득 방법 이외의 부분 점수는 없다.
> [게임 결과] 갑은 카드 A, 을은 카드 B를 뽑았으며, 표는 갑과 을의 진술 내용과 획득 점수를 나타낸다.

〈카드 A〉

계획 경제 체제

〈카드 B〉

시장 경제 체제

구분	진술 내용	획득 점수
갑	(가)	0점
	(나)	1점
을	(다)	1점
	(라)	㉠

● 보기 ●

ㄱ. (가)에는 '정부의 계획에 의해 부와 소득의 불평등을 완화하기 용이하다.'가 들어갈 수 있다.
ㄴ. (나)에는 '정부의 결정과 통제에 비해 신속하게 생산물을 결정할 수 있다.'가 들어갈 수 있다.
ㄷ. (다)에는 '민간 경제 주체에 대한 자유로운 경쟁 보장으로 개인의 능력과 창의성이 발휘된다.'가 들어갈 수 있다.
ㄹ. (라)에 '정부의 잘못된 결정으로 불필요한 재화가 생산될 수 있는 것에 비해 시장 원리를 통해 자원 배분의 효율성을 높일 수 있다.'가 들어가면, ㉠은 '2점'이다.

① ㄱ, ㄴ   ② ㄱ, ㄷ   ③ ㄴ, ㄷ   ④ ㄴ, ㄹ   ⑤ ㄷ, ㄹ

[24021-0029]

5 다음 자료에 대한 설명으로 옳은 것은?

표는 X재와 Y재만을 생산하는 갑국과 을국이 각 재화를 1개씩 생산하기 위한 노동자 수를 나타낸다. 갑국과 을국은 노동만을 사용하여 직선인 생산 가능 곡선상에서 X재와 Y재를 생산하고, 생산된 재화는 전량 소비된다. 양국은 상대국보다 재화 생산의 기회비용이 작은 재화에 ㉠ 특화하여 X재와 Y재를 ㉡ 교환하고자 하며, 교환은 거래 비용 없이 양국 간에만 이루어진다.

(단위: 명)

구분	갑국	을국
X재	20	10
Y재	25	15

① ㉠은 효율적 자원 배분을 저해한다.
② 계획 경제 체제에서는 ㉡의 자유가 보장된다.
③ ㉡은 ㉠과 달리 경제 주체의 이익 추구 동기에 의해 이루어진다.
④ 갑국의 X재 1개 생산의 기회 비용은 Y재 4/5개이다.
⑤ Y재 1개 생산의 기회비용은 갑국이 을국보다 크다.

[24021-0030]

6 다음 자료에 대한 옳은 설명만을 〈보기〉에서 고른 것은?

한 섬에 X재와 Y재만을 직선인 생산 가능 곡선상에서 생산하는 갑과 을만이 살고 있다. 표는 갑과 을의 X재와 Y재 최대 생산 가능량, 목표로 설정한 소비 조합, 목표 달성을 위한 교환 비율을 나타낸다. 갑과 을은 상대보다 재화 생산의 기회비용이 작은 재화에 특화하여 X재와 Y재를 교환하고자 하며, 생산된 재화는 전량 소비된다. 단, 갑과 을의 생산 요소는 노동뿐이고, 교환은 거래 비용 없이 서로 간에만 이루어진다. 또한 특화한 재화의 소비량 이외 나머지는 전량 상대방과 교환하며, 갑과 을은 모두 목표를 초과하는 소비 조합을 달성하려 하지 않는다.

구분	최대 생산 가능량(개)		목표로 설정한 소비 조합 (X재, Y재)	목표 달성을 위한 교환 비율 (X재 : Y재)
	X재	Y재		
갑	80	50	(40개, 60개)	㉠
을	40	70	(40개, 30개)	㉡

● 보기 ●

ㄱ. 갑의 Y재 1개 생산에 따른 기회비용은 X재 5/8개이다.
ㄴ. 을의 목표를 달성하기 위해서는 갑은 X재에, 을은 Y재에 특화해야 한다.
ㄷ. ㉠은 '2 : 3'이다.
ㄹ. ㉡은 '1 : 2'이다.

① ㄱ, ㄴ ② ㄱ, ㄷ ③ ㄴ, ㄷ ④ ㄴ, ㄹ ⑤ ㄷ, ㄹ

03 가계, 기업, 정부의 경제 활동

1. 가계의 경제 활동

(1) 가계의 의미와 역할

① 의미: 기업과 정부에 생산 요소를 제공하고 그 대가인 소득을 통해 소비하는 경제 주체

② 역할

재화와 서비스의 수요자 (생산물 시장의 수요자)	• 가계는 기업이 생산한 재화와 서비스를 소비함. • 가계는 재화와 서비스의 소비를 통해 효용 극대화를 추구함.
생산 요소의 공급자 (생산 요소 시장의 공급자)	• 가계는 생산 활동에 필요한 노동, 토지, 자본 등의 생산 요소를 기업과 정부에 제공함. • 가계는 생산 요소를 제공한 대가로 임금, 지대, 이자 등의 소득을 얻음.
납세자	가계는 조세(소득세 등)를 납부하여 정부의 재원 마련에 기여함.

③ 가계가 제공하는 생산 요소와 소득

생산 요소	요소 소득	사례
토지	지대	토지를 제공하고, 그 대가로 분배받는 소득 예 토지 임대료 등
노동	임금	노동을 제공하고, 그 대가로 분배받는 소득 예 급여, 성과급 등
자본	이자	자본을 제공하고, 그 대가로 분배받는 소득 예 이자 등

(2) 가계의 경제적 의사 결정(합리적 소비)

① 선택에 따른 효용이 기회비용보다 크도록 함.

② 동일한 비용으로 최대의 효용을 얻는 소비를 선택함.

③ 한정된 소득 안에서 현재뿐만 아니라 미래의 소비도 고려함.

(3) 노동의 의미와 가치

① 의미: 생산을 위한 인간의 육체적·정신적 활동

② 가치
  • 개인적 차원에서는 임금 소득의 원천이고, 자신의 잠재력을 실현하는 방법임.
  • 사회적 차원에서는 생산 활동의 기초로서 경제 성장의 중요한 요소가 됨.

자료 플러스 「헌법」을 통해 본 근로자의 권리와 의무

제32조	① 모든 국민은 근로의 권리를 가진다. 국가는 사회적·경제적 방법으로 근로자의 고용의 증진과 적정 임금의 보장에 노력하여야 하며, 법률이 정하는 바에 의하여 최저 임금제를 시행하여야 한다. ② 모든 국민은 근로의 의무를 진다. 국가는 근로의 의무의 내용과 조건을 민주주의 원칙에 따라 법률로 정한다. ③ 근로 조건의 기준은 인간의 존엄성을 보장하도록 법률로 정한다.
제33조	① 근로자는 근로 조건의 향상을 위하여 자주적인 단결권, 단체 교섭권 및 단체 행동권을 가진다.

• 「헌법」 제32조에서는 근로의 권리와 의무, 국가의 최저 임금제 시행 의무 등을 규정하고 있다.
• 「헌법」 제33조에서는 근로 3권인 근로자의 단결권, 단체 교섭권 및 단체 행동권을 헌법적 권리로 규정하여 근로자의 권리를 보호하고 있다.

✪ 생산 요소

토지는 자연적으로 주어지는 자원, 노동은 생산을 목적으로 하는 인간의 육체적이고 정신적인 활동, 자본은 인간이 만들어 낸 물적 생산 요소를 의미한다.

✪ 생산물 시장

경제 활동 객체 중 생산물인 재화와 서비스가 거래되는 시장이다.

✪ 생산 요소 시장

경제 활동 객체 중 생산 요소인 토지, 노동, 자본이 거래되는 시장이다.

개념 체크

1. 기업과 정부에 생산 요소를 제공하고 그 대가인 소득을 통해 소비하는 경제 주체는 (　　　)이다.
2. 가계는 생산물 시장에서 (　　　)의 역할을, 생산 요소 시장에서 (　　　)의 역할을 한다.
3. 생산 요소 시장에서 거래되는 (　　　)의 대가는 임금이고, (　　　)의 대가는 이자이다.

정답
1. 가계
2. 수요자, 공급자
3. 노동, 자본

2. 기업의 경제 활동

(1) 기업의 의미와 역할

① 의미: 가계로부터 제공받은 생산 요소를 이용하여 재화와 서비스를 생산하는 경제 주체

② 역할

재화와 서비스의 공급자 (생산물 시장의 공급자)	• 기업은 재화와 서비스를 생산물 시장에 공급하고, 이를 통해 이윤 극대화를 추구함. • 시장에서 획득한 정보(가격 등)를 통해 상품의 종류 및 공급량을 결정함.
생산 요소의 수요자 (생산 요소 시장의 수요자)	• 기업은 생산 활동에 필요한 노동, 토지, 자본 등의 생산 요소를 구입하고, 이에 대한 대가를 지불함. • 기업은 생산 요소를 이용하여 부가 가치를 창출함.
납세자	기업은 조세(법인세 등)를 납부하여 정부의 재원 마련에 기여함.

✪ 총수입과 이윤

이윤은 총수입에서 총비용을 제한 금액을 말한다. 총수입은 기업이 생산 활동을 통해 벌어들인 판매 수입을 의미하고, 총비용은 생산 활동에 소요되는 생산 비용을 의미한다.

자료 플러스 **국민 경제의 순환**

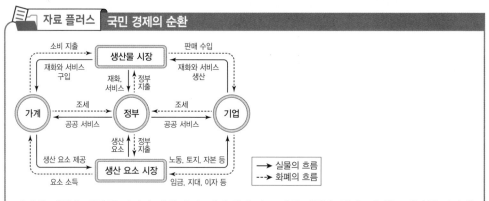

가계와 기업은 생산물 시장과 생산 요소 시장에서 서로 다른 역할을 한다. 가계는 생산물 시장에서 수요자의 역할을, 생산 요소 시장에서 공급자의 역할을 하며, 기업은 생산물 시장에서 공급자의 역할을, 생산 요소 시장에서 수요자의 역할을 한다. 가계와 기업은 모두 정부에 조세를 납부하고 정부로부터 공공 서비스를 제공받는다.

(2) 기업의 경제적 의사 결정(합리적 생산)

① 기업의 경제적 의사 결정의 목적: 이윤 극대화

② 이윤=총수입(판매 수입)−총비용(생산 비용)

③ 기업은 판매 수입을 늘리고 생산 비용을 줄여 이윤 극대화를 위해 노력함.

(3) 기업가 정신과 혁신

① 기업가 정신의 의미: 기업가가 미래의 불확실성을 감수하면서 과감히 생산을 수행하는 자세

② 혁신의 의미: 생산 및 경영 과정에서 새로운 방식을 추구하는 '창조적 파괴'의 과정

③ 의의

• 기업가 정신은 경제 성장의 원동력이 됨.

• 경영 혁신, 새로운 시장 개척, 새로운 제품 개발 등의 '창조적 파괴'는 경제 발전을 가능하게 함.

(4) 기업의 사회적 책임

① 의미: 소비자나 지역 사회 등과의 관계 속에서 이윤을 추구하는 기업이 사회에 대한 책임을 함께 져야 한다는 것

② 의의: 건전한 기업 활동(기업의 윤리 경영, 투명 경영, 환경 경영, 기부 활동 등)을 유도함.

개념 체크

1. 재화와 서비스를 생산물 시장에 공급하고, 이를 통해 이윤 극대화를 추구하는 경제 주체는 ( )이다.

2. 기업은 ( )에서 재화와 서비스의 공급자 역할을 하고, ( )에서 생산 요소의 수요자 역할을 한다.

3. ( )은 기업가가 미래의 불확실성을 감수하면서 과감히 생산을 수행하는 자세를 의미한다.

정답
1. 기업
2. 생산물 시장, 생산 요소 시장
3. 기업가 정신

3. 정부의 경제 활동

(1) 정부의 의미와 역할

① 의미: 가계나 기업이 낸 세금으로 국방, 치안, 도로 등을 생산하고, 기업이 생산한 재화와 서비스를 구매하는 등의 역할을 하는 경제 주체

② 역할

생산물 시장 및 생산 요소 시장의 수요자	• 정부는 정부 활동에 필요한 재화와 서비스를 구입함. • 정부는 정부 활동에 필요한 노동, 토지, 자본 등의 생산 요소를 구입함.
재정 활동의 주체	• 정부의 경제 활동에 필요한 재원을 조달하고 지출함. • 일정 기간 동안 국가의 재정과 관련된 내용을 세입과 세출로 나누어 예산을 계획하고 이를 집행함.
시장 기능의 보완	• 시장 경제가 원활하게 작동할 수 있도록 공정 경쟁 질서의 확립을 위한 규칙 제정 및 관리·감독 • 담합 행위 등에 대한 과징금 부과 등을 통해 시장 질서 유지 • 시장을 통해서는 충분히 공급되지 않는 공공재나 사회 간접 자본을 정부가 직접 생산하여 공급함.
소득 재분배	• 정부는 경제적 불평등을 완화하기 위해 다양한 방식으로 소득을 재분배함. • 세입 측면: 누진세제 실시, 저소득층 세금 부담 경감 등 • 세출 측면: 저소득층 생계비 보조 등 사회 보장 제도 실시
경제 안정 추구	• 경기 침체 시: 세입 축소, 정부 지출 증가(확대 재정) → 고용 증대 유도 • 경기 과열 시: 세입 증대, 정부 지출 감소(긴축 재정) → 물가 안정 유도

(2) 조세의 분류

① 납세자와 담세자의 일치 여부에 따른 분류

직접세	• 주로 소득이나 재산에 부과 ⓔ 소득세, 재산세, 법인세 등 • 납세자에게 직접 부과되어 간접세에 비해 조세 저항이 큼. • 일반적으로 누진세율이 적용되어 소득 재분배 효과가 큼.
간접세	• 주로 소비 지출에 부과 ⓔ 부가 가치세, 개별 소비세 등 • 납세자와 담세자가 다른 조세로, 직접세에 비해 조세 저항이 약함. • 일반적으로 비례세율이 적용되어 조세 부담의 형평성이 낮음.

② 세율 적용 방식에 따른 분류

누진세	• 과세 대상 금액이 커질수록 높은 세율을 적용 • 주로 직접세에 적용되며, 소득 재분배 효과가 큼.
비례세	• 과세 대상 금액에 상관없이 동일한 세율을 적용 • 주로 간접세에 적용되며, 간접세에 적용될 경우 조세 부담의 역진성이 나타남.
역진세	• 과세 대상 금액이 커질수록 낮은 세율을 적용 • 현실적으로 거의 존재하지 않음.

> ≡ **개념 플러스**　**우리나라의 대표적인 직접세와 간접세**
>
> 우리나라의 대표적인 직접세에는 소득세, 법인세 등이 있다. 소득세는 소득에 대한 세금이고, 법인세는 주식회사와 같은 법인의 소득에 대한 세금이다. 우리나라의 대표적인 간접세에는 부가 가치세와 개별 소비세 등이 있다. 부가 가치세는 재화 또는 서비스가 생산 및 유통되는 모든 단계에서 기업이 만들어 내는 가치에 대해 부과하는 세금이고, 개별 소비세는 특정한 물품의 소비, 특정한 장소에 입장하는 행위, 특정한 장소에서의 영업 행위 등에 대해 별도로 부과하는 세금이다.

✪ 재정

정부의 재원 조달 및 지출 활동을 말한다. 정부는 조세 수입 등의 주요 재원으로 공공 서비스 제공, 경제 안정 추구, 사회 보장 제도 실시 등을 위해 지출한다.

✪ 세입

세입은 정부가 나라 살림을 운영하기 위해 필요한 재원을 마련하는 활동으로, 조세, 조세 외 수입(수수료, 몰수금 등)으로 구성된다.

✪ 세출

세출은 정부가 여러 가지 목적으로 재원을 지출하는 활동으로, 일반·지방 행정, 국방, 교육, 보건·복지·노동 등 기능적으로 다양하게 분류된다.

✪ 납세자와 담세자

납세자는 세금을 국가나 지방 자치 단체에 납부하는 사람을 의미하고, 담세자는 부과된 세금을 자기의 소득 또는 재산에서 실질적으로 부담하는 사람을 의미한다.

> **개념 체크**
>
> 1. (　　　)는 국가의 재정과 관련된 내용을 세입과 세출로 나누어 예산을 계획하고 이를 집행하는 경제 주체이다.
>
> 2. 주로 소득이나 재산에 부과하는 것으로, 납세자와 담세자가 일치하는 조세는 (　　　)이다.
>
> 3. 과세 대상 금액에 상관없이 동일한 세율이 적용되고, 주로 간접세에 적용되는 조세는 (　　　)이다.
>
> 정답 ─────────
> 1. 정부
> 2. 직접세
> 3. 비례세

기업의 혁신

2005년 경제 협력 개발 기구(OECD)는 제품 혁신, 공정 혁신, 조직 혁신, 마케팅 혁신의 네 가지 유형으로 혁신을 분류하였다.

제품 혁신 (Product Innovation)	기업이 제품의 특성 및 용도 측면에서 상품이나 서비스를 개선하는 것을 의미한다. 제품의 구성 요소 및 재료, 기능이나 사용 편의성의 개선도 포함한다.
공정 혁신 (Process Innovation)	기술과 장비, 그리고 소프트웨어를 변화시켜 품질의 개선을 이루거나 생산성을 높이는 것을 의미한다.
마케팅 혁신 (Marketing Innovation)	제품 디자인이나 포장, 제품 전시, 홍보 또는 가격 책정 등을 변화시키는 마케팅 차원의 혁신을 의미한다.
조직 혁신 (Organisational Innovation)	기업의 내부나 외부와의 관계에서 조직 구성, 업무 분담, 의사 결정 등 업무 수행 체계를 개선하는 것을 의미한다.

오스트리아 출신의 미국 경제학자 조지프 슘페터(Joseph A. Schumpeter)는 자본주의 발전의 원동력을 '창조적 파괴(Creative Destruction)'의 과정이라고 주장하며, 기업가의 혁신을 강조하였다. 최근 우리 사회에서 반려 동물과 함께하는 가구의 비중이 높아지면서 펫(Pet) 산업 분야의 시장을 점유하기 위한 기업들의 혁신 노력이 나타나고 있다. 예를 들어, 동물을 키우는 사람에만 초점을 맞추었던 것에서 벗어나 반려 동물의 편안하고 안전한 생활을 위한 상품과 서비스 개발에 기업들이 적극 노력하고 있다.

우리나라의 누진세율 적용 방식

〈자료 1〉

과세 표준	세율
1,400만 원 이하	6%
1,400만 원 초과~5,000만 원 이하	15%
5,000만 원 초과~8,800만 원 이하	24%
8,800만 원 초과~1억 5,000만 원 이하	35%
1억 5,000만 원 초과~3억 원 이하	38%
3억 원 초과~5억 원 이하	40%
5억 원 초과~10억 원 이하	42%
10억 원 초과	45%

〈자료 2〉

과세 표준		단순 누진세율	초과 누진세율
5,100만 원	소득세	1,224만 원	648만 원
	과세 후 소득	3,876만 원	4,452만 원
4,600만 원	소득세	690만 원	564만 원
	과세 후 소득	3,910만 원	4,036만 원

〈자료 1〉은 2023년 우리나라의 종합 소득세율을 나타낸다. 우리나라를 비롯한 대부분의 국가에서는 소득세에 대해 누진세를 적용하고 있는데, 누진세의 계산 방법에는 〈자료 2〉와 같이 단순 누진세율과 초과 누진세율이 있다. 단순 누진세율은 과세 표준이 증가함에 따라 단순히 고율의 세율을 적용하는 방법이고, 초과 누진세율은 과세 표준을 단계적으로 구분해서 순차적으로 고율의 세율을 적용하는 방법이다.

만약 우리나라의 종합 소득세에 단순 누진세율 방식을 적용한다면, 소득이 5,100만 원일 경우 24%의 세율이 적용되어 소득세 총액은 1,224만 원, 과세 후 소득은 3,876만 원이 된다. 소득이 4,600만 원일 경우 15%의 세율이 적용되어 소득세 총액은 690만 원, 과세 후 소득은 3,910만 원이 된다. 따라서 단순 누진세율은 각 과세 표준 단계에 인접한 과세 대상 소득 간에 과세 후 소득이 역전되는 문제가 나타날 수 있다. 이를 해결하기 위해 우리나라에서는 초과 누진세율을 적용하고 있다.

초과 누진세율 방식을 적용하는 우리나라의 종합 소득세에 따르면, 소득이 5,100만 원일 경우 5,100만 원 중 1,400만 원에 대해서는 6%의 세율이, 3,600만 원에 대해서는 15%의 세율이, 100만 원에 대해서는 24%의 세율이 적용되어 소득세 총액은 648만 원, 과세 후 소득은 4,452만 원이 된다. 소득이 4,600만 원일 경우 동일한 방법으로 계산하면, 소득세 총액은 564만 원, 과세 후 소득은 4,036만 원이 된다.

01 다음 자료에 대한 옳은 설명만을 〈보기〉에서 고른 것은?

[24021-0031]

표는 갑이 X재 또는 Y재를 소비함에 따라 얻는 만족감을
나타낸다. 갑은 자신의 용돈 200달러를 모두 사용하여 X재
와 Y재를 소비하며, X재 가격과 Y재 가격은 각각 50달러로
동일하다.

소비량(개)		1	2	3	4
만족감 (달러)	X재	150	280	400	500
	Y재	150	300	450	550

• 보기 •

ㄱ. X재 1개 추가 소비에 따른 만족감의 증가분은 지속적
으로 감소한다.
ㄴ. Y재 1개 추가 소비에 따른 만족감의 증가분은 최대
150달러이다.
ㄷ. 갑은 X재 3개와 Y재 2개를 동시에 소비할 수 있다.
ㄹ. X재 2개와 Y재 2개를 동시에 소비할 경우 갑이 얻는
만족감이 가장 크다.

① ㄱ, ㄴ   ② ㄱ, ㄷ   ③ ㄴ, ㄷ
④ ㄴ, ㄹ   ⑤ ㄷ, ㄹ

02 다음 자료에 대한 설명으로 옳은 것은?

[24021-0032]

그림은 갑의 X재와 Y재의 소비 조합을 나타낸다. 단, 갑은
용돈 10만 원을 모두 사용하여 X재와 Y재만을 소비한다.

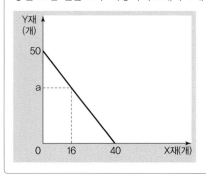

① a는 '25'이다.
② X재 1개 소비의 기회비용은 일정하지 않다.
③ Y재 1개 소비의 기회비용은 X재 5/4개이다.
④ X재 32개와 Y재 10개를 동시에 소비할 수 있다.
⑤ X재 28개와 Y재 20개를 동시에 소비할 수 있다.

03 다음 자료에 대한 옳은 설명만을 〈보기〉에서 고른 것은?

[24021-0033]

표는 t년과 t+1년에 X재만을 생산하는 A 기업의 각 생산
량에서의 총비용에 대한 총수입의 비를 나타낸다. t년에 X
재 가격은 50달러였고, t+1년에 X재 가격은 t년에 비해
100% 상승하였다. 단, t년과 t+1년에 A 기업은 X재를 5개
까지만 생산하고, 생산된 X재는 모두 판매된다.

생산량(개)	1	2	3	4	5
총수입/총비용	1	5/3	2	2	5/4

* 평균 수입=총수입/생산량
** 평균 비용=총비용/생산량

• 보기 •

ㄱ. t년에 평균 수입은 생산량이 3개일 때가 가장 크다.
ㄴ. t+1년에 생산량이 5개일 때의 평균 비용은 4개일 때
보다 30달러만큼 크다.
ㄷ. t+1년에 생산량이 3개일 때와 4개일 때의 이윤은 같다.
ㄹ. X재 1개를 추가로 생산할 때 발생하는 비용의 증가분은
각 생산량에서 t+1년이 t년의 2배이다.

① ㄱ, ㄴ   ② ㄱ, ㄷ   ③ ㄴ, ㄷ
④ ㄴ, ㄹ   ⑤ ㄷ, ㄹ

04 다음 사례에 대한 설명으로 가장 적절한 것은?

[24021-0034]

• 음식점을 운영하는 갑은 직원들이 고객 응대에 집중하도
록 하고 비용 절감을 위해 서빙 로봇을 도입하였다. 도입
후 고객 만족도가 높아졌으며, 이윤이 증가하였다.
• 디저트 카페를 운영하는 을은 어른들이 어렸을 때의 감성,
즉 레트로(retro) 감성을 느낄 수 있도록 하는 신제품을
출시하여 많은 수익을 창출하였다. 수익의 일부분은 지역
취약 계층의 경제적 자립을 위해 사용하고 있다.

① 갑의 활동에는 기업의 일자리 창출이 나타난다.
② 갑의 활동에는 새로운 상품을 개발하는 혁신이 나타난다.
③ 을의 활동에는 기업의 사회적 책임이 나타난다.
④ 을의 활동에는 '창조적 파괴'의 과정이 나타나지 않는다.
⑤ 을의 활동에는 소비자의 세대와 관련없는 혁신이 나타
난다.

[24021-0035]

05 다음 자료는 경제 주체에 대한 학생의 탐구 내용과 교사의 평가이다. 이에 대한 옳은 설명만을 〈보기〉에서 고른 것은? (단, A, B는 각각 가계와 기업 중 하나임.)

〈탐구 활동〉

※ 경제 주체 A, B 각각의 특징을 두 가지씩 탐구하여 제시하시오.

〈학생의 탐구 내용 및 교사의 평가〉

경제 주체	A	B
탐구 내용	• 이윤 극대화를 추구한다. • (가)	• 소비 활동의 주체이다. • (나)
교사 평가	두 가지 중 한 가지만 옳게 제시하였습니다.	두 가지 모두 옳게 제시하였습니다.

● 보기 ●

ㄱ. A는 '기업', B는 '가계'이다.
ㄴ. B는 A와 달리 생산 요소 시장의 공급자이다.
ㄷ. (가)에는 '재정 활동의 주체이다.'가 들어갈 수 없다.
ㄹ. (나)에는 '생산물 시장에서 판매 수입을 얻는 주체이다.'가 들어갈 수 있다.

① ㄱ, ㄴ   ② ㄱ, ㄷ   ③ ㄴ, ㄷ
④ ㄴ, ㄹ   ⑤ ㄷ, ㄹ

[24021-0036]

06 다음 자료에 대한 설명으로 가장 적절한 것은?

일명 '빈 박스 마케팅'이란 먼저 온라인 쇼핑몰에서 판매되는 상품의 광고주가 아르바이트생들을 고용하여 이들이 해당 상품을 구매하게 한 후 상품을 제외한 빈 박스만 배송되도록 한다. 이 과정에서 구매 후기 작성 권한을 갖게 된 아르바이트생들이 상품의 긍정적인 측면만을 부각하여 후기를 조작하도록 하는 것이다. 이에 공정 거래 위원회는 온라인 쇼핑몰의 많은 소비자들이 구매 후기를 확인하고 상품을 구매한다는 점에서 공정한 경쟁을 저해하는 '빈 박스 마케팅'을 실시한 광고주에게 과징금을 부과하고 시정 명령을 내렸다.

① 이자를 얻기 위한 가계의 역할이 나타난다.
② 효율적 생산을 위한 기업의 혁신이 나타난다.
③ 소득 재분배를 위한 정부의 역할이 나타난다.
④ 사회적 책임을 다하는 기업의 역할이 나타난다.
⑤ 시장 기능을 보완하기 위한 정부의 역할이 나타난다.

[24021-0037]

07 그림은 t년과 t+1년에 갑국의 소득세제를 나타낸다. 이에 대한 설명으로 옳은 것은? (단, 갑국의 과세 대상 인구와 납세자의 소득은 모두 변함이 없음.)

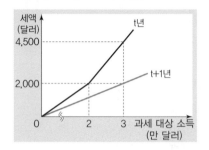

① t년에 과세 대상 소득 대비 세액의 비율은 과세 대상 소득이 2만 달러인 납세자가 3만 달러인 납세자보다 낮다.
② t년에 비해 t+1년에 소득 재분배 효과가 커졌다.
③ t년에 비해 t+1년에 조세 부담의 전가가 용이해졌다.
④ 과세 대상 소득이 2만 달러보다 낮은 납세자의 세액은 t년 대비 t+1년에 50% 이상 감소하였다.
⑤ 과세 대상 소득이 3만 달러인 납세자의 과세 대상 소득 대비 세액의 비율은 t년 대비 t+1년에 높아졌다.

[24021-0038]

08 표는 질문에 따라 경제 주체 A~C를 구분한 것이다. 이에 대한 옳은 설명만을 〈보기〉에서 고른 것은? (단, A~C는 각각 가계, 기업, 정부 중 하나임.)

구분	A	B	C
생산물 시장의 수요자입니까?	아니요	㉠	㉡
(가)	예	예	아니요
(나)	아니요	아니요	예

● 보기 ●

ㄱ. ㉠과 ㉡에는 모두 '예'가 들어갈 수 있다.
ㄴ. A는 B, C를 대상으로 조세를 징수할 수 있다.
ㄷ. (가)에는 '생산 요소 시장의 수요자입니까?'가 들어갈 수 있다.
ㄹ. (나)에는 '효용 극대화를 추구하는 경제 주체입니까?'가 들어갈 수 없다.

① ㄱ, ㄴ   ② ㄱ, ㄷ   ③ ㄴ, ㄷ
④ ㄴ, ㄹ   ⑤ ㄷ, ㄹ

[24021-0039]

1 다음은 수업의 한 장면이다. 이에 대한 옳은 설명만을 〈보기〉에서 고른 것은?

〈수업 주제:  (가) 〉

• 사례 1: 갑 기업은 최근 '워케이션(workcation) 제도'를 새롭게 도입하였다. 이는 '일(work)'과 '휴식(vacation)'의 합성어로, 이 제도의 목표는 직원들이 여행과 원격 근무를 병행하도록 하여 우수 인재 영입과 창의적 업무 수행을 도모하고자 한다.

• 사례 2: 을 기업은 최근 사업 분야가 각기 다른 기업들과 제휴를 맺어 이들 기업의 직원들이 자유롭게 교류하고 함께 학습하는 모임을 지원하고 있다. 이는 사내 동호회를 지원하던 기존의 전략에서 벗어난 것으로, 이를 통해 창의적인 상품 개발 등의 성과가 나타나고 있다.

● 보기 ●

ㄱ. (가)에는 '기업의 환경에 대한 책임'이 들어갈 수 있다.
ㄴ. 사례 1은 생산 과정에서의 혁신에 해당한다.
ㄷ. 사례 2는 사례 1과 달리 기업의 이윤을 증대시키는 요인이다.
ㄹ. 사례 1과 사례 2는 모두 경제 성장의 요인이 될 수 있다.

① ㄱ, ㄴ ② ㄱ, ㄷ ③ ㄴ, ㄷ ④ ㄴ, ㄹ ⑤ ㄷ, ㄹ

[24021-0040]

2 다음 자료에 대한 설명으로 옳은 것은?

〈자료 1〉은 갑의 X재 소비에 따른 편익과 Y재 1개를 추가로 소비할 때 얻는 편익의 증가분을 나타내며, 〈자료 2〉는 갑이 10만 원을 모두 사용하여 소비할 수 있는 X재와 Y재의 소비 조합 A~F를 나타낸다. 단, X재와 Y재의 가격은 서로 동일하며, 제시된 내용 이외의 다른 조건은 고려하지 않는다.

〈자료 1〉

소비량(개)	1	2	3	4	5
X재 소비에 따른 편익(만 원)	10	18	22	26	28
Y재 1개를 추가로 소비할 때 얻는 편익의 증가분(만 원)	12	10	6	2	2

〈자료 2〉

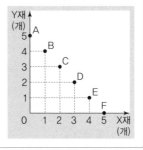

① X재 가격은 3만 원이다.
② Y재 가격이 하락하면, A점과 B점은 모두 소비가 불가능해진다.
③ 순편익은 C점을 선택할 경우가 D점을 선택할 경우보다 크다.
④ 암묵적 비용은 E점을 선택할 경우가 F점을 선택할 경우보다 작다.
⑤ X재 1개를 추가로 소비할 때 얻는 편익의 증가분은 소비를 늘림에 따라 지속적으로 감소한다.

[24021-0041]

3 다음 자료에 대한 설명으로 옳은 것은?

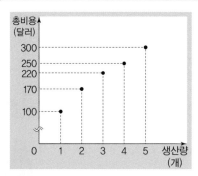

그림은 t년에 X재만을 생산하는 갑 기업의 X재 생산량에 따른 총비용을 나타낸다. t년과 t+1년 모두 X재 가격은 70달러로 변함이 없고, t+1년의 총비용은 각 생산량 수준에서 t년 대비 20%씩 하락하였다. 단, t년과 t+1년 모두 갑 기업은 X재를 1개씩 5개까지만 생산하며, 생산된 X재는 모두 판매된다.

* 평균 수입=총수입/생산량
** 평균 비용=총비용/생산량

① 각 생산량에서의 평균 수입은 t년이 t+1년보다 크다.
② t년에는 이윤을 극대화하는 생산량에서의 평균 비용이 가장 크다.
③ t년에 생산량이 3개일 때의 총비용은 t+1년에 생산량이 4개일 때의 총비용과 동일하다.
④ t+1년에는 t년과 달리 이윤을 극대화하는 생산량이 5개이다.
⑤ X재 1개 추가 생산에 따른 비용의 증가분은 각 생산량에서 t+1년이 t년보다 작다.

[24021-0042]

4 다음 대화에 대한 옳은 설명만을 〈보기〉에서 고른 것은?

경제적 취약 계층을 위한 사회 보장 제도를 강화하고, 사회 간접 자본을 확충해야 합니다.

전 세계적 경기 침체로 인해 국내 제조업 분야의 수출액이 감소하고 투자 규모가 줄어들고 있습니다. 이러한 상황에서 정부가 할 수 있는 역할은 무엇일까요?

경제 활성화를 위해 소득세율과 부가 가치세율을 모두 낮춰야 합니다.

갑   사회자   을

● 보기 ●
ㄱ. 갑의 주장에는 정부의 소득 재분배 역할이 나타난다.
ㄴ. 을은 세입 측면에서 정부의 역할을 강조한다.
ㄷ. 을은 갑과 달리 시장의 기능을 보완하는 정부의 역할을 강조한다.
ㄹ. 갑과 을은 모두 기업 간 공정한 경쟁 질서 확립을 위한 정부의 역할을 강조한다.

① ㄱ, ㄴ   ② ㄱ, ㄷ   ③ ㄴ, ㄷ   ④ ㄴ, ㄹ   ⑤ ㄷ, ㄹ

[24021-0043]

5 다음 자료에 대한 옳은 분석 및 추론만을 〈보기〉에서 고른 것은?

A 기업은 노동과 자본만을 이용하여 X재를 생산한다. 표는 생산량에 따른 A 기업의 노동 투입량과 자본 투입량을 나타낸다. 노동 1단위 가격과 자본 1단위 가격의 비는 ㉠ 1 : 1이며, A 기업은 X재 개당 총생산 비용을 최소화하는 생산량을 선택하고자 한다. 단, A 기업은 X재를 4개까지 생산할 수 있고, 생산된 X재는 모두 판매된다.

생산량(개)	1	2	3	4
노동 투입량(단위)	12	14	16	20
자본 투입량(단위)	4	8	11	12

● 보 기 ●

ㄱ. 생산량이 1개일 때 X재 개당 총생산 비용이 가장 작다.
ㄴ. 생산량이 2개일 때 총생산 비용에서 노동에 투입된 비용이 차지하는 비율은 4/11이다.
ㄷ. 생산량이 3개일 때 총생산 비용에서 자본에 투입된 비용이 차지하는 비율은 11/27이다.
ㄹ. ㉠이 '1 : 2'로 변하더라도 A 기업이 선택하는 생산량은 동일하다.

① ㄱ, ㄴ　　　② ㄱ, ㄷ　　　③ ㄴ, ㄷ　　　④ ㄴ, ㄹ　　　⑤ ㄷ, ㄹ

[24021-0044]

6 다음 자료에 대한 분석 및 추론으로 옳은 것은?

그림은 갑국에서 시행 중인 조세 제도 (가), (나)를 나타낸다. 갑국 정부는 저출생 문제에 대응하기 위해 ㉠ X재를 구입할 때 부과하는 조세 제도 (가)를 다자녀 가구에 최대 500달러 한도로 면제해 주는 정책 시행을 고려하고 있다.

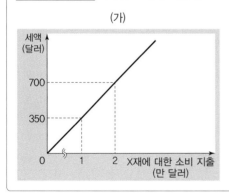
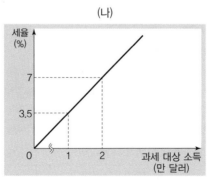

① (가)는 누진세율이 적용된다.
② (나)에서는 조세 부담의 역진성이 나타난다.
③ (가)에서 X재에 대한 소비 지출 중 세액이 차지하는 비율은 일정하다.
④ (나)에서 과세 대상 소득 중 세액이 차지하는 비율은 과세 대상 소득이 1만 달러일 경우와 2만 달러일 경우가 같다.
⑤ ㉠을 시행할 경우 X재에 대한 소비 지출이 2만 달러인 다자녀 가구 납세자가 실제로 부담하는 (가)의 세율은 최소 2%이다.

[24021-0045]

7 다음 자료에 대한 설명으로 옳은 것은?

A국 정부는 시장에서 판매되는 휘발유와 경유에 대해 ㉠ 리터(*l*)당 가격의 일정 비율을 유류세로 부과하고 있다. A국 정부는 국제 유가의 급격한 상승으로 지난해부터 유류세를 휘발유는 20%, 경유는 30% 각각 할인해 주고 있는데, 최근 국제 유가 추세의 변화로 유류세 인하 제도를 재검토하고자 한다. 표는 유류세 인하 제도에 대한 갑~병의 입장과 해당 이유를 나타낸다.

구분	입장	이유
갑	유류세 인하 제도 유지, 할인 비율 유지	(가)
을	유류세 인하 제도 유지, 할인 비율 축소	(나)
병	유류세 인하 제도 폐지	(다)

① ㉠은 '직접세'이다.
② 갑은 을, 병과 달리 국제 유가가 급격히 하락했다는 것을 전제한다.
③ (가)에는 '세입보다 세출이 빠르게 증가하여 정부의 재정에 부담이 된다.'가 들어갈 수 있다.
④ (나)에는 '물가 상승을 억제하면서도 정부의 재정 부담을 줄여야 한다.'가 들어갈 수 있다.
⑤ (다)에는 '세입과 세출을 비교했을 때 정부의 재정 부담 여력이 충분하다.'가 들어갈 수 있다.

[24021-0046]

8 다음 자료에 대한 옳은 설명만을 〈보기〉에서 고른 것은?

〈자료 1〉은 갑국 정부가 법인의 연간 소득에 부과하는 세율을 나타낸 것입니다. 그런데 과세 대상 법인 소득이 3억 원이면 일괄 20%의 세율을 적용하는 단순 누진세율의 경우와 과세 대상 법인 소득 3억 원 중 2억 원에 대해서는 10%의 세율을, 나머지 1억 원에 대해서는 20%의 세율을 적용하는 초과 누진세율의 경우 법인이 부담하는 세액이 달라집니다. 〈자료 2〉에서 갑국 A 기업~C 기업 각각의 (가) 적용 시 세액과 (나) 적용 시 세액의 비교를 통해 이를 확인할 수 있습니다. 단, (가), (나)는 각각 단순 누진세율과 초과 누진세율 중 하나입니다.

〈자료 1〉

과세 표준	세율
2억 원 이하	10%
2억 원 초과 ~ 200억 원 이하	20%
200억 원 초과 ~ 3,000억 원 이하	30%
3,000억 원 초과	35%

〈자료 2〉
(단위: 억 원)

구분	과세 대상 법인 소득	(가) 적용 시 세액	(나) 적용 시 세액
A 기업	195	㉠	㉡
B 기업	210	㉢	㉣
C 기업	3,100	1,085	914.8

● 보기 ●
ㄱ. (가)는 '단순 누진세율', (나)는 '초과 누진세율'이다.
ㄴ. (가) 적용 시 A 기업의 세후 법인 소득은 B 기업보다 많다.
ㄷ. A 기업은 B, C 기업과 달리 (나) 적용 시 세액이 (가) 적용 시 세액보다 많다.
ㄹ. ㉠과 ㉢의 합은 ㉡과 ㉣을 합한 것보다 작다.

① ㄱ, ㄴ   ② ㄱ, ㄷ   ③ ㄴ, ㄷ   ④ ㄴ, ㄹ   ⑤ ㄷ, ㄹ

[24021-0047]

9 다음 대화에 대한 옳은 설명만을 〈보기〉에서 고른 것은? (단, A, B는 각각 가계와 기업 중 하나임.)

교사: 국수를 판매하는 분식집과 연관된 경제 주체 A, B를 설명해 보세요.
갑: A는 생산 요소 시장에서 B에 생산 요소를 제공하는데, 이를 이용하여 B는 국수에 대한 소비 지출을 하게 됩니다.
을: B는 생산 요소 시장에서 A로부터 생산 요소를 구입하는데, 이에 대한 대가를 받은 A는 국수를 구입할 수 있습니다.
교사: 을은 모두 옳게 설명하였고, 갑은 옳지 않게 설명한 부분이 있네요. 갑 학생은 [(가)]를 고려하여 다시 판단해 보세요.

● 보기 ●

ㄱ. A는 생산물 시장에서 판매 수입을 얻는 경제 주체이다.
ㄴ. B는 부가 가치를 창출하는 경제 주체이다.
ㄷ. A는 B와 달리 납세자의 역할을 하지 않는다.
ㄹ. (가)에는 '생산 요소 시장에서의 A와 B의 역할'이 들어갈 수 없다.

① ㄱ, ㄴ   ② ㄱ, ㄷ   ③ ㄴ, ㄷ   ④ ㄴ, ㄹ   ⑤ ㄷ, ㄹ

[24021-0048]

10 다음 자료에 대한 설명으로 옳은 것은? (단, A~C는 각각 가계, 기업, 정부 중 하나임.)

〈국민 경제의 순환 게임 활동〉

[게임 주제] 국민 경제의 순환 과정에서 경제 주체 A~C의 역할 이해
[게임 방법]
• 참가자는 경제 주체 표시가 모두 빠진 각기 다른 미완성의 국민 경제 순환 그림을 배부받는다.
• 참가자는 A~C 중 하나의 경제 주체에 대해서만 '예'라고 답할 수 있는 질문을 제시하면, 교사로부터 해당 경제 주체가 표시된 카드를 획득한다.
• 참가자는 각자 ⊙ 세 가지의 질문을 제시하여 카드를 획득한 후, 이를 모두 붙여 배부된 국민 경제 순환 그림을 완성한다.
[게임 결과] 참가자인 갑과 을이 획득한 카드를 모두 붙인 결과는 다음과 같으며, 갑만이 배부받은 국민 경제 순환 그림을 정확히 완성하였다. 단, 빈칸은 카드를 획득하지 못하여 발생한 것이다.

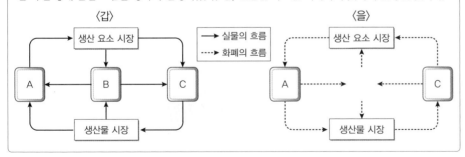

① A는 B와 달리 공공재를 직접 생산하여 공급한다.
② B는 C와 달리 이윤 극대화를 추구한다.
③ '생산물 시장의 수요자 역할을 합니까?'는 갑의 ⊙ 내용이 될 수 있다.
④ '담합 행위를 규제하여 시장의 기능을 보완합니까?'는 을의 ⊙ 내용이 될 수 없다.
⑤ '생산 요소 시장의 수요자 역할을 합니까?'는 갑과 을 모두의 ⊙ 내용이 될 수 있다.

01 다음 자료에 대한 설명으로 옳은 것은?

2024학년도 6월 모의평가

그림은 민간 경제의 순환을 나타내며, 학생의 학용품 구입비는 ㉠에 해당한다. 단, A, B는 각각 가계와 기업 중 하나이다.

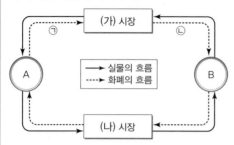

① (가) 시장은 생산 요소 시장이다.
② A는 이윤 극대화를 추구한다.
③ B는 생산의 주체이다.
④ A는 (나) 시장에서 수요자이다.
⑤ 회사원이 받는 월급은 ㉡에 해당한다.

02 그림은 경제 체제에 대한 수업 장면이다. 교사의 질문에 옳게 응답한 학생은? (단, A, B는 각각 시장 경제 체제와 계획 경제 체제 중 하나임.)

2024학년도 9월 모의평가

① 갑: 정부가 생산물의 종류와 수량을 통제합니다.
② 을: 자유로운 경쟁을 통한 이윤 추구를 보장합니다.
③ 병: 자원의 희소성에 따른 경제 문제가 발생합니다.
④ 정: 원칙적으로 생산 수단의 사적 소유를 인정하지 않습니다.
⑤ 무: 경제 문제 해결에 있어 효율성보다 형평성을 강조합니다.

03 (가)에 들어갈 수 있는 내용으로 가장 적절한 것은? 2024학년도 9월 모의평가

> 교사: 지난 시간에 배웠던 ___(가)___ 의 사례를 발표해 보도록 합시다.
> 갑: ◇◇ 기업은 환경 보전을 위해 원료 사용부터 상품 제조, 판매 과정까지 재활용이 가능한 소재를 최대한 활용하고 있습니다.
> 을: ○○ 기업은 상품 생산 과정에서 발생하는 탄소 배출량을 감축하고 오염 물질을 정화하기 위해 노력하고 있습니다.
> 병: △△ 기업은 소외 계층 지원과 같은 사회 공헌 확대와 사내 청렴 문화 정착을 위한 윤리 경영을 선언하고 이를 실천하고 있습니다.
> 교사: 모두 옳게 발표했군요.

① 기업가 정신 ② 규모의 경제 실현
③ 기업의 사회적 책임 ④ 근로자의 권익 보호
⑤ 사회 기반 시설 구축

04 다음 자료에 대한 옳은 분석 및 추론만을 〈보기〉에서 있는 대로 고른 것은? (단, 제시된 자료 이외에 다른 조건은 고려하지 않음.) 2024학년도 수능

> 같은 시간에 열려 둘 중 하나만 관람할 수 있는 아이돌 공연과 뮤지컬 공연이 있다. 표는 갑과 을이 공연 관람으로부터 얻는 편익과 공연 표의 가격을 나타낸다. ㉠ 갑은 두 공연 중 뮤지컬 공연을 선택하여 표를 구입하였으며, 을은 아이돌 공연 표를 무료로 선물 받았다.
>
> (단위: 만 원)
>
> | 구분 | 아이돌 공연 | 뮤지컬 공연 |
> |---|---|---|
> | 갑의 편익 | (가) | 9 |
> | 을의 편익 | 10 | (나) |
> | 표 가격 | (다) | 8 |
>
> 을에게 아이돌 공연 표가 있다는 사실을 알게 된 갑은 ㉡ "나에게 아이돌 공연 표를 5만 원에 팔면 너에게 뮤지컬 공연 표를 그냥 줄게."라고 을에게 제안하였다. 단, 갑과 을은 편익과 기회 비용만을 고려하여 합리적으로 결정하고, 모든 공연 표는 환불이 불가능하며, 공연 관람에 따른 추가 비용은 없다.

● 보 기 ●
ㄱ. (가)가 '13'이라면 갑은 ㉡을 제안하지 않았을 것이다.
ㄴ. (나)가 '4'라면 을은 ㉡을 받아들일 것이다.
ㄷ. ㉠과 ㉡으로부터 판단할 때, (다)는 '12'가 될 수 있다.

① ㄱ ② ㄴ ③ ㄱ, ㄷ ④ ㄴ, ㄷ ⑤ ㄱ, ㄴ, ㄷ

04 시장 가격의 결정과 변동

1. 시장

(1) **의미**: 재화와 서비스, 생산 요소 등을 사려는 사람(수요자)과 팔려는 사람(공급자)이 만나 거래가 이루어지는 장소 또는 관계

(2) **기능**

① 거래 비용 감소: 거래할 상대방을 찾거나 교환 조건을 탐색하는 데 드는 거래 비용이 감소함.

② 분업을 통한 특화 촉진: 자신의 잉여 생산물을 다른 사람들과 교환 → 분업을 통한 특화가 나타나게 되어 생산성이 향상되고 생산비가 절감됨.

2. 생산물 시장과 생산 요소 시장

○ **특화**
보유한 자원을 가장 효율적으로 사용할 수 있는 일에 모든 생산 요소를 투입하여 집중 생산하는 것을 의미한다.

구분	생산물 시장	생산 요소 시장
거래 대상	재화와 서비스	노동, 자본, 토지 등의 생산 요소
가계의 역할	생산물 시장의 수요자	생산 요소 시장의 공급자
기업의 역할	생산물 시장의 공급자	생산 요소 시장의 수요자

3. 시장의 수요

(1) **수요와 수요량의 의미**

① 수요: 소비자가 일정 기간 동안에 상품을 구입하고자 하는 욕구

② 수요량: 특정 가격 수준에서 소비자가 구입하고자 하는 상품의 양

(2) **수요 법칙**: 다른 조건이 일정할 때, 가격이 상승하면 수요량이 감소하고 가격이 하락하면 수요량이 증가한다는 것 → 가격과 수요량 간에 부(−)의 관계가 나타남.

(3) **수요 곡선**

① 의미: 가격과 수요량 간의 관계를 그래프로 나타낸 것

② 개별 수요 곡선과 시장 수요 곡선

- 개별 수요 곡선: 상품 가격에 대한 개별 소비자의 수요 상태를 나타냄.
- 시장 수요 곡선: 상품 가격에 대한 시장 전체의 수요 상태를 나타냄. → 특정 가격 수준에서 상품에 대한 개별 소비자의 수요량을 모두 합한 것

자료 플러스 개별 수요 곡선과 시장 수요 곡선

그림은 수요자가 갑과 을만 존재하는 시장의 개별 수요 곡선과 시장 수요 곡선을 나타낸다.

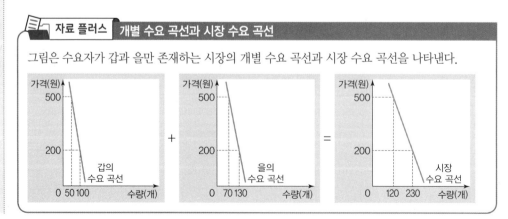

(4) 수요량의 변동과 수요의 변동

수요량의 변동	수요의 변동
• 해당 상품의 가격 변동에 따라 수요량이 변동하는 것 • 수요 곡선상에서 점의 이동으로 나타남. 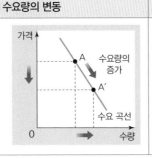	• 해당 상품의 가격 변동 이외의 다른 요인으로 인해 수요가 변동하는 것 • 수요 곡선 자체의 이동으로 나타남. 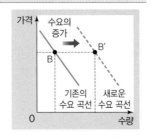

(5) 수요 변동의 요인

수요 증가 요인	수요 감소 요인
• 소득의 증가(정상재) • 대체재의 가격 상승 • 보완재의 가격 하락 • 선호(기호)의 증가 • 수요자 수의 증가 • 수요자의 미래 가격 상승 예상	• 소득의 감소(정상재) • 대체재의 가격 하락 • 보완재의 가격 상승 • 선호(기호)의 감소 • 수요자 수의 감소 • 수요자의 미래 가격 하락 예상

4. 시장의 공급

(1) 공급과 공급량의 의미

① 공급: 생산자가 일정 기간 동안에 상품을 판매하고자 하는 욕구

② 공급량: 특정 가격 수준에서 생산자가 판매하고자 하는 상품의 양

(2) 공급 법칙: 다른 조건이 일정할 때, 가격이 상승하면 공급량이 증가하고 가격이 하락하면 공급량이 감소한다는 것 → 가격과 공급량 간에 정(+)의 관계가 나타남.

(3) 공급 곡선

① 의미: 가격과 공급량 간의 관계를 그래프로 나타낸 것

② 개별 공급 곡선과 시장 공급 곡선

• 개별 공급 곡선: 상품 가격에 대한 개별 생산자의 공급 상태를 나타냄.

• 시장 공급 곡선: 상품 가격에 대한 시장 전체의 공급 상태를 나타냄. → 상품의 특정 가격 수준에서 개별 생산자의 공급량을 모두 합한 것

(4) 공급량의 변동과 공급의 변동

공급량의 변동	공급의 변동
• 해당 상품의 가격 변동에 따라 공급량이 변동하는 것 • 공급 곡선상에서 점의 이동으로 나타남.	• 해당 상품의 가격 변동 이외의 다른 요인으로 인해 공급이 변동하는 것 • 공급 곡선 자체의 이동으로 나타남.

✪ **정상재**

소득이 증가할 때 수요가 증가하는 재화이다. 이와 반대로 소득이 증가할때 수요가 감소하는 재화는 열등재라고 한다.

✪ **대체재**

용도와 만족감이 비슷하여 서로 대신하여 사용할 수 있는 재화를 의미한다.

✪ **보완재**

함께 소비하면 더 큰 만족감을 얻을 수 있는 재화를 의미한다.

개념 체크

1. 한 재화에 대한 소비자 선호(   )는 그 재화의 수요 증가 요인이다.

2. (   )은 생산자가 일정 기간 동안에 상품을 판매하고자 하는 욕구이다.

정답
1. 증가
2. 공급

(5) 공급 변동의 요인

공급 증가 요인	공급 감소 요인
• 생산 요소의 가격 하락 • 생산 기술의 발전 • 공급자 수의 증가 • 공급자의 미래 가격 하락 예상	• 생산 요소의 가격 상승 • 생산 여건의 악화 • 공급자 수의 감소 • 공급자의 미래 가격 상승 예상

5. 시장 균형의 결정

(1) 시장 균형
① 의미: 시장에서 수요량과 공급량이 일치하여 가격이 더 이상 변하지 않는 상태
② 균형 가격: 수요량과 공급량이 일치하는 균형점에서의 가격
③ 균형 거래량: 수요량과 공급량이 일치하는 균형점에서의 거래량

(2) 시장 불균형
① 의미: 시장에서 수요량과 공급량이 일치하지 않아 초과 수요나 초과 공급이 발생하는 상태
② 초과 수요: 특정 가격 수준에서 수요량이 공급량보다 많은 경우로서 가격 상승 압력이 존재함.
③ 초과 공급: 특정 가격 수준에서 공급량이 수요량보다 많은 경우로서 가격 하락 압력이 존재함.

(3) 시장 균형의 결정 원리
① 초과 수요(수요량>공급량) 상태 → 가격 상승 압력 발생 → 가격 상승 → 수요량 감소, 공급량 증가 → 시장 균형 달성(수요량=공급량)
② 초과 공급(수요량<공급량) 상태 → 가격 하락 압력 발생 → 가격 하락 → 수요량 증가, 공급량 감소 → 시장 균형 달성(수요량=공급량)

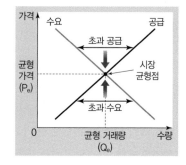

6. 시장 균형의 변동

(1) 의미: 수요나 공급이 변동하여 그 균형점이 변동하는 것(수요 곡선이나 공급 곡선이 이동하여 그 교차점의 위치가 달라지는 것)

(2) 시장 균형의 변동 유형
① 수요 또는 공급 중 하나만 변동하는 경우 (수요와 공급 법칙이 적용됨.)

변동 내용	변동 결과	
	균형 가격	균형 거래량
수요 증가	상승	증가
수요 감소	하락	감소
공급 증가	하락	증가
공급 감소	상승	감소

② 수요와 공급이 모두 변동하는 경우 (수요와 공급 법칙이 적용됨.)

변동 내용	변동 결과	
	균형 가격	균형 거래량
수요 증가, 공급 증가	불분명	증가
수요 증가, 공급 감소	상승	불분명
수요 감소, 공급 증가	하락	불분명
수요 감소, 공급 감소	불분명	감소

✪ 시장 가격과 균형 가격
수요량과 공급량이 일치하는 가격 수준을 균형 가격이라고 한다. 수요량과 공급량이 일치하는 수준에서 시장 가격이 형성되는 경우 균형 가격이 곧 시장 가격이 된다. 그러나 정부의 가격 규제 등의 요인에 의하여 균형 가격과 시장 가격이 일치하지 않는 경우도 있다.

개념 체크

1. (　　　)이란 시장에서 수요량과 공급량이 일치하여 가격이 더 이상 변하지 않는 상태를 의미한다.
2. 수요와 공급 법칙이 적용되는 시장의 초과 공급 상태에서 시장 균형 상태로 이동할 경우, 수요량은 (　　　)하고, 공급량은 (　　　)한다.
3. 수요와 공급 법칙이 적용되는 시장의 균형 상태에서 공급만 증가하면 균형 가격은 (　　　)하고, 균형 거래량은 (　　　)한다.

정답
1. 시장 균형
2. 증가, 감소
3. 하락, 증가

Theme 1   정상재와 열등재

커피를 즐겨 마시는 회사원 갑이 직장을 잃고 소득이 줄어들게 된다면 갑의 커피 수요는 감소할 것이다. 소득이 감소하면 지출할 수 있는 돈이 적어지므로 대부분 재화나 서비스의 구입량을 줄이게 된다. 이와 같이 소득이 감소(증가)함에 따라 수요가 감소(증가)하는 재화를 정상재라고 하고, 반대로 소득이 증가(감소)함에 따라 수요가 감소(증가)하는 재화를 열등재라고 한다.

정상재와 열등재의 구분은 상대적이다. 소득이 증가하여 대중교통인 버스 이용을 줄이는 대신 자가용 승용차를 이용하게 된다면 버스 이용은 열등재, 자가용 승용차 이용은 정상재이다. 그런데 소득이 낮아 버스를 타지 않고 걸어 다니던 사람이 소득이 증가함에 따라 버스를 이용하게 되었다면, 이때 버스 이용은 정상재이다.

Theme 2   수요와 공급 법칙이 적용되는 재화의 수요와 공급이 모두 변동하는 경우

수요 증가, 공급 증가		수요 증가, 공급 감소	
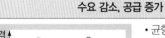	• 균형 가격 불분명 (수요 증가 폭과 공급 증가 폭의 크기에 따라 다름.) • 균형 거래량 증가	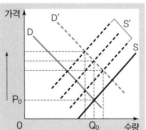	• 균형 가격 상승 • 균형 거래량 불분명 (수요 증가 폭과 공급 감소 폭의 크기에 따라 다름.)
수요 감소, 공급 증가		수요 감소, 공급 감소	
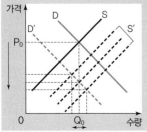	• 균형 가격 하락 • 균형 거래량 불분명 (수요 감소 폭과 공급 증가 폭의 크기에 따라 다름.)	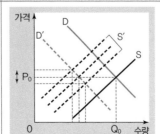	• 균형 가격 불분명 (수요 감소 폭과 공급 감소 폭의 크기에 따라 다름.) • 균형 거래량 감소

Theme 3 재화의 연관 관계가 수요에 미치는 영향

그림은 연관 관계에 있는 A재와 B재의 시장 상황을 나타낸다. 현재 A재 시장의 수요 곡선은 D, 공급 곡선은 S_0이고, B재 시장의 수요 곡선은 D_0, 공급 곡선은 S이다.

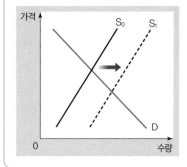
〈A재 시장〉

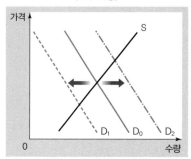
〈B재 시장〉

- A재의 공급 증가($S_0 \rightarrow S_1$)로 인해 A재 가격이 하락할 경우 B재가 A재와 대체 관계에 있다면, B재의 수요가 감소하여 B재의 수요 곡선은 D_0에서 D_1로 이동한다.
- A재의 공급 증가($S_0 \rightarrow S_1$)로 인해 A재 가격이 하락할 경우 B재가 A재와 보완 관계에 있다면, B재의 수요가 증가하여 B재의 수요 곡선은 D_0에서 D_2로 이동한다.

Theme 4 시장 균형과 정부 개입

〈자료 1〉은 수요와 공급 곡선이 모두 직선인 X재 시장의 가격 수준에 따른 수요량과 공급량을 나타내며, 〈자료 2〉는 정부가 X재 시장에 개입할 경우 나타날 수 있는 시장 상황이다.

〈자료 1〉

가격(달러)	8	9	10	11	12
수요량(개)	120	110	100	90	80
공급량(개)	80	90	100	110	120

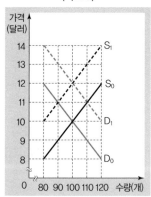
〈자료 2〉

- X재는 가격이 10달러일 때 수요량과 공급량이 일치하므로 균형 가격은 10달러, 균형 거래량은 100개이다.
- 정부가 X재 생산에 대해 개당 2달러의 세금을 부과할 경우 가격별 공급량이 20개씩 감소하여 공급 곡선은 S_0에서 S_1로 이동하고, X재의 시장 가격은 11달러, 시장 거래량은 90개가 된다.
- 정부가 X재 소비에 대해 개당 2달러의 보조금을 지급할 경우 가격별 수요량이 20개씩 증가하여 수요 곡선은 D_0에서 D_1로 이동하고, X재의 시장 가격은 11달러, 시장 거래량은 110개가 된다.

01 그림에 나타난 X재 시장의 균형점이 E₁에서 E₂로 이동하게 되는 요인으로 옳은 것은? (단, X재는 수요와 공급 법칙을 따르며, E₁과 E₂는 같은 수요 곡선상에 위치함.)

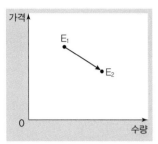

① X재의 가격 하락
② X재의 생산비 증가
③ X재의 생산 기술 발달
④ X재에 대한 소비자 선호 감소
⑤ X재 공급자의 미래 가격 상승 예상

02 다음 자료에 대한 옳은 설명만을 〈보기〉에서 고른 것은?

- X재는 A재와 연관 관계에 있고, B재는 X재 생산에 필요한 원료이다. 또한 A재와 B재는 상호 연관성이 없는 재화이다.
- X재, A재, B재는 모두 수요와 공급 법칙을 따른다.
- A재의 가격 　(가)　 로 인해 ⊙ X재 수요가 증가하였다.
- B재의 가격 　(나)　 로 인해 ⓒ X재 공급이 감소하였다.

● 보 기 ●

ㄱ. (가)가 '상승'이라면, X재는 A재와 대체 관계에 있다.
ㄴ. (나)에는 '하락'이 들어갈 수 있다.
ㄷ. ⊙은 X재의 균형 가격 상승 요인이다.
ㄹ. ⓒ은 X재의 균형 거래량 증가 요인이다.

① ㄱ, ㄴ　　　② ㄱ, ㄷ　　　③ ㄴ, ㄷ
④ ㄴ, ㄹ　　　⑤ ㄷ, ㄹ

03 표는 X재 시장의 가격 수준에 따른 수요량과 공급량을 나타낸다. 이에 대한 옳은 분석 및 추론만을 〈보기〉에서 고른 것은? (단, X재는 수요와 공급 법칙을 따르며, 수요와 공급 곡선은 모두 직선임.)

가격(달러)	5	6	7	8	9
수요량(개)	60	55	50	45	40
공급량(개)	35	40	45	50	55

● 보 기 ●

ㄱ. 균형 가격은 7달러보다 낮다.
ㄴ. 가격이 6달러일 때 5개의 초과 수요가 발생한다.
ㄷ. 가격이 8달러일 때 가격 하락 유인이 발생한다.
ㄹ. 모든 가격 수준에서 수요량이 5개씩 감소하면, 균형 가격은 7달러가 된다.

① ㄱ, ㄴ　　　② ㄱ, ㄷ　　　③ ㄴ, ㄷ
④ ㄴ, ㄹ　　　⑤ ㄷ, ㄹ

04 다음 자료에 대한 설명으로 옳은 것은?

그림은 X재 시장의 연도별 균형점을 나타낸다. 2021년과 2022년의 균형점은 같은 수요 곡선상에 위치하고, 2022년과 2023년의 균형점은 같은 공급 곡선상에 위치한다. 단, X재는 수요와 공급 법칙을 따른다.

① 전년 대비 2022년에 X재 공급은 감소하였다.
② 전년 대비 2023년에 X재의 시장 판매 수입은 증가하였다.
③ 2022년과 2023년에 X재 수요는 각각 전년 대비 증가하였다.
④ X재의 생산 비용 증가는 전년 대비 2022년 X재 시장의 균형점 변동 요인이다.
⑤ X재와 보완 관계에 있는 재화의 가격 상승은 전년 대비 2023년 X재 시장의 균형점 변동 요인이다.

05 [24021-0053]

표는 연도별 X재의 균형 가격과 시장 판매 수입을 나타낸다. 이에 대한 분석으로 옳은 것은? (단, X재는 수요와 공급 법칙을 따르며, 수요와 공급 곡선은 모두 직선임.)

구분	2020년	2021년	2022년	2023년
균형 가격(개당 달러)	10	15	10	10
시장 판매 수입(만 달러)	15	30	20	25

① 전년 대비 2021년에 X재의 수요는 증가하였다.
② 전년 대비 2022년에 X재의 공급은 감소하였다.
③ 전년 대비 2023년에 X재의 수요는 감소하였다.
④ 2020년과 2021년에 X재의 균형 거래량은 같다.
⑤ 2022년과 2023년에 X재의 균형 거래량은 전년 대비 각각 5,000개 증가하였다.

06 [24021-0054]

다음 자료에 대한 설명으로 옳은 것은?

표는 X재의 수요와 공급 변화에 따른 결과를 나타낸다. 단, X재는 수요와 공급 법칙을 따르며, A, B는 각각 수요와 공급 중 하나이다.

구분		A	
		㉠ 증가	감소
B	증가	(가)	균형 가격 상승
	㉡ 감소	(나)	(다)

① A는 '수요', B는 '공급'이다.
② X재의 생산 기술 발달은 ㉠의 요인이다.
③ X재에 대한 소비자 선호 증가는 ㉡의 요인이다.
④ (가)에는 (다)와 달리 '균형 거래량 감소'가 들어갈 수 있다.
⑤ (나)에는 '균형 가격 하락'이 들어갈 수 없다.

07 [24021-0055]

다음 자료에 대한 설명으로 옳은 것은?

• X재는 수요와 공급 법칙을 따른다.
• X재는 ㉠ 수요 변동만의 요인으로 인해 수요가 증가하여 균형 가격이 [(가)] 하였다.
• X재는 ㉡ 공급 변동만의 요인으로 인해 공급이 증가하여 균형 거래량이 [(나)] 하였다.

① ㉠은 X재의 균형 거래량 감소 요인이다.
② X재의 수요자 수 감소는 ㉠에 해당한다.
③ ㉡은 X재의 균형 가격 상승 요인이다.
④ X재의 생산 비용 증가는 ㉡에 해당한다.
⑤ (가)에는 '상승', (나)에는 '증가'가 들어갈 수 있다.

08 [24021-0056]

그림은 수요와 공급 법칙을 따르는 X재 시장의 균형점 변동을 나타낸다. 이에 대한 옳은 설명만을 〈보기〉에서 고른 것은? (단, 균형점 E, A, B는 같은 공급 곡선상에 위치함.)

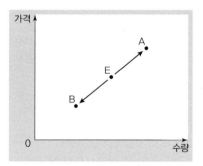

● 보기 ●
ㄱ. X재의 생산 비용 증가는 E에서 A로의 변동 요인이다.
ㄴ. X재에 대한 소비자 선호 감소는 E에서 A로의 변동 요인이다.
ㄷ. X재의 수요자 수 감소는 E에서 B로의 변동 요인이다.
ㄹ. X재 수요자의 미래 가격 하락 예상은 균형점 E에서 B로의 변동 요인이다.

① ㄱ, ㄴ   ② ㄱ, ㄷ   ③ ㄴ, ㄷ
④ ㄴ, ㄹ   ⑤ ㄷ, ㄹ

[24021-0057]

1 다음 자료에 대한 설명으로 옳은 것은?

표는 X재 시장의 가격 수준에 따른 수요량과 수요량에 대한 공급량의 비를 나타낸다. 단, X재는 수요와 공급 법칙을 따르며, 수요와 공급 곡선은 모두 직선이다.

가격(달러)	10	20	30	40	50
수요량(만 개)	50	40	30	20	10
공급량/수요량	1/5	1/2	1	2	5

① 균형 거래량은 20만 개이다.
② 균형에서 시장 판매 수입은 600만 달러이다.
③ 가격이 20달러일 때 10만 개의 초과 수요가 발생한다.
④ 가격이 50달러일 때의 공급량은 가격이 10달러일 때의 공급량의 2.5배이다.
⑤ 모든 가격 수준에서 X재 공급량만 20만 개씩 증가한다면, 균형 가격은 20달러이다.

[24021-0058]

2 다음 자료에 대한 옳은 설명만을 〈보기〉에서 고른 것은?

표는 가격 수준 $P_1 \sim P_5$에 따른 A재와 B재 각각의 수요량에 대한 공급량의 비를 나타낸다. A재와 B재의 수요와 공급 곡선은 모두 직선이고, 가격 수준은 P_1, P_2, P_3, P_4, P_5 순으로 높아진다. B재는 A재와 달리 모든 가격 수준에서 수요량이 일정하고, A재와 B재는 모두 가격 수준이 높을수록 공급량이 증가한다.

가격	P_1	P_2	P_3	P_4	P_5
A재 공급량 / A재 수요량	$\dfrac{1}{5}$	$\dfrac{1}{2}$	1	2	5
B재 공급량 / B재 수요량	$\dfrac{3}{4}$	1	$\dfrac{5}{4}$	$\dfrac{3}{2}$	$\dfrac{7}{4}$

보기

ㄱ. 균형 가격은 A재가 B재보다 높다.
ㄴ. B재는 A재와 달리 수요 법칙을 따른다.
ㄷ. 가격 수준이 P_2보다 낮을 때, A재와 B재는 모두 초과 수요가 발생한다.
ㄹ. 가격 수준이 P_4보다 높을 때, A재는 B재와 달리 가격 하락 압력이 발생한다.

① ㄱ, ㄴ   ② ㄱ, ㄷ   ③ ㄴ, ㄷ   ④ ㄴ, ㄹ   ⑤ ㄷ, ㄹ

[24021-0059]

3 다음 자료에 대한 옳은 분석 및 추론만을 〈보기〉에서 고른 것은?

> 표는 A재와 B재의 가격 변화로 인해 나타난 X재의 균형 가격과 균형 거래량의 변화를 나타낸다. A재는 X재와 연관 관계가 있고, B재는 X재의 원자재이다. 단, A재, B재, X재는 모두 수요와 공급 법칙을 따르고, A재와 B재는 상호 연관성이 없는 재화이며, A재와 B재의 가격 변화는 각각 A재와 B재의 공급 변화로 나타났다.

구분	X재의 균형 가격	X재의 균형 거래량
A재의 가격 변화	하락	⊙ 감소
B재의 가격 변화	하락	ⓒ 증가

● 보기 ●
ㄱ. A재가 X재와 대체 관계에 있다면, A재 공급은 증가하였다.
ㄴ. A재가 X재와 보완 관계에 있다면, A재의 가격은 하락하였다.
ㄷ. B재 가격은 하락하였다.
ㄹ. B재의 생산 비용 증가는 ⊙이 아닌 ⓒ의 요인이다.

① ㄱ, ㄴ ② ㄱ, ㄷ ③ ㄴ, ㄷ ④ ㄴ, ㄹ ⑤ ㄷ, ㄹ

[24021-0060]

4 다음 자료에 대한 설명으로 옳은 것은?

> 표는 전년 대비 연도별 X재 시장의 균형 가격 변화율과 균형 거래량 변화율을 나타낸다. 단, X재 시장에서 2022년의 균형점과 2023년의 균형점은 같은 공급 곡선상에 위치하며, X재는 수요와 공급 법칙을 따른다.

(단위: 전년 대비, %)

구분	2021년	2022년	2023년
균형 가격 변화율	0	10	10
균형 거래량 변화율	10	0	10

① X재의 시장 판매 수입은 2021년이 2023년보다 크다.
② 전년 대비 2021년의 X재 수요는 감소하였다.
③ 전년 대비 2022년의 X재 공급은 감소하였다.
④ X재와 대체 관계에 있는 재화의 가격 하락은 전년 대비 2023년 X재의 균형점 변화 요인이다.
⑤ X재의 균형 가격은 2021년과 2023년이 같고, X재의 균형 거래량은 2020년과 2022년이 같다.

[24021-0061]

5 다음 자료에 대한 설명으로 옳은 것은?

표는 X재 시장의 현재 균형점에서 앞으로 변동될 X재의 균형 가격과 균형 거래량에 대한 갑~정의 예측을 나타낸다. 갑~정은 모두 수요와 공급 중 하나만 변동하여 균형점이 변동한다고 예측하였다. 단, X재는 수요와 공급 법칙을 따른다.

구분	갑	을	병	정
균형 가격의 변동	상승	하락	하락	상승
균형 거래량의 변동	증가	증가	감소	감소

① 갑은 을과 달리 X재의 공급 증가를 예측하였다.
② 정은 병과 달리 X재의 수요 감소를 예측하였다.
③ X재에 대한 소비자 선호 감소는 병이 아닌 갑의 예측 근거로 사용될 수 있다.
④ X재의 생산 기술 향상은 정이 아닌 을의 예측 근거로 사용될 수 있다.
⑤ X재의 시장 판매 수입이 증가하였다면, 갑의 예측은 병의 예측과 달리 옳지 않을 것이다.

[24021-0062]

6 다음 자료에 대한 옳은 분석만을 〈보기〉에서 있는 대로 고른 것은?

• X재와 Y재는 모두 수요와 공급 법칙을 따르며, 수요와 공급 곡선은 모두 직선이다.
• X재 시장과 Y재 시장의 균형 가격은 각각 5달러로 동일하고, 균형 거래량은 각각 3만 개로 동일하다.
• 정부는 ㉠X재 소비에 대해 개당 1달러의 보조금을 지급하였고, ㉡Y재 생산에 대해 개당 1달러의 보조금을 지급하였다. 그 결과, X재 시장과 Y재 시장은 모두 균형 가격과 균형 거래량이 변동되었다. 단, 제시된 내용 이외의 다른 요인의 변화는 없었다.

● 보기 ●

ㄱ. ㉠은 X재 시장에서의 공급 증가 요인, ㉡은 Y재 시장에서의 수요 증가 요인이다.
ㄴ. ㉠으로 인한 X재의 균형 가격은 ㉡으로 인한 Y재의 균형 가격보다 높다.
ㄷ. ㉠으로 인한 X재의 균형 거래량은 ㉡으로 인한 Y재의 균형 거래량과 달리 3만 개보다 많다.

① ㄱ   ② ㄴ   ③ ㄱ, ㄷ   ④ ㄴ, ㄷ   ⑤ ㄱ, ㄴ, ㄷ

[24021-0063]

7 다음 자료에 대한 분석으로 옳은 것은?

> 표는 t기와 t+1기에 X재~Z재의 균형 가격과 균형 거래량을 나타낸다. t기 대비 t+1기에 X 재의 공급 변동으로 인해 X재의 균형 가격과 균형 거래량이 모두 변동하였고, X재의 균형 가격 변동으로 인해 Y재와 Z재의 균형 가격과 균형 거래량이 모두 변동하였다. Y재와 Z재는 각각 X재와 연관 관계이며, Y재와 Z재는 상호 연관성이 없다. 단, X재, Y재, Z재는 모두 수요와 공급 법칙을 따르며, 수요와 공급 곡선은 모두 직선이다.
>
> (단위: 달러, 만 개)

구분	X재		Y재		Z재	
	균형 가격	균형 거래량	균형 가격	균형 거래량	균형 가격	균형 거래량
t기	100	10	150	20	130	25
t+1기	90	㉠	㉡	25	120	㉢

① Y재는 X재와 대체 관계, Z재는 X재와 보완 관계이다.
② ㉠은 10보다 작고, ㉢은 25보다 크다.
③ ㉡은 150보다 작다.
④ t기 대비 t+1기에 Y재의 시장 판매 수입은 증가하였다.
⑤ t기 대비 t+1기에 Z재의 시장 판매 수입은 증가하였다.

[24021-0064]

8 표는 시기별 X재 관련 시장 상황을 나타낸다. 이에 대한 옳은 설명만을 〈보기〉에서 고른 것은? (단, X재는 수요와 공급 법칙을 따르며, 정상재임.)

t 시기	(가) X재와 보완 관계에 있는 재화의 가격이 상승하였다. (나) X재 소비자의 소득이 증가하였다.
t+1 시기	(다) X재의 생산 기술이 향상되었다. (라) X재의 원자재 가격이 하락하였다.

─● 보기 ●─
ㄱ. t 시기의 시장 상황은 모두 X재의 공급 증가 요인이다.
ㄴ. t+1 시기의 시장 상황은 모두 X재의 수요 증가 요인이다.
ㄷ. (가)는 (다)와 달리 X재의 균형 거래량 감소 요인이다.
ㄹ. (나)는 (라)와 달리 X재의 균형 가격 상승 요인이다.

① ㄱ, ㄴ   ② ㄱ, ㄷ   ③ ㄴ, ㄷ   ④ ㄴ, ㄹ   ⑤ ㄷ, ㄹ

[24021-0065]

9 다음 자료에 대한 설명으로 옳은 것은?

표는 X재 시장에서 서로 다른 시기의 균형점 A~D에서의 균형 가격과 균형 거래량을 나타낸다. 단, A와 B는 같은 수요 곡선상에 위치하고, A와 D는 같은 공급 곡선상에 위치하며, X재는 수요와 공급 법칙을 따른다.

구분	A	B	C	D
균형 가격(달러)	40	20	80	80
균형 거래량(만 개)	100	150	150	200

① X재의 생산 비용 증가는 A에서 B로의 변동 요인이다.
② X재의 수요 증가와 공급 증가는 A에서 C로의 변동 요인이 될 수 있다.
③ X재의 소비자 수 증가와 생산비 증가는 B에서 C로의 변동 요인이 될 수 있다.
④ X재의 수요 감소는 D에서 A로의 변동 요인, X재의 수요 증가는 D에서 C로의 변동 요인이다.
⑤ B에서 C로, C에서 D로 균형점이 차례로 이동했다면, X재 공급은 지속적으로 감소하였다.

[24021-0066]

10 다음 자료에 대한 설명으로 옳은 것은?

〈자료 1〉은 현재 X재 시장의 가격 수준에 따른 수요량과 공급량을 나타내며, 〈자료 2〉의 (가)~(라)는 X재 시장에서 수요나 공급의 변동 요인이다. 단, X재는 수요와 공급 법칙을 따르고, 수요와 공급 곡선은 모두 직선이다.

〈자료 1〉

가격(달러)	10	20	30	40	50	60	70
수요량(만 개)	350	300	250	200	150	100	50
공급량(만 개)	50	100	150	200	250	300	350

〈자료 2〉

(가) X재 개당 생산비가 10달러 상승한다.
(나) 정부가 X재 소비에 대해 개당 10달러의 보조금을 지급한다.
(다) 모든 가격 수준에서 X재의 수요량이 50만 개씩 감소한다.
(라) 모든 가격 수준에서 X재의 공급량이 50만 개씩 증가한다.

① (가)와 (나)는 모두 X재의 균형 거래량 증가 요인이다.
② (다)와 (라)는 모두 X재의 균형 가격 상승 요인이다.
③ (나)만 발생한다면, X재의 균형 가격은 10달러 상승한다.
④ (가)와 (다)만 동시에 발생한다면, X재의 균형 거래량은 변동이 없다.
⑤ (다)와 (라)만 동시에 발생한다면, X재의 균형 가격은 10달러 하락한다.

05 잉여와 자원 배분의 효율성

1. 시장의 효율성과 잉여

(1) 시장의 효율성

① 경쟁 시장: 수요자와 공급자가 무수히 많아 누구도 시장 가격에 영향을 줄 수 없는 시장으로서 거래를 통해 재화·서비스, 생산 요소 등을 필요한 곳으로 필요한 만큼 전해 주는 효율적인 시장

② 경쟁 시장에서의 균형 가격이 가지는 의미: 경쟁 시장에서 균형 가격은 수요와 공급에 의해 결정되며, 균형 가격에 의해 자원이 효율적으로 배분됨.

(2) 소비자 잉여와 생산자 잉여

구분	소비자 잉여	생산자 잉여
의미	• 소비자가 상품을 구입하면서 얻었다고 느끼는 이득의 크기 • 소비자가 어떤 상품을 구매하기 위해 최대로 지불할 의사가 있는 금액(최대 지불 용의 금액)에서 실제로 지불한 금액을 뺀 것 	• 생산자가 상품을 판매하면서 얻었다고 느끼는 이득의 크기 • 생산자가 어떤 상품을 공급하면서 실제로 받은 금액에서 그 상품을 제공하며 최소한 받고자 하는 금액(최소 요구 금액)을 뺀 것
특성	수요의 변동이 없다면 시장 가격이 낮아질수록 커짐.	공급의 변동이 없다면 시장 가격이 높아질수록 커짐.

자료 플러스 가격 수준에 따른 소비자 잉여와 생산자 잉여의 변화

(1) 가격이 P_0인 경우
① 소비자 잉여: ⓐ+ⓑ+ⓒ
② 생산자 잉여: ⓓ+ⓔ+ⓕ

(2) 가격이 P_1인 경우
① 소비자 잉여: ⓐ
② 생산자 잉여: ⓑ+ⓓ+ⓕ

(3) 가격이 P_2인 경우
① 소비자 잉여: ⓐ+ⓑ+ⓓ
② 생산자 잉여: ⓕ

(3) 총잉여(사회적 잉여)

① 의미: 소비자 잉여와 생산자 잉여의 합

② 시장의 효율성과 총잉여의 관계: 시장의 균형 수준에서 총잉여는 최대가 됨. → 시장 균형에서 자원이 가장 효율적으로 배분됨.

자료 플러스 | 수요와 공급의 변동에 따른 잉여의 변화

(가)	(나)	(다)	(라)

- (가)는 수요가 증가하여 소비자 잉여와 생산자 잉여가 모두 증가하고, 총잉여도 증가하는 상황을 나타낸다.
- (나)는 수요가 감소하여 소비자 잉여와 생산자 잉여가 모두 감소하고, 총잉여도 감소하는 상황을 나타낸다.
- (다)는 공급이 증가하여 소비자 잉여와 생산자 잉여가 모두 증가하고, 총잉여도 증가하는 상황을 나타낸다.
- (라)는 공급이 감소하여 소비자 잉여와 생산자 잉여가 모두 감소하고, 총잉여도 감소하는 상황을 나타낸다.

개념 플러스 | 교환의 이득과 잉여

교환이 강제적으로 이루어졌거나 시장에 대한 정보가 제대로 제공되지 않는 경우 등을 제외한다면 일반적으로 소비자와 생산자 간에 교환이 이루어질 경우 소비자와 생산자는 각각 이득을 얻게 된다. 이를 각각 소비자 잉여와 생산자 잉여라고 한다. 즉, 소비자 잉여와 생산자 잉여가 발생할 경우 소비자와 생산자는 각각 교환의 이득이 발생한다.

○ **암시장(暗市場)**
공식적으로 규정된 법규들을 위반하고 이루어지는 거래 또는 시장을 의미한다. 예를 들어, 정부가 어떤 재화의 가격을 균형 가격과 다른 수준에서 통제하는 경우 암시장이 형성될 수 있다.

2. 정부의 가격 규제 정책

(1) 최고 가격제(가격 상한제)

① 의미: 정부가 균형 가격보다 낮은 수준에서 가격 상한선을 정하고, 이보다 높은 가격 수준에서 거래하지 못하도록 규제하는 정책
② 목적: 수요자 보호
③ 사례: 분양가 상한제, 이자율 상한제 등
④ 문제점: 초과 수요, 암시장 발생

최고 가격제가 시행되는 시장	최고 가격제 시행 이전과 이후 비교
	• 가격: 균형 가격(P_0) > 정부 규제 최고 가격(P_1) → 시장 가격 하락(P_0 → P_1) • 거래량: 균형 거래량(Q_0) > 최고 가격제에 따른 거래량(Q_1) → 시장 거래량 감소(Q_0 → Q_1) • 수요량과 공급량: 수요량 증가, 공급량 감소로 인해 초과 수요(Q_1Q_2) 발생

개념 체크

1. 경쟁 시장의 균형 상태에서 수요가 증가하는 경우 소비자 잉여와 생산자 잉여는 모두 (　　)한다.
2. (　　)는 시장 균형 가격보다 낮은 수준에서 가격 상한선을 정하고, 이보다 높은 가격 수준에서 거래하지 못하도록 규제하는 정책이다.
3. 분양가 상한제나 이자율 상한제와 같은 최고 가격제는 (　　)를 보호하기 위한 가격 규제 정책이다.

정답
1. 증가
2. 최고 가격제(가격 상한제)
3. 수요자

(2) 최저 가격제(가격 하한제)

① 의미: 정부가 균형 가격보다 높은 수준에서 가격 하한선을 정하고, 이보다 낮은 가격 수준에서 거래하지 못하도록 규제하는 정책

② 목적: 공급자 보호

③ 사례: 최저 임금제 등

④ 문제점: 초과 공급, 암시장 발생

최저 가격제가 시행되는 시장	최저 가격제 시행 이전과 이후 비교
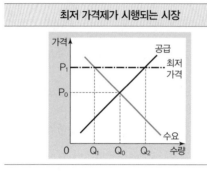	• 가격: 균형 가격(P_0)< 정부 규제 최저 가격(P_1) → 시장 가격 상승($P_0 → P_1$) • 거래량: 균형 거래량(Q_0)> 최저 가격제에 따른 거래량(Q_1) → 시장 거래량 감소($Q_0 → Q_1$) • 수요량과 공급량: 수요량 감소, 공급량 증가로 인해 초과 공급(Q_1Q_2) 발생

❖ 가격 규제 정책의 실효성

최고 가격제의 경우 수요 감소나 공급 증가로 인해 시장 균형 가격이 규제 가격보다 낮아지면 실효성이 없어진다. 최저 가격제의 경우 수요 증가나 공급 감소로 인해 시장 균형 가격이 규제 가격보다 높아지면 실효성이 없어진다.

📋 자료 플러스 이자율 상한제와 최저 임금제

(가)는 금융 시장, (나)는 노동 시장을 나타낸다. 금융 시장에서는 자금의 수요와 공급에 의해 이자율과 자금 거래량이 결정되고, 노동 시장에서는 노동의 수요와 공급에 의해 임금과 고용량이 결정된다.

(가) 이자율 상한제

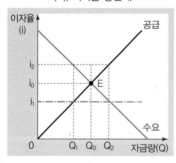

(나) 최저 임금제

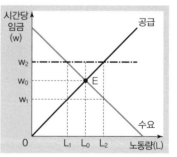

• (가)에서 금융 시장의 균형 이자율은 i_0, 균형 자금 거래량은 Q_0이다. 만약 정부가 자금 수요자들을 보호하기 위해 최고 이자율을 i_1로 결정하면, 규제 이자율은 균형 이자율보다 낮은 i_1이 된다. 이때 금융 시장에서는 수요량은 증가하는 데 반해 공급량은 감소하여 Q_1Q_2만큼의 초과 수요가 발생한다.

• (나)에서 노동 시장의 균형 임금은 w_0, 균형 노동 거래량은 L_0이다. 만약 정부가 최저 임금을 w_2로 결정하면, 임금은 균형 임금보다 높은 w_2가 된다. 이때 노동 시장에서는 수요량은 감소하는 데 반해 공급량은 증가하여 L_1L_2만큼의 초과 공급(실업)이 발생한다.

개념 체크

1. ( )란 균형 가격보다 높은 수준에서 가격 하한선을 정하고, 이보다 낮은 가격 수준에서 거래하지 못하도록 규제하는 정책을 말한다.

2. 정부가 균형 가격보다 높은 수준에서 최저 가격제를 실시할 경우 시장 가격 상승으로 수요량은 감소하고 공급량은 증가하여 ( )이 발생한다.

3. 최저 가격제는 일반적으로 ( )를 보호하기 위한 목적을 가진다.

정답
1. 최저 가격제(가격 하한제)
2. 초과 공급
3. 공급자

---

(1) 소비자 갑~무가 X재 1개씩만 구입할 경우의 소비자 잉여

구분	소비자				
	갑	을	병	정	무
최대 지불 용의 금액	5,000원	4,000원	3,000원	2,000원	1,000원
X재 가격	3,000원				
X재 구입 여부	구입함.	구입함.	구입함.	구입 안 함.	구입 안 함.
소비자 잉여(개별)	2,000원	1,000원	0원	0원	0원
소비자 잉여(총합)	3,000원				

(2) 생산자 A~E가 X재 1개씩만 판매할 경우의 생산자 잉여

구분	생산자				
	A	B	C	D	E
최소 요구 금액	1,000원	2,000원	3,000원	4,000원	5,000원
X재 가격	3,000원				
X재 판매 여부	판매함.	판매함.	판매함.	판매 안 함.	판매 안 함.
생산자 잉여(개별)	2,000원	1,000원	0원	0원	0원
생산자 잉여(총합)	3,000원				

(3) 균형 가격에서의 거래 참여자와 잉여

구분	거래 참여자	잉여
균형 가격(3,000원)에서 거래될 경우	• 소비자: 갑, 을, 병 • 생산자: A, B, C	• 소비자 잉여: 3,000원(=갑 2,000원+을 1,000원+병 0원) • 생산자 잉여: 3,000원(=A 2,000원+B 1,000원+C 0원) • 총잉여: 6,000원(=소비자 잉여 3,000원+생산자 잉여 3,000원)

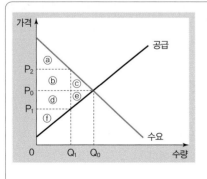

그림은 현재 균형 상태에 있는 X재 시장을 나타내며, ⓐ~ⓕ는 각 영역의 면적에 해당한다.

• X재 시장이 균형일 때 소비자 잉여는 수요 곡선의 아랫부분 중 균형 가격 수준 윗부분의 면적, 즉 ⓐ+ⓑ+ⓒ이고, 생산자 잉여는 균형 가격 수준의 아랫부분과 공급 곡선의 윗부분의 면적, 즉 ⓓ+ⓔ+ⓕ이며, 총잉여는 소비자 잉여와 생산자 잉여의 합인 ⓐ+ⓑ+ⓒ+ⓓ+ⓔ+ⓕ이다.

• 정부가 X재 시장에 P_1 수준의 최고 가격제를 시행할 경우 X재는 P_1의 가격에 Q_1만큼의 수량이 거래된다. 이때 소비자 잉여는 ⓐ+ⓑ+ⓓ, 생산자 잉여는 ⓕ가 되며, 최고 가격제 시행 이전에 비해 총잉여는 ⓒ+ⓔ만큼 감소한다.

• 정부가 X재 시장에 P_2 수준의 최저 가격제를 시행할 경우 X재는 P_2의 가격에 Q_1만큼의 수량이 거래된다. 이때 소비자 잉여는 ⓐ, 생산자 잉여는 ⓑ+ⓓ+ⓕ가 되며, 최저 가격제 시행 이전에 비해 총잉여는 ⓒ+ⓔ만큼 감소한다.

[24021-0067]

01 다음 자료에 대한 옳은 설명만을 〈보기〉에서 고른 것은?

표는 X재 시장에서 개당 30달러에 X재 3개가 거래되어 발생한 소비자 잉여와 생산자 잉여를 나타낸다. X재 시장에서 수요자는 갑, 을, 병, 정뿐이고, 공급자는 A, B, C, D뿐이다. 수요자는 X재를 1개씩만 구입하고자 하고, 최대 지불용의 금액은 서로 다르다. 공급자는 X재를 1개씩만 판매하고자 하고, 최소 요구 금액은 서로 다르다. 또한 X재는 시장 균형에서 거래된다.

수요자	갑	을	병	정
잉여(달러)	20	10	5	–

공급자	A	B	C	D
잉여(달러)	5	–	10	15

* '–'는 거래가 없음을 의미함. 따라서 수요자 정과 공급자 B는 X재를 거래하지 못했음.

● 보기 ●

ㄱ. 최소 요구 금액은 A가 B보다 크다.
ㄴ. 최대 지불 용의 금액은 을이 병보다 크다.
ㄷ. X재 시장에서 소비자 잉여는 생산자 잉여와 같다.
ㄹ. 갑의 최대 지불 용의 금액은 D의 최소 요구 금액의 3배보다 크다.

① ㄱ, ㄴ ② ㄱ, ㄷ ③ ㄴ, ㄷ
④ ㄴ, ㄹ ⑤ ㄷ, ㄹ

[24021-0068]

02 다음 자료에 대한 설명으로 옳은 것은?

- Y재는 X재의 유일한 원료이고, Z재는 X재와 대체 관계이며, Y재와 Z재는 상호 연관성이 없다.
- X재, Y재, Z재는 모두 수요와 공급 법칙을 따른다.
- 시장 상황 (가), (나)에 따라 X재, Y재, Z재 시장이 변동된다.

(가): Y재의 생산 기술 혁신이 나타났다.
(나): Z재의 공급자 수가 증가하였다.

① (가)는 X재의 균형 가격 상승 요인이다.
② (가)는 X재 시장의 소비자 잉여 감소 요인이다.
③ (나)는 X재의 균형 거래량 증가 요인이다.
④ (나)는 X재 시장의 생산자 잉여 감소 요인이다.
⑤ (가)는 (나)와 달리 X재 시장의 판매 수입 감소 요인이다.

[24021-0069]

03 그림은 X재 시장에서 수요 변동이 발생한 상황을 나타낸다. 이에 대한 설명으로 옳은 것은?

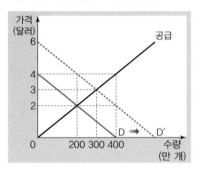

① 수요 변동 이전 X재 시장의 소비자 잉여는 400만 달러이다.
② 수요 변동 이전 대비 이후 X재 시장의 생산자 잉여 증가분은 200만 달러이다.
③ X재 시장에서 수요 변동의 요인으로는 X재와 대체 관계에 있는 재화의 가격 하락을 들 수 있다.
④ X재의 시장 판매 수입은 수요 변동 이후가 수요 변동 이전의 2배이다.
⑤ X재 시장의 총잉여는 수요 변동 이후가 수요 변동 이전의 2배보다 크다.

[24021-0070]

04 다음 자료에 대한 설명으로 옳은 것은?

표는 소비자의 X재 1개 추가 소비에 따른 최대 지불 용의 금액과 생산자의 X재 1개 추가 생산에 따른 최소 요구 금액을 나타낸다. X재 시장에서 수요자는 갑, 을뿐이고, 공급자는 A, B뿐이며, X재 수요자와 공급자는 각각 X재를 3개까지 구입하거나 판매한다. 단, X재는 수요와 공급 법칙을 따르고, X재는 시장 균형에서 거래된다.

(단위: 달러)

구분		1개째	2개째	3개째
최대 지불 용의 금액	갑	11	10	9
	을	10	9	8
최소 요구 금액	A	7	8	9
	B	8	9	10

① 총잉여는 10달러이다.
② 균형 거래량은 6개이다.
③ 시장 판매 수입은 36달러이다.
④ A의 생산자 잉여는 B의 생산자 잉여보다 작다.
⑤ 갑의 소비자 잉여는 을의 소비자 잉여의 3배이다.

05 다음 자료에 대한 설명으로 옳은 것은? [24021-0071]

표는 갑국의 X재 시장에서 정부의 실효성 있는 서로 다른 가격 규제 정책 A, B 시행에 따른 시장 가격과 시장 거래량의 변화를 나타낸다. 단, A, B는 각각 최저 가격제와 최고 가격제 중 하나이며, X재는 수요와 공급 법칙을 따른다.

구분	A	B
시장 가격의 변화	상승	하락
시장 거래량의 변화	감소	감소

① A는 X재 공급자가 아닌 수요자를 보호하기 위한 가격 규제 정책이다.
② B의 시행은 X재 시장의 생산자 잉여 감소 요인이다.
③ A와 달리 B의 시행은 X재 시장의 초과 공급 발생 요인이다.
④ B와 달리 A의 시행은 X재 시장의 총잉여 감소 요인이다.
⑤ A와 B의 시행은 모두 X재의 시장 판매 수입 증가 요인이다.

06 다음 자료에 대한 설명으로 옳은 것은? [24021-0072]

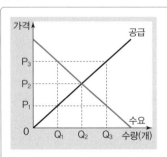

그림은 현재 갑국의 X재 시장 상황을 나타낸다. 갑국 정부는 X재의 거래량 감소를 위해 A, B 중 하나를 시행하고자 한다.

• A: X재 소비자에게 개당 P_2P_3만큼의 소비세를 부과하는 정책
• B: X재 생산자에게 개당 P_2P_3만큼의 판매세를 부과하는 정책

① A의 시행은 X재 시장의 생산자 잉여 감소 요인이다.
② B의 시행은 X재 시장의 소비자 잉여 증가 요인이다.
③ A와 달리 B의 시행은 X재의 수요 감소 요인이다.
④ B와 달리 A의 시행은 X재 시장의 총잉여 감소 요인이다.
⑤ A 시행으로 인한 X재의 균형 가격은 B 시행으로 인한 X재의 균형 가격보다 높다.

07 다음 자료에 대한 설명으로 옳은 것은? [24021-0073]

표는 X재 시장의 현재 균형점에서 수요와 공급 중 하나만 변동할 경우 형성되는 새로운 균형점 A~D에서의 균형 가격과 균형 거래량의 변화를 나타낸다. 단, X재는 수요와 공급 법칙을 따른다.

구분	A	B	C	D
균형 가격의 변화	상승	하락	하락	상승
균형 거래량의 변화	증가	감소	증가	감소

① X재의 수요 감소는 A로의 이동 요인이다.
② B로의 이동은 X재 시장의 생산자 잉여 감소 요인이다.
③ C로의 이동은 X재 시장의 소비자 잉여 감소 요인이다.
④ D로의 이동 요인으로는 X재의 생산 기술 혁신을 들 수 있다.
⑤ D로의 이동은 A로의 이동과 달리 X재 시장의 총잉여 증가 요인이다.

08 그림은 갑국의 X재 시장 상황을 나타낸다. 이에 대한 옳은 분석 및 추론만을 〈보기〉에서 고른 것은? [24021-0074]

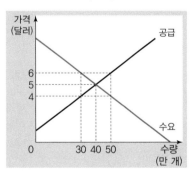

● 보기 ●
ㄱ. 정부가 최저 가격을 6달러로 규제하면, X재의 시장 판매 수입은 300만 달러이다.
ㄴ. 정부가 최고 가격을 4달러로 규제하면, 20만 개의 초과 수요가 발생한다.
ㄷ. 정부가 X재 생산자에게 개당 1달러의 세금을 부과하면, 균형 거래량은 10만 개 감소한다.
ㄹ. 모든 가격 수준에서 X재 수요량이 20만 개씩 증가하면, 균형 가격은 6달러가 된다.

① ㄱ, ㄴ
② ㄱ, ㄷ
③ ㄴ, ㄷ
④ ㄴ, ㄹ
⑤ ㄷ, ㄹ

[24021-0075]

1 다음 자료에 대한 분석으로 옳은 것은?

표는 X재에 대한 가격별 수요자와 공급자를 나타낸다. X재 시장에서 수요자는 갑, 을, 병, 정, 무뿐이고, 공급자는 A, B, C, D, E뿐이다. 수요자는 최대 지불 용의 금액에 따라 X재를 1개씩만 구입하고자 하고, 최대 지불 용의 금액은 서로 다르다. 공급자는 최소 요구 금액에 따라 X재를 1개씩만 판매하고자 하고, 최소 요구 금액은 서로 다르다. 단, X재는 수요와 공급 법칙을 따르며, 시장 균형 가격에서 거래된다.

수요자	가격	공급자
갑, 을, 병, 정, 무	P_1	A
갑, 을, 병, 정	P_2	A, B
갑, 을, 병	P_3	A, B, C
갑, 을	P_4	A, B, C, D
갑	P_5	A, B, C, D, E

① X재의 균형 거래량은 4개이다.
② X재 시장에서 총잉여가 극대화되는 가격은 P_3이다.
③ X재 1개 소비의 소비자 잉여가 가장 큰 수요자는 무이다.
④ 을은 병에 비해 X재 구입에 대한 최대 지불 용의 금액이 작다.
⑤ X재 공급자 중 X재 판매에 대한 최소 요구 금액이 가장 큰 공급자는 A이다.

[24021-0076]

2 다음 자료에 대한 설명으로 옳은 것은?

그림은 수요와 공급 법칙을 따르는 X재 시장의 균형점을 나타낸다. 현재의 균형점은 E이고, 균형점 E는 A나 B로 이동한다. 단, 균형점 E, A, B는 모두 같은 공급 곡선상에 위치한다.

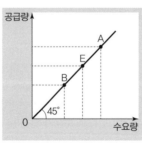

① X재의 생산 비용 감소는 E에서 A로의 변동 요인이다.
② X재와 대체 관계에 있는 재화의 가격 상승은 E에서 B로의 이동 요인이다.
③ E에서 A로의 이동은 X재 시장의 생산자 잉여 증가 요인이다.
④ E에서 B로의 이동은 X재 시장의 소비 지출 증가 요인이다.
⑤ E에서 A로의 이동은 E에서 B로의 이동과 달리 X재 시장의 총잉여 감소 요인이다.

[24021-0077]

3 다음 자료에 대한 설명으로 옳은 것은?

> 표는 X재 시장의 가격별 수요량과 공급량의 일부를 나타낸다. 갑국 정부는 X재가 균형 가격보다 낮은 수준에서 거래되도록 ㉠ 실효성 있는 가격 규제 정책을 시행하고자 한다. 단, X재는 수요와 공급 법칙을 따르며, 수요와 공급 곡선은 모두 직선이다.

가격(달러)	40	50	60	70	80
수요량(만 개)	7	6	5	4	3
공급량(만 개)	3	4	5	6	7

① ㉠은 X재 공급자 보호를 목적으로 한다.

② 갑국 정부의 규제 가격이 45달러라면, X재의 초과 수요량은 2만 개보다 적다.

③ 갑국 정부의 규제 가격이 50달러라면, X재 거래량은 가격 규제 이전보다 1만 개 감소한다.

④ 갑국 정부의 규제 가격이 40달러라면, X재 시장의 소비자 잉여는 가격 규제 이전보다 100만 달러 증가한다.

⑤ ㉠으로 인해 발생한 X재의 초과 수요량이 1만 개라면, 가격 규제 이전 X재의 균형 가격은 갑국 정부의 규제 가격보다 10달러 높다.

[24021-0078]

4 다음 자료에 대한 설명으로 옳지 <u>않은</u> 것은?

> 표는 수요와 공급 법칙을 따르는 X재 시장에서 X재를 1개씩만 판매하고자 하는 공급자 갑~무의 최소 요구 금액과 각 가격 수준에서의 시장 수요량을 나타낸다. 단, X재는 수요량과 공급량이 일치하는 조건에서 시장 균형 가격이 결정되고, 시장 균형 가격에서 거래되며, 공급자는 갑~무만 존재한다. 또한 X재 수요자는 최대 지불 용의 금액이 X재 가격과 같은 경우에도 X재를 구입하고, X재 공급자는 최소 요구 금액이 X재 가격과 같은 경우에도 X재를 공급한다.

공급자	갑	을	병	정	무
최소 요구 금액(달러)	10	20	30	40	50

가격(달러)	10	20	30	40	50
시장 수요량(개)	5	4	3	2	1

① X재의 균형 가격은 30달러이다.

② 을은 정과 달리 생산자 잉여를 얻지 못한다.

③ 가격이 50달러일 때 X재의 초과 공급량은 4개이다.

④ 갑의 생산자 잉여는 병의 생산자 잉여보다 20달러 크다.

⑤ 균형 가격 수준에서 X재 시장의 생산자 잉여는 30달러이다.

[24021-0079]

5 〈자료 2〉는 〈자료 1〉에 대한 질문과 학생 갑~무가 질문에 대해 응답한 결과를 정리한 것이다. 각 질문에 대해 모두 옳게 응답한 학생은?

〈자료 1〉
표는 정부의 실효성 있는 서로 다른 가격 규제 정책 A, B 시행으로 인한 X재 시장에서의 가격과 거래량의 변화를 나타낸다. 단, X재는 수요와 공급 법칙을 따르며, 수요와 공급 곡선은 모두 직선이다. 또한 A, B는 각각 최고 가격제와 최저 가격제 중 하나이다.

가격 규제 정책	가격 변화	거래량 변화
A	㉠	감소
B	상승	㉡

〈자료 2〉

질문	응답	
	예	아니요
1. A는 B와 달리 공급자 보호를 목적으로 하는가?	갑, 병	을, 정, 무
2. B는 A와 달리 총잉여 감소 요인인가?	병, 무	갑, 을, 정
3. ㉠에는 '하락', ㉡에는 '감소'가 들어갈 수 있는가?	갑, 정	을, 병, 무

① 갑   ② 을   ③ 병   ④ 정   ⑤ 무

[24021-0080]

6 다음 자료에 대한 분석 및 추론으로 옳은 것은?

표는 X재 시장의 가격별 '수요량−공급량'을 나타낸다. 현재 X재 시장의 균형 가격에서 판매 수입은 900만 달러이고, 소비자 잉여와 생산자 잉여는 같다. 단, X재는 수요와 공급 법칙을 따르고, 수요와 공급 곡선은 모두 직선이며, 가격 수준이 0일 때 공급량은 0이다.

가격(달러)	10	20	30	40	50
수요량−공급량(만 개)	40	20	0	−20	−40

① 수요량은 가격이 10달러일 때가 가격이 50달러일 때의 4배이다.

② 정부가 X재 생산자에게 개당 10달러의 보조금을 지급하는 경우 X재 거래량은 40만 개이다.

③ 정부가 X재 소비자에게 개당 10달러의 세금을 부과하는 경우 X재의 소비 지출액은 600만 달러이다.

④ 수요가 증가하고 공급이 감소하여 균형 가격이 40달러가 되면, 총잉여는 수요와 공급의 변동 이후가 변동 이전보다 크다.

⑤ 정부가 20달러에서 최고 가격제를 시행하는 경우의 생산자 잉여는 40달러에서 최저 가격제를 시행하는 경우의 소비자 잉여와 같다.

[24021-0081]

7 다음 자료에 대한 옳은 설명만을 〈보기〉에서 고른 것은?

> 그림은 X재 시장을 나타낸다. 갑국 정부에서는 X재 가격을 ㉠ P_1로 규제하는 정책을 시행하거나 ㉡ P_2로 규제하는 정책을 시행하고자 한다. 단, 정부의 가격 규제 정책은 모두 실효성을 가진다.

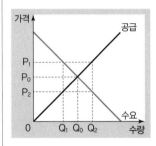

● **보기** ●
> ㄱ. ㉠은 X재 시장의 소비자 잉여 감소 요인이다.
> ㄴ. ㉡으로 인해 X재 시장에서는 Q_0Q_2만큼의 초과 수요가 발생한다.
> ㄷ. ㉠은 ㉡과 달리 X재의 공급자를 보호하기 위한 정책이다.
> ㄹ. ㉠으로 인한 X재 거래량은 ㉡으로 인한 X재 거래량보다 많다.

① ㄱ, ㄴ ② ㄱ, ㄷ ③ ㄴ, ㄷ ④ ㄴ, ㄹ ⑤ ㄷ, ㄹ

[24021-0082]

8 다음 자료에 대한 설명으로 옳은 것은?

> 표는 갑국 정부가 X재 시장에 대해 P_1이나 P_3 수준에서 실효성 있는 가격 규제 정책을 시행할 경우 정부 규제 가격에서의 수요량과 공급량을 나타낸다. X재 시장에서 현재 균형 가격은 P_2, 균형 거래량은 Q_2이고, 소비자 잉여와 생산자 잉여는 같다. 단, X재는 수요와 공급 법칙을 따르며, 수요와 공급 곡선은 모두 직선이다. 또한 가격 수준은 P_1, P_2, P_3 순으로 높아지고, 수량은 Q_1, Q_2, Q_3 순으로 많아지며, 가격 수준이 0일 때 공급량은 0이다.

가격	수요량	공급량
P_1	Q_3	Q_1
P_3	Q_1	Q_3

① P_1 수준에서의 가격 규제 정책 시행으로 인한 시장 판매 수입은 가격 규제 이전보다 증가한다.

② P_3 수준에서의 가격 규제 정책 시행은 소비자 잉여와 생산자 잉여 각각의 감소 요인이다.

③ 갑국 정부가 수요자 보호를 목적으로 한다면, P_1 수준이 아닌 P_3 수준에서 가격을 규제할 것이다.

④ P_1 수준에서의 가격 규제 정책 시행으로 인한 총잉여와 P_3 수준에서의 가격 규제 정책 시행으로 인한 총잉여는 같다.

⑤ P_3 수준에서의 가격 규제 정책 시행으로 인한 거래량은 P_1 수준에서의 가격 규제 정책 시행으로 인한 거래량보다 많다.

06 수요와 공급의 가격 탄력성

1. 수요의 가격 탄력성

(1) 의미: 재화나 서비스의 가격이 변동할 때 그것에 따라 수요량이 변동하는 정도로, 수요량이 가격 변동에 대해 얼마나 민감하게 반응하는지를 보여 줌.

(2) 계산식

$$\text{수요의 가격 탄력성(Ed)} = \left| \frac{\text{수요량 변동률(\%)}}{\text{가격 변동률(\%)}} \right|$$

✪ 수요의 가격 탄력성 표시
수요 법칙이 적용될 경우 상품의 가격과 수요량은 반대 방향으로 변동하기 때문에 수요의 가격 탄력성은 음(−)의 값을 가지지만, 이를 표시할 때에는 음(−)의 부호를 붙이지 않고 절댓값으로 나타낸다.

(3) 유형

수요의 가격 탄력성	가격 변동과 수요량 변동의 관계
Ed=∞(완전 탄력적)	가격이 미세하게 변동해도 수요량이 무한히 변동함.
Ed>1(탄력적)	|가격 변동률|<|수요량 변동률|
Ed=1(단위 탄력적)	|가격 변동률|=|수요량 변동률|
0<Ed<1(비탄력적)	|가격 변동률|>|수요량 변동률|(수요량 변동률 ≠0)
Ed=0(완전 비탄력적)	가격이 변동해도 수요량은 변동하지 않음(수요량 변동률=0).

> **자료 플러스** 수요의 가격 탄력성에 따른 가격과 거래량의 변화
>
>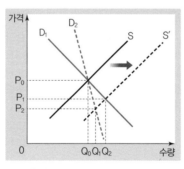
>
> D_1보다 수요의 가격 탄력성이 상대적으로 작은 D_2의 경우에 공급 변동에 따른 시장 가격의 변동은 크고, 시장 거래량의 변동은 작다. 예를 들어, 공급이 증가(S → S´)하는 경우 시장 가격의 하락 폭은 $D_2(P_0 P_2)$가 $D_1(P_0 P_1)$보다 크고, 시장 거래량의 증가 폭은 $D_1(Q_0 Q_2)$이 $D_2(Q_0 Q_1)$보다 크다.

개념 체크

1. (   )은 재화나 서비스의 가격이 변동할 때 그것에 따라 수요량이 변동하는 정도를 의미한다.
2. 가격 변동률보다 수요량 변동률이 클 경우 수요가 가격에 대해 (   )이라고 하고, 가격 변동률보다 수요량 변동률이 작을 경우 수요가 가격에 대해 (   )이라고 한다.
3. 일반적으로 사치품에 비해 생활필수품은 수요의 가격 탄력성이 (   ) 나타난다.

정답
1. 수요의 가격 탄력성
2. 탄력적, 비탄력적
3. 작게

(4) 수요의 가격 탄력성에 영향을 미치는 요인

① 상품의 특성
- 생활필수품의 성격을 갖는 상품은 가격이 변동하더라도 소비량을 크게 변동시키기 어려우므로 일반적으로 수요의 가격 탄력성이 작게 나타남.
- 생활필수품의 성격을 갖지 않는 사치품 등은 그 상품이 없어도 생활하는 데 큰 지장이 없으므로 일반적으로 수요의 가격 탄력성이 크게 나타남.

② 대체재의 존재

- 대체재가 있는 상품은 가격이 변동할 때 대체재로의 수요 전환이 용이하므로 상대적으로 수요의 가격 탄력성이 크게 나타남.
- 대체재가 없는 상품은 가격이 변동할 때 다른 상품으로의 수요 전환이 어려우므로 상대적으로 수요의 가격 탄력성이 작게 나타남.

③ 가격 변동에 대한 소비자의 대응 기간

- 상품의 가격 변동에 대해 소비자가 적응할 수 있는 기간이 길수록 소비 습관 조정 등을 통한 대응이 용이하므로 상대적으로 수요의 가격 탄력성이 크게 나타남.
- 상품의 가격 변동에 대해 소비자가 적응할 수 있는 기간이 짧을수록 소비 습관 조정 등을 통한 대응이 어려우므로 상대적으로 수요의 가격 탄력성이 작게 나타남.

(5) 수요의 가격 탄력성과 판매 수입의 관계

구분	Ed > 1(탄력적)	Ed=1(단위 탄력적)	0 < Ed < 1(비탄력적)
가격 상승	판매 수입 감소(가격 상승률이 판매량 감소율보다 작음.)	판매 수입 변동 없음.	판매 수입 증가(가격 상승률이 판매량 감소율보다 큼.)
가격 하락	판매 수입 증가(가격 하락률이 판매량 증가율보다 작음.)	판매 수입 변동 없음.	판매 수입 감소(가격 하락률이 판매량 증가율보다 큼.)

> **≡ 개념 플러스** **독점 기업의 판매 전략**
>
> 어느 재화의 생산을 독점하는 기업이 직면하는 수요가 가격에 대해 비탄력적인 경우 가격을 인상하였을 때 가격 상승으로 인한 판매 수입 증가분이 수요량 감소로 인한 판매 수입 감소분보다 크므로 판매 수입은 증가한다. 판매 수입이 증가할 때 이윤도 증가한다고 가정할 경우 이 기업은 이윤을 늘리기 위해 가격 인상 전략을 채택하게 된다.

2. 공급의 가격 탄력성

(1) 의미: 재화나 서비스의 가격이 변동할 때 공급량이 변동하는 정도로, 공급량이 가격 변동에 대해 얼마나 민감하게 반응하는지를 보여 줌.

(2) 계산식

$$공급의 \ 가격 \ 탄력성(Es) = \frac{공급량 \ 변동률(\%)}{가격 \ 변동률(\%)}$$

(3) 유형

공급의 가격 탄력성	가격 변동과 공급량 변동의 관계
Es=∞(완전 탄력적)	가격이 미세하게 변동해도 공급량이 무한히 변동함.
Es > 1(탄력적)	|가격 변동률| < |공급량 변동률|
Es=1(단위 탄력적)	가격 변동률=공급량 변동률
0 < Es < 1(비탄력적)	|가격 변동률| > |공급량 변동률|(공급량 변동률 ≠ 0)
Es=0(완전 비탄력적)	가격이 변동해도 공급량은 변동하지 않음(공급량 변동률=0).

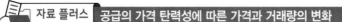
자료 플러스 **공급의 가격 탄력성에 따른 가격과 거래량의 변화**

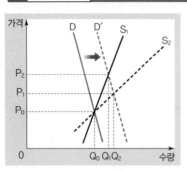

S_1보다 공급의 가격 탄력성이 상대적으로 큰 S_2의 경우 수요 변동에 따른 시장 가격의 변동은 작고, 시장 거래량의 변동은 크다. 예를 들어, 수요가 증가(D → D')하는 경우 시장 가격의 상승 폭은 $S_1(P_0P_2)$이 $S_2(P_0P_1)$보다 크고, 시장 거래량의 증가 폭은 $S_2(Q_0Q_2)$가 $S_1(Q_0Q_1)$보다 크다.

☆ 생산자의 대응 기간과 공급의 가격 탄력성
일반적으로 생산자가 가격의 변화에 적응하기 위해서는 어느 정도 시간이 필요하다. 따라서 공급의 가격 탄력성은 장기 일수록 더 탄력적으로 변하게 된다.

(4) 공급의 가격 탄력성에 영향을 미치는 요인
① 상품의 특성
 • 가격 변동에 대해 공급량 조절이 용이한 상품(생산 기간이 짧은 상품, 저장이 용이한 상품, 원재료 확보가 용이한 상품)일수록 상대적으로 공급의 가격 탄력성이 크게 나타남.
 • 가격 변동에 대해 공급량 조절이 어려운 상품(생산 기간이 긴 상품, 저장이 곤란한 상품, 원재료 확보가 곤란한 상품)일수록 상대적으로 공급의 가격 탄력성이 작게 나타남.
② 가격 변동에 대한 생산자의 대응 기간
 • 상품의 가격 변동에 대한 생산자의 대응 기간이 길면 생산 설비 규모 변경 등을 통한 대응이 용이하므로 상대적으로 공급의 가격 탄력성이 크게 나타남.
 • 상품의 가격 변동에 대한 생산자의 대응 기간이 짧으면 생산 설비 규모 변경 등을 통한 대응이 어려우므로 상대적으로 공급의 가격 탄력성이 작게 나타남.

자료 플러스 **생산자의 대응 기간과 공급의 가격 탄력성**

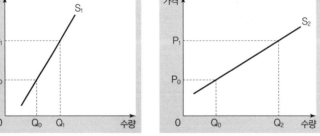

개념 체크

1. 생산 기간이 (짧은/긴) 상품 일수록 상대적으로 공급의 가격 탄력성이 크게 나타 난다.
2. 상품이 가격 변동에 대한 생산자의 대응 기간이 (길 면/짧으면) 상대적으로 공 급의 가격 탄력성이 크게 나타난다.

정답
1. 짧은
2. 길면

(가)

(나)

동일한 재화의 시장에서 (가)는 상대적으로 생산자에게 짧은 대응 기간이 주어진 공급 곡선(S_1)이고, (나)는 상대적으로 생산자에게 긴 대응 기간이 주어진 공급 곡선(S_2)이다. (나)는 (가)에 비해 동일한 가격 상승 폭(P_0P_1)에서 더 큰 공급량 증가 폭($Q_0Q_1 < Q_0Q_2$)을 보인다. 즉, 공급의 가격 탄력성이 커진다.

Theme **1**　　농산물 가격 파동의 원인

농산물 수요가 가격에 대해 비탄력적인 이유는 첫째, 농산물은 대부분 생활필수품의 성격을 띠며 대체재가 별로 없기 때문이다. 소비자는 농산물에 대해 가격 변화와 무관하게 거의 일정량을 소비하며, 대체할 마땅한 재화가 별로 없으므로 가격이 상승해도 수요량이 크게 감소하지 않는다. 예를 들어, 마늘이나 고추와 같은 농산물은 대체할 재화가 없고 필수품이므로 수요량이 가격 변화에 따라 크게 변화하지 않는다.

둘째, 소비자의 소득에서 차지하는 비중이 작은 상품일수록 수요의 가격 탄력성이 작은데, 농산물은 대부분 단위당 가격이 상대적으로 낮은 편이다. 파 한 단, 무 한 개의 가격은 소득에 비추어 대체로 낮은 수준이므로 가격이 어느 정도 올라도 원하는 양을 살 수 있다.

이처럼 농산물 수요는 가격에 대해 비탄력적이므로 공급이 조금만 증가해도 시장 가격은 폭락하며, 반대로 공급이 조금만 감소해도 시장 가격은 폭등한다.

Theme **2**　　수요의 가격 탄력성과 판매 수입

그림에서 공급이 감소할 때 (가)는 수요의 가격 탄력성이 1보다 큰 경우, (나)는 수요의 가격 탄력성이 0보다 크고 1보다 작은 경우를 나타낸다.

(가) $E_d > 1$인 경우

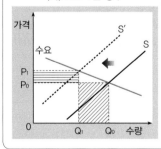

(나) $0 < E_d < 1$인 경우

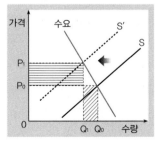

그림 (가), (나)와 같이 공급이 감소하면, 균형 가격은 P_0에서 P_1로 상승하고, 균형 거래량은 Q_0에서 Q_1로 감소한다. 판매 수입 또한 변동하는데, 그 변동 방향은 수요의 가격 탄력성에 달려 있다. 그림 (가)와 같이 수요의 가격 탄력성이 1보다 크면, 가격 상승으로 인한 판매 수입 증가액($P_0 P_1 \times Q_1$)이 수요량 감소로 인한 판매 수입 감소액($P_0 \times Q_0 Q_1$)보다 작아 판매 수입은 감소한다. 반면, 그림 (나)와 같이 수요의 가격 탄력성이 0보다 크고 1보다 작으면, 가격 상승으로 인한 판매 수입 증가액($P_0 P_1 \times Q_1$)이 수요량 감소로 인한 판매 수입 감소액($P_0 \times Q_0 Q_1$)보다 커 판매 수입은 증가한다.

[24021-0083]

01 다음 자료에 대한 설명으로 옳은 것은?

- X재와 Y재는 모두 수요와 공급 법칙을 따른다.
- X재는 가격 변동률의 절댓값이 수요량 변동률의 절댓값보다 크고, Y재는 가격 변동률의 절댓값이 수요량 변동률의 절댓값보다 작다.
- X재 시장에서는 ㉠ X재의 원자재 가격이 상승하였고, Y재 시장에서는 ㉡ Y재에 대한 소비자 선호가 증가하였다.

① X재 수요는 가격에 대해 탄력적이다.
② Y재 수요의 가격 탄력성은 1보다 작다.
③ ㉠으로 인해 X재의 균형 거래량은 증가하였다.
④ ㉡으로 인해 Y재의 균형 가격은 하락하였다.
⑤ ㉠은 X재의 시장 판매 수입 증가 요인, ㉡은 Y재의 시장 판매 수입 증가 요인이다.

[24021-0084]

02 다음 자료에 대한 설명으로 옳은 것은?

그림은 X재~Z재 시장에서 각 재화의 가격 10% 상승에 따른 수요량과 공급량의 변동률을 나타낸다. 단, X재~Z재는 모두 수요와 공급 법칙을 따르고, X재~Z재는 모두 상호 연관성이 없다.

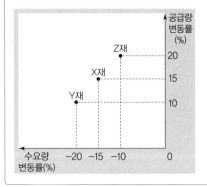

① 수요의 가격 탄력성은 X재가 Y재보다 크다.
② 공급의 가격 탄력성은 Z재가 X재보다 작다.
③ 수요의 가격 탄력성이 1인 재화는 X재와 Z재이다.
④ X재와 Y재는 모두 공급 감소에 의한 가격 상승에 따라 시장 판매 수입이 감소한다.
⑤ 수요가 가격에 대해 단위 탄력적인 재화는 공급이 가격에 대해 단위 탄력적인 재화와 같다.

[24021-0085]

03 다음 자료에 대한 옳은 설명만을 〈보기〉에서 고른 것은?

표는 수요와 공급 법칙을 따르는 X재 시장에서 ㉠ X재의 공급 변화에 따른 X재의 가격 상승으로 인한 A, B 소비자 집단의 소비 지출 변화를 나타낸다. 단, A 소비자 집단과 B 소비자 집단 간의 X재 거래는 없다.

구분	A 소비자 집단	B 소비자 집단
소비 지출의 변화	증가	감소

• 보 기 •

ㄱ. ㉠은 X재 시장의 소비자 잉여 증가 요인이다.
ㄴ. X재 공급자의 미래 가격 상승 예상은 ㉠의 요인이다.
ㄷ. A 소비자 집단의 X재 수요의 가격 탄력성은 1보다 작다.
ㄹ. B 소비자 집단의 X재 수요는 가격에 대해 비탄력적이다.

① ㄱ, ㄴ   ② ㄱ, ㄷ   ③ ㄴ, ㄷ
④ ㄴ, ㄹ   ⑤ ㄷ, ㄹ

[24021-0086]

04 다음 자료에 대한 설명으로 옳은 것은?

표는 X재와 Y재의 공급 변화로 인한 '|가격 변동률|-|수요량 변동률|'을 나타낸다. 단, X재와 Y재는 모두 수요와 공급 법칙을 따르고, X재와 Y재는 상호 연관성이 없다.

(단위: %p)

구분	|가격 변동률|-|수요량 변동률|
X재	0
Y재	5

* %p는 |가격 변동률|과 |수요량 변동률|의 산술적 차이를 말함.

① X재 수요의 가격 탄력성은 0이다.
② Y재 수요는 가격에 대해 탄력적이다.
③ X재 수요의 가격 탄력성은 Y재보다 크다.
④ X재의 공급 증가는 X재의 소비 지출 감소 요인이다.
⑤ Y재의 공급 감소는 Y재의 판매 수입 감소 요인이다.

[24021-0087]

1 그림은 공급의 변화로 인해 나타난 X재~Z재의 가격 변동률과 판매 수입 변동률을 나타낸다. 이에 대한 설명으로 옳은 것은? (단, X재~Z재는 모두 수요와 공급 법칙을 따름.)

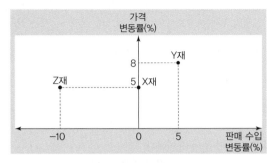

① X재 수요는 가격에 대해 비탄력적이다.
② Y재 수요는 가격에 대해 단위 탄력적이다.
③ Z재 수요는 가격에 대해 탄력적이다.
④ X재는 Y재와 달리 가격 상승에 따른 균형 거래량 변동률이 음(−)의 값을 가진다.
⑤ Y재는 Z재와 달리 공급이 감소하였다.

[24021-0088]

2 다음 자료에 대한 옳은 설명만을 〈보기〉에서 고른 것은?

표는 X재~Z재를 생산하는 갑 기업의 연도별 각 재화의 판매 수입 비중과 총판매 수입액을 나타낸다. 단, 2023년에 X재~Z재는 모두 공급 감소로 인해 각 재화의 가격이 전년 대비 10% 상승하였고, X재~Z재는 모두 상호 연관성이 없다.

구분	판매 수입 비중(%)			총판매 수입액 (만 달러)
	X재	Y재	Z재	
2022년	25	25	50	100
2023년	20	30	50	90

보기

ㄱ. X재 수요의 가격 탄력성은 1보다 작다.
ㄴ. Y재는 가격 변동률의 절댓값이 거래량 변동률의 절댓값보다 크다.
ㄷ. Z재 수요는 가격에 대해 탄력적이다.
ㄹ. 2022년 대비 2023년에 Y재와 달리 Z재의 판매 수입 변동률은 0%이다.

① ㄱ, ㄴ   ② ㄱ, ㄷ   ③ ㄴ, ㄷ   ④ ㄴ, ㄹ   ⑤ ㄷ, ㄹ

[24021-0089]

3 다음 자료에 대한 옳은 설명만을 〈보기〉에서 있는 대로 고른 것은?

> 표는 Z재의 공급 변화에 따른 가격 상승으로 인한 X재와 Y재의 소비 지출의 변화를 나타낸다.
> 단, Z재는 X재와 Y재의 원료이고, X재와 Y재는 상호 연관성이 없으며, X재~Z재는 모두 수
> 요와 공급 법칙을 따른다.

구분	X재	Y재
소비 지출의 변화	감소	증가

● 보 기 ●
ㄱ. Z재의 생산 비용 증가는 X재의 판매 수입 증가 요인이다.
ㄴ. X재 수요는 가격에 대해 탄력적이고, Y재 수요는 가격에 대해 비탄력적이다.
ㄷ. Z재 생산자의 미래 가격 상승 예상은 X재의 생산자 잉여 감소 요인, Y재의 소비자 잉여
　증가 요인이다.

① ㄱ　　　　② ㄴ　　　　③ ㄱ, ㄴ　　　　④ ㄴ, ㄷ　　　　⑤ ㄱ, ㄴ, ㄷ

[24021-0090]

4 다음 자료에 대한 설명으로 옳은 것은?

> 표는 X재~Z재의 수요 증가로 인해 발생한 균형 거래량 변동률 대비 균형 가격 변동률을 나타
> 낸다. 수요 증가 이전 X재, Y재, Z재의 균형 가격은 각각 10달러로 같았고, 균형 거래량은 각
> 각 10만 개로 같았으며, 수요 증가로 인해 발생한 X재~Z재의 균형 가격 변동률은 서로 동일
> 하다. 단, X재~Z재는 모두 수요와 공급 법칙을 따른다.

구분	X재	Y재	Z재
균형 가격 변동률 / 균형 거래량 변동률	0.5	1	1.5

① X재는 Y재와 달리 균형 거래량이 감소한다.
② Y재는 Z재보다 공급의 가격 탄력성이 크다.
③ Z재는 X재와 달리 공급의 가격 탄력성이 1보다 크다.
④ 수요 증가 이전 대비 이후에 Y재는 X재와 달리 시장 판매 수입이 증가한다.
⑤ 수요 증가 이전 대비 이후에 균형 거래량이 가장 많이 증가한 재화는 Z재이다.

[24021-0091]

5 다음 자료에 대한 설명으로 옳은 것은?

표는 X재~Z재 시장에서 수요나 공급 중 하나만의 변동으로 인한 소비 지출의 변화를 나타낸다. 단, X재~Z재는 모두 수요와 공급 법칙을 따르고, X재~Z재는 모두 상호 연관성이 없다.

시장	시장 변화	소비 지출의 변화
X재 시장	㉠ X재에 대한 소비자 선호 증가	증가
Y재 시장	㉡ Y재 생산자에게 개당 일정액의 정부 보조금 지급	변화 없음.
Z재 시장	㉢ Z재의 생산 비용 증가	증가

① ㉠은 X재 시장의 생산자 잉여 감소 요인이다.
② ㉡은 Y재의 공급 증가 요인, ㉢은 Z재의 수요 감소 요인이다.
③ Y재와 달리 X재의 시장 거래량은 증가하였다.
④ Y재 수요의 가격 탄력성은 1이다.
⑤ Z재 수요는 가격에 대해 탄력적이다.

[24021-0092]

6 다음 자료에 대한 옳은 설명만을 〈보기〉에서 있는 대로 고른 것은?

표는 X재의 공급 변화로 인해 X재 가격이 10% 상승할 때 세대별 소비 집단의 소비 지출 변동률을 나타낸다. 단, X재는 수요와 공급 법칙을 따르며, 청소년 세대, 중장년 세대, 노인 세대 간의 X재 거래는 없다.

구분	청소년 세대	중장년 세대	노인 세대
소비 지출 변동률(%)	5	−5	0

● 보 기 ●

ㄱ. 청소년 세대에서는 X재 수요가 가격에 대해 비탄력적이다.
ㄴ. 중장년 세대에서는 X재 가격 변동률의 절댓값이 X재 거래량 변동률의 절댓값보다 크다.
ㄷ. 노인 세대에서는 X재 수요의 가격 탄력성이 0이다.
ㄹ. X재 수요의 가격 탄력성은 중장년 세대가 노인 세대보다 크다.

① ㄱ, ㄴ   ② ㄱ, ㄹ   ③ ㄴ, ㄷ
④ ㄱ, ㄷ, ㄹ   ⑤ ㄴ, ㄷ, ㄹ

1. 시장의 역할과 시장 실패

(1) 시장의 역할: 수요자와 공급자의 자유로운 경쟁을 통해 자원의 효율적 배분을 유도함. → 자원의 효율적 배분으로 총잉여가 극대화될 수 있음.

(2) 시장 실패
① 의미: 시장이 자원을 효율적으로 배분하지 못하는 상태
② 특징: 재화나 서비스가 사회적 최적 수준보다 과다 또는 과소 생산·소비 등
③ 요인: 불완전 경쟁, 외부 효과, 공공재와 공유 자원, 정보의 비대칭성 등

2. 시장 실패의 요인

(1) 불완전 경쟁
① 의미: 시장 지배력의 남용, 부당한 공동 행위(담합 등), 불공정 거래 행위 등으로 경쟁이 제한된 상태
② 발생 원인: 특정 기업의 원재료 독점, 특허 제도, 정부의 진입 규제, 규모의 경제 등
③ 문제점: 독과점 시장에서 공급자의 공급량 감축이나 가격 인상, 과점 시장의 공급자 간 부당한 공동 행위, 독점적 경쟁 시장의 제품 차별화 등은 시장의 경쟁을 제한함. → 자원의 비효율적 배분(사회적 최적 수준보다 과소 생산·소비), 소비자 잉여의 감소 등

자료 플러스 시장의 구분

구분	독점 시장	과점 시장	독점적 경쟁 시장	완전 경쟁 시장
시장 내 기업 수	하나	소수	다수	다수
상품의 동질성	단일 제품	동질적이거나 차별적	차별적	동질적
시장 진입 장벽	매우 높음.	높음.	낮음.	매우 낮음.

(2) 외부 효과
① 의미: 한 경제 주체의 생산·소비가 다른 경제 주체에게 의도하지 않은 이익이나 손해를 주지만 이에 대한 대가를 받거나 지불하지 않는 상태
② 유형

구분	외부 경제(긍정적 외부 효과)	외부 불경제(부정적 외부 효과)
의미	다른 경제 주체에게 의도하지 않은 이익을 주고도 대가를 받지 않는 상태	다른 경제 주체에게 의도하지 않은 손해를 주고도 대가를 지불하지 않는 상태
영향	• 생산 측면: 사회적 비용 < 사적 비용 • 소비 측면: 사회적 편익 > 사적 편익	• 생산 측면: 사회적 비용 > 사적 비용 • 소비 측면: 사회적 편익 < 사적 편익
문제점	사회적 최적 수준보다 과소 생산·소비	사회적 최적 수준보다 과다 생산·소비
사례	독감 백신 접종, 교육 등	흡연, 오염 물질 배출 등

자료 플러스 | 외부 효과의 이해

생산 측면		소비 측면	
외부 경제	외부 불경제	외부 경제	외부 불경제

* S는 사적 비용만을, S′는 사회적 비용을 반영한 공급 곡선임.
** D는 사적 편익만을, D′는 사회적 편익을 반영한 수요 곡선임.
*** Q₁은 시장 거래량이며, Q₂는 사회적 최적 거래량임.

(3) 공공재

① 의미: 대가를 지불하지 않은 소비자들을 포함하여 많은 사람들이 경합하지 않고 소비할 수 있는 재화나 서비스 ⓔ 국방, 치안, 신호등 등

② 특징
• 소비의 비배제성: 소비의 대가를 지불하지 않은 사람을 소비에서 배제시킬 수 없음.
• 소비의 비경합성: 한 사람의 소비가 다른 사람의 소비 기회를 감소시키지 않음.

③ 문제점
• 무임승차자 문제: 비배제성으로 인해 소비자들이 대가를 지불하지 않고 소비하려는 경향이 나타남.
• 생산량 부족: 기업이 이윤을 얻을 수 없으므로 시장에서 사회적 최적 수준보다 과소 생산됨.

(4) 공유 자원

① 의미: 경합성과 비배제성을 가지는 재화 ⓔ 공해상의 어족 자원 등
② 문제점: 남용으로 인해 자원 고갈이 쉽게 나타남.

(5) 정보의 비대칭성

① 의미: 거래 당사자들이 가진 거래에 필요한 정보의 양이 서로 다른 상태
② 유형
• 역선택: 상대적으로 거래에 필요한 정보가 부족한 당사자가 바람직하지 않은 상대방과 거래할 가능성이 높거나 자신에게 불리한 선택을 하는 경향 ⓔ 소비자가 중고 제품 시장에서 외형만을 보고 불량품을 구매하는 것
• 도덕적 해이: 상대적으로 거래에 필요한 정보가 많은 당사자가 자신의 이익만을 위해 행동하여 사회적으로 바람직하지 않은 결과가 나타나는 경향 ⓔ 의료비 보험에 가입한 사람이 자신의 건강 관리를 하지 않거나 위험을 회피하지 않는 것
③ 문제점: 거래 당사자들의 합리적 선택을 방해하거나 시장의 자원 배분 기능을 왜곡시켜 자원 배분의 효율성이 낮아짐.

✿ 소비의 경합성 · 배제성 유무에 따른 재화의 구분

구분	경합성	비경합성
배제성	A	B
비배제성	C	D

소비의 경합성과 배제성 유무에 따른 A~D의 재화의 특징을 도로에 비유하면, A는 '혼잡한 유료 도로', B는 '한산한 유료 도로', C는 '혼잡한 무료 도로', D는 '한산한 무료 도로'이다.

개념 체크

1. ( ) 문제란 재화나 서비스가 갖는 비배제성으로 인해 소비자들이 대가를 지불하지 않고 소비하려는 경향을 말한다.

2. 공유 자원은 ( )과 비배제성을 가지며 자원이 쉽게 고갈되는 문제가 발생할 수 있다.

3. 거래 당사자 간 정보의 비대칭성으로 인해 역선택이나 ( )와 같은 문제가 발생할 수 있다.

정답
1. 무임승차자
2. 경합성
3. 도덕적 해이

❖ **독점 규제 및 공정 거래에 관한 법률(공정 거래법)**
불공정 거래 행위 등을 규제하여 창의적인 기업 활동 활성화, 소비자 보호, 국민 경제의 균형 있는 발전을 도모함을 목적으로 한다.

❖ **공기업**
정부가 직접 경영하거나 정부가 출자하여 기업 경영에 영향력을 행사하는 기업으로, 주로 공공재 생산을 담당한다.

❖ **신호 보내기(Signaling)와 골라내기(Screening)**
신호 보내기(signaling)란 공급자가 수요자에 비해 많은 정보를 가지는 '비대칭적 정보' 구조에서 공급자가 수요자에게 상품 정보를 전달하고자 하는 노력을 말한다. 골라내기(screening)란 정보가 부족한 거래 일방이 상대방이 가진 관련 정보를 얻어내기 위해 취하는 행동을 말한다.

3. 시장 실패 개선을 위한 정부의 역할

(1) 불완전 경쟁의 해소
① 목적: 시장의 자유롭고 공정한 경쟁 구조 확립
② 내용: 우리나라의 경우 「독점 규제 및 공정 거래에 관한 법률」에 따라 공정 거래 위원회 설치 및 운영 → 기업의 경제력 집중 방지, 불공정 거래의 규제

(2) 외부 효과의 개선
① 목적: 경제적 유인이나 규제를 통해 사회적 최적 수준의 생산·소비 유도
② 내용

구분	외부 경제	외부 불경제
내용	정부의 보조금 지급 등을 통해 생산·소비를 증대시켜 사회적 최적 수준의 거래를 유도함.	정부의 과세 등을 통해 생산·소비를 감소시켜 사회적 최적 수준의 거래를 유도함.
사례	기업의 연구 개발비 지원, 정화 시설의 설치비 보조 등	환경 개선 부담금 제도, 탄소 배출권 거래제, 과징금 등

(3) 공공재 생산
① 목적: 공공재의 원활한 공급을 통한 사회적 최적 거래 수준 달성
② 내용: 정부나 공기업이 공공재의 생산과 공급을 담당함.

(4) 공유 자원의 보호: 불법 포획 단속, 어업 허가제 등의 규제 정책으로 공유 자원 고갈 방지

(5) 정보의 비대칭성 개선 유도
① 목적: 정보의 비대칭성 개선(신호 보내기, 골라내기 등)을 통한 시장 거래 활성화 유도
② 역선택의 개선 방안: 원산지 표시제, 과장 광고 규제, 품질 보증 제도 등
③ 도덕적 해이의 개선 방안: 성과 상여금 제도, 피보험자의 자기 부담금 제도 등

개념 체크
1. (　　　)가 발생하는 경우 정부의 보조금 지급을 통해 문제를 개선할 수 있다.
2. 원산지 표시제, 과장 광고 규제 등은 (　　　)으로 인한 시장 실패를 개선하기 위한 정부의 시장 개입에 해당한다.
3. 정부의 개입으로 시장의 문제를 충분히 해결하지 못하거나 오히려 악화시키는 현상을 (　　　)라고 한다.

정답
1. 외부 경제
2. 정보의 비대칭성
3. 정부 실패

4. 정부 실패와 보완 방안

(1) 정부 실패
① 의미: 시장의 문제점 개선을 위한 정부의 개입이 문제를 충분히 해결하지 못하거나 오히려 악화시키는 현상
② 요인: 정부의 정보 부족과 미래에 대한 부정확한 예측, 이익 집단의 압력과 정치적 타협에 의한 정책 결정, 관료 조직의 이윤 동기 부족 등

(2) 정부 실패의 보완 방안

규제 개혁 정책	정부의 과도하거나 부적절한 규제 개선, 관료 조직의 비대화 개선, 행정 절차의 간소화 등
관료 조직에 유인 제공과 경쟁 도입	공기업의 민영화, 성과 상여금 제도의 도입, 각종 평가 제도 운영 등
민간 부문의 노력	시민들의 직접 참여와 견제, 건전한 경쟁 질서 확립을 위한 기업의 자발적 참여 등

Theme 1 독점 시장과 시장 실패

경쟁 시장에서는 수요 곡선과 공급 곡선이 만나는 지점에서 균형 가격(P_0)과 균형 거래량(Q_0)이 결정되며, 공급자와 수요자 중 누구도 단독으로 자원 배분을 결정하는 가격에 영향을 미칠 수 없으므로 자원이 시장 가격에 의해 효율적으로 배분되고 총잉여가 극대화될 수 있다.

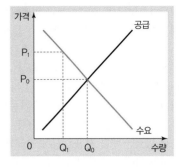

하지만 상당한 시장 지배력을 가지고 있으면서 시장 가격과 수요량의 관계를 면밀히 검토한 독점 기업은 자신에게 가장 많은 이윤이 발생하는 공급량과 가격을 결정할 수 있다. 이러한 과정에서 일반적으로 독점 기업은 경쟁 시장에서 나타나는 거래량보다 공급량을 적게 유지하여 가격을 올림으로써 이윤을 늘리고자 한다. 오른쪽 그림의 경쟁 시장 상황이 독점 시장으로 바뀌고 이윤을 늘리기 위해 독점 기업이 결정한 공급량을 Q_1이라고 한다면, 이 공급량과 수요 곡선이 만나는 지점에서 가격(P_1)이 결정된다. 이러한 독점 기업의 선택으로 인해 시장에서는 사회적 최적 수준보다 과소 생산되는 문제가 발생하고, 경쟁 시장에서 거래될 때보다 소비자 잉여가 감소하게 된다.

Theme 2 정보의 비대칭성과 시장 실패

시장의 거래 당사자 가운데 어느 한쪽이 다른 한쪽보다 더 많은 정보를 갖고 있는 상황을 정보의 비대칭성이라고 한다. 이러한 상황에서는 정보를 갖지 못하거나 적게 가진 쪽이 거래 상대방이나 상품을 잘못 선택하여 손해를 보는 결과가 초래되는 등 시장이 공정하고 효율적으로 작동하지 못하게 된다.

정보의 비대칭성으로 인해 나타나는 문제에는 역선택과 도덕적 해이가 대표적이다. 역선택은 정보를 갖지 못하거나 적게 가진 쪽에서 바람직하지 못한 상대방과 거래할 가능성이 높은 현상을 말한다. 상대적으로 중고차에 대한 정보를 적게 가진 구매자가 중고차 시장에서 품질이 낮은 중고차 구입 계약을 하는 것, 보험 시장에서 보험 가입 희망자에 대한 정보를 제대로 갖지 못한 보험 회사가 보험금 지급 가능성이 높은 사람들과 가입 계약을 맺는 것 등이 그 예이다. 도덕적 해이는 거래가 이루어진 이후 정보를 가진 쪽이 정보를 갖지 못하거나 적게 가진 쪽의 기대나 이익에 반하는 행동을 취하는 경향을 말한다. 고용 계약 후 고용인의 감시가 없는 틈을 타서 피고용인들이 게으름을 피우는 것, 화재 보험 가입 후 보험 가입자가 화재 예방 노력을 덜 하는 것 등이 그 예이다. 이러한 정보의 비대칭성으로 인해 발생하는 문제를 어떻게 하면 완화시킬 수 있을까?

역선택의 경우 정보를 많이 가지고 있는 쪽이 자신의 정보를 드러낼 수 있도록 하는 유인을 활용하는 방법을 생각해 볼 수 있다. 이러한 방법에는 중고차 시장에서 중고차에 대한 품질 보증서를 의무적으로 첨부하도록 강제하는 것, 보험 시장에서 건강 증명서를 제출하는 보험 가입자에게 낮은 보험료를 적용하는 것 등이 있다. 도덕적 해이의 경우 거래 상대방의 기대나 이익에 부합하는 행동을 하도록 하는 유인을 활용하는 방법을 생각해 볼 수 있다. 이러한 방법에는 근무 실적에 따라 피고용인들의 보수를 차등적으로 지급하는 것, 화재 발생 시 손실의 일정액만 보험 회사가 부담하는 것 등이 있다.

Theme 3 　공공재의 시장 실패

재화나 서비스를 비경합성과 비배제성을 기준으로 분류하면 공공재는 빗금 친 부분에 해당한다. 공공재는 경합성이 없기 때문에 한 사람이 그것을 소비한다고 해서 다른 사람이 소비할 수 있는 기회가 줄어들지 않는다. 예를 들어, 어떤 사람이 한산한 무료 공원을 산책한다고 해서 다른 사람의 산책을 저해하지 않는다. 또한 공공재는 배제성이 없기 때문에 대가를 지불하지 않는 사람의 소비를 막을 수 없다. 예를 들어, 거리의 가로등이나 해안가에 세운 등대가 주는 혜택을 대가를 지불하지 않았다는 이유로 막을 수 없다. 이러한 공공재는 민간 기업이 생산할 유인이 없기 때문에 사회적으로 필요한 만큼 시장을 통해 공급되기가 어려워 시장 실패의 요인이 된다. 이를 해결하기 위해 정부가 직접 공공재를 생산함으로써 사회적 필요량을 충족시키고 있다.

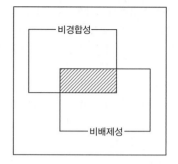

Theme 4 　외부 효과의 해결

외부 경제의 해결	외부 불경제의 해결
그림 (가)는 소비 활동으로 인해 외부 경제가 발생한 재화의 시장 상황을, 그림 (나)는 생산 활동으로 인해 외부 경제가 발생한 재화의 시장 상황을 나타낸다. 두 재화는 모두 시장 거래량(Q_1)이 사회적 최적 거래량(Q_2)보다 적은 상태이다. (가)의 상황에서 정부가 해당 재화를 구입하는 소비자에게 단위당 P_1P_3만큼의 보조금을 지급하여 사적 편익이 증가하면 소비가 사회적 최적 거래량까지 증가하고, 더 이상 소비 활동으로 인한 외부 경제는 존재하지 않게 된다. 또한 (나)의 상황에서 정부가 해당 재화를 생산하는 생산자에게 단위당 P_1P_3만큼의 보조금을 지급하여 사적 비용이 감소하면 생산이 사회적 최적 거래량까지 증가하고, 더 이상 생산 활동으로 인한 외부 경제는 존재하지 않게 된다.	그림 (가)는 소비 활동으로 인해 외부 불경제가 발생한 재화의 시장 상황을, 그림 (나)는 생산 활동으로 인해 외부 불경제가 발생한 재화의 시장 상황을 나타낸다. 두 재화는 모두 시장 거래량(Q_1)이 사회적 최적 거래량(Q_2)보다 많은 상태이다. (가)의 상황에서 정부가 해당 재화를 구입하는 소비자에게 단위당 P_1P_3만큼의 세금을 부과하여 사적 편익이 감소하면 소비가 사회적 최적 거래량까지 감소하고, 더 이상 소비 활동으로 인한 외부 불경제는 존재하지 않게 된다. 또한 (나)의 상황에서 정부가 해당 재화를 생산하는 생산자에게 단위당 P_1P_3만큼의 세금을 부과하여 사적 비용이 증가하면 생산이 사회적 최적 거래량까지 감소하고, 더 이상 생산 활동으로 인한 외부 불경제는 존재하지 않게 된다.
(가)　　　　　　　(나)	(가)　　　　　　　(나)
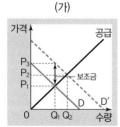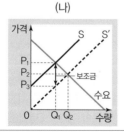	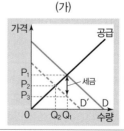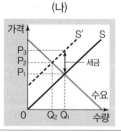

*S는 사적 비용만을, S'는 사회적 비용을 반영한 공급 곡선이며, D는 사적 편익만을, D'는 사회적 편익을 반영한 수요 곡선임.
**Q_1은 시장 거래량이며, Q_2는 사회적 최적 거래량임.

[24021-0093]

01 다음 자료는 경제 수업 중 일부이다. 빈칸 (가)에 들어갈 수 있는 옳은 답변만을 〈보기〉에서 고른 것은?

교사: A~D는 각각 재화의 속성에 따라 구분한 재화의 유형을 나타냅니다. 각 재화가 가지는 일반적인 특징을 설명해 보세요.

구분	배제성	비배제성
경합성	A	B
비경합성	C	D

학생: ＿＿＿＿＿＿＿ (가) ＿＿＿＿＿＿＿

• 보기 •
ㄱ. A의 사례로 서점에서 판매하는 참고서를 들 수 있습니다.
ㄴ. B는 남용으로 인한 자원 고갈의 문제가 발생할 수 있습니다.
ㄷ. C는 한산한 무료 도로에 비유할 수 있습니다.
ㄹ. D는 비배제성으로 인해 대가를 지불해야만 재화를 소비할 수 있습니다.

① ㄱ, ㄴ ② ㄱ, ㄷ ③ ㄴ, ㄷ
④ ㄴ, ㄹ ⑤ ㄷ, ㄹ

[24021-0094]

02 다음 자료의 A 기업과 B 기업에서 공통으로 나타난 시장 실패의 요인으로 가장 적절한 것은?

• A 기업은 전문 경영인에게 연말 성과와 관계없이 연봉을 연초에 현금으로 지급하자 방만한 경영에 따른 기업의 이미지 하락과 매출 감소 등의 문제가 발생하였다.
• B 기업은 노동자들의 생산 기여도를 고려하지 않고 모든 노동자에게 같은 급여를 지급하자 불량률이 증가하고 생산량이 감소하는 문제가 발생하였다.

① 역선택 ② 도덕적 해이
③ 불완전 경쟁 ④ 공공재 부족
⑤ 부정적 외부 효과

[24021-0095]

03 그림은 갑국의 신문 기사이다. 밑줄 친 ㉠에 따른 갑국 X재 시장의 변화에 대한 옳은 추론만을 〈보기〉에서 고른 것은? (단, X재는 수요 법칙을 따르며, 수요의 변동은 없음.)

＿＿＿＿＿＿＿ ○○신문 ＿＿＿＿＿＿＿

갑국의 X재 시장을 100% 점유하고 있는 A사, B사, C사가 지난해 정부와 소비자 몰래 담합을 해 온 것으로 밝혀졌다. ㉠A사가 생산비 인상을 핑계로 생산량을 줄여 가격을 조정하면 B사와 C사가 즉시 이를 따랐고, 이로 인해 X재 시장은 독점 시장과 같아졌다. 결국, 각 기업의 이윤은 극대화되었으며, 피해는 고스란히 소비자에게 돌아갔다.

• 보기 •
ㄱ. 시장 가격이 하락하였을 것이다.
ㄴ. 시장 거래량이 감소하였을 것이다.
ㄷ. 소비자 잉여가 감소하였을 것이다.
ㄹ. 자원 배분의 효율성이 높아졌을 것이다.

① ㄱ, ㄴ ② ㄱ, ㄷ ③ ㄴ, ㄷ
④ ㄴ, ㄹ ⑤ ㄷ, ㄹ

[24021-0096]

04 시장 실패의 사례인 (가), (나)에 대한 설명으로 옳은 것은?

(가) 중고 X재 거래 사이트에서 동일한 사용 기간과 디자인을 가진 중고 X재들이 판매되는 경우 소비자들은 품질을 정확히 알지 못해 외형과 가격만을 보고 중고 X재를 거래하게 된다. 그러나 이렇게 거래된 중고 X재들은 모두 거래 가격에 비해 성능이 떨어지는 것으로 조사되었다.
(나) 암 진단 시 생활비와 치료비 전액을 보장하는 고가의 A 보험을 개발한 보험사는 큰 수익을 기대하고 가입 신청자에 대한 별도의 심사 없이 보험 계약을 맺었다. 그러나 계약자 대다수는 암 발생 가능성이 국민 평균치보다 높았고, 막대한 암 보험금 지급으로 인해 보험사는 손실을 입었다.

① (가)는 공공재 부족의 사례이다.
② (가)의 발생 요인은 소비의 비경합성이다.
③ (나)는 긍정적 외부 효과의 사례이다.
④ (나)의 발생 요인은 독과점 등 불완전한 경쟁이다.
⑤ (가)와 (나)는 모두 정보의 비대칭성으로 인한 역선택의 사례이다.

[24021-0097]

05 그림은 외부 효과가 발생한 갑국의 X재 시장 상황을 나타낸다. 이에 대한 분석 및 추론으로 옳은 것은?

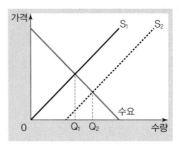

* S_1은 사적 비용만을 반영한 공급 곡선이며, S_2는 사회적 비용을 반영한 공급 곡선임.

① 부정적 외부 효과가 발생하였다.
② 사회적 비용이 사적 비용보다 크다.
③ 소비 측면의 외부 효과가 발생하였다.
④ 사회적 최적 수준보다 과소 거래되고 있다.
⑤ 생산자에 대한 과세로 외부 효과를 제거할 수 있다.

[24021-0098]

06 다음 자료에 대한 분석으로 옳은 것은?

중고 X재는 외형은 같으나 품질은 서로 다르다. 중고 X재 시장의 공급자는 갑, 을, 병뿐이며, 자신이 공급한 중고 X재의 품질에 따라 최소 요구 금액을 표와 같이 설정하였다. 중고 X재 시장의 수요자는 중고 X재의 품질을 정확히 알수 없어 평균 시세인 개당 5달러에 소비하고자 한다. 한편, 정부는 중고 X재 수요자에게 품질 정보를 정확하게 알려주는 ㉠ 품질 안내 제도 시행을 고려하고 있다. 이 제도가 시행되면, 수요자는 공급자별 중고 X재의 품질을 정확히 알게 되어 개별 수요자의 최대 지불 용의 금액과 공급자의 최소 요구 금액이 같아져 모든 중고 X재가 거래된다. 단, 수요자와 공급자는 각각 최대 1개씩만 거래한다.

공급자	갑	을	병
최소 요구 금액(달러)	6	5	4

① ㉠ 시행 이전 소비 지출은 9달러이다.
② ㉠ 시행 이전 갑의 중고 X재는 판매된다.
③ ㉠ 시행 이전 병보다 을의 생산자 잉여가 크다.
④ ㉠이 시행되면, 판매 수입은 감소한다.
⑤ ㉠이 시행되면, 생산자 잉여는 감소한다.

[24021-0099]

07 다음 자료에 대한 분석 및 추론으로 옳은 것은?

t 시기에 갑국의 X재 시장에서는 하나의 외부 효과가 발생하였으며, t+1 시기에 갑국 정부는 X재 소비자 또는 생산자에게 보조금을 지급하거나 세금을 부과하여 외부 효과를 제거하였다. 표는 시기별 X재의 시장 가격과 시장 거래량을 나타낸다. 단, X재는 수요와 공급 법칙을 따른다.

구분	t 시기	t+1 시기
시장 가격(달러)	10	9
시장 거래량(만 개)	10	9

① t 시기에 X재 시장에서는 긍정적 외부 효과가 발생하였다.
② t 시기에 X재 시장에서는 생산 측면의 외부 효과가 발생하였다.
③ t+1 시기에 정부는 X재 소비자에게 세금을 부과하였을 것이다.
④ t+1 시기에 정부는 X재 생산자에게 보조금을 지급하였을 것이다.
⑤ t 시기 대비 t+1 시기에 X재 시장의 소비자 잉여는 감소하였고 생산자 잉여는 증가하였을 것이다.

[24021-0100]

08 다음 글은 수업 시간에 경제 개념을 설명하기 위해 교사가 제시한 자료이다. 빈칸 (가)에 들어갈 내용으로 가장 적절한 것은?

제목: _____ (가) _____

갑국 정부는 무주택 빈곤층의 주거 비용 부담을 낮추기 위해 민간 기업이 공급한 임대 주택의 연간 임대료를 시장 균형 수준보다 낮은 수준으로 규제하였다. 그러나 민간 기업들은 정부의 규제로 인한 수익성 악화로 임대 주택의 공급을 줄였다. 이에 무주택 빈곤층은 정부의 규제 전에 비해 임대 주택을 더욱 구하기 어려워지는 문제가 발생하였다.

① 시장 실패의 요인
② 정부 실패의 사례
③ 최저 가격제의 효과
④ 시장 실패의 개선 사례
⑤ 민간 경제 주체의 비합리적 선택

[24021-0101]

1 다음 자료에 대한 옳은 분석 및 추론만을 〈보기〉에서 고른 것은?

그림은 외부 효과가 발생한 갑국의 X재 시장 상황을 나타낸다. D_1과 D_2는 각각 ㉠ 사적 편익만을 반영한 수요 곡선과 사회적 편익을 반영한 수요 곡선 중 하나이다. 갑국 정부는 X재 소비자에게 개당 일정액의 보조금을 지급하거나 세금을 부과하여 외부 효과를 제거하였다.

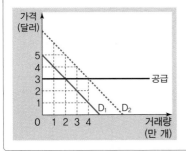

● 보기 ●

ㄱ. D_1이 ㉠이라면, 정부 개입 전 X재 시장에서는 긍정적 외부 효과가 발생하였다.

ㄴ. D_1이 ㉠이라면, 정부가 X재 소비자에게 지급한 보조금 총액은 4만 달러이다.

ㄷ. D_2가 ㉠이라면, 정부 개입 전 사회적 최적 수준에 대한 시장 거래량의 비는 2이다.

ㄹ. D_2가 ㉠이라면, 정부가 X재 소비자에게 부과한 세금 총액은 8만 달러이다.

① ㄱ, ㄴ   ② ㄱ, ㄷ   ③ ㄴ, ㄷ   ④ ㄴ, ㄹ   ⑤ ㄷ, ㄹ

[24021-0102]

2 다음 자료에 대한 분석 및 추론으로 옳지 <u>않은</u> 것은?

t 시기에 갑국의 X재 시장에서는 생산 측면과 소비 측면 중 하나에서 외부 효과가 발생하였으며, t+1 시기에 갑국 정부는 X재 생산자나 소비자에게 개당 일정액의 보조금을 지급하거나 세금을 부과하여 외부 효과를 제거하였다. 표는 t 시기에 X재 시장의 가격별 수요량과 공급량의 일부를 나타낸다. 단, X재의 수요와 공급 곡선은 모두 직선이다.

가격(달러)	3	4	5	6	7
수요량(만 개)	7	6	5	4	3
공급량(만 개)	3	4	5	6	7

① t 시기의 소비 지출은 25만 달러이다.

② t 시기에 사회적 최적 수준이 4만 개라면, 부정적 외부 효과가 발생한 것이다.

③ t 시기에 생산 측면에서 외부 효과가 발생하였고 사회적 최적 수준이 6만 개라면, t+1 시기에 정부가 X재 생산자에게 지급한 보조금 총액은 12만 달러이다.

④ t+1 시기에 정부가 X재 소비자에게 개당 2달러의 세금을 부과하였다면, t 시기에 소비 개당 사적 편익은 사회적 편익보다 2달러 크다.

⑤ t+1 시기에 정부가 X재 생산자에게 부과한 세금이 총 8만 달러라면, t 시기의 사회적 최적 수준은 6만 개이다.

[24021-0103]

3 다음 자료에 대한 옳은 분석 및 추론만을 〈보기〉에서 고른 것은?

○○보험사는 t년에 연간 의료비 100%를 보험금으로 지급하는 A 보험을 개발하여 가입 희망자 갑, 을, 병을 모집하였으며, 이들의 건강 정보를 알 수 없어 전년도 국민 평균 연간 의료비인 100만 원으로 연간 보험료를 정하여 가입 희망자의 선택에 따라 보험 계약을 맺었다. 갑~병은 모두 A 보험 가입을 희망하고 있으며, 자신의 건강 상태에 따른 연간 의료비를 갑은 140만 원, 을은 120만 원, 병은 80만 원으로 예상하고 있다. 단, 갑~병은 모두 A 보험 가입 여부를 연간 보험료와 보험금만을 고려하여 합리적으로 선택하였으며, 실제 연간 의료비는 예상과 같았다.

● 보기 ●
ㄱ. 병은 A 보험에 가입할 것이다.
ㄴ. 을이 A 보험에 가입하는 것은 을의 역선택이다.
ㄷ. A 보험 가입으로 발생하는 연간 '보험금−보험료'는 갑이 을보다 크다.
ㄹ. ○○보험사는 수취한 연간 보험료 총액이 지급한 연간 보험금 총액보다 작다.

① ㄱ, ㄴ   ② ㄱ, ㄷ   ③ ㄴ, ㄷ   ④ ㄴ, ㄹ   ⑤ ㄷ, ㄹ

[24021-0104]

4 다음 자료에 대한 분석 및 추론으로 옳은 것은?

t 시기에 갑국과 을국의 X재 시장은 각각 시장 가격이 30달러인 경쟁 시장이었다. t 시기부터 X재만을 공급하던 A 기업은 t+1 시기에 갑국과 을국의 X재 시장을 모두 독점하게 되었으며, 양국 X재 시장에서 각각 공급량을 조정하여 이윤을 극대화하였다. 표는 t 시기와 t+1 시기에 갑국과 을국의 가격별 X재 수요량을 나타낸다. 단, A 기업의 이윤은 판매 수입에 비례하며, 갑국과 을국 간 X재 교역은 불가능하다. 또한 양국의 수요 곡선은 직선이며, 변함이 없다.

가격(달러)	20	30	40	50	60
갑국의 수요량(만 개)	80	70	60	50	40
을국의 수요량(만 개)	120	100	80	60	40

① t 시기에 X재의 시장 판매 수입은 갑국이 을국보다 크다.
② t+1 시기에 X재의 시장 가격은 을국이 갑국보다 높을 것이다.
③ t+1 시기에 A 기업의 X재 공급량은 갑국이 을국보다 많을 것이다.
④ t 시기 대비 t+1 시기에 갑국과 달리 을국의 X재 시장 가격은 하락할 것이다.
⑤ t 시기 대비 t+1 시기에 갑국과 을국에서는 모두 X재 시장의 소비자 잉여가 감소할 것이다.

[24021-0105]

5 다음 자료에 대한 옳은 분석만을 〈보기〉에서 고른 것은?

갑국 어민은 ① 공유 자원인 참치를 면허 없이 자유롭게 조업하며, 참치 조업에 따른 이윤은 마리당 100달러이다. 최근 어민들의 남획으로 인해 참치가 멸종 위기에 처하자 갑국 정부는 참치 어족 자원을 보호하기 위해 ① 유료 조업 면허를 발행하고자 한다. 표는 어민의 어획량에 따른 마리당 조업 면허 취득 비용을 나타낸다. 단, 유료 조업 면허 발행 이후 참치 조업에 따른 이윤은 마리당 100달러에서 마리당 조업 면허 취득 비용을 뺀 값이다.

어획량(마리)	1~10	11~20	21 이상
조업 면허 취득 비용(마리당 달러)	10	40	80

* 예를 들어, 어민이 참치 12마리를 어획하기 위해서는 마리당 40달러의 조업 면허 취득 비용이 발생함.

● 보기 ●

ㄱ. ①은 경합성과 비배제성을 모두 가진다.
ㄴ. ① 이후 참치 어획량이 5마리인 어민의 이윤은 이전에 비해 총 10달러 감소한다.
ㄷ. ① 이후 참치 어획량이 10마리인 어민보다 참치 어획량이 11마리인 어민의 총이윤이 작다.
ㄹ. 참치 어획량 1마리 증가에 따른 마리당 조업 면허 취득 비용 증가분은 일정하게 유지된다.

① ㄱ, ㄴ   ② ㄱ, ㄷ   ③ ㄴ, ㄷ   ④ ㄴ, ㄹ   ⑤ ㄷ, ㄹ

[24021-0106]

6 다음 자료에 대한 분석 및 추론으로 옳은 것은?

그림은 사회적 최적 수준이 11만 개인 현재 갑국의 X재 시장 상황을 나타낸다. 갑국 정부는 X재 거래의 사회적 최적 수준을 달성하기 위해 정책 (가)~(다) 중 하나를 시행하고자 한다. 단, X재의 수요와 공급 곡선은 모두 직선이다.

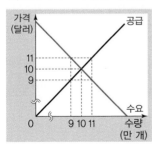

(가) 정부가 X재 생산자에게 개당 일정액의 보조금 지급
(나) 정부가 X재 소비자에게 개당 일정액의 보조금 지급
(다) 정부가 X재 개당 11달러로 전량 매입 후 9달러에 전량 매각

① (가) 시행에 따른 보조금 총액은 20만 달러이다.
② (나) 시행에 따른 '소비 지출−보조금 총액'은 현재 소비 지출보다 크다.
③ (다) 시행에 따른 판매 수입은 현재보다 10만 달러 크다.
④ (가) 시행에 따른 소비자 잉여 증가분은 (나) 시행에 따른 생산자 잉여 증가분보다 크다.
⑤ (나) 시행에 따른 보조금 총액은 (다) 시행에 따른 '총매입액−총매각액'과 같다.

[24021-0107]

7 다음 자료에 대한 옳은 분석만을 〈보기〉에서 고른 것은?

학생 갑~정은 경제 수업 시간에 공공재의 특성으로 인해 발생하는 ☐(가)☐ 를 학습하기 위한 기부 게임 수업에 참여하고 있다. 학생들은 기부자, 교사는 정부의 역할을 한다. 기부자들은 각각 바둑알 10개를 최초 자산으로 받아 게임에 참여하며, 게임 회차별로 자신이 정한 자산만큼을 정부에 기부한다. 정부는 게임 회차별로 기부 총액의 2배만큼을 지원금 명목으로 갑~정에게 1/4씩 균등하게 배분하며, 자산이 많은 순으로 3명에게만 공공재인 X재를 공급한다. 표는 게임 회차별 기부자들의 기부액을 나타낸다. 단, 기부자는 기부액만큼 자산이 감소하고 지원금만큼 자산이 증가하며, 기부액은 서로 알 수 없다.

구분	갑	을	병	정
1회차 게임 기부액	● ● ●	● ● ●	● ● ● ●	없음.
2회차 게임 기부액	● ● ●	● ●	없음.	●

● 보 기 ●

ㄱ. (가)에는 '무임승차자 문제'가 들어갈 수 있다.
ㄴ. 1회차 게임의 기부액에 대한 지원금의 비는 병이 가장 크다.
ㄷ. 1회차와 2회차 게임 각각 기부액이 가장 많은 기부자는 X재를 받을 수 없다.
ㄹ. 1회차와 2회차 게임이 모두 종료된 후 X재를 1개 이상 받은 기부자는 총 3명이다.

① ㄱ, ㄴ ② ㄱ, ㄷ ③ ㄴ, ㄷ ④ ㄴ, ㄹ ⑤ ㄷ, ㄹ

[24021-0108]

8 다음 자료에 대한 분석 및 추론으로 옳은 것은?

갑국의 X재 시장과 Y재 시장에서는 각각 생산 측면의 외부 효과가 발생하였으며, 갑국 정부는 재화별로 생산자에게 개당 일정액의 세금을 부과하거나 보조금을 지급하여 외부 효과를 제거하였다. 표는 정부 개입 전 X재와 Y재의 시장 거래량 수준에서의 사적 비용과 사회적 비용을 나타낸다. 단, X재와 Y재는 모두 수요와 공급 법칙을 따르며, 수요와 공급 곡선은 모두 직선이다.

(단위: 달러)

구분	X재 시장	Y재 시장
사적 비용	10	10
사회적 비용	12	8

① 정부 개입 전 X재 시장에서는 긍정적 외부 효과가 발생하였다.
② X재 시장에서 정부는 생산자에게 보조금을 지급하였을 것이다.
③ Y재 시장에서는 정부 개입 후 시장 거래량이 증가하였을 것이다.
④ Y재 시장에서는 정부 개입 후 시장 가격이 2달러 하락하였을 것이다.
⑤ X재 시장과 Y재 시장에서는 모두 정부 개입 후 소비자 잉여가 감소하였을 것이다.

[24021-0109]

9 다음 자료에 대한 분석으로 옳은 것은?

A국의 외딴섬에 주민 갑~정만이 살고 있다. t기에 주민들은 가로등을 설치하기 위해 가로등 설치 민간 기업과 협상을 하였으나 거래는 이루어지지 않았다. t+1기에 주민들은 A국 정부에 가로등 설치를 요구하였으며, 정부는 가로등 설치 비용의 50%를 주민들이 각자의 최대 지불 용의 금액의 범위 내에서 의무적으로 균등하게 분담하되 주민 모두가 찬성하는 개수만큼 설치할 것을 약속하였다. 표는 가로등 1개 추가 설치에 따른 주민 각자의 최대 지불 용의 금액을 나타낸다. 단, 가로등은 비배제성과 비경합성을 가지며, 가로등 설치 비용은 개당 1,000달러이다.

구분		첫 번째	두 번째	세 번째	네 번째
가로등 1개 추가 설치에 따른 최대 지불 용의 금액(달러)	갑	150	125	100	75
	을	170	150	120	80
	병	250	200	150	100
	정	150	130	90	30

① 갑~정은 모두 가로등 1개 추가 설치에 따른 총효용이 지속적으로 감소한다.
② t기에 가로등 1개를 설치할 경우 설치 비용은 갑~정의 최대 지불 용의 금액의 합보다 작다.
③ t+1기에 가로등 2개 설치에 대해 갑~정은 모두 찬성할 것이다.
④ t+1기에 가로등 3개 설치에 대해 갑, 을, 병만 찬성할 것이다.
⑤ t+1기에 가로등 4개 설치에 대해 갑과 정만 반대할 것이다.

[24021-0110]

10 다음 자료에 대한 설명으로 옳은 것은?

○○보험사는 ⊙ 화재 보험 가입 후 주택 화재 방지를 위한 노력을 게을리하거나 심지어 자산 증대를 위해 고의로 화재 사고를 발생시키는 경우가 있음을 파악하고 (가), (나) 중 한 가지 방식에 따라 화재 보험 A를 운용하였다. 한편, 갑은 4억 원의 현금과 6억 원짜리 주택 1채를 보유하고 있어 자산이 10억 원이며, 주택의 화재에 대비하여 화재 보험 A에 가입하였다.

(가) 보험료 ⓒ 억 원을 납입하면, 1년간 주택의 화재 사고 발생 시 보험료의 3배를 보험금으로 지급하며, ⓒ 화재 사고 미발생 시에도 보험료는 환급하지 않음.

(나) 보험료 3억 원을 납입하면, 1년간 주택 화재 사고 발생 시 6억 원을 보험금으로 지급하되, ⓐ 화재 사고 미발생 시 보험료 절반을 환급함.

단, 화재 사고 발생 시 주택의 자산 가치는 0이 되며, 보험금은 즉시 지급된다. 또한 납입한 보험료만큼 자산은 감소하고, 지급받은 보험금이나 환급된 보험료만큼 자산은 증가한다.

① ⊙은 보험 가입자의 역선택에 해당한다.
② ⓒ이 '1'이고 (가)를 따르면, 화재 사고 발생 시 갑의 자산은 증가한다.
③ ⓒ이 '2'이고 (가)를 따르면, 화재 사고 발생 시와 미발생 시 갑의 자산은 같다.
④ ⓒ이 '3'이라면, (가) 또는 (나)를 따를 경우의 화재 사고 발생 시 갑의 자산은 같다.
⑤ ⓒ은 ⓐ과 달리 보험 가입자의 도덕적 해이 개선 요인이다.

01 다음 자료에 대한 옳은 설명만을 〈보기〉에서 고른 것은?

2024학년도 9월 모의평가

그림은 X재 시장의 균형점 E에서 (가)~(다)로의 이동을 나타낸다. X재와 Y재는 대체 관계이고, X재와 Z재는 보완 관계이며, Y재와 Z재는 서로 관계가 없다. 단, X재~Z재는 모두 수요와 공급 법칙을 따르며, 수요와 공급 곡선은 모두 직선이다.

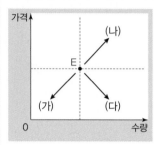

● 보기 ●
ㄱ. X재의 생산에 대한 보조금 지급은 (나)로 이동하는 요인이 된다.
ㄴ. Y재의 공급 증가는 (가)로 이동하는 요인이 된다.
ㄷ. Z재의 가격 상승은 (다)로 이동하는 요인이 된다.
ㄹ. Z재의 생산 비용 하락은 (나)로 이동하는 요인이 된다.

① ㄱ, ㄴ   ② ㄱ, ㄷ   ③ ㄴ, ㄷ   ④ ㄴ, ㄹ   ⑤ ㄷ, ㄹ

02 다음 자료에 대한 분석으로 옳은 것은?

2024학년도 수능

갑국 정부는 시장 균형에서 거래되고 있는 X재 시장에 실효성 있는 가격 규제 정책 (가) 또는 (나) 중 하나를 시행하려고 한다. 표는 가격 규제 정책 시행 이전과 가격 규제 정책 (가) 또는 (나)를 시행할 경우 X재의 판매 수입과 시장 거래량을 나타낸다. 단, X재는 수요와 공급 법칙을 따르고, 수요 곡선과 공급 곡선은 직선이다. 또한 가격 규제 정책 시행 전후 수요와 공급의 변동은 없으며, 암시장은 발생하지 않는다.

구분	판매 수입(원)	시장 거래량(개)
정책 시행 이전	4,500	15
(가) 시행 이후	4,800	12
(나) 시행 이후	2,000	10

① 가격이 100원일 때 수요량은 20개이다.
② (가)는 소비자 보호를 목적으로 한다.
③ (가)를 시행할 경우 소비자 잉여는 2,400원이다.
④ (나)를 시행할 경우 시장 가격은 300원이다.
⑤ (나)를 시행할 경우 6개의 초과 수요가 발생한다.

03 다음 자료에 대한 분석으로 옳은 것은? 2024학년도 9월 모의평가

다국적 제약 회사 A사는 난치병 치료에 탁월한 효과를 지닌 ○○ 신약을 출시하였다. A사는 이 약을 국가별 소득 수준과 무관하게 모든 나라에 국제 가격 P_0 수준에서 무제한 공급한다. 그림은 A사가 ○○ 신약을 직접 공급하는 갑국의 시장 상황을 나타낸다.

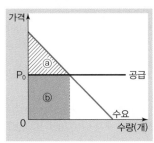

갑국에서는 비싼 약값 때문에 약을 구매하지 못하는 환자를 위해 ㉠ 소비자에게 ○○ 신약 1개 당 S만큼 보조금을 지원해야 한다는 주장과 A사의 과도한 이윤 획득을 비판하며 ㉡ A사에 ○ ○ 신약 1개당 T만큼의 조세를 부과해야 한다는 주장이 제기되고 있다.

① ⓐ는 소비자 잉여, ⓑ는 생산자 잉여이다.
② ㉠이 시행되더라도 거래량은 변함이 없다.
③ ㉡이 시행되면 부과된 T만큼 가격이 상승한다.
④ ㉡이 시행되더라도 소비자 잉여는 변함이 없다.
⑤ ㉠과 ㉡ 모두 총잉여를 증가시킨다.

04 다음 자료에 대한 분석으로 옳은 것은? 2024학년도 6월 모의평가

그림은 소비 측면에서만 외부 효과가 발생한 X재 시장과 생산 측면에서만 외부 효과가 발생한 Y재 시장을 나타낸다. Q_X는 X재의 사회적 최적 거래량, Q_Y는 Y재의 사회적 최적 거래량이다.

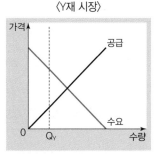

① X재 소비의 사적 편익이 사회적 편익보다 크다.
② X재 시장에서는 과소 소비의 문제가 발생하였다.
③ X재 소비에 세금을 부과하여 외부 효과를 개선할 수 있다.
④ Y재 시장에서는 긍정적 외부 효과가 발생하였다.
⑤ Y재 생산에 보조금을 지급하여 외부 효과를 개선할 수 있다.

08 경제 순환과 경제 성장

1. 세계 속의 한국 경제

(1) 한국 경제의 변화

시기	내용
1960년대	• 수출 주도형 성장 우선 정책 실시 • 노동 집약적 경공업이 성장을 주도함.
1970년대	• 자본 집약적인 중화학 공업(철강, 기계, 조선, 전자, 화학 등) 중심의 산업 구조로 전환됨. • 대외 지향적 공업화의 추진으로 수출 규모가 크게 증가함. • 석유 파동으로 경제적 타격을 받음. • 경제적 불균형 문제 발생: 농업 부문의 더딘 성장, 중소기업의 위축, 소득 격차 확대, 노사 갈등 심화 등
1980년대	• 선진국의 기술 보호주의에 대응하여 기업들이 본격적으로 연구·개발을 시작함. • 삼저 호황으로 대규모의 무역 흑자 발생, 첨단 산업(반도체, 컴퓨터, 통신 기기 등) 발전, 물가 안정 속의 고도 성장 지속
1990년대 이후	• 외환 위기(1997년): 마이너스 성장과 높은 실업률, IMF 구제 금융 • 세계 금융 위기(2007년~2008년): 경기 침체 초래

(2) 세계 속의 한국 경제

① 경제적 위상 상승: 지속적인 성장으로 경제 규모와 1인당 국민 소득 증가, 원조받던 국가에서 원조하는 국가로 전환

② 세계의 주요 교역국으로 부상: 수출 주도형 성장으로 교역 규모 확대

2. 국민 경제의 순환과 국민 소득

(1) 국민 경제의 순환

① 의미: 가계, 기업, 정부, 외국으로 구성된 경제에서 실물(재화와 서비스, 생산 요소)과 화폐(수입, 지출, 소득)의 흐름이 순환하는 것

② 국민 경제의 순환도

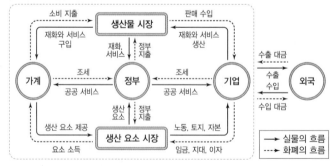

(2) 국민 소득 3면 등가의 법칙

① 국민 소득의 세 측면

- 생산 국민 소득: 생산된 최종 생산물의 시장 가치를 모두 합한 것
- 분배 국민 소득: 분배 활동을 통해 창출된 소득을 모두 합한 것
- 지출 국민 소득: 가계의 소비 지출, 기업의 투자 지출, 정부 지출, 순수출(수출−수입)을 모두 합한 것

② 의미: 국민 소득은 생산, 분배, 지출 중 어느 측면에서 측정하더라도 동일함.

생산 국민 소득		분배 국민 소득		지출 국민 소득
최종 생산물의 시장 가치 합	=	임금 + 지대 + 이자 + 이윤	=	소비 지출 + 투자 지출 + 정부 지출 + 순수출(수출 − 수입)

✪ 중간 생산물

최종 생산물을 생산하기 위해 사용되는 원재료를 의미한다. 예를 들어, 빵을 생산하기 위해 밀가루를 구입한 경우 밀가루는 중간 생산물이다.

3. 국내 총생산(GDP, Gross Domestic Product)

(1) **의미**: 일정 기간 동안 한 나라 안에서 생산된 모든 최종 생산물의 시장 가치 합(생산 국민 소득을 나타내는 지표의 일종임.)

(2) **GDP를 계산하는 세 가지 방법**

① 최종 생산물의 시장 가치 합

② 총생산물의 시장 가치 합 − 중간 생산물의 시장 가치 합

③ 각 생산 단계에서 창출된 부가 가치의 합

✪ 부가 가치

생산 과정에서 새롭게 만들어 낸 가치로, 생산물의 판매 수입에서 중간 생산물의 가치를 뺀 값이다.

자료 플러스 | **국내 총생산의 계산**

다음은 2023년 갑국의 모든 경제 활동을 나타내며, 표는 갑국의 국내 총생산을 계산한 것이다. 단, 제시된 내용 이외의 다른 조건은 고려하지 않는다.

- 농부가 밀을 재배하여 생산량의 70%를 제분업자에게 100만 원에 판매하고, 남은 30%를 소비자에게 30만 원에 판매함.
- 제분업자는 이 밀을 밀가루로 만들어 전량 제빵업자에게 150만 원에 판매함.
- 제빵업자는 이 밀가루를 빵으로 만들어 전량 소비자에게 180만 원에 판매함.

최종 생산물의 시장 가치 합	30만 원(농부가 소비자에게 판매한 밀)+180만 원(제빵업자가 소비자에게 판매한 빵)=210만 원
총생산물의 시장 가치 합 − 중간 생산물의 시장 가치 합	460만 원(=100만 원+30만 원+150만 원+180만 원)−250만 원(=100만 원+150만 원)=210만 원
각 생산 단계에서 창출된 부가 가치의 합	130만 원+50만 원(=150만 원−100만 원)+30만 원(=180만 원−150만 원)=210만 원

---

(3) **유용성**: 한 나라 경제의 전반적인 생산 수준을 측정하는 지표

(4) **경제적 후생 지표로서의 한계**

① 시장에서 거래되는 재화와 서비스의 가치만 포함: 시장을 통하지 않은 경제 활동(예) 주부의 가사 노동, 자원봉사, 지하 경제에서의 거래 등)은 포함되지 않음.

② 생산 활동으로 창출된 재화와 서비스의 가치만 포함: 여가의 가치는 포함되지 않음.

③ 재화와 서비스의 품질 변화를 완벽하게 측정하지 못함.

④ 환경 오염과 자원 고갈, 범죄, 소득 불평등 등에 따른 삶의 질 변화를 파악하기 어려움.

4. 국내 총생산(GDP) 관련 지표

(1) **1인당 국내 총생산(1인당 GDP)**

① 의미: 국내 총생산을 인구로 나눈 값

② 의의: 한 나라 국민들의 평균적인 소득 및 경제생활 수준을 가늠할 수 있는 지표

개념 체크

1. 국민 소득의 세 측면 중 가계의 (   ), 기업의 투자 지출, 정부 지출, 순수출을 모두 합한 것을 지출 국민 소득이라고 한다.

2. (   )은 최종 생산물을 생산하기 위해 사용되는 원재료를 의미한다.

3. (   )은 각 생산 단계에서 창출된 부가 가치의 합으로 계산할 수 있다.

정답

1. 소비 지출
2. 중간 생산물
3. 국내 총생산(GDP)

● 국민 총소득(GNI)
일정 기간 동안 한 나라의 국민이 생산 활동에 참여한 대가로 받은 소득의 합계로, 국내 총생산에 자국민이 국외에서 받은 소득을 더하고 국내 외국인에게 지급한 소득을 뺀 값이다.

(2) 1인당 국민 총소득(1인당 GNI)

① 의미: 국민 총소득을 인구로 나눈 값

② 의의: 한 나라 국민의 평균적인 생활 수준을 나타내는 지표

(3) 명목 GDP: 당해 연도의 가격으로 계산한 GDP

(4) 실질 GDP: 기준 연도의 가격으로 계산한 GDP

(5) GDP 디플레이터: 국내에서 생산한 모든 재화와 서비스의 종합적인 가격 수준을 지수화한 것

$$\text{GDP 디플레이터} = \frac{\text{명목 GDP}}{\text{실질 GDP}} \times 100$$

5. 경제 성장

(1) 의미

① 국민 경제의 총체적인 생산 수준이 지속적으로 높아지는 것

② 국민 경제에서 새로이 창출된 부가 가치가 증가하는 것

③ 경제 규모의 양적 확대

● 노동 생산성
총생산량을 노동 투입량으로 나눈 값으로, 노동 1단위가 생산한 양을 의미한다.

(2) 필요성

① 일자리 제공: 생산이 증가하면서 일자리가 늘어남.

② 생활 수준 향상: 생산이 증가하면서 소득과 소비가 증가함.

(3) 경제 성장률

① 의미: 국민 경제의 실질적인 성장 속도

② 측정 방법: 실질 국내 총생산의 증가율

$$\text{경제 성장률(\%)} = \frac{\text{금년도의 실질 GDP} - \text{전년도의 실질 GDP}}{\text{전년도의 실질 GDP}} \times 100$$

(4) 경제 성장의 요인

① 경제적 요인

• 생산 요소의 양적 증가: 생산에 투입되는 생산 요소의 양을 늘리면 생산량이 증가함.

노동	인간의 정신적·육체적 활동
토지	자연에 존재하는 자원
자본	인간이 만들어서 다른 것을 생산하는 데 사용되는 것

• 생산 요소의 질적 향상: 인적 자본에 대한 투자로 기술이 발전하면 노동 생산성이 높아짐.

② 경제 외적 요인

• 기업가 정신: 위험을 감수하고 새로운 제품이나 시장을 개척하려는 기업가의 자세 → 새로운 부가 가치를 창출하는 원동력이 됨.

• 사회 제도: 경제 주체들의 경제 활동을 장려하는 법과 제도 및 사회적 관행

• 노사 관계: 원만한 노사 관계는 생산의 효율성을 높임.

• 경제 의지: 경제 성장을 추구하는 경제 주체들의 의지

개념 체크

1. GDP 디플레이터는 국내에서 생산된 모든 재화와 서비스의 종합적인 가격 수준을 지수화한 것으로, '{(   )/실질 GDP}×100'으로 계산한다.

2. 경제 성장률은 (   )의 증가율로 계산한다.

3. 노동, 자본, 토지 등 (   )의 양적 증가 및 질적 향상은 경제 성장의 요인으로 작용한다.

정답
1. 명목 GDP
2. 실질 GDP
3. 생산 요소

Theme 1 **국내 총생산(GDP)과 국민 총소득(GNI)**

(가)는 우리나라 운동 선수가 해외에서 소득을 얻은 사례, (나)는 외국인 운동 선수가 국내에서 소득을 얻은 사례를 나타낸다. 두 사례는 각각 국내 총생산(GDP)과 국민 총소득(GNI) 중 어느 것에 포함될까?

(가)	(나)
○○신문	△△신문
미국 프로 야구팀, 우리나라 국적의 야구 선수 □□□에게 5년간 총액 100만 달러를 제시하여 계약이 성사되다!	한국 프로 야구팀, 미국 국적의 야구 선수 ◇◇에게 5년간 총액 40억 원을 제시하여 계약이 성사되다!

국내 총생산(GDP)은 일정 기간 동안 한 나라 안에서 생산된 모든 최종 재화와 서비스의 시장 가치의 합을 의미하며, 국민 총소득(GNI)은 일정 기간 동안 한 나라의 국민이 생산 활동을 통해 얻은 소득의 합을 의미한다. 즉, GDP는 한 나라의 생산 활동을 나타내는 생산 지표이고, GNI는 한 나라 국민들의 생활 수준을 파악하기 위한 소득 지표이다. 이를 토대로 GDP와 GNI의 관계를 다음과 같이 나타낼 수 있다.

GNI = GDP + 국외 순수취 요소 소득(국외 수취 요소 소득 − 국외 지급 요소 소득)

GNI는 GDP에 국외 수취 요소 소득을 더하고 국외 지급 요소 소득은 뺀 값이다. 국외 수취 요소 소득이란 자국민이 국외에서 얻은 소득을 의미하며, 국외 지급 요소 소득이란 외국인이 국내에 생산 요소를 제공한 대가로 얻은 소득을 의미한다. 따라서 우리나라를 기준으로 (가)는 GDP에 포함되지 않지만 GNI에 포함되며, (나)는 GDP에 포함되지만 GNI에 포함되지 않는다.

Theme 2 **경제 성장률과 경제 규모**

〈갑국의 연도별 경제 성장률〉

(단위: %)

구분	2021년	2022년	2023년
갑국의 경제 성장률	3	2.5	−2.5

경제 성장률은 한 국가의 전년 대비 실질 GDP 증가율을 나타낸다. 이는 국민 경제의 실질적인 성장 속도를 파악하는 지표로 이용된다. 표에서 갑국의 경우 2021년 경제 성장률이 3%인 것은 2021년의 실질 GDP 규모가 2020년보다 3% 증가한 것을 의미한다. 갑국의 2022년 경제 성장률이 2.5%, 2023년의 경제 성장률이 −2.5%인데, 절댓값이 같은 증가율과 감소율이 순차적으로 나타나면 2023년의 실질 GDP 규모는 2021년에 비해 감소한다.

01 다음은 2023년 한 해 동안 갑국 내 경제 주체들의 모든 경제 활동을 나타낸다. (가)~(라)에 대한 옳은 설명만을 〈보기〉에서 고른 것은?

[24021-0111]

> (가) A 기업이 창출한 이윤 2,000억 원
> (나) B 기업이 근로자들에게 지급한 급여 300억 원
> (다) C 기업이 상환한 경영 자금 대출 이자 50억 원
> (라) D 기업이 근로자들에게 지급한 성과급 30억 원

● 보기 ●

> ㄱ. (가)는 분배 측면에서 파악한 국민 소득에 반영된다.
> ㄴ. (나)는 생산 측면에서 파악한 국민 소득에 해당한다.
> ㄷ. (다)는 분배 측면에서 파악한 국민 소득에 반영된다.
> ㄹ. (라)는 지출 측면에서 파악한 국민 소득에 해당한다.

① ㄱ, ㄴ   ② ㄱ, ㄷ   ③ ㄴ, ㄷ
④ ㄴ, ㄹ   ⑤ ㄷ, ㄹ

02 다음 대화에 대한 옳은 설명만을 〈보기〉에서 고른 것은?

[24021-0112]

> 교사: GDP의 한계점에 대해 발표해 볼까요?
> 갑: ㉠ 주부의 가사 노동은 국내 총생산 추계에 포함되지 않습니다.
> 을: ㉡ 생산 활동으로 창출된 재화와 서비스의 가치만 국내 총생산에 포함됩니다.
> 병: _____(가)_____
> 교사: 갑~병 중에서 두 명만 옳게 답변하였습니다.

● 보기 ●

> ㄱ. ㉠은 시장을 통해 거래된다.
> ㄴ. ㉡은 여가의 가치가 국내 총생산에 반영되지 않는다는 근거가 된다.
> ㄷ. (가)에는 '시장을 통해 거래되는 경제 활동은 GDP에 반영되지 않습니다.'가 들어갈 수 없다.
> ㄹ. (가)에는 '지하 경제에서의 거래는 GDP에 반영됩니다.'가 들어갈 수 있다.

① ㄱ, ㄴ   ② ㄱ, ㄷ   ③ ㄴ, ㄷ
④ ㄴ, ㄹ   ⑤ ㄷ, ㄹ

03 그림은 갑국의 연도별 실질 GDP와 명목 GDP의 변화를 나타낸다. 이에 대한 설명으로 옳은 것은? (단, 기준 연도는 t-1년이고, 물가 수준은 GDP 디플레이터로 측정함.)

[24021-0113]

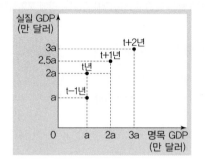

① 경제 규모는 t년이 가장 크다.
② t+2년의 경제 성장률은 0%이다.
③ t-1년 대비 t년의 물가 수준은 상승하였다.
④ t+1년과 달리 t년의 GDP 디플레이터는 100보다 크다.
⑤ t+1년 대비 t+2년의 물가 수준은 상승하였다.

04 그림은 국민 경제 순환을 화폐의 흐름으로 나타낸 것이다. 이에 대한 설명으로 옳은 것은? (단, A, B는 각각 가계와 기업 중 하나임.)

[24021-0114]

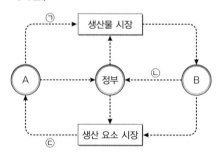

① A는 이윤 극대화를 추구하는 경제 주체이다.
② B는 사회적 후생 극대화를 추구한다.
③ 이자는 ㉠에 해당한다.
④ ㉡은 재화와 서비스를 구입한 대가이다.
⑤ ㉢의 증가는 ㉠의 증가 요인이다.

[24021-0115]

05 다음 자료에 대한 설명으로 옳은 것은?

표는 갑국의 연도별 전년 대비 실질 GDP 증가율과 전년 대비 물가 상승률을 나타낸다. 단, 기준 연도는 2020년이고, 물가 수준은 GDP 디플레이터로 측정한다.

(단위: 전년 대비, %)

구분	2021년	2022년	2023년
실질 GDP 증가율	0	1	0
물가 상승률	0	0	1

① 2021년의 경제 성장률은 양(+)의 값이다.
② 전년 대비 2021년의 명목 GDP는 감소하였다.
③ 전년 대비 2022년의 실질 GDP 증가율과 명목 GDP 증가율은 같다.
④ 전년 대비 2023년의 명목 GDP는 감소하였다.
⑤ 명목 GDP는 2021년이 2022년보다 크다.

[24021-0116]

06 다음 자료에 대한 옳은 설명만을 〈보기〉에서 고른 것은?

그림은 갑국의 연도별 경제 성장률을 나타낸다. 단, 기준 연도는 2020년이고, 명목 GDP는 변함이 없으며, 물가 수준은 GDP 디플레이터로 측정한다.

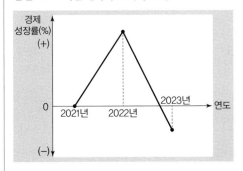

● 보기 ●

ㄱ. 전년 대비 2021년의 물가 수준은 하락하였다.
ㄴ. 실질 GDP는 2022년이 가장 크다.
ㄷ. 물가 수준은 2023년이 가장 낮다.
ㄹ. 2021년과 달리 2022년의 GDP 디플레이터는 100보다 작다.

① ㄱ, ㄴ   ② ㄱ, ㄷ   ③ ㄴ, ㄷ
④ ㄴ, ㄹ   ⑤ ㄷ, ㄹ

[24021-0117]

07 빈칸 (가)에 들어갈 옳은 내용만을 〈보기〉에서 고른 것은?

교사: 그림에서 점 E는 갑국의 기준 연도인 2022년의 경제 상황입니다. 점 A~D는 각각 2023년에 예상되는 경제 상황입니다. 이에 대해 발표해 볼까요? 단, 갑국의 총수요 곡선은 우하향하고 총공급 곡선은 우상향합니다.

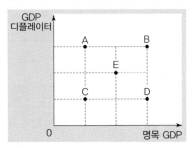

학생: 전년 대비 2023년의 _____ (가) _____

● 보기 ●

ㄱ. 실질 GDP 감소분이 명목 GDP 감소분보다 크면, A로의 이동 요인입니다.
ㄴ. 실질 GDP 증가분이 명목 GDP 증가분보다 크면, B로의 이동 요인입니다.
ㄷ. 실질 GDP 감소분이 명목 GDP 감소분보다 작으면, C로의 이동 요인입니다.
ㄹ. 실질 GDP 증가분이 명목 GDP 증가분보다 작으면, D로의 이동 요인입니다.

① ㄱ, ㄴ   ② ㄱ, ㄷ   ③ ㄴ, ㄷ   ④ ㄴ, ㄹ   ⑤ ㄷ, ㄹ

[24021-0118]

08 다음 자료에 대한 설명으로 옳은 것은?

표는 X재만 생산하는 갑국의 연도별 X재 생산량과 가격을 나타낸다. 생산된 X재는 당해 연도에 전량 소비된다. 단, 기준 연도는 2021년이고, 물가 수준은 GDP 디플레이터로 측정한다.

구분	2021년	2022년	2023년
X재 생산량(개)	200	200	200
X재 가격(달러)	200	100	50

① 명목 GDP는 2021년이 가장 작다.
② 전년 대비 2022년의 실질 GDP는 감소하였다.
③ 전년 대비 2022년의 물가 수준은 상승하였다.
④ 2022년과 2023년의 경제 성장률은 모두 0%이다.
⑤ 실질 GDP에 대한 명목 GDP의 비는 2023년이 가장 크다.

[24021-0119]

1 그림은 갑국의 국민 경제 순환을 실물의 흐름으로 나타낸 것이다. 이에 대한 설명으로 옳은 것은? (단, A, B는 각각 가계와 기업 중 하나이고, (가) 시장, (나) 시장은 각각 생산물 시장과 생산 요소 시장 중 하나임.)

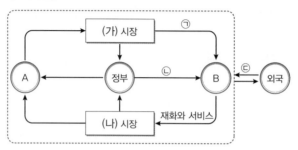

① A는 B와 달리 이윤 극대화를 추구한다.
② (가) 시장은 생산물 시장, (나) 시장은 생산 요소 시장이다.
③ 기업의 신규 직원 채용은 ㉠에 해당하지 않는다.
④ 정부의 재정 지출 감소는 ㉡의 증가 요인이다.
⑤ ㉢의 증가는 갑국 내 통화량 감소 요인이다.

[24021-0120]

2 다음 자료에 대한 분석으로 옳은 것은?

그림은 갑국과 을국의 연도별 GDP 디플레이터를 나타내며, 양국 모두 명목 GDP는 변함이 없다. 단, 갑국과 을국의 기준 연도는 모두 2020년이고, 물가 수준은 GDP 디플레이터로 측정한다.

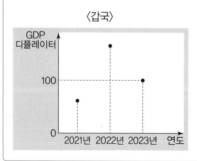
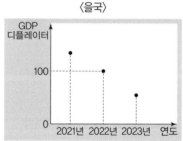

① 갑국의 실질 GDP는 2020년과 2021년이 같다.
② 실질 GDP 감소는 전년 대비 2022년에 갑국의 GDP 디플레이터 변화 요인이다.
③ 을국의 전년 대비 물가 수준은 2022년부터 지속적으로 상승하고 있다.
④ 을국의 전년 대비 2022년의 실질 GDP는 감소하였다.
⑤ 2023년의 경제 성장률은 을국과 달리 갑국에서 음(−)의 값이다.

[24021-0121]

3 다음 대화에 대한 옳은 설명만을 〈보기〉에서 고른 것은? (단, 물가 수준은 GDP 디플레이터로 측정함.)

기준 연도인 2023년 대비 2024년 A국의 경제 지표 전망에 대해 말씀해 주시겠습니까?

명목 GDP 증가율은 3%이고, 물가 상승률은 5%일 것입니다.

명목 GDP 증가율은 5%이고, 물가 상승률은 3%일 것입니다.

갑

을

사회자

● 보기 ●
ㄱ. 갑의 전망이 맞을 경우 전년 대비 2024년의 실질 GDP는 증가한다.
ㄴ. 을의 전망이 맞을 경우 2024년의 경제 성장률은 양(+)의 값이다.
ㄷ. 2024년의 실질 GDP는 갑의 전망이 맞을 경우가 을의 전망이 맞을 경우보다 크다.
ㄹ. 갑과 을은 모두 2024년에 명목 GDP가 실질 GDP보다 클 것으로 전망하고 있다.

① ㄱ, ㄴ　　　② ㄱ, ㄷ　　　③ ㄴ, ㄷ　　　④ ㄴ, ㄹ　　　⑤ ㄷ, ㄹ

[24021-0122]

4 다음 자료에 대한 옳은 설명만을 〈보기〉에서 고른 것은?

교사: 지출 국민 소득은 ㉠ 소비 지출, ㉡ 투자 지출, ㉢ 정부 지출, ㉣ 순수출의 합으로 측정합니다. 이에 대해 발표해 볼까요?
갑: 순수출은 수출액에서 수입액을 뺀 값을 의미합니다.
을: 지출 국민 소득은 한 국가의 소득 분배 상태를 정확하게 파악할 수 없습니다.
병: _____(가)_____
교사: 갑~병 중 두 명만 옳게 답변하였습니다.

● 보기 ●
ㄱ. 내국인이 지출한 국내 여행 경비는 ㉠에 포함된다.
ㄴ. 정부가 공공 가로등을 생산하기 위해 지출한 비용은 ㉢에 포함되지 않는다.
ㄷ. (가)에는 '외국 기업에 의해 국내에서 이루어진 투자는 ㉡에 포함됩니다.'가 들어갈 수 없다.
ㄹ. (가)에는 '순수출 증가는 총수요 증가 요인입니다.'가 들어갈 수 있다.

① ㄱ, ㄴ　　　② ㄱ, ㄷ　　　③ ㄴ, ㄷ　　　④ ㄴ, ㄹ　　　⑤ ㄷ, ㄹ

[24021-0123]

5 다음 자료에 대한 설명으로 옳은 것은?

그림은 갑국의 연도별 경제 지표 A, B를 나타내며, A, B는 각각 전년 대비 명목 GDP 증가율과 전년 대비 실질 GDP 증가율 중 하나이다. 2020년의 명목 GDP와 실질 GDP는 각각 100억 달러로 동일하고, 전년 대비 2022년의 물가 수준은 하락하였다. 단, 기준 연도는 2020년이고, 물가 수준은 GDP 디플레이터로 측정한다.

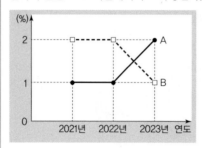

① A는 '전년 대비 실질 GDP 증가율', B는 '전년 대비 명목 GDP 증가율'이다.
② 전년 대비 2021년의 물가 수준은 상승하였다.
③ 2023년의 경제 성장률은 음(−)의 값이다.
④ 2021년과 달리 2022년에 명목 GDP는 실질 GDP보다 크다.
⑤ 2021년과 2023년 모두 실질 GDP는 명목 GDP보다 크다.

[24021-0124]

6 다음은 2023년 한 해 동안 이루어진 A국의 모든 경제 활동을 나타낸다. 이에 대한 설명으로 옳은 것은? (단, 제시된 내용 이외의 다른 조건은 고려하지 않음.)

갑은 중간재 없이 보리 10억 달러어치를 생산하여 소비자에게 2억 달러어치를 판매하고 나머지 보리 전량을 을과 병에게 각각 4억 달러어치를 판매하였다. 을은 구매한 보리를 전량 가공하여 보리 음료 15억 달러어치를 생산하여 소비자에게 전량 판매하였고, 병은 구매한 보리를 전량 가공하여 보리떡 20억 달러어치를 생산하여 소비자에게 전량 판매하였다.

① 갑이 생산한 보리는 모두 중간 생산물에 해당한다.
② 갑이 보리를 생산하여 소비자에 판매한 금액은 A국 GDP에 포함되지 않는다.
③ 갑이 창출한 부가 가치는 을이 창출한 부가 가치보다 크다.
④ 을이 창출한 부가 가치는 갑이 창출한 부가 가치와 달리 A국 GNI에 포함된다.
⑤ 을과 병이 창출한 부가 가치의 합은 A국 GDP의 50%를 초과한다.

[24021-0125]

7 다음 자료에 대한 설명으로 옳은 것은?

(가), (나)는 2023년 갑국의 GDP를 서로 다른 측면에서 항목별로 나타낸 것이다. 생산 측면에서 측정한 갑국 내 최종 생산물의 시장 가치 합은 100억 달러이다. 단, 국민 소득 3면 등가의 원칙이 적용된다.

(가)
(단위: 억 달러)

구분	2023년
임금	40
이자	30
지대	A
이윤	20

(나)
(단위: 억 달러)

구분	2023년
㉠ 소비 지출	30
투자 지출	20
정부 지출	40
순수출	B

① A는 '10', B는 '20'이다.
② 갑국 기업이 국내에서 구입한 사무 전용 노트북은 ㉠에 포함된다.
③ 갑국 운동 선수가 외국에서 받은 연봉은 (나)가 아닌 (가)에 포함된다.
④ 갑국의 수입액은 수출액보다 10억 달러 적다.
⑤ 갑국 기업과 외국 기업이 얻은 이윤은 각각 20억 달러로 동일하다.

[24021-0126]

8 그림은 갑국과 을국의 연도별 실질 GDP와 명목 GDP를 나타낸다. 이에 대한 옳은 분석만을 〈보기〉에서 있는 대로 고른 것은? (단, 물가 수준은 GDP 디플레이터로 측정함.)

〈갑국〉

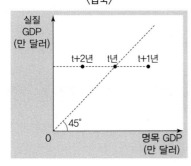

〈을국〉

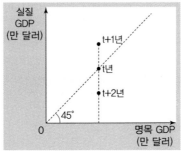

● 보기 ●

ㄱ. 갑국의 경제 규모는 t년이 가장 크다.
ㄴ. t년 대비 t+1년에 을국의 물가 수준은 하락하였다.
ㄷ. t+1년에 을국과 달리 갑국의 경제 성장률은 양(+)의 값이다.
ㄹ. t+2년에 갑국과 달리 을국의 GDP 디플레이터는 100보다 크다.

① ㄱ, ㄴ
② ㄱ, ㄷ
③ ㄴ, ㄹ
④ ㄱ, ㄷ, ㄹ
⑤ ㄴ, ㄷ, ㄹ

[24021-0127]

9 다음 자료에 대한 설명으로 옳지 <u>않은</u> 것은?

> 갑국에는 A 기업과 B 기업만 존재한다. A 기업은 X재만을, B 기업은 Y재만을 생산하고 있으며, X재와 Y재를 생산하기 위한 원자재 전량은 을국으로부터 수입하고 있다. 2023년에 A 기업의 매출액은 100억 달러, B 기업의 매출액은 200억 달러이고, A 기업의 생산비는 50억 달러, B 기업의 생산비는 120억 달러이다. 생산비는 중간재 구입 비용과 노동 비용으로만 구성되는데, 중간재 구입 비용과 노동 비용의 비는 A 기업의 경우 1 : 1이고, B 기업의 경우 2 : 1이다. 단, A 기업과 B 기업은 모두 갑국에서만 생산을 하고, 두 기업의 생산물은 생산한 해에 모두 소비된다. 또한 제시된 내용 이외의 다른 조건은 고려하지 않는다.

① 2023년 갑국의 GDP는 195억 달러이다.
② 이윤은 A 기업이 B 기업보다 작다.
③ 중간재 구입 비용은 B 기업이 A 기업보다 크다.
④ 을국으로부터 수입한 원자재의 가치는 갑국 GDP에 포함되지 않는다.
⑤ B 기업이 창출한 부가 가치는 A 기업이 창출한 부가 가치보다 작다.

[24021-0128]

10 다음 자료에 대한 옳은 설명만을 〈보기〉에서 있는 대로 고른 것은?

> 표는 X재만을 생산하는 갑국과 Y재만을 생산하는 을국의 경제 활동을 나타낸다. 갑국과 을국 모두 연도별로 생산량의 50%를 국내 가격과 동일하게 상대국에게 수출하기로 하였으며, 교역은 거래 비용 없이 양국 간에만 달러화를 통해 이루어진다. 단, 갑국의 기준 연도는 2021년이고, 을국의 기준 연도는 2022년이다. 또한 제시된 내용 이외의 다른 조건은 고려하지 않는다.

〈갑국〉

구분	2021년	2022년	2023년
X재 가격(달러)	300	100	200
X재 생산량(개)	1,000	2,000	1,500

〈을국〉

구분	2021년	2022년	2023년
Y재 가격(달러)	200	100	300
Y재 생산량(개)	2,000	1,500	㉠

● 보 기 ●

ㄱ. 갑국의 경우 명목 GDP는 2023년이 2021년보다 크다.
ㄴ. 을국의 경우 2022년 명목 GDP는 전년보다 감소하였다.
ㄷ. 을국의 경우 2023년 경제 성장률이 양(+)의 값이 되기 위한 ㉠은 1,500보다 크다.
ㄹ. 2021년과 달리 2022년에 당해 연도의 가격으로 나타낸 수출액은 갑국이 을국보다 작다.

① ㄱ, ㄴ   ② ㄱ, ㄹ   ③ ㄴ, ㄷ
④ ㄱ, ㄷ, ㄹ   ⑤ ㄴ, ㄷ, ㄹ

09 실업과 인플레이션

1. 실업

(1) **의미**: 일할 능력과 의사가 있음에도 불구하고 일자리를 가지지 못한 상태

(2) **유형**

① 자발성 유무에 따른 실업의 분류

구분	의미	유형
자발적 실업	근로 조건 등의 이유로 스스로 일을 하지 않음으로써 발생하는 실업	마찰적 실업
비자발적 실업	일할 의사가 있으나 일자리가 없어 발생하는 실업	경기적 실업, 계절적 실업, 구조적 실업

② 발생 원인에 따른 실업의 분류

구분	발생 원인	대책
경기적 실업	불황으로 인한 노동 수요의 부족	경기 부양책, 공공사업 등
계절적 실업	계절적 요인으로 발생(건설업, 농업 등)	농공 단지 조성 등
구조적 실업	산업 구조의 고도화, 기술 혁신에 의해 특정 기술을 보유한 기능 인력에 대한 수요 감소	인력 개발, 기술 교육 등
마찰적 실업	직업 탐색 과정에서 일시적으로 발생	취업 정보 제공 등

(3) **영향**

① 개인적 측면: 소득 감소로 인한 생계 유지 곤란, 자아실현의 기회 상실, 사회적 관계 단절
② 사회적 측면: 노동력의 낭비, 생산력 저하, 소득 분배의 악화, 사회적 불안과 빈곤 문제 발생

2. 고용 지표

(1) **인구의 구성**

① 15세 이상 인구: 노동이 가능한 인구로, 경제 활동 인구와 비경제 활동 인구로 구성
② 경제 활동 인구: 15세 이상 인구 중 일할 능력과 의사가 있는 사람

전체 인구		
15세 이상 인구		15세 미만 인구
경제 활동 인구	비경제 활동 인구	
취업자 / 실업자		

③ 비경제 활동 인구: 15세 이상 인구 중 경제 활동 인구가 아닌 사람
④ 취업자: 경제 활동 인구 중 수입이 있는 일에 종사하고 있는 사람
⑤ 실업자: 경제 활동 인구 중 취업을 하기 위해 구직 활동 중에 있는 사람

≡ 개념 플러스 | 실업률 통계와 구직 단념자

우리나라 통계청에서는 1주간 1시간 이상 수입을 목적으로 일한 적이 있는 사람, 주당 18시간 이상 일한 무급 가족 종사자, 일시 휴직자 등을 취업자로 분류하고 있다. 실업자는 1주간 수입 있는 일을 하지 않았고, 지난 4주간 적극적으로 구직 활동을 하였던 사람으로서 일자리가 주어지면 즉시 취업이 가능한 사람이다. 실업자로 분류되지 않는 고용 지표 관련 인구에는 구직 단념자, 취업 준비자 등이 있다. 특히, 구직 단념자는 조사 대상 기간 동안 구직 활동을 하지 않아 경제 활동에 참여할 의사가 없는 것으로 간주되어 비경제 활동 인구로 분류되는데, 만일 실업자가 구직 단념자가 되면 실업률은 하락할 수도 있으므로 실업률 하락만으로는 고용 상태가 개선되었다고 판단하기가 어렵다.

개념 체크

1. ( )이란 일할 능력과 의사가 있음에도 불구하고 일자리를 가지지 못한 상태를 말한다.
2. 불황으로 인한 노동 수요의 ( )으로 발생하는 실업을 경기적 실업이라고 한다.
3. 경기적 실업, 계절적 실업, 구조적 실업과 달리 마찰적 실업은 ( ) 실업에 해당한다.

정답
1. 실업
2. 부족
3. 자발적

(2) 경제 활동 인구 조사

① 의미: 국민의 경제 활동(취업, 실업, 노동력 등) 특성을 조사하는 것

② 경제 활동 인구의 조사 방법

③ 각종 고용 지표

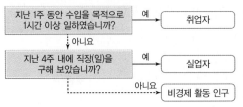

구분	계산
경제 활동 참가율(%)	(경제 활동 인구/15세 이상 인구)×100
실업률(%)	(실업자 수/경제 활동 인구)×100
고용률(%)	(취업자 수/15세 이상 인구)×100

3. 물가와 물가 지수

(1) 가격과 물가

① 가격: 개별 재화와 서비스의 가치를 화폐 단위로 표시한 것

② 물가: 재화와 서비스의 가격을 일정한 기준에 따라 평균한 종합적인 가격 수준

(2) 물가 지수와 물가 상승률

① 물가 지수의 의미: 물가의 움직임을 알기 쉽게 지수화한 경제 지표

② 물가 지수의 표시 방법: 기준 시점의 물가를 100으로 설정한 다음, 비교 시점의 물가가 변동한 정도를 표시함.

$$물가\ 지수 = \frac{비교\ 시점의\ 물가\ 수준}{기준\ 시점의\ 물가\ 수준} \times 100$$

③ 물가 상승률

$$전년(월)\ 대비\ 물가\ 상승률(\%) = \frac{금년(월)\ 물가\ 지수 - 전년(월)\ 물가\ 지수}{전년(월)\ 물가\ 지수} \times 100$$

(3) 물가 지수의 종류

① 소비자 물가 지수: 가계가 일상생활을 영위하기 위해 구입하는 재화 및 서비스의 종합적인 가격 수준을 측정하여 지수화한 것

② 생산자 물가 지수: 국내 생산자가 국내(내수) 시장에 공급하는 재화 및 서비스의 종합적인 가격 수준을 측정하여 지수화한 것

③ GDP 디플레이터: 국내 총생산에 포함되는 모든 재화와 서비스의 종합적인 가격 수준을 지수화한 것으로, '(명목 GDP/실질 GDP)×100'으로 계산함.

(4) 물가 지수의 활용

① 화폐의 구매력을 측정할 수 있는 수단: 물가가 상승하면 화폐의 구매력은 하락하고, 물가가 하락하면 화폐의 구매력은 상승함.

② 경기 동향 판단 지표로서의 역할: 일반적으로 경기가 좋아지면 물가가 상승하고, 경기가 나빠지면 물가가 하락함.

③ 전반적인 재화와 서비스의 수급 동향을 판단할 수 있는 정보 제공: 물가가 상승하는 것은 수요 과잉·공급 부족을, 물가가 하락하는 것은 수요 부족·공급 과잉을 나타냄.

✿ **화폐의 구매력**

일반적으로 화폐 1단위를 가지고 구매할 수 있는 재화 및 서비스의 수량을 의미한다.

개념 체크

1. 15세 이상 인구가 일정한 상태에서 비경제 활동 인구가 실업자가 되면 실업률은 ( )한다.

2. 기준 연도보다 물가 수준이 낮은 해의 물가 지수는 100보다 ( ).

3. 물가가 하락하면 화폐의 구매력은 ( )한다.

정답
1. 상승
2. 작다
3. 상승

4. 인플레이션

(1) 의미: 물가가 지속적으로 상승하는 현상

(2) 유형

수요 견인 인플레이션	비용 인상 인플레이션
• 총수요의 증가로 인해 발생하는 인플레이션 • 주로 경기 호황기에 나타남. • 총수요 곡선의 우측 이동 → 물가 상승, 실질 GDP 증가	• 생산비(원자재 가격, 원유 가격 등)의 상승으로 인해 총공급이 감소하여 발생하는 인플레이션 • 스태그플레이션을 야기할 수 있음. • 총공급 곡선의 좌측 이동 → 물가 상승, 실질 GDP 감소
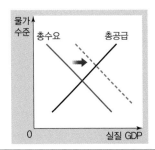	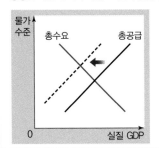

(3) 인플레이션의 부정적인 영향

① 소득과 부의 의도하지 않은 재분배

불리한 경제 주체	화폐 자산 소유자, 채권자, 연금 생활자 등
유리한 경제 주체	실물 자산 소유자, 채무자, 자영업자 등

② 건전한 경제 성장의 방해 요인
- 투자 및 생산 활동이 위축되기 쉬움.
- 장기적인 투자가 감소하고 단기적인 수익을 노리는 투기가 성행할 유인이 커짐.
- 실질 소득의 감소로 인해 저축이 감소하여 국민 경제의 자본 축적을 저해할 수 있음.
- 실질 임금을 하락시켜 근로자의 근로 의욕이 저하될 수 있음.

③ 경상 수지의 악화
- 국내 상품 가격의 상승으로 수출 감소
- 외국 상품 가격의 상대적 하락으로 수입 증가

(4) 인플레이션 유형에 따른 대책

① 수요 견인 인플레이션
- 긴축 재정 정책: 조세 징수 증대, 정부 지출 축소
- 긴축 통화 정책: 통화량 감축, 이자율 인상
- 불필요한 중복 투자와 투기 억제, 가계의 과소비 억제

② 비용 인상 인플레이션
- 기술 혁신, 경영 혁신 등을 통한 기업의 비용 절감
- 임금의 과도한 상승 억제
- 에너지 가격, 부동산 임대료 등의 상승 억제

✪ 총수요
국내에서 생산된 재화와 서비스에 대해 경제 주체들이 일정 기간 동안 구입하고자 하는 것으로, 이는 소비 지출, 투자 지출, 정부 지출, 순수출(수출-수입)로 구성된다.

✪ 스태그플레이션(Stagflation)
스태그네이션(Stagnation)과 인플레이션(Inflation)의 합성어로, 경기 불황 중에도 물가가 지속적으로 상승하는 현상을 의미한다.

✪ 채권자와 채무자
채권자는 채무자에게 빚을 받아 낼 권리를 가진 사람이고, 채무자는 채권자에게 빚을 갚을 의무가 있는 사람이다.

개념 체크

1. 비용 인상 인플레이션은 생산 비용의 상승으로 (   )이 감소하여 발생하는 인플레이션으로, 스태그플레이션을 야기할 수 있다.

2. 예측하지 못한 인플레이션이 발생하면 채무자보다 채권자가 (   )해진다.

3. 수요 견인 인플레이션에 대한 대책으로 (   ) 통화 정책을 사용할 수 있다.

정답
1. 총공급
2. 불리
3. 긴축

Theme 1   초인플레이션(Hyperinflation)

제1차 세계 대전 이후 독일은 대규모 전쟁 배상금을 지불해야 하였다. 이에 독일 정부는 재정 적자가 발생하였으며, 엄청난 양의 화폐를 발행하여 이를 충당하였다. 결국 대규모 화폐 발행은 엄청난 화폐 가치 하락과 물가 상승으로 이어졌는데, 1921년 1월에 당시 0.30마르크였던 독일의 일간 신문 가격은 1923년 9월에 1,000마르크, 11월에 7,000만 마르크로 상승하였다.

초인플레이션이란 단기간에 급속한 물가 상승이 나타나는 현상이다. 위 자료에 나타난 독일의 경우 1922년에서 1924까지 약 3,000억%에 달하는 물가 상승률을 보였다. 이와 같은 초인플레이션의 원인은 통화량의 증가에서 찾을 수 있다.

중앙은행이 통화를 발행하면 물가 수준은 상승하는데, 이때 지속적인 통화의 남발이 초인플레이션의 발생 요인이 된다. 대부분의 초인플레이션은 정부의 조세 수입이 정부 지출을 따라가지 못할 경우 통화 발행에 의존하는 재정을 운용하여 발생한다. 즉, 정부가 정부 수입의 부족분을 화폐 발행에 의존하게 되기 때문이다. 따라서 정부의 안정적인 재정 운용이 중요하다고 할 수 있다.

Theme 2   GDP 디플레이터와 물가 수준

그림은 갑국의 연도별 실질 GDP와 명목 GDP의 변화를 나타낸다. 단, 물가 수준은 GDP 디플레이터로 측정한다.

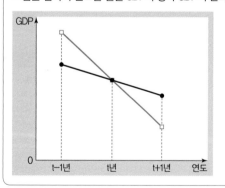

GDP 디플레이터는 '(명목 GDP/실질 GDP)×100'으로 계산하며, GDP 디플레이터가 클수록 물가 수준이 높다는 것을 의미한다. $t-1$년에 실질 GDP는 명목 GDP보다 크므로 GDP 디플레이터는 100보다 작다. t년에 실질 GDP와 명목 GDP는 같으므로 GDP 디플레이터는 100이다. $t+1$년에 실질 GDP는 명목 GDP보다 작으므로 GDP 디플레이터는 100보다 크다. 따라서 $t-1$년에서 $t+1$년까지 갑국의 물가 수준은 지속적으로 상승한다고 볼 수 있다. 이와 같이 실질 GDP와 명목 GDP를 토대로 계산한 GDP 디플레이터로 한 나라의 총체적인 물가 수준을 측정할 수 있다.

Theme **3** 경제 고통 지수(misery index)

경제 고통 지수는 1975년 경제학자 오쿤(Arthur Okun)이 만든 개념이다. 경제 고통 지수는 소비자 물가 지수 상승률(물가 상승률)에 실업률을 더해 측정한다. 따라서 물가가 상승하고 실업자 수가 증가할수록 이 지수의 값은 커지며, 이는 경제적 고통이 커진다는 것을 의미한다. 이는 개인뿐만 아니라 기업과 정부 모두에게 고통을 준다. 경제 고통 지수가 높아진다는 것은 일자리를 찾기가 어려워져 소득 수준을 유지하기 힘들어지거나, 아니면 비슷한 소득을 얻더라도 물가가 상승하여 화폐의 구매력이 그만큼 줄어든다는 의미이다.

〈우리나라 실업률과 소비자 물가 지수 추이〉

(2015년 소비자 물가 지수 = 100, 통계청)

구분	2016년	2017년	2018년	2019년	2020년
실업률(%)	3.7	3.7	3.8	3.8	4.0
소비자 물가 지수	100.97	102.93	104.45	104.85	105.42

오쿤의 경제 고통 지수는 국가별로 소비자 물가 지수나 실업률의 산출 방식에 차이가 있고 실제 국민들이 느끼는 고통의 정도가 다르기 때문에 국가별로 단순 비교하기가 곤란하다는 한계가 있다. 이와 같은 경제 고통 지수 개념의 한계를 극복하고자 1999년 미국 하버드대 로버트 배로(Robert Barrow) 교수는 소비자 물가 지수 상승률과 실업률을 합한 값에 국민 소득 증가율과 이자율을 감안한 배로 고통 지수(BMI, Barrow Misery Index)를 만들기도 하였다.

Theme **4** 물가 지수와 실질 소득

갑의 연봉은 2022년에 5,000만 원에서 2023년에 7,500만 원으로 50% 상승하였고, 통계청에서 발표하는 소비자 물가 지수는 2022년에 100에서 2023년에 130으로 상승하였다고 가정해 보자.

소비자 물가 지수는 2022년이 100, 2023년이 130이므로 2023년에 130원의 가치는 2022년에 100원의 가치와 같다고 할 수 있다. 따라서 2023년 갑의 연봉 7,500만 원의 실질 구매력은 '(7,500만 원÷130)×100'이므로 2022년을 기준으로 할 때 약 5,770만 원이다. 이 5,770만 원을 실질 구매력이라고 가정할 경우 갑의 실질 소득 증가율은 15.4%[={(5,770만 원−5,000만 원)/5,000만 원}×100]이다.

[24021-0129]

01 그림은 고용 지표를 작성하기 위해 질문에 따라 15세 이상 인구를 A~C로 분류한 것이다. 이에 대한 옳은 설명만을 〈보기〉에서 고른 것은? (단, A~C는 각각 취업자, 실업자, 비경제 활동 인구 중 하나이고, 15세 이상 인구는 변함이 없다.)

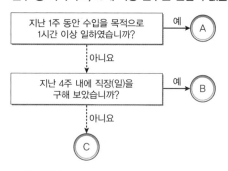

● 보기 ●
ㄱ. A의 수 감소는 고용률 감소 요인이다.
ㄴ. B의 증가는 A의 증가 요인이다.
ㄷ. 'A+B'의 감소는 C의 증가 요인이다.
ㄹ. C의 감소는 A, B 모두의 감소 요인이다.

① ㄱ, ㄴ ② ㄱ, ㄷ ③ ㄴ, ㄷ ④ ㄴ, ㄹ ⑤ ㄷ, ㄹ

[24021-0130]

02 (가)~(다)는 서로 다른 유형의 실업 사례를 나타낸다. 이에 대한 옳은 설명만을 〈보기〉에서 고른 것은?

(가) 음식점에서 일하는 종업원 대신 주문을 받고 음식을 가져다주는 인공 지능 로봇으로 대체되어 종업원들이 일자리를 잃게 되면서 발생하는 실업
(나) 경기 불황으로 경영난을 겪는 기업들의 신입 채용이 감소하여 일자리를 구하지 못하는 청년들이 증가하면서 발생하는 실업
(다) 조직 문화에 얽매이는 것을 견디지 못한 젊은 신입 사원들이 자신의 적성에 맞는 새로운 일자리를 구하기 위해 자신이 다니던 직장을 그만두는 경우 발생하는 실업

● 보기 ●
ㄱ. 기술 교육은 (가)에 대한 대책이 될 수 없다.
ㄴ. 총수요 감소는 (나)의 발생 요인이다.
ㄷ. (나)는 (다)와 달리 일시적으로 발생하는 실업에 해당한다.
ㄹ. (다)는 (가)와 달리 자발적 실업에 해당한다.

① ㄱ, ㄴ ② ㄱ, ㄷ ③ ㄴ, ㄷ ④ ㄴ, ㄹ ⑤ ㄷ, ㄹ

[24021-0131]

03 (가)~(다)는 물가 지수의 종류를 나타낸다. 이에 대한 옳은 설명만을 〈보기〉에서 고른 것은? (단, (가)~(다)는 각각 소비자 물가 지수, 생산자 물가 지수, GDP 디플레이터 중 하나임.)

(가) 가계가 일상생활을 영위하기 위해 구입하는 재화와 서비스의 종합적인 가격 수준을 측정하여 지수화한 것
(나) 국내 생산자가 국내 시장에 공급하는 재화 및 서비스의 종합적인 가격 수준을 측정하여 지수화한 것
(다) 국내 총생산에 포함되는 모든 재화와 서비스의 가격 수준을 지수화한 것으로, '(명목 GDP/실질 GDP)×100'으로 계산함.

● 보기 ●
ㄱ. (가)가 상승하면, 일반적으로 실물 자산 보유자는 화폐 자산 보유자보다 유리해진다.
ㄴ. (나)의 상승은 화폐 구매력 하락 요인이다.
ㄷ. (다)는 가계의 소비 생활을 반영하지 못한다.
ㄹ. (가)는 생산자 물가 지수, (나)는 소비자 물가 지수, (다)는 GDP 디플레이터이다.

① ㄱ, ㄴ   ② ㄱ, ㄷ   ③ ㄴ, ㄷ
④ ㄴ, ㄹ   ⑤ ㄷ, ㄹ

[24021-0132]

04 (가), (나)는 인플레이션의 유형을 나타낸다. 이에 대한 설명으로 옳은 것은? (단, (가), (나)는 각각 수요 견인 인플레이션과 비용 인상 인플레이션 중 하나임.)

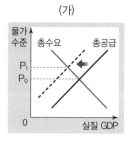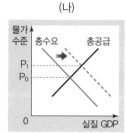

① 수입 원자재 가격 하락은 (가)의 요인이다.
② (가)에 따라 경제 성장률은 양(+)의 값을 가진다.
③ 소비 지출 증가는 (나)의 요인이다.
④ (나)는 (가)와 달리 화폐 구매력 하락 요인이다.
⑤ (가)는 수요 견인 인플레이션, (나)는 비용 인상 인플레이션이다.

[24021-0133]

05 (가), (나)의 변화가 전년 대비 고용 관련 지표에 미칠 영향으로 옳은 것은? (단, A국, B국 모두 15세 이상 인구는 변함이 없음.)

> (가) A국 국민인 대학원 졸업생 갑은 지난 1년 동안 이력서를 넣으며 새로운 직장을 구하였으나 자신을 받아 주는 회사가 없자 구직 활동을 단념하고 고향집으로 갔다.
>
> (나) B국 국민인 대학원 졸업생 을은 지난 1년 동안 고향집에서 살고 있는 구직 단념자였다. 최근 대도시로 이사와 자신의 적성에 맞는 일자리를 구하고 있지만, 여전히 일자리를 구하지 못하고 있다.

① (가)는 A국의 취업자 수 감소 요인이다.
② (가)는 A국의 실업자 수 감소 요인이다.
③ (나)는 B국의 고용률 상승 요인이다.
④ (나)는 B국의 경제 활동 인구 감소 요인이다.
⑤ (가)는 A국의 비경제 활동 인구 감소 요인, (나)는 B국의 비경제 활동 인구 증가 요인이다.

[24021-0134]

06 그림은 질문에 따라 실업의 유형 A~D를 구분한 것이다. 이에 대한 설명으로 옳은 것은? (단, A~D는 각각 경기적 실업, 마찰적 실업, 구조적 실업, 계절적 실업 중 하나임.)

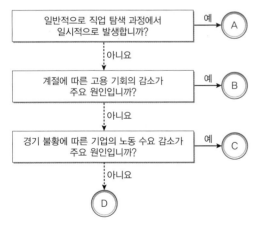

① A는 경기 상승이 아닌 하강 국면에서 나타난다.
② B의 증가는 실업률 하락 요인이다.
③ 총수요 증가는 C의 감소 요인이다.
④ C는 A와 달리 자발적 실업에 해당한다.
⑤ 직업 재훈련은 D가 아닌 B의 대책으로 적절하다.

[24021-0135]

07 그림은 갑국의 연도별 경제 성장률과 전년 대비 물가 상승률을 나타낸다. 이에 대한 옳은 설명만을 〈보기〉에서 고른 것은? (단, 기준 연도는 2020년이고, 물가 수준은 GDP 디플레이터로 측정함.)

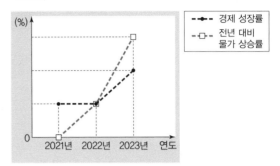

> ● 보기 ●
> ㄱ. 2021년의 명목 GDP와 실질 GDP는 같다.
> ㄴ. 실질 GDP는 2021년과 2022년이 같다.
> ㄷ. 전년 대비 2022년의 명목 GDP 증가율은 실질 GDP 증가율보다 높다.
> ㄹ. 전년 대비 2023년의 변화는 봉급 생활자에게 유리하다.

① ㄱ, ㄴ   ② ㄱ, ㄷ   ③ ㄴ, ㄷ
④ ㄴ, ㄹ   ⑤ ㄷ, ㄹ

[24021-0136]

08 표는 갑국의 연도별 전년 대비 명목 GDP 증가율과 실질 GDP 증가율을 나타낸다. 이에 대한 설명으로 옳은 것은? (단, 기준 연도는 2019년이고, 물가 수준은 GDP 디플레이터로 측정하며, 갑국의 총수요 곡선은 우하향하고 총공급 곡선은 우상향함.)

(단위: 전년 대비, %)

구분	2020년	2021년	2022년	2023년
명목 GDP 증가율	0	1	1	3
실질 GDP 증가율	0	1	0	−1

① 전년 대비 2020년의 물가 수준은 상승하였다.
② 2021년의 경제 성장률은 0%이다.
③ 전년 대비 2021년의 물가 수준은 상승하였다.
④ 투자 지출 감소는 전년 대비 2022년의 변화 요인이다.
⑤ 수입 원자재 가격 상승은 전년 대비 2023년의 변화 요인이다.

[24021-0137]

1 다음 자료에 대한 옳은 설명만을 〈보기〉에서 고른 것은?

> 교사: 표는 A국의 연도별 소비자 물가 지수, 실업률, 경제 고통 지수를 나타냅니다. A국의 경제 고통 지수는 실업률에 전년 대비 소비자 물가 상승률을 더한 값으로 구합니다. 표에 대해 발표해 볼까요? 단, 소비자 물가 지수의 기준 연도는 2019년이고, 물가 수준은 소비자 물가 지수로 측정합니다.
>
> (2019년 소비자 물가 지수 = 100)
>
> | 구분 | 2020년 | 2021년 | 2022년 | 2023년 |
> |---|---|---|---|---|
> | 소비자 물가 지수 | 102 | ㉠ | ㉡ | 약 105.08 |
> | 실업률(%) | 1 | 2 | 2 | 2 |
> | 경제 고통 지수 | 3 | 2 | 4 | 3 |
>
> 갑: ㉠은 '102'입니다.
> 을: ⎡⎯⎯⎯⎯ (가) ⎯⎯⎯⎯⎤
> 교사: 갑과 을 중 한 명만 옳게 답변하였습니다.

> ● 보기 ●
> ㄱ. ㉠은 ㉡보다 크다.
> ㄴ. 2022년의 실업률은 전년 대비 소비자 물가 상승률보다 높다.
> ㄷ. (가)에는 '2020과 2022년의 전년 대비 소비자 물가 상승률은 같습니다.'가 들어갈 수 없다.
> ㄹ. (가)에는 '2023년과 달리 2021년의 기준 연도 대비 화폐 구매력은 상승하였습니다.'가 들어갈 수 있다.

① ㄱ, ㄴ ② ㄱ, ㄷ ③ ㄴ, ㄷ ④ ㄴ, ㄹ ⑤ ㄷ, ㄹ

[24021-0138]

2 다음 자료에 대한 분석으로 옳은 것은? (단, 제시된 내용 이외의 다른 조건은 고려하지 않음.)

> 표는 갑이 보유한 연도별 은행 예금 원금, 명목 이자액, 실질 이자율을 나타낸다. 물가 지수 산정을 위한 기준 연도는 2020년이다.
>
> | 구분 | 2021년 | 2022년 | 2023년 |
> |---|---|---|---|
> | 예금 원금(만 원) | 1,000 | 2,000 | 3,000 |
> | 명목 이자액(만 원) | 30 | 20 | 60 |
> | 실질 이자율(%) | 0 | 1 | 1 |
>
> * 실질 이자율=명목 이자율−물가 상승률

① 물가 상승률은 2022년이 가장 높다.
② 2022년의 명목 이자율은 2%이다.
③ 명목 이자율은 2023년이 2021년보다 높다.
④ 2022년과 달리 2023년의 물가 상승률은 양(+)의 값이다.
⑤ 2021년과 달리 2023년에 명목 이자율은 실질 이자율보다 높다.

[24021-0139]

3 그림은 갑국과 을국의 연도별 고용 지표를 나타낸다. t년에서 t+1년으로의 변화에 대한 설명으로 옳은 것은? (단, 갑국, 을국 모두 15세 이상 인구는 변함이 없음.)

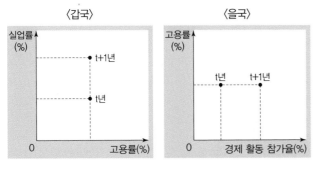

① 갑국의 경제 활동 인구는 감소하였다.
② 을국의 비경제 활동 인구는 증가하였다.
③ 갑국과 달리 을국의 실업자 수는 감소하였다.
④ 을국과 달리 갑국의 취업자 수는 증가하였다.
⑤ 갑국과 을국 각각 실업자 수의 변화분과 경제 활동 인구의 변화분은 같다.

[24021-0140]

4 교사의 질문에 대한 학생의 답변으로 옳은 것은?

 (가)는 갑국의 고용 지표 작성을 위해 질문에 따라 15세 이상 인구를 A~C로 분류한 것이고, (나)는 갑국의 고용 지표 관련 인구의 변화를 나타내는 신문 기사입니다. 단, A~C는 각각 취업자, 실업자, 비경제 활동 인구 중 하나이고, 갑국의 15세 이상 인구는 변함이 없습니다. t년 대비 t+1년의 변화에 대해 발표해 볼까요?

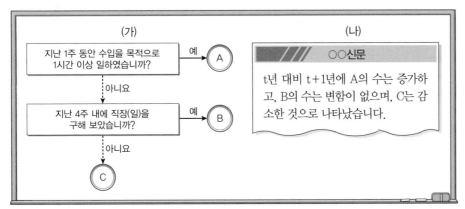

① 경제 활동 인구는 감소하였습니다.
② 고용률은 하락하였습니다.
③ 실업률은 상승하였습니다.
④ 경제 활동 참가율은 상승하였습니다.
⑤ 취업자 수의 증가분은 경제 활동 인구의 증가분보다 작습니다.

[24021-0141]

5 그림은 갑국의 연도별 취업자 수와 실업자 수를 나타낸다. 이에 대한 분석으로 옳은 것은? (단, 각 연도별 경제 활동 인구와 비경제 활동 인구의 비는 모두 3 : 1임.)

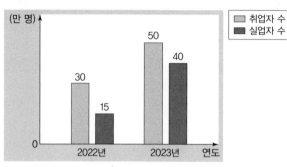

① 2022년에 실업률은 고용률보다 높다.
② 2023년의 고용률은 전년보다 상승하였다.
③ 2023년의 15세 이상 인구는 전년의 1.5배이다.
④ 경제 활동 참가율은 2022년과 2023년이 동일하다.
⑤ 2022년과 달리 2023년에 비경제 활동 인구는 15세 이상 인구의 0.5배이다.

[24021-0142]

6 다음 자료에 대한 옳은 설명만을 〈보기〉에서 있는 대로 고른 것은?

표는 갑이 A국의 연도별 전년 대비 물가 수준, 경제 성장률, 특이 사항을 정리한 것이다. A국의 국민 경제 균형점은 2020년과 2021년에는 동일한 총공급 곡선상에 위치하고, 2022년과 2023년에는 2020년과 동일한 총수요 곡선상에 위치한다. 단, 기준 연도와 최초의 국민 경제 균형점은 2020년이며, A국의 총수요 곡선은 우하향하는 직선이고 총공급 곡선은 우상향하는 직선이다.

구분	2021년	2022년	2023년
전년 대비 물가 수준	상승	상승	하락
경제 성장률(%)	양(+)의 값	음(-)의 값	양(+)의 값
특이 사항	실질 GDP가 2020년보다 큼.	실질 GDP가 2020년보다 작음.	물가 수준이 2020년과 같음.

● 보기 ●

ㄱ. 실질 GDP는 2023년이 2022년보다 작다.
ㄴ. 2020년 대비 2022년의 총공급은 증가하였다.
ㄷ. 정부 지출 증가는 전년 대비 2022년이 아닌 전년 대비 2021년의 변화 요인이다.
ㄹ. 총공급 곡선의 변동 방향은 전년 대비 2022년과 전년 대비 2023년이 서로 다르다.

① ㄱ, ㄴ   ② ㄱ, ㄹ   ③ ㄷ, ㄹ
④ ㄱ, ㄴ, ㄷ   ⑤ ㄴ, ㄷ, ㄹ

[24021-0143]

7 다음 자료에 대한 설명으로 옳은 것은?

그림의 A∼E는 갑국의 서로 다른 시기의 전년 대비 물가 상승률과 경제 성장률을 나타낸다. A, C로의 변화는 총수요와 총공급 중 하나만 변동하여 나타난 것이고, B, D, E로의 변화는 총수요와 총공급이 모두 변동하여 나타난 것이다. 단, 물가 수준은 GDP 디플레이터로 측정하며, 갑국의 총수요 곡선은 우하향하고 총공급 곡선은 우상향한다.

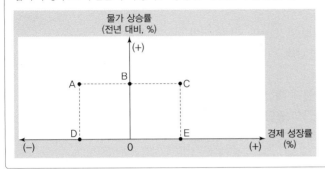

① 수입 원자재 가격 상승은 C로의 변화 요인이다.
② B로의 변화는 A로의 변화와 달리 화폐 구매력 하락 요인이다.
③ A로의 변화보다 C로의 변화가 스태그플레이션을 야기할 가능성이 크다.
④ 수요 견인 인플레이션은 E로의 변화 양상이 아닌 D로의 변화 양상이다.
⑤ A로의 변화에서 총공급 곡선의 변동 방향과 E로의 변화에서 총공급 곡선의 변동 방향은 서로 다르다.

[24021-0144]

8 다음 자료에 대한 설명으로 옳은 것은?

표는 갑국의 연도별 명목 GDP와 GDP 디플레이터를 나타낸다. 갑국의 연도별 경제 상황 변화는 총수요와 총공급 중 하나만의 변동으로 발생한다. 2019년의 명목 GDP와 실질 GDP는 모두 100억 달러, 2023년의 실질 GDP는 100억 달러이다. 단, 기준 연도는 2019년이고, 물가 수준은 GDP 디플레이터로 측정하며, 갑국의 총수요 곡선은 우하향하고 총공급 곡선은 우상향한다.

구분	2020년	2021년	2022년	2023년
명목 GDP(억 달러)	108	120	120	㉠
GDP 디플레이터	120	120	160	㉡

① 실질 GDP는 2022년이 2020년보다 크다.
② 2021년과 달리 2022년의 경제 성장률은 양(＋)의 값이다.
③ 총수요 감소는 전년 대비 2020년의 변화 요인이다.
④ ㉠이 '150'이라면, 총공급 증가는 전년 대비 2023년의 변화 요인이다.
⑤ ㉠이 '200'이라면, 총공급 감소는 전년 대비 2023년의 변화 요인이다.

10 경기 변동과 안정화 정책

1. 총수요와 총공급

(1) 총수요

① 의미: 국내에서 생산된 재화와 서비스에 대해 경제 주체들이 일정 기간 동안 구입하고자 하는 것

② 계산: 총수요=소비 지출+투자 지출+정부 지출+순수출(수출−수입)

(2) 총공급

① 의미: 국내 생산자들이 일정 기간 동안 판매하고자 하는 재화와 서비스의 총합

② 계산: 총공급=국내 총생산(GDP)

(3) 총수요 곡선과 총공급 곡선

① 총수요 곡선: 국내 총생산물에 대한 수요량과 물가 수준 간의 관계를 나타낸 곡선

② 총공급 곡선: 국내 총생산물의 공급량과 물가 수준 간의 관계를 나타낸 곡선

(4) 총수요와 총공급의 변동

① 총수요의 변동

구분	변동 요인	변동 방향
총수요 증가	소비 지출 증가, 투자 지출 증가, 정부 지출 증가, 순수출 증가	총수요 곡선의 우측 이동
총수요 감소	소비 지출 감소, 투자 지출 감소, 정부 지출 감소, 순수출 감소	총수요 곡선의 좌측 이동

② 총공급의 변동

구분	변동 요인	변동 방향
총공급 증가	생산 기술 향상, 원자재 가격의 하락, 생산 요소의 양 증가, 임금 하락 등	총공급 곡선의 우측 이동
총공급 감소	원자재 가격 상승, 생산 요소의 양 감소, 임금 상승 등	총공급 곡선의 좌측 이동

✪ 총수요 계산 시 '순수출'로 계산하는 이유

한 나라의 경제 주체들이 재화와 서비스를 구입하기 위해 지출한 금액에는 국내에서 생산된 재화와 서비스뿐만 아니라 다른 나라에서 생산된 재화와 서비스를 구입하기 위해 지출된 금액도 포함된다. 따라서 총수요를 파악하기 위해서는 다른 나라에서 생산된 재화와 서비스를 구입하기 위해 지출한 금액을 차감해야 한다. 이에 따라 총수요 계산 시 수출에서 수입을 뺀 값인 '순수출'로 계산한다.

2. 국민 경제의 균형과 변동

(1) 국민 경제의 균형

① 의미: 총수요와 총공급이 일치하는 상태

② 균형 물가 수준과 균형 국내 총생산

• 균형 물가 수준: 총수요와 총공급이 일치할 때의 물가 수준(P_0)

• 균형 국내 총생산: 총수요와 총공급이 일치할 때의 국내 총생산(Y_0)

(2) 국민 경제의 균형 변동

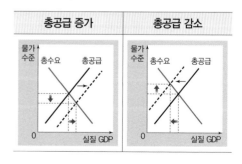

개념 체크

1. 총수요는 소비 지출, ( ), 정부 지출, 순수출로 구성된다.

2. 원자재 가격 ( ), 생산 요소 가격의 ( ) 등은 총공급 증가 요인이다.

3. 총수요와 총공급이 일치하는 상태를 ( )이라고 한다.

정답
1. 투자 지출
2. 하락, 하락
3. 국민 경제의 균형

3. 경기 변동

(1) 경기와 경기 변동

① 경기: 국민 경제의 총체적인 활동 수준 → 생산, 소비, 투자, 고용 등 실물 부문의 활동, 자금의 수요와 공급 등 금융 부문의 활동, 수출과 수입 등 대외 부문의 활동을 반영함.

② 경기 변동: 장기 추세를 중심으로 경기가 상승과 하강을 반복하는 현상

(2) 경기 순환

① 의미: 국민 경제의 경기 수준이 회복기, 확장기, 후퇴기, 수축기, 네 국면의 형태로 반복해서 나타나는 것

② 경기 순환의 국면과 특징

국면	특징
회복기	• 경제 활동 수준이 회복되고 증가되는 시기 • 고용, 소득과 소비 등이 증가하고, 물가는 서서히 상승함.
확장기	• 생산, 소비, 투자 등 경제 활동이 가장 활발한 시기 • 소비 증가, 생산 증가 → 국민 소득 증가, 고용 증대
후퇴기	• 경제 활동 수준이 위축되고 둔화되는 시기 • 소비·투자 감소, 재고 증가, 물가 상승률 하락
수축기	• 생산, 소비, 투자 등 경제 활동이 가장 침체되는 시기 • 소비 감소, 생산 감소 → 국민 소득 감소, 고용 감소

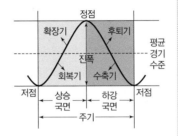

✪ **경기 순환의 구분**

회복기와 확장기를 합하여 상승 국면, 후퇴기와 수축기를 합하여 하강 국면이라고 구분하기도 한다.

(3) 경기 변동의 원인

① 총수요 변동의 영향

• 총수요 증가: 생산 증가, 고용 증가, 소득 증가, 물가 상승 → 인플레이션이 발생할 수 있음.

• 총수요 감소: 생산 감소, 고용 감소, 소득 감소, 물가 하락 → 경기 침체로 실업률이 높아질 수 있음.

② 총공급 변동의 영향

• 총공급 증가: 생산 증가, 고용 증가, 소득 증가, 물가 하락 → 안정된 경제 성장을 이룰 수 있음.

• 총공급 감소: 생산 감소, 고용 감소, 소득 감소, 물가 상승 → 스태그플레이션이 발생할 수 있음.

4. 경제 안정화 정책

(1) 의미: 정부나 중앙은행이 물가와 실업 문제를 해결하기 위해 정책 수단을 사용하는 것

(2) 종류

구분	주체	수단	종류
재정 정책	정부	조세와 정부 지출	확대 재정 정책, 긴축 재정 정책
통화 정책	중앙은행	통화량이나 이자율 조정	확대 통화 정책, 긴축 통화 정책

5. 재정 정책

(1) 의미: 정부가 조세나 정부 지출을 변화시켜 경기를 안정화시키는 정책

개념 체크

1. 경기 순환 국면 중 후퇴기와 수축기를 합하여 (　　　)이라고 한다.

2. 일반적으로 확장기에는 실업률은 (　　　)하고, 소비 및 생산은 (　　　)한다.

3. 총수요가 지나치게 (　　　)할 경우 경기 과열로 인한 (　　　)이 발생할 우려가 있다.

정답 ──────────
1. 하강 국면
2. 하락, 증가
3. 증가, (수요 견인)인플레이션

(2) 수단

정책 수단		효과
조세	세율 인상	• 가계: 처분 가능 소득 감소 → 소비 지출 감소 → 경기 진정 • 기업: 투자 수익 감소 → 투자 감소 → 경기 진정
	세율 인하	• 가계: 처분 가능 소득 증가 → 소비 지출 증가 → 경기 부양 • 기업: 투자 수익 증가 → 투자 증가 → 경기 부양
정부 지출	정부 지출 증가	총수요 증가 → 경기 부양
	정부 지출 감소	총수요 감소 → 경기 진정

(3) 종류

구분	긴축 재정 정책	확대 재정 정책
시기	경기 과열 시(인플레이션)	경기 침체 시(높은 실업률)
수단	세율 인상, 정부 지출 감소	세율 인하, 정부 지출 증가
목표 및 효과	인플레이션 억제 → 경기 진정	실업률 감소 → 경기 부양

6. 통화 정책

(1) **의미**: 중앙은행이 통화량이나 이자율 조정을 통해 경기를 안정화시키는 정책

(2) 수단

① 공개 시장 운영: 중앙은행이 국공채 등의 매각 · 매입을 통해 통화량이나 이자율을 조정함.

정책 수단	효과
국공채 매각	시중 자금의 흡수 → 통화량 감소, 이자율 상승 → 소비 · 투자 감소 → 경기 진정
국공채 매입	시중에 자금 방출 → 통화량 증가, 이자율 하락 → 소비 · 투자 증가 → 경기 부양

② 지급 준비율 조정: 시중 은행의 지급 준비율 조정을 통해 통화량이나 이자율을 조정함.

정책 수단	효과
지급 준비율 인상	은행의 대출 자금 감소 → 통화량 감소, 이자율 상승 → 소비 · 투자 감소 → 경기 진정
지급 준비율 인하	은행의 대출 자금 증가 → 통화량 증가, 이자율 하락 → 소비 · 투자 증가 → 경기 부양

③ 여 · 수신 제도: 중앙은행이 금융 기관을 상대로 대출을 해 주거나 예금을 받는 것을 통해 통화량이나 이자율을 조정함.

정책 수단	효과
중앙은행의 대출 축소	시중 은행의 대출 자금 감소 → 통화량 감소, 이자율 상승 → 소비 · 투자 감소 → 경기 진정
중앙은행의 대출 확대	시중 은행의 대출 자금 증가 → 통화량 증가, 이자율 하락 → 소비 · 투자 증가 → 경기 부양

(3) 종류

① 긴축 통화 정책: 경기 과열 시 통화량을 감소시키거나 이자율을 인상하는 정책 → 중앙은행의 대출 축소, 지급 준비율 인상, 국공채 매각

② 확대 통화 정책: 경기 침체 시 통화량을 증가시키거나 이자율을 인하하는 정책 → 중앙은행의 대출 확대, 지급 준비율 인하, 국공채 매입

Theme 1 **국내 총생산(GDP)을 구성하는 지출 항목**

국내 총생산을 구성하는 지출 항목은 재화와 서비스를 구입하는 주체에 따라 소비 지출, 투자 지출, 정부 지출, 순수출 (수출-수입)로 구성된다. 국내 총생산을 구성하는 지출 항목을 살펴보면 다음과 같다.

- 소비 지출: 기업이 생산한 최종 생산물 중 가계가 구입한 재화와 서비스의 시장 가치
  → 소비 지출은 한 해에 기업이 생산한 최종 생산물 중 가계가 구입하는 재화와 서비스의 총 시장 가치를 의미한다.
- 투자 지출: 기업이 구입한 공장이나 기계와 같은 자본재의 시장 가치
  → 기업이 생산에 필요한 자본재를 구매하는 데 든 지출을 의미한다.
- 정부 지출: 정부가 국방이나 치안 등 공공서비스를 생산하기 위해 지출한 금액
  → 정부의 이전 지출은 재화와 서비스를 구입한 것이 아닌, 즉 생산 활동과 무관하므로 정부 지출에 포함되지 않는다.
- 순수출: 수출에서 수입을 뺀 것
  → 수출은 외국이 국내에서 생산된 재화와 서비스를 구입하기 위해 지출한 금액이고, 수입은 국내 경제 주체가 외국에서 생산된 재화와 서비스를 구입하기 위해 지출한 금액이다.

Theme 2 **경기 순환 국면**

그림은 경기 순환에서 회복기, 확장기, 후퇴기, 수축기 등의 경기 순환 국면을 나타낸다. 경기 순환 국면 중 회복기와 확장기를 상승 국면, 후퇴기와 수축기를 하강 국면이라고 하는데, 상승 국면과 하강 국면에서의 경기 변수의 움직임을 살펴보면 다음과 같다.

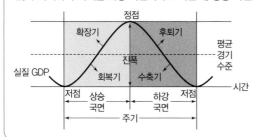

경기 구분	실질 GDP	소비	투자	통화량	이자율	물가	실업률
상승 국면	증가	증가	증가	증가	상승	상승	하락
하강 국면	감소	감소	감소	감소	하락	하락	상승

경기 순환의 상승 국면에서 나타나는 변수의 움직임은 총수요 증가 요인으로 작용하고, 하강 국면에서 나타나는 변수의 움직임은 총수요 감소 요인으로 작용한다. 다만, 이와 같은 경기 국면과 변수의 움직임은 과거에 평균적으로 그러한 경향을 보였다는 것을 나타내므로 앞으로도 동일한 현상이 반복될 것이라고 단정지을 수 없다는 것에 유의해야 한다.

Theme 3   경기와 물가의 관계

(가)는 총공급이 증가하여 물가 수준이 하락하고 실질 GDP가 증가하는 경우, (나)는 총공급이 감소하여 물가 수준이 상승하고 실질 GDP가 감소하는 경우를 나타낸다.

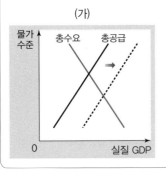

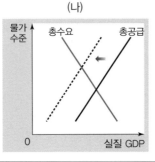

일반적으로 경기 상승 국면에서는 총수요가 크게 증가하여 물가가 상승한다. 그러나 경기 상승 국면이라도 항상 물가가 상승하는 것은 아니다. 총공급의 증가가 경기 상승의 원인일 때에는 오히려 물가가 하락한다. 예를 들어, 기술 혁신으로 경기 상승이 초래되었다면 총수요보다 총공급이 경기 상승의 주요 원인이다. 이 경우 경기가 상승하지만 물가는 안정적이거나 오히려 (가)와 같이 내려갈 수 있다. 반대로 수입 원자재 가격이 상승하여 총공급이 감소하면 (나)와 같이 물가가 오르면서 경기가 침체하는 스태그플레이션이 발생할 수 있다.

Theme 4   1970년대 스태그플레이션과 정부 정책의 딜레마

1970년대 석유 파동에 따른 국제 원유가 상승은 총공급을 감소시켜 (가)에서와 같이 균형점이 E_0에서 E_1로 이동하였고, 이때 경기 침체 상황과 물가가 오르는 스태그플레이션(E_1)이 발생하였다. 당시 스태그플레이션을 해결하기 위한 정부의 총수요 관리 정책은 딜레마에 빠지게 되는데, 이는 (나)를 통해 파악할 수 있다.

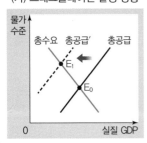

(가) 스태그플레이션 발생 상황

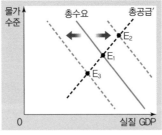

(나) 정부의 정책 대응과 시사점

(가)에서 E_1은 총공급 감소에 따라 스태그플레이션이 발생한 상황이다. 이때 정부가 경기 침체에 대응하여 확대 재정 정책을 시행하면 균형점이 E_1에서 E_2로 이동한다. 이에 따라 실질 GDP는 증가하지만, 물가 수준은 더 상승하게 된다. 반면, 정부가 물가 상승에 대응하여 긴축 재정 정책을 시행하면 균형점이 E_1에서 E_3으로 이동한다. 이에 따라 물가 수준이 하락하게 되어 물가가 다소 떨어질 수 있지만 실질 GDP가 감소하게 되어 경기 침체가 더 악화될 수 있다. 따라서 스태그플레이션을 해결하기 위해서는 정부가 장기적인 관점에서 기업의 생산성을 높이기 위해 R&D(Research and Development)를 통한 기술 경쟁력 강화, 노사 협력 강화 등 총공급을 증가시킬 수 있는 정책이 필요하다.

01 다음 갑국의 국민 경제 균형점(E)을 A로 이동시키는 변화 요인으로 옳은 것은?

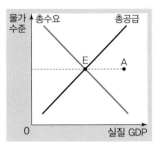

	총수요 변화 요인	총공급 변화 요인
①	소비 지출 감소	생산 기술 향상
②	투자 지출 증가	수입 원자재 가격 하락
③	정부 지출 증가	수입 원자재 가격 상승
④	수입 원자재 가격 상승	소비 지출 증가
⑤	수입 원자재 가격 하락	투자 지출 감소

02 다음 자료에 대한 옳은 설명만을 〈보기〉에서 고른 것은?

그림은 갑국의 연도별 국민 경제 균형점을 나타낸다. 2021년과 2022년의 국민 경제 균형점은 동일한 총공급 곡선상에 위치한다. 단, 갑국의 총수요 곡선은 우하향하고 총공급 곡선은 우상향하며, 물가 수준은 GDP 디플레이터로 측정한다.

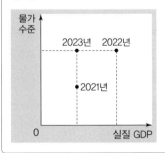

● 보기 ●

ㄱ. 정부 지출 감소는 전년 대비 2022년의 변화 요인이다.
ㄴ. 전년 대비 2022년의 명목 GDP는 감소하였다.
ㄷ. 전년 대비 2023년에 총수요와 총공급은 모두 감소하였다.
ㄹ. 소득세율 인상과 수입 원유 가격 상승은 전년 대비 2023년의 변화 요인이다.

① ㄱ, ㄴ   ② ㄱ, ㄷ   ③ ㄴ, ㄷ
④ ㄴ, ㄹ   ⑤ ㄷ, ㄹ

03 밑줄 친 ㉠~㉣에 대한 옳은 설명만을 〈보기〉에서 고른 것은? (단, 갑국의 총수요 곡선은 우하향하고 총공급 곡선은 우상향함.)

작년부터 갑국은 경기 침체와 그에 따른 실업자 수 증가로 골머리를 앓고 있다. 이를 해결하기 위해 갑국 중앙은행은 올해 초부터 대대적으로 ㉠ 국공채를 매입하고 있는데, 이에 힘을 보태기 위해 갑국 정부는 ㉡ 재정 정책을 추가로 시행하고 있다. 하지만 최근 인근 지역에 전쟁이 발발하게 되었고, 이로 인한 ㉢ 수입 원유 가격의 급등에 따른 ㉣ 예상치 못한 경제 문제까지 발생하게 되어 갑국 정부는 그야말로 진퇴양난에 빠지게 되었다.

● 보기 ●

ㄱ. ㉠은 물가 하락 요인이다.
ㄴ. 공공 사업을 위한 정부 지출 증가는 ㉡에 해당한다.
ㄷ. ㉢은 실질 GDP 감소 요인이다.
ㄹ. 수요 견인 인플레이션은 ㉣에 해당한다.

① ㄱ, ㄴ   ② ㄱ, ㄷ   ③ ㄴ, ㄷ
④ ㄴ, ㄹ   ⑤ ㄷ, ㄹ

04 다음 자료에 대한 분석으로 옳은 것은?

표는 갑국의 연도별 전년 대비 물가 상승률과 경제 성장률을 나타내며, 이는 총수요와 총공급 중 하나만의 변동으로 나타난다. 단, 기준 연도는 2020년이고, 물가 수준은 GDP 디플레이터로 측정하며, 갑국의 총수요 곡선은 우하향하고 총공급 곡선은 우상향한다.

구분	2021년	2022년	2023년
물가 상승률(전년 대비, %)	2	2	1.5
경제 성장률(%)	1	−1	1

① 실질 GDP는 2022년이 2020년보다 크다.
② 총수요 곡선의 좌측 이동은 전년 대비 2021년의 변화 요인이다.
③ 기준 금리 인상은 전년 대비 2022년의 변화 요인이다.
④ 총공급 곡선의 좌측 이동은 전년 대비 2022년의 변화 요인이다.
⑤ 전년 대비 2023년의 경제 규모는 감소하였다.

[24021-0149]

05 그림은 갑국과 을국의 연도별 국민 경제 균형점을 나타낸다. t년 대비 t+1년의 변화에 대한 옳은 설명만을 〈보기〉에서 고른 것은? (단, 갑국과 을국 모두 총수요 곡선은 우하향하고 총공급 곡선은 우상향함.)

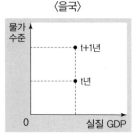

〈갑국〉   〈을국〉

• 보기 •
ㄱ. 갑국에서 실물 자산 보유자는 화폐 자산 보유자에 비해 불리해졌다.
ㄴ. 을국에서 화폐 자산 보유자는 실물 자산 보유자에 비해 유리해졌다.
ㄷ. 총공급 곡선의 변동 방향은 갑국과 을국이 서로 다르다.
ㄹ. 대출 이자율 하락은 갑국과 을국 모두의 총수요 곡선 이동 요인이다.

① ㄱ, ㄴ ② ㄱ, ㄷ ③ ㄴ, ㄷ
④ ㄴ, ㄹ ⑤ ㄷ, ㄹ

[24021-0150]

06 다음 자료에 대한 설명으로 옳은 것은?

표는 갑국의 연도별 전년 대비 실질 GDP 변화율을 나타내며, 2022년까지 총공급 곡선은 불변이다. 단, 갑국의 총수요 곡선은 우하향하고 총공급 곡선은 우상향하며, 제시된 내용 이외의 다른 조건은 고려하지 않는다.

구분	2020년	2021년	2022년	2023년
실질 GDP 변화율 (전년 대비, %)	5	5	-18	0

① 소비 지출 감소는 전년 대비 2020년의 변화 요인이다.
② 투자 지출 감소는 전년 대비 2021년의 변화 요인이다.
③ 전년 대비 2022년의 변화는 화폐 구매력 증가 요인이다.
④ 총수요만의 증가는 전년 대비 2023년의 변화 요인이다.
⑤ 총공급만의 감소는 전년 대비 2023년의 변화 요인이다.

[24021-0151]

07 교사의 질문에 대한 학생의 답변으로 옳은 것은?

표는 질문에 따라 갑국의 경제 안정화 정책 A~D를 구분한 것입니다. A~D는 각각 확대 재정 정책, 긴축 재정 정책, 확대 통화 정책, 긴축 통화 정책 중 하나이고, 갑국의 총수요 곡선은 우하향하고 총공급 곡선은 우상향합니다. 이에 대해 발표해 볼까요?

질문	A	B	C	D
중앙은행이 실시하는 정책에 해당합니까?	아니요	예	아니요	예
실질 GDP를 증가시키는 요인입니까?	예	예	아니요	아니요
물가 수준을 상승시키는 요인입니까?	예	예	㉠	㉡

① ㉠과 ㉡은 모두 '예'입니다.
② 지급 준비율 인하 정책은 A에 해당합니다.
③ 국공채 매각 정책은 B에 해당합니다.
④ 소득세율 인상은 B가 아닌 C에 해당합니다.
⑤ D는 A와 달리 총수요 증가 요인입니다.

[24021-0152]

08 그림은 국민 경제의 경기 순환을 나타낸다. 이에 대한 옳은 설명만을 〈보기〉에서 고른 것은? (단, ㉠~㉣은 각각 회복기, 확장기, 후퇴기, 수축기 중 하나임.)

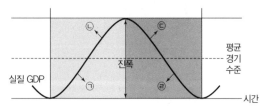

• 보기 •
ㄱ. ㉠과 달리 ㉢에서 기업의 투자 심리가 확대된다.
ㄴ. 국공채 매입 정책은 ㉡보다 ㉣에 적절하다.
ㄷ. ㉢과 달리 ㉡에서 소비가 감소한다.
ㄹ. 기준 금리 인상 정책은 ㉣보다 ㉡에 적절하다.

① ㄱ, ㄴ ② ㄱ, ㄷ ③ ㄴ, ㄷ
④ ㄴ, ㄹ ⑤ ㄷ, ㄹ

[24021-0153]

1 다음 자료에 대한 설명으로 옳은 것은?

그림은 갑국과 을국의 전년 대비 2023년의 경제 지표 변화를 나타낸다. 전년 대비 2023년에 양국의 경제 지표 변화는 모두 총수요와 총공급 중 하나만의 변동으로 나타난 것이다. 단, 갑국과 을국에서는 각각 수요 견인 인플레이션과 비용 인상 인플레이션 중 하나가 발생하였고, 물가 수준은 GDP 디플레이터로 측정하며, 양국의 총수요 곡선은 우하향하고 총공급 곡선은 우상향한다.

〈갑국〉

○○신문

전년 대비 물가 상승률 6%

경제 성장률 -5%

이로 인해 심각한 경제 문제가 발생하여 국민들 불안

〈을국〉

△△신문

전년 대비 물가 상승률 15%

경제 성장률 6%

이로 인해 심각한 경제 문제가 발생하여 국민들 불안

① 수입 원유 가격 하락은 갑국의 전년 대비 2023년의 변화 요인이다.

② 전년 대비 2023년의 을국 명목 GDP는 변함이 없다.

③ 갑국 내 소비 지출 증가는 갑국의 전년 대비 2023년의 변화 요인이다.

④ 을국 중앙은행의 국공채 매각은 2023년 을국의 경제 문제 해결책에 해당한다.

⑤ 2023년에 갑국에서는 수요 견인 인플레이션이, 을국에서는 비용 인상 인플레이션이 발생하였다.

[24021-0154]

2 다음 자료에 대한 분석으로 옳은 것은?

표는 갑국의 연도별 전년 대비 물가 상승률과 전년 대비 실질 GDP 변화율을 나타낸다. 각 연도별 전년 대비 변화는 총수요와 총공급 중 하나만의 변동으로 나타난 것이다. 단, 기준 연도는 2019년이고, 물가 수준은 GDP 디플레이터로 측정하며, 갑국의 총수요 곡선은 우하향하고 총공급 곡선은 우상향한다.

(단위: 전년 대비, %)

구분	2020년	2021년	2022년	2023년
물가 상승률	8	7	9	3
실질 GDP 변화율	2	2	3	-2

① 물가 수준은 2022년부터 지속적으로 하락하였다.

② 정부의 소득세율 인상은 전년 대비 2020년의 변화 요인이다.

③ 기업의 투자 위축은 전년 대비 2021년의 변화 요인이다.

④ 소비 지출 증가는 전년 대비 2022년의 변화 요인이다.

⑤ 스태그플레이션의 발생 가능성은 2022년이 2023년보다 높다.

[24021-0155]

3 그림은 갑국과 을국 중앙은행의 기준 금리 추이를 나타낸다. 이에 대한 옳은 설명만을 〈보기〉에서 고른 것은? (단, 갑국과 을국의 중앙은행은 모두 경기 안정화를 위해 기준 금리를 조정하며, 갑국과 을국 모두 총수요 곡선은 우하향하고 총공급 곡선은 우상향함.)

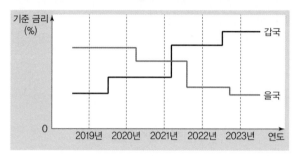

● 보기 ●

ㄱ. 갑국의 기준 금리 추이는 갑국 내 기업의 투자 확대 요인이다.
ㄴ. 을국의 기준 금리 추이는 을국 내 통화량 증가 요인이다.
ㄷ. 을국과 달리 갑국의 기준 금리 추이는 총공급 증가 요인이다.
ㄹ. 갑국과 달리 을국의 기준 금리 추이는 총수요 증가 요인이다.

① ㄱ, ㄴ   ② ㄱ, ㄷ   ③ ㄴ, ㄷ   ④ ㄴ, ㄹ   ⑤ ㄷ, ㄹ

[24021-0156]

4 다음 자료에 대한 옳은 설명만을 〈보기〉에서 고른 것은?

그림은 갑국의 전년 대비 물가 상승률과 전년 대비 실질 GDP 증가율을 나타낸다. 모든 연도별 변화는 총수요와 총공급 중 하나만의 변동으로 나타난 것이다. 단, 기준 연도는 2020년이고, 물가 수준은 GDP 디플레이터로 측정하며, 갑국의 총수요 곡선은 우하향하고 총공급 곡선은 우상향한다.

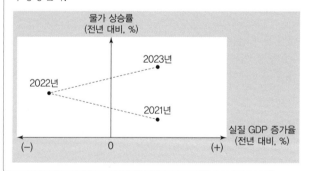

● 보기 ●

ㄱ. 기준 금리 인상은 전년 대비 2021년의 변화 요인이다.
ㄴ. 확대 재정 정책 시행은 전년 대비 2021년의 변화 요인이다.
ㄷ. 중앙은행의 국공채 매입은 전년 대비 2022년이 아닌 전년 대비 2023년의 변화 요인이다.
ㄹ. 전년 대비 2022년과 달리 전년 대비 2023년의 총공급은 감소하였다.

① ㄱ, ㄴ   ② ㄱ, ㄷ   ③ ㄴ, ㄷ   ④ ㄴ, ㄹ   ⑤ ㄷ, ㄹ

[24021-0157]

5 그림은 A국의 경제 상황과 대책에 대한 토론 장면이다. 이에 대한 설명으로 옳은 것은? (단, A국의 총수요 곡선은 우하향하고 총공급 곡선은 우상향함.)

최근 2~3년 사이에 경기 부양을 위한 ㉠양적 완화 시행으로 물가가 상승한 것이 문제입니다. 따라서 이를 해결하기 위한 ㉡통화 정책이 필요합니다.

현재 인플레이션이 지속됨에 따라 나타나는 경제 문제의 심각성을 아실텐데요. 이에 대한 원인과 해결 방법을 말씀해 주시겠습니까?

3년 전에 발생한 석유 파동에 따른 ㉢수입 원유 가격의 변동으로 물가가 상승한 것이 문제입니다. 따라서 이를 해결하기 위한 ㉣정부의 정책과 역할이 매우 중요합니다.

갑   사회자   을

* 양적 완화: 중앙은행이 시중에 통화를 직접 공급해 경기를 부양하는 통화 정책

① 갑은 을과 달리 비용 인상 인플레이션이 발생한 것으로 보고 있다.
② ㉠은 총수요 감소 요인이다.
③ 지급 준비율 인상 정책은 ㉡에 해당한다.
④ ㉢은 실질 GDP 증가 요인이다.
⑤ 소득세율 인하 정책은 ㉣에 해당한다.

[24021-0158]

6 다음 자료에 대한 설명으로 옳은 것은?

교사: 그림은 경기 순환 곡선을 나타냅니다. A 시기와 B 시기에 일반적으로 나타나는 현상이나 경기를 안정화시키기 위한 정책에 대해 발표해 볼까요?

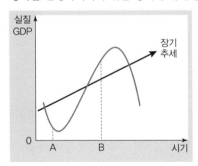

갑: A 시기보다 B 시기에 물가 상승률이 높게 나타납니다.
을: [(가)]
교사: 갑과 을 중 한 명만 옳게 답변하였습니다.

① A 시기보다 B 시기에 실업률이 높다.
② B 시기보다 A 시기에 소비 활동이 활발하다.
③ (가)에는 'B 시기보다 A 시기에 통화량이 많습니다.'가 들어갈 수 없다.
④ (가)에는 '공장 가동률은 A 시기보다 B 시기에 높습니다.'가 들어갈 수 있다.
⑤ (가)에는 '지급 준비율 인상 정책은 A 시기보다 B 시기에 적절합니다.'가 들어갈 수 없다.

01 다음 자료에 대한 분석으로 옳은 것은? 　　　2024학년도 9월 모의평가

> 표는 갑국의 연도별 명목 GDP를 지출 측면에서 항목별로 나타낸다. t+1년의 경제 성장률은 0%이고, GDP 디플레이터는 110이다. 단, 물가 수준은 GDP 디플레이터로 측정하며, 기준 연도는 t년이다.
>
> (단위: 억 달러)

구분	t년	t+1년
(가)	50	50
투자 지출	20	24
정부 지출	20	㉠
순수출	10	11

① 공무원에게 지급하는 월급은 (가)에 포함된다.
② ㉠은 t년 순수출의 2배이다.
③ t+1년의 실질 GDP는 110억 달러이다.
④ t년 대비 t+1년에 명목 GDP 증가율과 물가 상승률은 같다.
⑤ 가계의 소비 지출이 포함되는 항목은 t년 대비 t+1년에 20% 증가하였다.

02 다음 대화에 대한 옳은 분석 및 추론만을 〈보기〉에서 있는 대로 고른 것은? 　　　2024학년도 6월 모의평가

> 학생: 2018년과 2019년 모두 명목 GDP가 전년 대비 증가하였는데 경제 성장률은 계속 음(−)인 이유는 무엇인가요?
> 교사: 명목 GDP는 재화와 서비스의 생산량이 늘어나지 않아도 물가가 오르면 증가할 수 있기 때문입니다. 그래서 경제 성장률은 　(가)　를 사용하여 측정합니다.

● 보 기 ●
ㄱ. (가)에는 '실질 GDP'가 들어갈 수 있다.
ㄴ. 실질 GDP는 2019년이 2018년보다 크다.
ㄷ. 2018년이 기준 연도라면 2019년의 GDP 디플레이터는 100보다 작다.

① ㄱ　　　② ㄴ　　　③ ㄱ, ㄷ　　　④ ㄴ, ㄷ　　　⑤ ㄱ, ㄴ, ㄷ

03 표는 갑국의 연도별 전년 대비 명목 GDP 증가율과 경제 성장률을 나타낸다. 이에 대한 분석으로 옳은 것은? (단, 기준 연도는 2019년이고, 물가 수준은 GDP 디플레이터로 측정함.) 2024학년도 수능

구분	2020년	2021년	2022년
명목 GDP 증가율(%)	0	1	5
경제 성장률(%)	−5	1	4

① 2020년의 GDP 디플레이터는 100보다 작다.
② 2021년의 실질 GDP와 명목 GDP는 같다.
③ 2020년의 물가 수준은 2021년보다 낮다.
④ 2022년의 경제 규모는 2019년보다 크다.
⑤ 2022년의 전년 대비 물가 상승률은 2021년보다 높다.

04 그림은 갑국의 연도별 고용 지표를 나타낸다. 이에 대한 분석으로 옳은 것은? (단, (가), (나)는 각각 경제 활동 참가율, 고용률 중 하나이며, 갑국의 15세 이상 인구는 변함이 없음.) 2024학년도 6월 모의평가

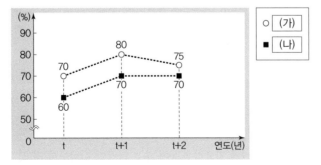

① (가)는 '고용률'이다.
② 취업자 수는 t+1년과 t+2년이 같다.
③ 경제 활동 인구는 t+2년이 t+1년보다 많다.
④ 비경제 활동 인구는 t+2년이 t년보다 많다.
⑤ 실업률은 t년이 t+1년보다 낮다.

무역 원리와 무역 정책

1. 무역

의미	국가 간에 이루어지는 상품의 수출과 수입
발생 원인	각 국가의 생산 자원 부존량, 생산 기술 수준, 지리적 조건 등의 차이로 인한 생산비 차이
이익	• 자국에서 생산되지 않는 재화의 획득 및 다양한 상품의 선택 기회 제공 • 국내 시장에서의 수요와 공급의 불균형 해소 • 기업 혁신 촉진
국내 거래와의 차이점	• 국가마다 법규가 달라 생산 요소의 이동이 제한됨. • 각국의 화폐 제도와 단위가 달라 환율의 영향을 받음.

✪ 절대 우위와 비교 우위

절대 우위는 다른 생산자보다 동일한 양을 더 적은 비용으로 생산할 수 있는 능력을 의미하고, 비교 우위는 다른 생산자보다 더 작은 기회비용으로 생산할 수 있는 능력을 의미한다.

2. 무역 발생에 관한 이론

(1) 절대 우위론(Adam Smith)

① 내용: 각국이 생산비가 절대적으로 적게 드는 재화(절대 우위 재화)의 생산에 특화하여 상호 교환함으로써 무역 참여국 모두에게 이익이 발생함.

② 한계: 한 국가가 두 재화 모두 절대 우위 또는 절대 열위인 경우에 발생하는 무역을 설명하지 못함.

(2) 비교 우위론(David Ricardo)

① 내용: 다른 국가에 비해 동일한 양 생산의 기회비용이 더 작은 재화(비교 우위 재화)의 생산에 특화하여 상호 교환함으로써 무역 참여국 모두에게 이익이 발생함. → 어느 한 국가가 두 재화 모두 절대 우위를 갖더라도 무역의 이익이 발생함.

② 의의: 국가 간 자유 무역이 모든 국가에 유리하다는 주장으로, 국제 분업 및 무역에 관한 기초 이론으로 자유 무역주의의 이론적 근거가 됨.

📋 자료 플러스 | 절대 우위와 비교 우위

〈자료 1〉은 생산 요소가 노동뿐이고, 총노동량이 같은 갑국과 을국의 X재와 Y재 1단위 생산에 필요한 노동자 수를 나타내며, 〈자료 2〉는 갑국과 을국의 X재와 Y재 1단위 생산의 기회비용을 나타낸다.

개념 체크

1. ( )은 국가 간에 이루어지는 상품의 수출과 수입을 의미한다.

2. ( ) 우위란 동일한 양의 생산물을 생산할 때 더 적은 비용으로 생산하는 능력을 의미한다.

3. 비교 우위는 다른 생산자에 비해 더 작은 ( )으로 생산할 수 있는 능력을 의미한다.

정답
1. 무역
2. 절대
3. 기회비용

〈자료 1〉

구분	갑국	을국
X재	15명	5명
Y재	5명	10명

〈자료 2〉

구분	갑국	을국
X재	Y재 3단위	Y재 1/2단위
Y재	X재 1/3단위	X재 2단위

• X재 1단위 생산에 필요한 노동자 수는 을국이 갑국보다 적고, Y재 1단위 생산에 필요한 노동자 수는 갑국이 을국보다 적다. 따라서 갑국은 Y재 생산에, 을국은 X재 생산에 절대 우위를 가진다.

• X재 1단위 생산의 기회비용은 을국이 갑국보다 작고, Y재 1단위 생산의 기회비용은 갑국이 을국보다 작다. 따라서 갑국은 Y재 생산에, 을국은 X재 생산에 비교 우위를 가진다. 양국 모두에게 절대 우위 재화가 존재하는 경우 절대 우위 재화는 곧 비교 우위 재화에도 해당한다.

3. 비교 우위 원리와 무역의 이익

> • 갑국과 을국의 생산 요소는 노동뿐이고, 총노동량은 갑국이 1,200명, 을국이 720명임.
> • 갑국과 을국은 직선인 생산 가능 곡선상에서 생산하고, 생산된 재화는 전량 소비됨.
> • 무역 전 갑국은 의류 66벌과 기계 45대, 을국은 의류 40벌과 기계 45대를 생산하여 소비하고 있었음.

(1) 생산비 및 생산 가능 곡선의 비교

① 생산비의 비교

구분	갑국	을국
의류(1벌)	10명	9명
기계(1대)	12명	8명

② 생산 가능 곡선의 비교

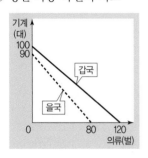

• 갑국의 경우 보유 자원으로 의류만을 생산하면 최대 120벌을 생산할 수 있고, 기계만을 생산하면 최대 100대를 생산할 수 있음.

• 을국의 경우 보유 자원으로 의류만을 생산하면 최대 80벌을 생산할 수 있고, 기계만을 생산하면 최대 90대를 생산할 수 있음.

(2) 기회비용에 근거한 비교 우위의 판단

① 기회비용의 비교

구분	갑국	을국
의류 1벌	기계 5/6대	기계 9/8대
기계 1대	의류 6/5벌	의류 8/9벌

② 비교 우위의 판단
• 갑국이 을국보다 의류 1벌 생산의 기회비용이 작으므로 갑국이 의류 생산에 비교 우위가 있음.
• 을국이 갑국보다 기계 1대 생산의 기회비용이 작으므로 을국이 기계 생산에 비교 우위가 있음.

(3) 특화 및 무역으로 인한 이익

① 비교 우위 재화에 특화 후 갑국과 을국의 각 재화 생산량
• 갑국: 비교 우위 재화인 의류 생산을 특화하여 의류 120벌을 생산함.
• 을국: 비교 우위 재화인 기계 생산을 특화하여 기계 90대를 생산함.

② 무역의 이익(교역 조건 1 : 1)

구분	소비량		이익
	무역 전	무역 후	
갑국	의류 66벌, 기계 45대	의류 75벌, 기계 45대	의류 9벌
을국	의류 40벌, 기계 45대	의류 45벌, 기계 45대	의류 5벌

✪ 생산 가능 곡선
보유한 생산 자원과 기술을 동원하여 최대로 생산할 수 있는 상품의 조합을 나타내는 선이다.

✪ 특화
특정 재화만을 전문적으로 생산하는 것을 의미한다.

✪ 교역 전과 후 소비의 기회비용
교역 전 소비의 기회비용은 생산의 기회비용과 같다. 교역 후 비교 우위 재화 1단위 소비의 기회비용은 해당 재화 1단위와 교환되는 다른 재화의 수량이고, 이 수량이 비교 우위 재화 1단위 생산의 기회비용보다 커야 이익이 발생한다. 따라서 교역으로 인해 이익이 발생하는 경우 비교 우위 재화 1단위 소비의 기회비용은 교역 전보다 교역 후가 크다.

❖ **규모의 경제**
생산 규모가 커질수록, 즉 생산량이 많아질수록 단위당 생산비가 하락하는 현상을 의미한다.

4. 자유 무역과 보호 무역

(1) 자유 무역

① 자유 무역주의: 무역이 국가의 간섭 없이 시장의 원리에 따라 자유롭게 이루어질 때 모든 국가에게 이익이 된다는 주장

② 자유 무역의 이익

소비 가능 영역의 확대	각국의 비교 우위 재화를 특화하여 무역하면 소비할 수 있는 재화의 양이 증가함.
소비자 후생의 증가	소비자들은 다양한 상품을 저렴한 가격에 구입할 수 있음.
국내 산업의 생산성 증가	외국 기업과의 경쟁 과정에서 기술 개발과 품질 관리로 생산성이 향상될 수 있음.
규모의 경제 실현	전 세계 시장을 상대로 대량 생산을 할 수 있으므로 평균 생산비가 낮아짐.
선진 기술의 습득	무역을 통해 재화뿐 아니라 새로운 아이디어나 기술이 전파됨.

❖ **수입 할당제**
수입하는 상품의 수량을 직접 제한하는 제도로, 수입 쿼터제라고도 한다.

❖ **유치산업**
성장 잠재력은 있으나 아직 경쟁력을 갖추지 못한 산업을 의미한다.

📋 자료 플러스 | **자유 무역의 영향**

그림은 갑국의 X재 국내 수요와 국내 공급을 나타내고, 표는 국제 가격이 P_1일 때와 P_2일 때 갑국이 X재 자유 무역에 참여하는 경우의 변화를 나타낸다. 단, 갑국은 국제 가격 P_1과 P_2에서 X재를 수출하거나 무제한 수입이 가능하다.

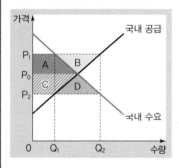

구분	국제 가격	
	P_1	P_2
국내 가격	P_1로 상승	P_2로 하락
교역량	Q_1Q_2만큼 수출	Q_1Q_2만큼 수입
국내 생산자 잉여	A+B만큼 증가	C만큼 감소
국내 소비자 잉여	A만큼 감소	C+D만큼 증가
국내 총잉여	B만큼 증가	D만큼 증가

❖ **반덤핑 관세**
수출국이 특정 상품의 가격을 국내 가격 또는 생산비보다 낮추어 수출할 경우 수입국이 자국의 산업을 보호하기 위해 부과하는 관세를 말한다.

(2) 보호 무역

① 보호 무역주의: 국내 산업을 보호·육성하기 위해 국가가 무역을 규제해야 한다는 주장

② 대표적인 수단: 관세, 수입 할당제·수출 보조금 등의 비관세 장벽

③ 보호 무역 정책의 근거

자국민의 실업 방지	수입으로 국내 생산이 감소하여 발생하는 실업을 방지해야 함.
자국 유치산업의 보호	외국 기업과의 경쟁이 가능할 수 있는 시점까지 자국의 유치산업을 보호해야 함.
외국의 불공정 거래에 대응	외국의 덤핑 수출에 대응하여 반덤핑 관세를 부과해야 함.
국가 안보	농업 등 국가 안보가 위협받을 수 있는 산업을 보호·육성해야 함.

☰ 개념 플러스 | **수출 보조금**

특정 상품을 저렴한 가격으로 수출할 수 있게 하거나 수출을 증진시키기 위해 직접 혹은 간접적으로 수출 기업에 주어지는 여러 형태의 보조적 성격을 가지는 지원금을 의미한다.

개념 체크

1. 자유 무역을 통해 판매 시장이 확대됨에 따라 대량 생산을 할 수 있으므로 평균 생산비가 낮아져 (   )를 실현할 수 있다.

2. 자유 무역의 결과 수출국의 경우 생산자 잉여는 (   )하고 소비자 잉여는 (   ) 한다.

3. 관세, 수입 할당제·수출 보조금 등의 비관세 장벽은 (   )의 대표적 수단이다.

정답
1. 규모의 경제
2. 증가, 감소
3. 보호 무역

Theme 1 교역에 따른 무역의 이익

표는 직선인 생산 가능 곡선상에서 X재와 Y재만을 생산하는 갑국과 을국의 교역 전후 소비량을 나타낸다. 양국은 비교 우위가 있는 재화만을 생산하여 양국 모두 이익이 발생하는 교환 비율에 따라 거래 비용 없이 교역하였고, 생산된 재화는 전량 소비되었다. 교역 후 갑국은 Y재만을 생산하였다.

구분	교역 전		교역 후	
	갑국	을국	갑국	을국
X재 소비량(개)	20	60	30	70
Y재 소비량(개)	20	20	20	20

교역 후 갑국이 Y재만을 생산하였으므로 갑국의 비교 우위 재화는 Y재, 을국의 비교 우위 재화는 X재이다. X재는 총 100개, Y재는 총 40개가 생산되었으므로 을국의 X재 최대 생산량은 100개, 갑국의 Y재 최대 생산량은 40개이고, X재 30개와 Y재 20개(X재와 Y재를 3 : 2로 교역)가 교환되었다. 이는 을국의 X재 1개 생산의 기회비용이 Y재 2/3개보다 작고, 갑국의 X재 1개 생산의 기회비용이 Y재 2/3개보다 크다는 것을 의미한다. 즉, 을국의 Y재 최대 생산 가능량은 200/3개(=100×2/3)보다 적고, 갑국의 X재 최대 생산 가능량은 60개(=40×3/2)보다 적다. 교역 전 소비량 자료를 활용하여 실제 최대 생산량을 계산해 보면 을국의 Y재 최대 생산량은 50개로 200/3개보다 적고, 갑국의 X재 최대 생산량은 40개로 60개보다 적다. 양국 모두 교역 전보다 X재 10개를 더 소비할 수 있게 된 것은 교역을 통해 수입한 재화 1개 소비의 기회비용이 교역 전보다 작아지게 되어 양국 모두 교역으로 인해 이익이 발생한 결과이다.

Theme 2 보호 무역 정책의 경제적 효과

그림은 갑국의 X재 국내 수요 곡선과 국내 공급 곡선을 나타낸다. 갑국은 현재 국제 가격 P에서 X재를 제한 없이 수입하고 있으며, 국내 생산자 보호를 위해 다음 두 가지 정책 중 하나를 시행하고자 한다.

〈갑국의 X재 시장〉

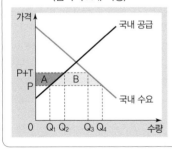

〈갑국 정부의 정책〉

(가) 관세 정책: X재 1단위당 T만큼의 관세 부과
(나) 수입 할당제: X재 수입량을 Q_2Q_3만큼으로 제한

- (가)의 관세 정책에 따라 관세를 부과할 경우 X재의 국내 거래 가격은 P+T로 상승하고, X재의 국내 생산량은 Q_1에서 Q_2로 증가하며, 국내 소비량은 Q_4에서 Q_3으로 감소하므로 X재 수입량은 Q_1Q_4에서 Q_2Q_3으로 감소한다. 따라서 관세 부과로 국내 생산자 잉여는 A만큼 증가하고, 국내 소비자 잉여는 A+B만큼 감소하며, 관세 수입은 T×Q_2Q_3이다.
- (나)의 수입 할당제 정책에 따라 수입량을 제한할 경우 X재의 국제 가격인 P에서 국내 소비량(Q_4)이 국내 생산량(Q_1)과 수입량(Q_2Q_3)의 합보다 많아 초과 수요가 발생한다. 결국 X재의 국내 거래 가격은 P+T로 상승하여 X재의 국내 생산량은 증가하고, 국내 소비량은 감소하므로 국내 생산자 잉여는 증가하고, 국내 소비자 잉여는 감소한다. 즉, 국내 생산자와 국내 소비자에 미치는 영향은 (가)의 관세 정책을 시행하였을 때와 같아진다.

[24021-0159]

01 다음 자료에 대한 분석으로 옳은 것은?

표는 X재와 Y재만을 생산하는 갑국과 을국의 각 재화 1개 생산에 필요한 노동자 수를 나타낸다. 교역은 양국 사이에서만 이루어지며, 양국은 직선인 생산 가능 곡선상에서 생산하고, 비교 우위가 있는 재화만을 생산하여 거래 비용 없이 교역한다. 단, 양국의 생산 요소는 노동뿐이고, 양국이 보유한 노동량은 같다.

구분	갑국	을국
X재	10명	16명
Y재	20명	8명

① 갑국의 X재 1개 생산의 기회비용은 Y재 2개이다.
② 을국의 Y재 1개 생산의 기회비용은 X재 1개보다 크다.
③ 을국은 Y재 생산에 절대 우위와 비교 우위를 모두 가진다.
④ X재 1개 생산의 기회비용은 을국이 갑국의 2배이다.
⑤ 교역 시 을국은 X재를 생산한다.

[24021-0160]

02 다음 자료에 대한 분석 및 추론으로 옳은 것은?

표는 X재와 Y재만을 생산하는 갑국과 을국의 교역 전후 생산량을 나타낸다. 교역은 양국 사이에서만 이루어지며, 양국은 직선인 생산 가능 곡선상에서 생산하고, 비교 우위가 있는 재화만을 생산하여 양국 모두 이익이 발생하는 교환 비율에 따라 거래 비용 없이 교역한다. 생산된 재화는 전량 소비된다.

구분	교역 전 생산량(개)		교역 후 생산량(개)	
	X재	Y재	X재	Y재
갑국	40	30	100	0
을국	20	25	0	45

① X재 1개 생산의 기회비용은 갑국이 을국보다 크다.
② 갑국의 Y재 1개 소비의 기회비용은 교역 전에 비해 교역 후가 작다.
③ X재의 최대 생산 가능량은 을국이 갑국보다 많다.
④ 교역 후 양국이 소비한 Y재의 총량은 교역 전보다 증가한다.
⑤ X재 1개와 Y재 2개를 교환하는 조건이라면, 양국 모두 교역에 참여할 것이다.

[24021-0161]

03 다음 자료에 대한 분석 및 추론으로 옳은 것은?

표는 X재와 Y재만을 생산하는 갑국과 을국에서 최대로 생산할 수 있는 X재 또는 Y재의 양을 나타낸다. 갑국의 X재 1개 소비의 기회비용은 Y재 1개이고, 교역이 이루어지면 교역 전에 비해 증가한다. 교역은 양국 사이에서만 이루어지며, 양국은 직선인 생산 가능 곡선상에서 생산하고, 비교 우위가 있는 재화만을 생산하여 양국 모두 이익이 발생하는 교환 비율에 따라 거래 비용 없이 교역한다. 생산된 재화는 전량 소비된다.

구분	갑국	을국
X재	㉠ 개	10개
Y재	10개	20개

① ㉠은 '5'이다.
② 갑국은 X재 생산에 비교 우위를 가진다.
③ 갑국은 X재 1개와 Y재 10개를 동시에 생산할 수 있다.
④ 교역 후 갑국의 X재 1개 소비의 기회비용은 Y재 2개보다 크다.
⑤ X재 2개와 Y재 3개를 교환하는 조건이라면, 갑국은 교역에 참여하지 않을 것이다.

[24021-0162]

04 다음 자료에 대한 옳은 분석만을 〈보기〉에서 고른 것은?

표는 노동만을 생산 요소로 하여 X재와 Y재만을 생산하는 갑국과 을국의 각 재화 1개 생산에 필요한 비용을 나타낸다. 양국은 직선인 생산 가능 곡선상에서 생산하고, 비교 우위가 있는 재화만을 생산하여 양국 모두 이익이 발생하는 교환 비율에 따라 거래 비용 없이 양국 간에만 교역한다.

구분	갑국	을국
X재	2달러	2달러
Y재	8달러	4달러

● 보기 ●
ㄱ. 갑국은 X재 생산에 비교 우위를 가진다.
ㄴ. X재의 최대 생산 가능량은 을국이 갑국보다 많다.
ㄷ. 교역을 할 경우 갑국은 X재, 을국은 Y재를 수출하게 된다.
ㄹ. X재와 Y재는 1 : 2의 비율로 교환될 수 있다.

① ㄱ, ㄴ ② ㄱ, ㄷ ③ ㄴ, ㄷ ④ ㄴ, ㄹ ⑤ ㄷ, ㄹ

[24021-0163]

05 다음 자료에 대한 분석 및 추론으로 옳은 것은?

- 갑국과 을국은 노동만을 생산 요소로 하여 직선인 생산 가능 곡선상에서 X재와 Y재만을 생산한다.
- 갑국의 경우 X재의 최대 생산 가능량은 60개, Y재의 최대 생산 가능량은 30개이다.
- 을국의 경우 X재의 최대 생산 가능량은 20개, Y재의 최대 생산 가능량은 40개이다.
- 갑국과 을국은 비교 우위가 있는 재화만을 생산하여 양국 모두 이익이 발생하는 교환 비율에 따라 거래 비용 없이 양국 간에만 교역하고, 양국이 보유하고 있는 노동량은 동일하다.

① 갑국의 X재 1개 생산의 기회비용은 Y재 1/2개이다.
② 을국은 X재 10개와 Y재 20개를 동시에 생산할 수 없다.
③ 을국은 X재 생산에 절대 우위와 비교 우위를 모두 가진다.
④ 교역 시 을국은 X재 생산에 특화한다.
⑤ X재 1개와 Y재 2개를 교환하는 조건이라면, 양국 모두 교역에 참여할 것이다.

[24021-0164]

06 다음 자료에 대한 분석 및 추론으로 옳은 것은?

그림은 X재와 Y재만을 생산 가능 곡선상에서 생산하는 갑국과 을국의 생산 가능 곡선을 나타낸다. 양국은 비교 우위가 있는 재화만을 생산하여 X재 2개당 Y재 3개의 비율로 교환하였다. 단, 교역은 양국 모두 이익이 발생하는 교환 비율에 따라 거래 비용 없이 양국 간에만 이루어지고, 생산된 재화는 모두 소비된다.

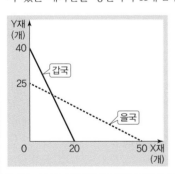

① X재 1개 생산의 기회비용은 갑국이 을국보다 작다.
② 교역 전 갑국은 X재 5개와 Y재 35개를 동시에 소비할 수 있다.
③ X재 1개와 Y재 1개를 교환하는 조건이라면, 갑국은 교역에 참여하지 않을 것이다.
④ 을국의 경우 Y재 1개 소비의 기회비용은 교역 후가 교역 전의 2배를 넘는다.
⑤ 교역 전에 비해 교역 후 갑국은 Y재, 을국은 X재 1개 소비의 기회비용이 각각 증가한다.

[24021-0165]

07 다음 자료에 대한 분석 및 추론으로 옳은 것은?

(가), (나)는 각각 X재와 Y재만을 생산하는 갑국과 을국의 생산 가능 곡선 중 하나이다. 양국은 비교 우위가 있는 재화만을 생산하여 양국 모두 이익이 발생하는 교환 비율에 따라 거래 비용 없이 양국 간에만 교역한다. 양국은 생산 가능 곡선상에서 생산하며, 갑국은 Y재 생산에, 을국은 X재 생산에 비교 우위를 가진다.

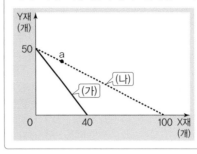

① (가)는 을국의 생산 가능 곡선, (나)는 갑국의 생산 가능 곡선이다.
② 을국에서 점 a는 생산 불가능한 점이다.
③ Y재 1개 생산의 기회비용은 을국이 갑국의 3배 이상이다.
④ X재 1개와 Y재 3개를 교환하는 조건이라면, 갑국은 교역에 참여할 것이다.
⑤ 교역 후 을국의 수입량은 50개를 초과할 수 없다.

[24021-0166]

08 다음 자료에서 교역 후 상황에 대한 설명으로 옳은 것은?

그림은 X재에 대한 갑국과 을국의 교역 전 국내 시장 상황을 나타낸다. 세계 시장에는 갑국과 을국만 존재하며, 최근 양국 간에 자유 무역이 실시되었다. 그 결과 갑국의 생산자 잉여가 증가하였다. 단, 국내 수요와 국내 공급은 변함이 없다.

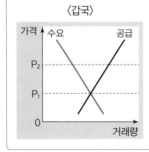
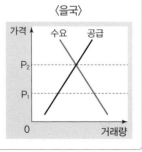

① 갑국은 X재를 수입한다.
② 을국의 X재 국내 생산량은 증가한다.
③ X재의 국제 가격은 P_1에서 결정된다.
④ 을국의 X재 가격은 상승한다.
⑤ 갑국의 소비자 잉여는 감소한다.

[24021-0167]

1 다음 자료에 대한 분석 및 추론으로 옳은 것은?

갑국과 을국은 X재와 Y재만을 직선인 생산 가능 곡선상에서 생산하고, 양국은 비교 우위가 있는 재화만을 생산하여 양국 모두 이익이 발생하는 교환 비율에 따라 거래 비용 없이 양국 간에만 교역한다. 표는 t기에 갑국과 을국의 X재 1개 생산의 기회비용을 나타내고, 그림의 (가), (나)는 각각 t+1기의 갑국과 을국의 생산 가능 곡선 중 하나를 나타낸다. 갑국의 생산 가능 곡선은 t기와 t+1기가 같고, 을국의 생산 가능 곡선은 t기 대비 t+1기에 Y재 1개당 생산비가 감소하여 t기와 t+1기가 서로 다르다. 단, t기와 t+1기 모두 양국이 보유한 생산 요소의 양은 각각 같고 변화가 없다.

〈t기〉

구분	갑국	을국
X재 1개 생산의 기회비용	Y재 1/2개	Y재 ㉠ 개

〈t+1기〉

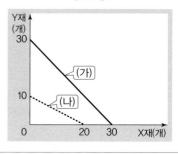

① ㉠에는 1보다 큰 수가 들어갈 수 있다.
② (가)는 갑국의 생산 가능 곡선, (나)는 을국의 생산 가능 곡선이다.
③ t+1기에 Y재 1개 생산의 기회비용은 갑국이 을국의 2배이다.
④ t+1기에 을국의 Y재 1개 소비의 기회비용은 교역 전에 비해 교역 후가 작다.
⑤ X재 1개당 Y재 2개의 비율로 교환되면, t기와 t+1기에 모두 교역이 발생한다.

[24021-0168]

2 다음 자료에 대한 분석으로 옳은 것은?

표는 X재와 Y재만을 직선인 생산 가능 곡선상에서 생산하는 갑국과 을국에서 X재 1개 생산의 기회비용, 교역 전 X재와 Y재의 생산 조합 및 교역 후 X재와 Y재의 소비 조합을 나타낸다. 갑국과 을국은 비교 우위가 있는 재화만을 생산하여 양국 모두 이익이 발생하는 교환 비율에 따라 거래 비용 없이 양국 간에만 교역하고, 생산된 재화는 전량 소비된다.

구분	갑국	을국
X재 1개 생산의 기회비용	Y재 2개	Y재 1/4개
교역 전 X재와 Y재의 생산 조합(개)	(10, 20)	(20, 5)
교역 후 X재와 Y재의 소비 조합(개)	(㉠, 30)	(20, ㉡)

① ㉠은 '10', ㉡은 '20'이다.
② 갑국에서 X재의 최대 생산 가능량은 40개이다.
③ 갑국은 X재 15개와 Y재 15개를 동시에 생산할 수 있다.
④ X재와 Y재의 교환 비율은 2 : 1이다.
⑤ 을국의 X재로 표시한 Y재 1개 소비의 기회비용은 교역 전에 비해 교역 후가 크다.

[24021-0169]

3 다음 자료에 대한 분석 및 추론으로 옳은 것은?

> 표는 t기와 t+1기에 노동만을 생산 요소로 하여 X재와 Y재만을 생산하는 갑국과 을국이 각 재화를 1개씩 생산하기 위해 필요한 노동 시간을 나타낸다. t기와 t+1기 모두 양국에서 투입 가능한 노동 시간은 600시간으로 같고 변화가 없다. 갑국과 을국은 직선인 생산 가능 곡선상에서 비교 우위가 있는 재화만을 생산하여 양국 모두 이익이 발생하는 교환 비율에 따라 거래 비용 없이 양국 간에만 교역하고, 생산된 재화는 전량 소비된다.
>
> (단위: 시간)
>
> | 구분 | t기 | | t+1기 | |
> |---|---|---|---|---|
> | | X재 | Y재 | X재 | Y재 |
> | 갑국 | 20 | 40 | 10 | 20 |
> | 을국 | 20 | 30 | 15 | 20 |

① t기에 갑국은 Y재 생산에, 을국은 X재 생산에 비교 우위를 가진다.

② 갑국의 경우 t+1기에 교역 전 X재 소비량이 20개라면, Y재 소비량은 10개이다.

③ 갑국의 X재 1개 생산의 기회비용은 t기에 비해 t+1기가 크다.

④ 갑국과 을국이 비교 우위를 갖는 재화는 t기와 t+1기가 다르다.

⑤ X재와 Y재의 교환 비율이 5 : 3이라면, t기와 t+1기에 모두 교역이 발생할 수 있다.

[24021-0170]

4 다음 자료에 대한 분석 및 추론으로 옳은 것은?

> 표는 X재와 Y재만을 생산하는 갑국과 을국에서 각각 X재의 최대 생산 가능량에 대한 Y재의 최대 생산 가능량의 비와 교역 전 X재 1개 소비의 기회비용에 대한 교역 후 X재 1개 소비의 기회비용의 비를 나타낸다. 갑국의 X재 최대 생산 가능량은 30개이고, 을국의 Y재 최대 생산 가능량은 90개이다. 양국은 직선인 생산 가능 곡선상에서 비교 우위가 있는 재화만을 생산하여 양국 모두 이익이 발생하는 교환 비율에 따라 거래 비용 없이 양국 간에만 교역하고, 생산된 재화는 전량 소비된다.
>
> | 구분 | 갑국 | 을국 |
> |---|---|---|
> | Y재의 최대 생산 가능량 / X재의 최대 생산 가능량 | 4 | 1 |
> | 교역 후 X재 1개 소비의 기회비용 / 교역 전 X재 1개 소비의 기회비용 | 0.75 | ㉠ |

① Y재 1개 생산의 기회비용은 갑국이 을국보다 크다.

② 양국 간 X재와 Y재의 교환 비율은 1 : 4이다.

③ 을국의 X재로 표시한 Y재 1개 소비의 기회비용은 교역 전에 비해 교역 후가 크다.

④ 교역 후 갑국의 X재 소비량이 30개라면, 을국의 Y재 소비량은 90개이다.

⑤ ㉠은 '2'이다.

[24021-0171]

5 다음 자료에 대한 분석으로 옳은 것은?

갑국과 을국은 X재와 Y재만을 생산하고, 생산된 재화는 전량 소비된다. 양국은 직선인 생산 가능 곡선상에서 비교 우위가 있는 재화만을 생산하여 양국 모두 이익이 발생하는 교환 비율에 따라 거래 비용 없이 양국 간에만 교역한다. 그림 (가)는 갑국의 교역 전 생산량 조합 중 3개를 나타내고, 그림 (나)는 갑국의 교역 후 소비량 조합을 나타낸다. 단, 양국이 보유한 생산 요소의 양은 같다.

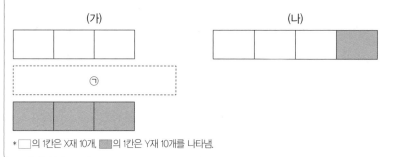

* □의 1칸은 X재 10개, ■의 1칸은 Y재 10개를 나타냄.

① ㉠에는 '□□■■'로 된 생산량 조합이 들어갈 수 있다.
② 갑국의 경우 교역 후 X재 1개 소비의 기회비용은 교역 전의 3배이다.
③ 을국은 X재와 Y재 생산 모두에 절대 우위를 가진다.
④ 교역 시 갑국은 Y재, 을국은 X재를 수출한다.
⑤ 양국 간 X재와 Y재의 교환 비율은 3 : 1이다.

[24021-0172]

6 다음 자료에 대한 분석 및 추론으로 옳은 것은?

표는 X재와 Y재만을 생산하는 갑국과 을국에서 A~E의 생산량 조합의 생산 가능 여부와 생산 가능 곡선상의 점 여부를 나타낸다. 양국은 비교 우위가 있는 재화만을 생산하여 양국 모두 이익이 발생하는 교환 비율에 따라 거래 비용 없이 양국 간에만 교역하고, 생산된 재화는 전량 소비된다. 갑국은 X재 생산에만 절대 우위를 가지고, 을국은 Y재 생산에 절대 우위를 가지지 않는다. 양국이 보유한 생산 요소의 양은 같고, 각 재화 1개 생산의 기회비용은 일정하다.

구분	생산량 조합(X재 생산량 개수, Y재 생산량 개수)				
	A(0, 40)	B(10, 20)	C(15, 20)	D(20, 20)	E(20, 30)
생산 가능 점	○	○	○	○	×
생산 가능 곡선상 점	○	○	×	○	×

* ○: 갑국과 을국 모두에 해당하거나 갑국과 을국 중 한 국가에만 해당함.
** ×: 갑국과 을국 모두에 해당하지 않음.

① 갑국의 X재 1개 생산의 기회비용은 Y재 2개이다.
② Y재의 최대 생산 가능량은 갑국이 을국보다 많다.
③ 을국은 갑국과 달리 C점에서 생산할 수 있다.
④ 양국 간 교역이 이루어지면 교역 전에 비해 을국은 X재 1개 소비의 기회비용이 증가한다.
⑤ X재와 Y재의 교환 비율이 2 : 3이라면, E점에서 소비하는 국가가 존재할 수 있다.

[24021-0173]

7 다음 자료에 대한 분석으로 옳은 것은?

X재의 거래는 갑국~병국 사이에서만 이루어지며, 갑국은 X재를 전량 수입하고, 을국과 병국은 X재를 전량 수출한다. 표는 t기에 X재 개당 관세 20달러를 부과하는 갑국의 X재 시장에서 X재의 가격별 초과 수요량, 을국 공급량 및 병국 공급량을 나타낸다. 갑국 정부는 t+1기에 X재에 대한 수입 관세를 철폐하는 자유 무역 협정을 을국과 체결하는 방안인 (가), 병국과 체결하는 방안인 (나) 중 하나를 실시하고자 한다. 을국과 병국의 X재 공급 가격은 각각 '갑국의 X재 수입 단가+수입 관세'이다. 단, 갑국의 X재 수요 곡선과 을국 및 병국의 공급 곡선은 모두 직선으로 변함이 없고, 관세 이외의 다른 조건은 고려하지 않는다.

가격(달러)	초과 수요량(개)	을국 공급량(개)	병국 공급량(개)
30	40	20	15
60	-20	35	45

* 초과 수요량=수요량-공급량

① t기에 갑국의 X재 시장 가격은 40달러이다.
② t기에 갑국의 관세 수입은 1,200달러이다.
③ (나)의 경우 갑국의 X재 수입량은 60개이다.
④ 을국의 X재 공급량은 (가)의 경우가 (나)의 경우의 2배이다.
⑤ 갑국의 X재 시장의 소비자 잉여는 (나)의 경우가 (가)의 경우보다 크다.

[24021-0174]

8 다음 자료에 대한 옳은 설명만을 〈보기〉에서 고른 것은? (단, A, B는 각각 절대 우위론과 비교 우위론 중 하나임.)

교사: 무역 발생에 관한 이론 A, B를 적용하여 제시된 자료에 대해 설명해 볼까요?

갑국과 을국은 X재와 Y재만을 직선인 생산 가능 곡선상에서 생산하고, 양국의 생산 가능 곡선은 교차하며, X재와 Y재 각각의 최대 생산 가능량은 양국이 서로 다르다. 단, 교역은 양국 모두 이익이 발생하는 교환 비율에 따라 거래 비용 없이 이루어지고, 양국이 보유한 생산 요소의 양은 동일하다.

학생 1: A에 따르면 갑국이 X재를 생산해야 합니다.
학생 2: A와 달리 B에 따르면 을국은 수출할 재화가 없습니다.
학생 3: X재 1개 생산의 기회비용은 갑국이 을국보다 작습니다.
교사: 세 명 중 두 명만 옳게 설명하였습니다.

● 보 기 ●

ㄱ. A는 비교 우위론, B는 절대 우위론이다.
ㄴ. 옳게 설명한 사람은 학생 1과 학생 3이다.
ㄷ. X재의 최대 생산 가능량은 을국이 갑국보다 많다.
ㄹ. 양국 간 교역이 이루어지면 갑국은 X재, 을국은 Y재를 수출한다.

① ㄱ, ㄴ   ② ㄱ, ㄷ   ③ ㄴ, ㄷ   ④ ㄴ, ㄹ   ⑤ ㄷ, ㄹ

[24021-0175]

9 다음 자료에 대한 분석으로 옳은 것은?

> 표는 갑국과 을국의 교역 전 t기와 t+1기의 생산량과 교역 후 t+2기의 소비량을 나타낸다. 갑국과 을국은 직선인 생산 가능 곡선상에서 X재와 Y재만을 생산하고, 생산된 재화는 전량 소비된다. 양국은 비교 우위가 있는 재화만을 생산하여 양국 모두 이익이 발생하는 교환 비율에 따라 거래 비용 없이 양국 간에만 교역한다. 제시된 기간 중 양국 모두 생산 가능 곡선의 변화는 없으며, 교역 시 X재와 Y재의 교환 비율은 1 : 2이다.
>
> (단위: 개)
>
> | 구분 | | 교역 전 생산량 | | 교역 후 소비량 |
> |---|---|---|---|---|
> | | | t기 | t+1기 | t+2기 |
> | 갑국 | X재 | 6 | 12 | ㉠ |
> | | Y재 | 12 | 9 | 20 |
> | 을국 | X재 | 8 | 10 | ㉡ |
> | | Y재 | 10 | 5 | ㉢ |

① '㉠+㉡+㉢'은 40이다.
② 갑국은 X재와 Y재 생산에 모두 절대 우위를 가진다.
③ Y재의 최대 생산 가능량은 갑국이 을국의 2배이다.
④ 갑국의 X재 1개 소비의 기회비용은 교역 전에 비해 교역 후가 작다.
⑤ 교역 후 을국의 X재와 Y재의 소비량은 모두 t+1기 대비 증가한다.

[24021-0176]

10 다음 자료에 대한 설명으로 옳은 것은?

> 그림은 갑국의 X재 국내 수요와 국내 공급을 나타낸다. t기에 갑국은 X재 시장을 개방하여 자유 무역에 참여하면서 국내 생산자 잉여가 1,200달러 증가하였으나, t+1기에는 X재의 국제 가격 변화로 인해 t기 대비 국내 생산자 잉여가 2,000달러 감소하였다. t+2기에는 갑국 정부가 국내 X재 생산자를 보호하기 위해 수입업자의 X재 수입량이 국내 생산량의 50%가 되도록 관세를 부과하였다. 단, 갑국 X재 시장의 국내 수요와 국내 공급은 변화가 없고, 제시된 기간 중 갑국은 국제 가격으로 X재를 무제한 수입 또는 수출할 수 있다.

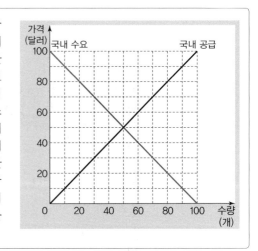

① X재의 국내 거래량은 t기가 가장 많다.
② X재에 대한 국내 소비자의 지출액은 t+2기가 가장 크다.
③ t기의 국제 가격은 30달러, t+1기의 국제 가격은 70달러이다.
④ t+1기에 갑국의 X재 국내 생산자의 판매 수입은 t기에 비해 1,400달러 증가하였다.
⑤ t+2기에 갑국의 X재 국내 생산자 잉여는 t+1기에 비해 600달러 증가하였다.

[24021-0177]

11 다음 자료에 대한 설명으로 옳은 것은?

X재와 Y재의 국제 가격은 시장 원리에 따라 결정된다. 그림의 $E_1 \sim E_4$는 각각 국제 교역에 참여하는 갑국과 을국의 X재와 Y재의 국내 균형점을 나타낸다. 양국 X재의 공급 곡선은 일치하고, 갑국에서는 X재와 Y재의 국내 가격이 같다. X재와 Y재의 국제 교역에는 갑국과 을국만 참여하고, 교역 후 두 재화의 국내 수요와 국내 공급은 모두 변동이 없다. 단, X재와 Y재는 모두 수요와 공급 법칙을 따르며, 수요와 공급 곡선은 모두 직선이다.

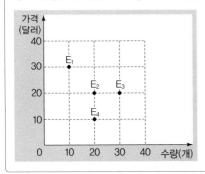

① 교역 전 을국 X재 시장의 균형점은 E_3이다.
② 교역 후 갑국의 X재 생산량은 10개보다 많고 20개보다 적다.
③ 교역 전 대비 교역 후 갑국 X재 시장의 소비자 잉여는 증가한다.
④ 교역 전 대비 교역 후 을국 Y재 시장의 생산자 잉여는 증가한다.
⑤ 교역 후 X재의 수출 가격이 Y재의 수출 가격보다 높게 형성된다.

[24021-0178]

12 다음 자료에 대한 설명으로 옳은 것은?

〈자료 1〉은 갑국의 X재 국내 수요량과 국내 공급량을 나타낸다. 〈자료 2〉는 갑국에서 자유 무역 이후인 t기와 국내 X재 생산자에게 개당 일정액의 보조금을 지급한 이후인 t+1기에 나타난 국제 가격에서의 X재 시장 상황이다. 갑국의 X재 수요와 공급 곡선은 모두 직선이며, 수요 곡선은 제시된 기간 중 변화가 없고, 공급 곡선은 t+1기에만 변화하였다. 단, X재의 국제 가격은 변함이 없으며, 갑국은 국제 가격으로 X재를 무제한 수입 또는 수출할 수 있다.

〈자료 1〉

가격(달러)	9	10	11	12	13	14
국내 수요량(개)	70	60	50	40	30	20
국내 공급량(개)	30	40	50	60	70	80

〈자료 2〉

구분	'국내 수요량－국내 공급량'(개)
t기	40
t+1기	−10

* 국내 공급량은 국내 생산자의 공급량임.

① t기에 X재의 국제 가격은 10달러이다.
② t+1기에 갑국의 X재 소비 지출액은 600달러이다.
③ t+1기에 갑국 정부는 X재 생산에 대해 개당 5달러의 보조금을 지급하였다.
④ t+1기와 달리 t기에 갑국 내 X재 시장은 초과 공급 상태이다.
⑤ t+1기에 갑국 X재 생산자의 판매 수입은 t기에 비해 90달러 증가하였다.

✪ 외환

외환 시장에서 거래되는 것으로, 외국 화폐는 물론 거래 수단으로 통용될 수 있는 외화 표시 유가 증권 등을 말한다.

1. 외환 시장과 환율

(1) 외환 시장

① 의미
  • 추상적인 의미: 외환이 거래되는 모든 장소
  • 통상적인 의미: 외화 및 외화 표시 증권을 하나의 상품처럼 사고파는 시장
② 기능: 외화의 매매, 국제 거래와 국제 투자를 가능하게 함.

(2) 환율

① 의미: 자국 화폐와 외국 화폐의 교환 비율
② 표시 방법: 외국 화폐 1단위와 교환할 수 있는 자국 화폐의 단위로 표시함.

2. 환율의 결정

(1) 외화의 수요와 공급

① 외화의 수요
  • 외화가 해외로 유출되는 경우
  • 상품 수입 대금의 지급, 해외 투자 등의 목적으로 외화를 사고자 하는 것
② 외화의 공급
  • 외화가 국내로 유입되는 경우
  • 상품 수출 대금의 수취, 외국인의 국내 투자 등의 목적으로 외화를 팔고자 하는 것

✪ 기축 통화

국가 간의 결제나 금융 거래에서 기본이 되는 통화를 의미한다. 미국의 달러화가 대표적인 기축 통화이다.

(2) 외환 시장의 수요 곡선과 공급 곡선

① 외화의 수요 곡선
  • 외화의 가격(환율)과 외화의 수요량 간에는 부(−)의 관계가 성립함.
  • 환율이 상승하면 외화의 수요량은 감소, 환율이 하락하면 외화의 수요량은 증가함.
② 외화의 공급 곡선
  • 외화의 가격(환율)과 외화의 공급량 간에는 정(+)의 관계가 성립함.
  • 환율이 상승하면 외화의 공급량은 증가, 환율이 하락하면 외화의 공급량은 감소함.

(3) 균형 환율의 결정

① 외화의 공급량 > 외화의 수요량 → 외화의 초과 공급 → 외화의 가격 하락(환율 하락)
② 외화의 공급량 < 외화의 수요량 → 외화의 초과 수요 → 외화의 가격 상승(환율 상승)
③ 외화의 공급량 = 외화의 수요량 ➡ 균형 환율의 결정

개념 체크

1. (   )은 외국 화폐 1단위와 교환되는 자국 화폐의 단위를 의미한다.
2. 환율이 (   )하면 외화의 수요량은 감소하고, 환율이 (   )하면 외화의 수요량은 증가한다.
3. 외화의 공급량이 외화의 수요량보다 많으면 외화의 초과 공급으로 환율은 (   )한다.

정답
1. 환율
2. 상승, 하락
3. 하락

> **≡ 개념 플러스**   **환율 상승과 외화 대비 자국 화폐의 가치 하락**
>
> 자국 화폐/외화로 표시한 환율의 상승과 외화 대비 자국 화폐 가치의 하락은 동일한 의미이다. 환율 상승은 자국 화폐 가치에 비해 외화 가치가 상승한다는 뜻이므로 상대적으로 자국 화폐의 가치는 하락한다. 예를 들면, 원/달러 환율이 1달러=1,200원에서 1달러=1,300원으로 상승하면 달러화 대비 원화 가치가 하락했음을 의미한다.

3. 환율의 변동

(1) 외화의 수요 변동으로 인한 환율의 변동

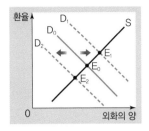

구분	외화의 수요 증가 ($D_0 \rightarrow D_1$)	외화의 수요 감소 ($D_0 \rightarrow D_2$)
변동 요인	수입 증가, 해외 투자 증가 등	수입 감소, 해외 투자 감소 등
결과	외화의 초과 수요 → 환율 상승	외화의 초과 공급 → 환율 하락

(2) 외화의 공급 변동으로 인한 환율의 변동

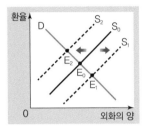

구분	외화의 공급 증가 ($S_0 \rightarrow S_1$)	외화의 공급 감소 ($S_0 \rightarrow S_2$)
변동 요인	수출 증가, 외국인의 국내 투자 증가 등	수출 감소, 외국인의 국내 투자 감소 등
결과	외화의 초과 공급 → 환율 하락	외화의 초과 수요 → 환율 상승

(3) 자본 거래와 환율의 변동

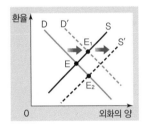

① 자본의 유출($D \rightarrow D'$): 외화의 수요 증가 → 환율 상승
  예 해외 투자로 인한 환율 상승($E \rightarrow E_1$)
② 자본의 유입($S \rightarrow S'$): 외화의 공급 증가 → 환율 하락
  예 외자 도입으로 인한 환율 하락($E \rightarrow E_2$)

(4) 국내 물가 상승과 환율의 변동

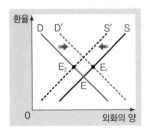

① 외화의 수요 측면: 수입 상품 가격의 상대적 하락 → 수입 증가 → 외화의 수요 증가($D \rightarrow D'$) → 환율 상승($E \rightarrow E_1$)
② 외화의 공급 측면: 수출 상품의 가격 상승 → 수출 감소 → 외화의 공급 감소($S \rightarrow S'$) → 환율 상승($E \rightarrow E_2$)

(5) 수출입과 환율의 변동

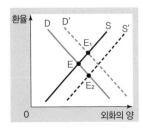

① 외화의 수요 측면: 수입 증가 → 외화의 수요 증가($D \rightarrow D'$) → 환율 상승($E \rightarrow E_1$)
② 외화의 공급 측면: 수출 증가 → 외화의 공급 증가($S \rightarrow S'$) → 환율 하락($E \rightarrow E_2$)

✪ **해외 투자와 외환 시장**
• 내국인의 해외 투자: 해외에 투자하려는 내국인은 외환 시장에서 외환을 사야 하므로 외화의 수요를 증가시킴.
• 외국인의 국내 투자: 국내에 투자하려는 외국인은 외환 시장에서 외환을 팔아 원화를 사야 하므로 외화의 공급을 증가시킴.

개념 체크

1. 상품 수입이 증가하면 외화의 ( )가 증가하여 환율이 상승한다.
2. 수출품의 원화 표시 가격에 변동이 없을 때 환율 상승은 수출품의 외화 표시 가격의 ( ) 요인이 된다.
3. 국내 물가가 상승하면 수출은 감소하고 수입은 증가하여 환율은 ( )한다.

정답
1. 수요
2. 하락
3. 상승

4. 환율 변동의 경제적 효과

(1) 환율 상승의 효과

① 수출: 수출품의 외화 표시 가격 하락 → 수출 증가

② 수입: 수입품의 원화 표시 가격 상승 → 수입 감소

③ 경상 수지

- 재화의 수출 증가, 수입 감소 → 상품 수지 개선
- 해외여행 경비 부담 증가로 해외여행 감소, 외국인의 국내 여행 경비 부담 감소로 외국인의 국내 여행 증가 등 → 서비스 수지 개선

④ 통화량: 수출 증가, 수입 감소로 외화의 순유입액 증가 → 통화량 증가 요인으로 작용함.

⑤ 국내 물가

- 원유 및 국제 원자재의 수입 가격 상승으로 생산비가 높아져 물가가 상승함.
- 수입품의 가격 상승으로 수입 물가가 상승함.

⑥ 외채의 상환 부담: 외채의 자국 화폐 환산액 증가 → 외채 상환 부담 증가

(2) 환율 하락의 효과

① 수출: 수출품의 외화 표시 가격 상승 → 수출 감소

② 수입: 수입품의 원화 표시 가격 하락 → 수입 증가

③ 경상 수지

- 재화의 수출 감소, 수입 증가 → 상품 수지 악화
- 해외여행 경비 부담 감소로 해외여행 증가, 외국인의 국내 여행 경비 부담 증가로 외국인의 국내 여행 감소 등 → 서비스 수지 악화

④ 통화량: 수출 감소, 수입 증가로 외화의 순유입액 감소 → 통화량 감소 요인으로 작용함.

⑤ 국내 물가

- 원유 및 국제 원자재의 수입 가격 하락으로 생산비가 낮아져 물가가 하락함.
- 수입품의 가격 하락으로 수입 물가가 하락함.

⑥ 외채의 상환 부담: 외채의 자국 화폐 환산액 감소 → 외채 상환 부담 감소

5. 환율 제도

구분	변동 환율 제도	고정 환율 제도
의미	외화의 수요와 공급에 의해 환율이 외환 시장에서 자유롭게 결정되는 제도	정부 혹은 중앙은행이 외환 시장에 개입하여 환율을 일정한 수준으로 유지시키는 제도
장점	외환 시장 불균형과 경상 수지 불균형의 자동 조절이 가능함.	• 환율 변동의 위험 부담이 없음. • 수출입 기업의 장기 계획 수립이 용이함.
단점	• 환율 변동의 불확실성으로 인해 국내 경제의 불안정을 초래할 수 있음. • 환율 변동으로 인한 환 위험이 발생할 수 있음.	• 경상 수지 불균형의 자동 조절이 곤란함. • 인위적 환율 조정으로 무역 분쟁이 발생할 수 있음.

Theme 1　국제 거래에서의 환율 변동

세계적으로 각국 외환 시장에서의 거래가 대부분 미국 달러화를 중심으로 이루어지고 있어 기타 통화 간에는 시장을 통한 직접적인 환율의 형성이 어렵다. 이와 같이 원/엔 환율이나 원/유로 환율과 같이 우리나라 외환 시장에서 직접 거래되지 않는 통화와의 환율을 표시할 때, 우리나라 외환 시장의 원/달러 환율과 국제 금융 시장에서 형성되는 외국 통화 간 환율을 이용하여 산출하는데 이를 재정 환율이라고 한다. 예를 들어 원/달러 환율이 달러당 1,100원이고 국제 금융 시장에서 엔/달러 환율이 달러당 90엔이면, 재정 환율인 원/100엔 환율은 '(1,100원/90)×100'으로 계산되어 100엔당 약 1,222원으로 결정된다.

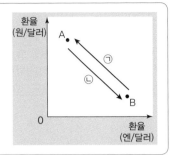

두 나라 화폐의 교환 비율을 의미하는 환율의 등락이 3국의 국제 거래에 어떤 영향을 끼치는지 쉽게 파악하기 어렵다. 그림에서 원/달러 환율과 엔/달러 환율이 ㉠처럼 변동할 경우 달러화 대비 원화 가치는 하락하고, 엔화 가치는 상승하여 '엔화, 달러화, 원화' 순으로 화폐 가치가 높아졌음을 알 수 있다. 이로 인해 우리나라는 일본과 달리 미국에 수출하는 한국산 제품의 달러화 표시 가격이 하락하여 한국산 수출품의 가격 경쟁력이 일본산보다 높아지고 일본에 수출하는 한국산 제품의 엔화 표시 가격도 하락하여 수출이 증가할 수 있다고 판단할 수 있다. 그림에서 원/달러 환율과 엔/달러 환율이 ㉡처럼 변동할 경우는 반대의 현상이 나타날 수 있다. 달러화 대비 원화 가치는 상승하고, 엔화 가치는 하락하여 '원화, 달러화, 엔화' 순으로 화폐 가치가 높아졌음을 알 수 있다. 이로 인해 미국에 수출하는 한국산 수출품의 가격 경쟁력이 일본산보다 낮아지고 일본에 수출하는 한국산 제품의 수출도 감소할 수 있다고 판단할 수 있다.

Theme 2　환율 변동이 수출입에 미치는 영향

환율 변동은 수출과 수입에 영향을 주는 요인이다. 수출품의 원화 표시 가격이 불변할 경우 환율이 상승하면 일반적으로 수출품의 외화 표시 가격이 하락하고 이에 따라 외국에서 우리 제품에 대한 수요량이 증가하여 수출량이 증가하게 된다. 수입품의 외화 표시 가격이 불변할 경우 환율이 상승하면 일반적으로 수입품의 원화 표시 가격이 상승하고 이에 따라 수입품에 대한 국내 수요량이 감소하여 수입량이 감소하게 된다.

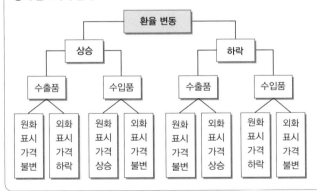

- 원/달러 환율이 1,000원일 때 우리나라에서 생산된 100만 원짜리 휴대 전화를 미국에 수출할 경우, 이 휴대 전화의 달러화 표시 가격은 1,000달러이다. 원/달러 환율이 1,200원으로 상승하면 달러화 표시 가격이 약 833달러로 하락하여 수출이 증가할 수 있고, 원/달러 환율이 800원으로 하락하면 달러화 표시 가격이 1,250달러로 상승하여 수출이 감소할 수 있다.
- 원/달러 환율이 1,000원일 때 미국에서 생산된 1,000달러짜리 노트북을 미국에서 수입할 경우, 이 노트북의 원화 표시 가격은 100만 원이다. 원/달러 환율이 1,200원으로 상승하면 원화 표시 가격이 120만 원으로 상승하여 수입이 감소할 수 있고, 원/달러 환율이 800원으로 하락하면 80만 원으로 하락하여 수입이 증가할 수 있다.

[24021-0179]

01 빈칸 ㉠~㉢에 들어갈 내용으로 옳은 것은? (단, 우리나라의 외환 시장은 수요와 공급 법칙을 따름.)

- 우리나라에 대한 미국 기업의 투자 증가로 인한 달러화 ㉠ 증가는 원/달러 환율 ㉡ 요인이다.
- 미국으로 여행 가는 우리나라 사람의 감소로 인한 달러화 ㉢ 감소는 원/달러 환율 ㉣ 요인이다.

	㉠	㉡	㉢	㉣
①	공급	하락	수요	하락
②	공급	하락	공급	상승
③	수요	상승	수요	하락
④	수요	상승	공급	하락
⑤	수요	상승	공급	상승

[24021-0180]

02 그림은 경제 수행 평가지의 일부이다. 이에 대한 옳은 설명만을 〈보기〉에서 고른 것은?

〈경제 수행 평가〉 점수/배점 **4/4**

※ ㉠원/달러 환율 상승 추세가 표의 경제 주체 A~D에게 미칠 영향에 대해 서술하세요.

경제 주체	영향
우리나라에서 유학 중인 미국인 유학생 A	(가)
달러화 표시 채무를 상환해야 하는 우리나라 기업가 B	(나)
원화 표시 부동산의 매입을 계획 중인 미국인 기업가 C	(다)
미국 여행을 준비하는 우리나라 대학생 D	(라)

● 보기 ●
ㄱ. (가)에는 '유학 경비 부담이 증가한다.'가 들어갈 수 있다.
ㄴ. (나)에는 '달러화 표시 채무 상환 부담이 증가한다.'가 들어갈 수 있다.
ㄷ. (다)에는 (라)와 달리 ㉠으로 인해 경제적인 부담이 증가하는 내용이 들어갈 수 있다.
ㄹ. A~D 중 ㉠으로 인한 경제적인 유불리 입장이 '미국에서 원자재를 수입하는 우리나라 기업가 E'와 같은 경제 주체는 2명이다.

① ㄱ, ㄴ ② ㄱ, ㄷ ③ ㄴ, ㄷ
④ ㄴ, ㄹ ⑤ ㄷ, ㄹ

[24021-0181]

03 다음 자료에 대한 설명으로 옳은 것은?

○○신문

㉠ 원/달러 환율 변화로 달러화 대비 원화 가치가 크게 하락하였다. 달러화에 대한 ㉡ 수요의 변동과 달러화에 대한 ㉢ 공급의 변동이 모두 이러한 환율 변화의 요인이 되고 있다.

① ㉠으로 인해 1달러와 교환될 수 있는 원화의 양이 감소한다.
② ㉠은 미국에서 원자재를 수입하는 한국 기업의 생산 비용 감소 요인이다.
③ 미국인의 우리나라 관광 증가는 ㉢에 해당하는 사례이다.
④ ㉡은 수요 감소, ㉢은 공급 증가를 의미한다.
⑤ ㉡은 ㉢과 달리 달러화의 거래량 증가 요인이다.

[24021-0182]

04 표는 t기에 각국의 외환 시장에서 달러화에 대한 수요와 공급의 변화를 나타낸다. 이에 대한 설명으로 옳은 것은? (단, 우리나라와 일본의 외환 시장은 수요와 공급 법칙을 따름.)

구분	우리나라 외환 시장	일본 외환 시장
수요의 변화	증가	감소
공급의 변화	감소	증가

① 달러화 대비 원화 가치는 상승한다.
② 엔화 대비 달러화 가치는 상승한다.
③ 엔화 대비 원화 가치는 상승한다.
④ 일본산 원자재를 수입하는 미국 기업의 비용 부담은 증가한다.
⑤ 원/달러 환율의 변동은 미국에 수출하는 한국산 제품의 달러화 표시 가격의 상승 요인이다.

05 그림은 우리나라 외환 시장의 균형점 이동을 나타낸다. E₀에서 E₁로 균형점 이동이 나타날 수 있는 상황으로 옳은 것은? (단, 우리나라 외환 시장은 수요와 공급 법칙을 따름.)

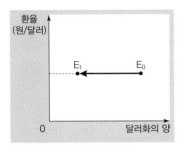

① 달러화의 수요는 감소하고 공급이 증가한 경우
② 달러화의 수요는 불변이고 공급만 감소한 경우
③ 달러화의 수요는 증가하고 공급이 감소한 경우
④ 달러화의 수요와 공급이 모두 증가한 경우
⑤ 달러화의 수요와 공급이 모두 감소한 경우

06 다음 자료에 대한 설명으로 옳은 것은? (단, A, B는 각각 수요와 공급 중 하나이고, 국제 거래에는 달러화만 사용됨.)

> 교사: 우리나라 외환 시장에서 달러화에 대한 A, B의 변동은 모두 원/달러 환율의 상승 요인이지만, ㉠ 달러화에 대한 A의 변동은 ㉡ 달러화에 대한 B의 변동과 달리 달러화의 거래량 증가 요인입니다. 달러화에 대한 A와 B의 변동에 대해 발표해 보세요. 단, 우리나라 외환 시장은 수요와 공급 법칙을 따릅니다.
> 갑: 달러화에 대한 A의 변동은 ___(가)___ 가 나타나는 경우입니다.
> 을: 달러화에 대한 B의 변동 사례로 ㉢ 외국인의 국내 투자 증가, ___(나)___ 를 들 수 있습니다.
> 교사: 갑은 옳게 발표하였고, 을이 발표한 두 가지 사례 중 ㉣ 옳은 사례는 한 가지입니다.

① A는 '공급', B는 '수요'이다.
② 국내 기업의 해외 수출 증가는 ㉠의 사례이다.
③ ㉣에 해당하는 것은 ㉢이다.
④ (가)에는 달러화의 수요 증가 사례가 들어갈 수 있다.
⑤ (나)에는 '국내 기업의 해외 공사 수취액 감소'가 들어갈 수 없다.

07 표에 나타난 원/달러 환율 변동에 대한 설명으로 옳은 것은? (단, 원/달러 환율 변동 이외의 다른 요인은 고려하지 않음.)

구분	t년 대비 t+1년	t+1년 대비 t+2년
원/달러 환율 변동률(%)	−10	10

① 달러화 대비 원화 가치는 t년에 비해 t+1년에 하락하였다.
② 원/달러 환율은 t년에 비해 t+2년에 상승하였다.
③ t년에 비해 t+1년의 원/달러 환율의 변동은 미국 시장에서 우리나라 수출품의 가격 경쟁력 상승 요인이다.
④ 미국인의 우리나라 여행 경비 부담은 t+1년에 비해 t+2년에 증가하였다.
⑤ 우리나라 기업의 달러화 표시 외채 상환 부담은 t년에 비해 t+2년에 감소하였다.

08 다음 자료에 대한 분석으로 옳은 것은?

> 표는 매년 X재만 2,000개 생산하여 1,000개는 국내 판매하고 1,000개는 개당 10만 달러에 미국에 수출하는 우리나라 갑 기업의 영업 결과이다. 단, 생산된 X재는 전량 판매되며, 원/달러 환율 변동 이외의 다른 요인은 고려하지 않는다.
>
> | 구분 | 2021년 | 2022년 | 2023년 |
> |---|---|---|---|
> | 국내 판매액(억 원) | 1,000 | 1,000 | 1,500 |
> | 총수입 대비 수출액 비중(%) | 50 | 60 | 40 |
>
> * 총수입과 수출액은 모두 원화를 기준으로 계산함.

① 2023년에 1달러의 원화 가치는 1,000원보다 크다.
② 2021년과 2022년의 원화 표시 총수입은 같다.
③ 2021년에 비해 2022년에 달러화 대비 원화 가치는 하락하였다.
④ 2022년 대비 2023년에 X재의 원화 표시 수출액은 500억 원 증가하였다.
⑤ 2022년에 비해 2023년에 원/달러 환율은 상승하였다.

[24021-0187]

1 다음은 경제 수업 활동을 정리한 자료이다. 이에 대한 설명으로 옳은 것은?

표는 환율 변동 요인에 대한 학생 갑~정의 응답 결과이다. 표의 환율 변동 요인이 우리나라 외환 시장에서 원/달러 환율을 상승시키는 수요 요인에 해당하면 '○', 원/달러 환율을 상승시키는 공급 요인에 해당하면 '◇', 원/달러 환율 하락 요인에 해당하면 '△'를 표시한다. '○', '◇', '△'를 옳게 표시하면 배정된 점수를 획득한다. 단, 국제 거래에는 달러화만 사용된다.

환율 변동 요인[배점]	갑	을	병	정
우리나라 기업의 원자재 해외 수입액 증가[1점]	○	△	◇	◇
우리나라로 유학 보낸 미국인 학부모의 학비 송금액 증가[1점]	△	◇	○	○
우리나라 기업의 해외 공사 수취액 감소[2점]	○	◇	△	◇
우리나라 기업의 특허권 사용료의 해외 지급액 감소[3점]	△	○	△	△

① 을이 획득한 점수는 3점이다.
② 병은 을과 달리 원/달러 환율 상승의 수요 요인에 옳게 답하였다.
③ 옳게 답한 개수가 1개인 학생은 1명이다.
④ 옳게 답한 개수가 2개인 학생이 획득한 점수는 3점이다.
⑤ 원/달러 환율 하락 요인에 모두 옳게 답한 학생이 획득한 점수는 5점이다.

[24021-0188]

2 다음 자료에 대한 분석으로 옳은 것은?

그림은 t기 대비 t+1기에 갑국 통화/달러, 을국 통화/달러, 병국 통화/달러로 나타낸 각국의 균형 환율 변화율 및 균형 거래량 변화율을 나타낸다. 각국의 통화 가치 변동은 ㉠ 달러화 수요만의 변화 또는 ㉡ 달러화 공급만의 변화로 인해 나타났다. 단, 각국의 외환 시장은 수요와 공급의 법칙을 따르고, 국제 거래에는 달러화만 사용된다.

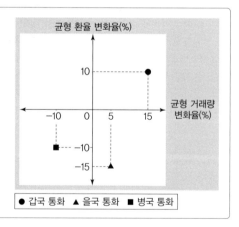

● 갑국 통화 ▲ 을국 통화 ■ 병국 통화

① 갑국의 균형 환율 변동은 갑국 기업의 달러화 표시 외채 상환 부담을 감소시키는 요인이다.
② 병국 기업의 해외 원자재 수입 증가는 병국의 균형 환율 변동을 초래하는 요인이다.
③ 달러화 대비 통화 가치가 하락한 국가는 을국과 병국이다.
④ 갑국과 달리 을국의 균형 환율 변동은 ㉠에 의해 나타날 수 있다.
⑤ 갑국~병국의 균형 환율 변동은 ㉠이 요인인 경우가 ㉡이 요인인 경우보다 많다.

[24021-0189]

3 그림의 (가), (나)는 우리나라 외환 시장에서 균형점 이동 방향을 나타낸다. (가), (나)의 이동 요인으로 옳은 것만을 〈보기〉에서 고른 것은? (단, 우리나라 외환 시장은 수요와 공급 법칙을 따르며, 국제 거래에는 달러화만 사용됨.)

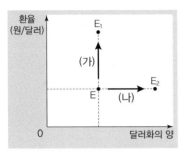

● 보 기 ●

ㄱ. 우리나라 상품의 수출 증가 및 해외 상품의 수입 감소
ㄴ. 외국인의 우리나라 투자 감소 및 해외 상품의 수입 증가
ㄷ. 외국인의 우리나라 여행 증가 및 우리나라 국민의 해외여행 증가
ㄹ. 외국인의 우리나라 여행 감소 및 우리나라 소재 기업의 해외 투자 감소

	(가)	(나)		(가)	(나)		(가)	(나)
①	ㄱ	ㄴ	②	ㄱ	ㄷ	③	ㄴ	ㄷ
④	ㄴ	ㄹ	⑤	ㄷ	ㄹ			

[24021-0190]

4 다음 자료에 대한 설명으로 옳은 것은?

표는 시기별 우리나라 외환 시장 또는 일본 외환 시장에서 나타난 변화 및 영향이다. 우리나라 X재의 수출 가격은 환율 변화의 결과를 정확하게 반영하고, t기에 X재의 원화 표시 수출 가격은 1,000원, 달러화 표시 수출 가격은 1달러, 엔화 표시 수출 가격은 100엔이다. 단, X재의 원화 표시 수출 가격은 불변이고, ㉠~㉤ 각각의 경우에 달러화 대비 각국의 통화 가치 변동률은 전기 대비 10%, 0%, −10% 중 하나이다. 양국 외환 시장에서 나타난 변화 및 영향은 표에 모두 제시되었고, 제시된 환율 변화 이외의 다른 요인은 고려하지 않는다.

구분	변화 및 영향
t기 → t+1기	㉠ 1달러를 환전하는 데 필요한 원화의 양이 감소
t+1기 → t+2기	㉡ 원/달러 외환 시장에서 균형 거래량은 불변이고 균형 환율만 상승
t+2기 → t+3기	㉢ 일본 기업의 달러화 외채 상환 부담 증가
t+3기 → t+4기	㉣ 원/달러 외환 시장에서 균형 거래량만 증가하고 균형 환율은 불변
t+4기 → t+5기	㉤ 미국을 여행하는 한국인의 여행 경비 부담 감소

① ㉡과 달리 ㉣의 경우 원/달러 외환 시장에서 달러화 수요는 증가하였다.
② X재의 달러화 표시 수출 가격은 t+2기에 비해 t+5기가 높다.
③ t+2기 대비 t+3기에 엔화 대비 원화 가치는 하락하였다.
④ t+4기 대비 t+5기에 달러화 대비 원화 가치 변동률은 −10%이다.
⑤ 우리나라 기업이 보유한 달러화 표시 외채의 상환 부담은 t기와 t+5기가 같다.

[24021-0191]

5 다음 자료에 대한 설명으로 옳은 것은? (단, 환율 변동 이외의 다른 요인은 고려하지 않음.)

우리나라 외환 시장에서 ㉠ 원/달러 환율이 결정되고 ㉡ 해외 외환 시장에서 ㉢유로/달러 환율이 결정되면, 이 두 환율을 이용하여 ㉣ 원/유로 환율이 결정된다. 그림의 A~D는 원/달러 환율 및 유로/달러 환율의 변동에 따른 원/유로 환율의 변동 방향을 나타낸다. 단, 유로존은 국가 통화로 유로를 채택한 국가나 지역이고, 유로화는 해당 국가나 지역의 공식 통화이다.

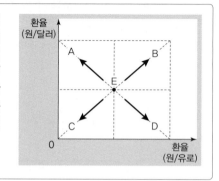

① ㉠이 하락하고 ㉢이 불변이라면, ㉣은 상승한다.
② ㉠이 상승하고 ㉢이 하락하면, A로의 환율 변화가 나타날 수 있다.
③ ㉡에서 유로존 기업들의 달러화 매입 확대는 달러화의 공급 증가 요인이다.
④ A로의 환율 변화는 미국 수출품의 유로화 표시 가격을 상승시키는 요인이다.
⑤ D로의 환율 변화는 미국인의 유로존 여행 경비를 감소시키는 요인이다.

[24021-0192]

6 다음 자료에 대한 설명으로 옳은 것은?

그림은 원/유로 환율, 원/달러 환율, 원/100엔 환율의 변화 추세를 나타내며, (가) 시기에 발생한 환율 변동의 요인으로 나타난 현재 이후의 환율 변화 추세가 앞으로도 지속될 것으로 전망된다. 단, A는 원/달러 환율의 변화 추세이고, B, C는 각각 앞으로 예상되는 원/유로 환율의 변화 추세와 원/100엔 환율의 변화 추세 중 하나이다. 또한 제시된 환율 변화 추세 이외의 다른 요인은 고려하지 않는다.

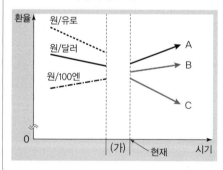

① (가) 시기에 달러화 자금이 우리나라로 대량 유입되는 것은 A의 요인이다.
② A는 우리나라 대미 수출품의 달러화 표시 가격을 상승시키는 요인이다.
③ (가) 시기 직전의 환율 변화 추세는 일본인의 유로존 여행 경비 부담을 증가시키는 요인이다.
④ C가 원/유로 환율의 변화 추세라면, 현재 이후의 환율 변화 추세는 미국 기업의 유로화 표시 외채 상환 부담을 감소시키는 요인이다.
⑤ 현재 이후의 원/유로 환율의 변화 추세가 미국 시장에서 유로존 제품과 경쟁하는 우리나라 기업의 가격 경쟁력 하락 요인이 되는 경우는 B이다.

[24021-0193]

7 다음 자료에 대한 옳은 설명만을 〈보기〉에서 고른 것은?

교사: 원/달러 환율의 변화 추세가 A, B 중 하나의 추세를 지속할 것으로 전망됩니다. A, B의 환율 변동에 대해 발표해 보세요. 단, A, B는 각각 상승 추세와 하락 추세 중 하나입니다.

갑: 환율 변화 추세를 [(가)]로 예상한다면, 만기와 금리가 동일한 금융 상품일 경우 달러화 예금보다 원화 예금 상품에 투자해야 합니다.

을: 환율 변화 추세를 B로 예상한다면, 달러화 표시 상품의 신용 카드 구매 시 결제 방식을 구매 시점에 바로 원화로 결제하는 방식과 구매 한 달 후 시점의 원/달러 환율을 적용하여 원화로 결제하는 방식이 있다면 후자를 선택해야 합니다.

병: [(나)]

정: 환율 변화 추세 A는 B와 달리 우리나라 기업의 달러화 표시 외채 상환 부담을 높이는 요인입니다.

교사 : 모두 옳게 발표하였습니다.

---● 보기 ●---

ㄱ. A는 달러화 대비 원화의 가치가 상승하는 추세임을 의미한다.

ㄴ. 달러화의 공급 증가와 달러화의 수요 감소는 모두 B의 요인이다.

ㄷ. (가)에는 'A'가 들어갈 수 있다.

ㄹ. (나)에는 '환율 변화 추세 B는 한국으로 여행 오는 미국인의 여행 경비 부담을 증가시키는 요인입니다.'가 들어갈 수 있다.

① ㄱ, ㄴ ② ㄱ, ㄷ ③ ㄴ, ㄷ ④ ㄴ, ㄹ ⑤ ㄷ, ㄹ

[24021-0194]

8 다음 자료에 대한 설명으로 옳은 것은?

표는 X재만 생산하는 우리나라 갑 기업의 연도별 전년 대비 수출량 증가율, 전년 대비 달러화 표시 가격 변동률, 우리나라 외환 시장에서의 전년 대비 원/달러 환율 변동률을 나타낸다. 갑 기업의 연간 총생산량과 연간 국내 판매액은 모두 변동이 없다. 단, X재의 국내 판매 가격과 수출품의 원화 표시 가격은 같으며, X재의 달러 표시 수출 가격은 환율 변화의 결과를 정확하게 반영하고, 생산된 재화는 전량 판매된다. 또한 제시된 원/달러 환율 변동 이외의 다른 요인은 고려하지 않는다.

(단위: 전년 대비, %)

구분	2021년	2022년	2023년
수출량 증가율	-10	0	ⓒ
달러화 표시 가격 변동률	⊙	10	0
원/달러 환율 변동률	0	ⓛ	0

① 전년 대비 2021년에 X재 수출품의 원화 표시 가격은 상승하였다.

② ⓒ은 양(+)의 값을 가진다.

③ 2022년과 2023년의 X재 원화 표시 수출액은 모두 변화가 없다.

④ 달러화 대비 원화 가치는 2021년이 가장 높다.

⑤ ⊙은 ⓛ과 달리 음(-)의 값을 가진다.

✪ 국제 수지 통계
어느 한 시점의 잔액을 나타내는 통계가 아니라 일정 기간 동안에 발생한 거래를 집계한 통계이다.

1. 국제 수지와 국제 수지표

(1) **국제 수지**: 일정 기간 동안 한 나라의 거주자와 비거주자 간에 이루어진 모든 경제적 거래에서 발생한 외화의 수취와 지급의 기록

> ☰ **개념 플러스** **거주자와 비거주자**
>
> 거주자와 비거주자는 경제 주체가 어디에 살고 있으며 국적이 어디인가를 기준으로 구분하기보다 경제 활동에 있어 주된 경제적 이익의 중심이 어디에 있느냐를 기준으로 구분한다. 통상적으로 경제 주체가 1년 이상 어떤 국가에서 경제 활동 및 거래를 수행하거나 그러한 의도가 있을 경우 주된 경제적 이익의 중심이 그 국가에 있다고 본다. 예를 들어, 개인의 경우 외국인이 일정 기간 우리나라에 거주하면서 생산 활동에 참여할 때는 주된 경제적 이익의 중심이 우리나라에 있는 것으로 보아 거주자로 구분된다. 반면, 재외 국민은 우리나라 국적이라 하더라도 외국에서 경제 활동을 수행하고 있으므로 비거주자로 본다. 기업의 경우 일반적으로 법적으로 설립되고 등기된 경제권에 경제적 이익의 중심이 있는 것으로 보고 해당 경제권의 거주자로 간주한다.

✪ 지식 재산권
인간의 지적 창작물에 대해 재산적 가치가 있는 지식 재산의 소유나 권리를 법적으로 인정하고 보호받을 수 있는 권리를 말한다.

(2) **국제 수지표**: 국제 수지를 체계적으로 기록한 표

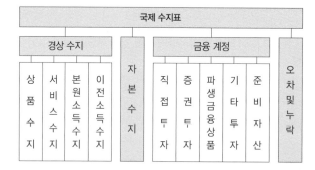

> ☰ **개념 플러스** **국제 수지표의 의의**
>
> 우리나라는 수출입 등 대외 거래가 경제에서 차지하는 비중이 매우 큰 나라로, 대외 거래 동향을 일목요연하게 파악할 수 있는 국제 수지표는 국가 경제 정책 수립 및 정책 효과 분석 등에 매우 유용한 통계로 사용된다.

개념 체크

1. 일정 기간 동안 한 나라의 거주자와 비거주자 사이에 발생한 모든 경제적 거래를 체계적으로 기록한 표를 (   )라고 한다.
2. 경상 수지는 상품 수지, (   ), 본원 소득 수지, 이전 소득 수지로 구성된다.
3. 해외에 무상 원조한 금액은 경상 수지 중 (   )에 포함된다.

정답
1. 국제 수지표
2. 서비스 수지
3. 이전 소득 수지

2. 국제 수지표의 구성

(1) **경상 수지**: 상품, 서비스 및 생산 요소 등의 거래(경상 거래)에 따른 외화의 수취와 지급의 차액 → 상품 수지, 서비스 수지, 본원 소득 수지, 이전 소득 수지 항목으로 구성

상품 수지	상품의 수출과 수입으로 인해 수취한 외화와 지급한 외화의 차액
서비스 수지	외국과의 서비스 거래(운송, 여행, 통신, 보험, 지식 재산권 사용료 등)로 수취한 외화와 지급한 외화의 차액
본원 소득 수지	배당금이나 이자 등의 투자 소득과 급료 및 임금 등의 근로 소득과 관련하여 수취한 외화와 지급한 외화의 차액
이전 소득 수지	아무런 대가 없이 주고받는 외화의 수취와 지급의 차액 예 외국에 전달하는 무상 원조나 구호 물자, 기부금 등

⊕ 파생 금융 상품
통화, 채권, 주식 등과 같은 다양한 기초 자산의 가치 변동에 의해 그 가치가 결정되는 금융 상품을 말한다.

≣ 자료 플러스 경상 수지의 항목별 사례

(가) 갑국에 있는 A 기업이 을국 기업으로부터 철강 1억 달러어치를 수입하였다.
(나) 갑국에 있는 B 항공사가 을국 기업으로부터 화물 운송 서비스 제공에 대한 운임으로 200만 달러를 받았다.
(다) 갑국에 거주하는 C 투자자가 을국 기업 주식에 투자하여 500만 달러의 배당금을 받았다.
(라) 갑국에 있는 D 시민 단체가 지진으로 어려움을 겪는 을국에 아무런 대가 없이 100만 달러를 기부하였다.

갑국 입장에서는 철강 1억 달러어치를 수입한 (가)는 상품 수지에서의 외화 지급 사례에 해당하고, 화물 운임으로 200만 달러를 받은 (나)는 서비스 수지에서의 외화 수취 사례에 해당한다. 500만 달러의 배당금을 받은 (다)는 본원 소득 수지에서의 외화 수취 사례에 해당하고, 100만 달러를 외국에 기부한 (라)는 이전 소득 수지에서의 외화 지급 사례에 해당한다. 반면, 을국 입장에서는 (가)는 상품 수지에서의 외화 수취 사례에 해당하고, (나)는 서비스 수지에서의 외화 지급 사례에 해당한다. (다)는 본원 소득 수지에서의 외화 지급 사례에 해당하고, (라)는 이전 소득 수지에서의 외화 수취 사례에 해당한다.

⊕ 통화 안정 증권
중앙은행이 유동성 조절을 목적으로 발행하는 채무 증서를 말한다.

(2) **자본 수지**: 자산 소유권의 무상 이전, 채권자에 의한 채무 면제, 브랜드 네임, 상표 등 마케팅 자산, 기타 양도 가능한 무형 자산의 취득·처분과 관련한 외화의 수취와 지급의 차액

⊕ 준비 자산
통화 당국이 국제 수지 불균형 보전, 외환 시장 안정 및 자국 통화와 경제에 대한 대외 신용도 유지 등을 위해 언제든지 사용 가능하며 통제가 가능한 외화 표시 대외 자산을 의미한다.

(3) **금융 계정**: 국가 간에 이동하는 투자 자금을 기록하는 것으로, 대외 금융 자산 및 부채의 증감을 보여 줌.

직접 투자	직접 투자 목적의 해외 자산 취득
증권 투자	외국의 주식, 채권 등 매입
파생 금융 상품	파생 금융 상품 거래로 실현된 이익과 손실
기타 투자	차관 도입이나 차관 제공, 외화 대출 및 차입 등
준비 자산	외환 보유액의 증감

≣ 개념 플러스 외환 보유액

외환 보유액은 중앙은행이나 정부가 국제 수지 불균형을 보전하거나 외환 시장 안정을 위해 언제든지 사용할 수 있도록 보유하고 있는 대외 지급 준비 자산을 말한다. 외환 보유액은 긴급한 상황에서 쓰기 위해 갖고 있는 비상금과 같은 성격의 준비 자산으로, 환율 급등 시 외환 시장 안정을 위한 재원으로 이용될 뿐만 아니라 금융 기관의 해외 차입이 어려워지는 신용 위기 상황에서 중앙은행 등이 최종 대부자의 역할을 하기 위한 재원이 된다. 이러한 목적에 부합하도록 현재 우리나라의 외환 보유액은 선진국 국채 등 외화 증권이나 예치금과 같은 유동성과 안정성이 높은 자산으로 운용되고 있다.

≣ 개념 체크

1. 상표권의 매각에 따라 수취한 외화는 (　　　)에 기록된다.
2. 외국환 은행 해외 지점에서 외화를 대출한 것은 (　　　)에 기록되고, 대출한 외화에 대한 이자 상환은 경상 수지 항목 중 (　　　)에 기록된다.
3. 직접 투자 목적의 해외 자산 취득이나 차관 도입 및 차관 제공은 국제 수지 항목 중 (　　　)에 기록된다.

정답
1. 자본 수지
2. 금융 계정, 본원 소득 수지
3. 금융 계정

(4) **오차 및 누락**: 경상 수지, 자본 수지, 금융 계정상의 금액이 통계적으로 불일치할 경우 이를 조정한 것

⊕ 경상 수지 균형

지속적 경상 수지 흑자는 국내 물가 상승, 외국과의 무역 마찰 초래 등의 문제를 야기하고, 지속적인 경상 수지 적자는 경기 침체와 대외 신용도 하락을 초래한다. 따라서 장기적으로는 경상 수지 균형을 이루는 것이 바람직하다.

3. 경상 수지 불균형이 국민 경제에 미치는 영향

(1) 경상 수지 흑자의 영향

긍정적 영향	• 기업의 생산 증가로 고용 확대 및 소득 증대 • 외환 보유액의 증가로 대외 신용도 향상
부정적 영향	• 통화량 증가로 국내 물가 상승 • 교역 상대국과의 무역 마찰 야기

≡ 개념 플러스 **불황형 경상 수지 흑자**

불황형 경상 수지 흑자는 통상 경기 불황기에 수출보다 수입이 더 크게 감소하여 발생하는 경상 수지 흑자를 의미한다. 불황형 경상 수지 흑자는 보통 소비 부진이나 투자 감소 등과 함께 발생하는데, 이는 수출이 감소하는 상황에서 환율을 하락시키는 요인, 즉 수출 경쟁력을 약화시키는 요인으로 작용하여 경제 성장 측면에서 바람직하지 않을 수 있다. 우리나라의 대표적인 사례로 2009년 글로벌 금융 위기 이후의 상황을 들 수 있는데, 2009년에는 수출이 전년 대비 13.9% 감소하고 수입이 25.8% 감소하면서 약 330.9억 달러의 경상 수지 흑자가 나타났다.

(2) 경상 수지 적자의 영향

⊕ 경상 수지 흑자와 적자

• 경상 수지 흑자:
  외화 수취액>외화 지급액
• 경상 수지 적자:
  외화 수취액<외화 지급액

긍정적 영향	• 통화량 감소로 국내 물가 안정 • 자본재 수입 증가로 인해 발생하는 경우 장기적으로 경제 성장에 기여
부정적 영향	• 기업의 생산 감소로 고용 위축 및 소득 감소 • 대외 채무 증가 및 상환 부담 증가 • 외환 보유액 감소로 대외 신용도 하락

4. 경상 수지와 환율의 관계

(1) 경상 수지가 환율에 미치는 영향

① 외화의 유출입과 외환 시장의 관계: 외환 시장에서 외화의 수취는 외화의 공급으로, 외화의 지급은 외화의 수요로 연결됨.

② 경상 수지 흑자: 외화의 수취액(외화의 공급)이 외화의 지급액(외화의 수요)보다 많아 환율이 하락함.

③ 경상 수지 적자: 외화의 수취액(외화의 공급)이 외화의 지급액(외화의 수요)보다 적어 환율이 상승함.

(2) 환율이 경상 수지에 미치는 영향

① 환율 상승: 수출품의 외화 표시 가격 하락과 수입품의 자국 화폐 표시 가격 상승의 요인임.
  → 수출 증가 및 수입 감소 요인으로 작용하여 경상 수지가 개선됨.

② 환율 하락: 수출품의 외화 표시 가격 상승과 수입품의 자국 화폐 표시 가격 하락의 요인임.
  → 수출 감소 및 수입 증가 요인으로 작용하여 경상 수지가 악화됨.

개념 체크

1. 경상 수지 (   )는 외환 보유액의 감소로 대외 신용도가 하락하는 요인이 된다.

2. 경상 수지 흑자는 국내 물가 (   )의 요인으로 작용한다.

3. 경상 수지 흑자는 외환 시장에서 환율 (   )의 요인으로 작용한다.

정답
1. 적자
2. 상승
3. 하락

≡ 개념 플러스 **경상 수지와 통화량**

우리나라 기업의 수출을 통하여 수출 대금으로 달러화가 국내로 들어오게 되면 이는 민간 은행에서 원화로 환전하게 된다. 민간 은행들이 이렇게 보유한 달러화를 한국은행에서 원화로 환전하게 되면 이는 우리나라의 국내 통화량의 증가 요인이 된다. 국내 통화량의 증가는 물가 상승 등의 요인이 되어 국민 경제에 영향을 미치게 된다.

Theme 1 **경상 수지 불균형의 영향**

경상 수지 구성 항목 중 상품 수지와 서비스 수지는 국민 경제에 미치는 영향이 크다. 상품과 서비스의 수출과 수입은 외화의 수요와 공급 변화, 외환 보유액 변화에 따른 대외 신용도 변화, 생산·고용·소득의 변화, 국내 통화량 변화에 따른 물가 변화와 연관 관계가 높다.

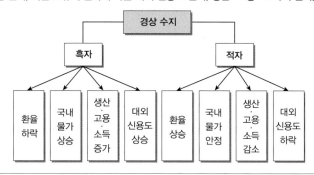

- 일반적으로 경상 수지가 흑자일 경우 생산이 늘어나 국민 소득과 고용이 늘어나는 효과가 있다. 또한 외화 지급액(외화 수요)에 비해 외화 수취액(외화 공급)이 많아 대외 신용도 향상과 환율 하락의 요인이 된다. 하지만 경상 수지가 지속적으로 흑자를 기록할 경우 국내 통화량 증가와 국내 물가 상승의 요인으로 작용하고, 통상 측면에서 우리가 흑자를 내고 있는 교역 상대국으로 하여금 우리나라 수출품에 대한 수입 규제를 유발시키는 등 무역 마찰을 초래할 가능성도 나타난다.
- 일반적으로 경상 수지가 적자일 경우 생산·고용·국민 소득의 감소를 유발하고, 외화 수취액(외화 공급)에 비해 외화 지급액(외화 수요)이 많아 대외 신용도 하락과 환율 상승의 요인이 된다.

Theme 2 **경상 수지와 대외 채권 및 대외 채무**

경상 수지가 중요한 이유 중 하나는 경상 수지가 대외 채권과 대외 채무를 변동시키기 때문이다. 경상 수지 적자를 생각해 보자. 이는 지급한 외화가 벌어들인 외화보다 더 많음을 의미한다. 어떻게 벌어들인 것보다 더 많은 외화를 지급할 수 있었을까? 이 나라가 다른 나라로부터 외화를 차입했기 때문이다. 따라서 경상 수지 적자국의 대외 채무는 증가한다. 반면, 경상 수지 흑자국에서는 벌어들인 외화가 지급한 외화보다 많으므로 그 차액만큼을 경상 수지 적자국에 빌려줄 수 있다. 따라서 경상 수지 흑자국의 대외 채권은 증가한다. 이렇듯 경상 수지 흑자국에서는 대외 순자산이 증가하고, 경상 수지 적자국에서는 대외 순자산이 감소한다.

[24021-0195]

01 다음은 2023년 한 해 동안 발생한 갑국과 외국 간의 국제 거래 내역을 모두 나타낸다. 이에 대한 설명으로 옳은 것은?

- 갑국 정부가 병국에 무상으로 지원한 5억 달러
- 갑국 내 기업이 을국에 스마트폰을 수출하고 받은 30억 달러
- 갑국 내 기업이 을국에 투자한 외화 증권에 대한 배당금 8억 달러
- 갑국 내 기업이 병국의 스마트폰 생산 공장 건설에 투자한 10억 달러
- 갑국 내 기업이 생산한 스마트폰의 해외 운송을 맡은 을국 내 기업에 지불한 10억 달러

① 갑국의 상품 수지는 적자이다.
② 갑국의 이전 소득 수지는 5억 달러 흑자이다.
③ 갑국의 금융 계정 항목에 계상되는 거래는 1개이다.
④ 갑국의 서비스 수지와 본원 소득 수지는 모두 적자이다.
⑤ 갑국의 경상 수지는 적자이다.

[24021-0196]

02 다음 자료에 대한 설명으로 옳은 것은?

표는 갑국의 연도별 경상 수지를 나타낸다. 2022년 해외 투자 자산에서 발생하는 소득이 기록되는 항목의 수지는 해외 무상 원조액이 기록되는 항목의 수지의 2배이다.

(단위: 억 달러)

구분	2022년	2023년
A	30	−5
서비스 수지	15	−20
B	20	25
이전 소득 수지	10	−5

① A에는 해외 투자에 따른 배당금이 포함된다.
② B에는 해외 지식 재산권 사용료가 포함된다.
③ 2022년에 상품 수지는 이전 소득 수지의 3배이다.
④ 2023년에 경상 수지와 본원 소득 수지는 같다.
⑤ 2022년과 달리 2023년에 경상 수지는 갑국의 통화량 증가 요인이다.

[24021-0197]

03 빈칸 ㉠~㉢에 들어갈 내용으로 옳은 것은? (단, 국제 거래에는 달러화만 사용됨.)

〈갑국 경상 수지 불균형의 영향〉

1. 경상 수지 [㉠]
- 갑국 내 기업: 고용 확대
- 갑국 물가: 국내 통화량의 [㉡] 요인으로 물가의 [㉢] 요인이 됨.
- 환율(갑국 통화/달러): [㉣] 요인이 됨.

	㉠	㉡	㉢	㉣
①	적자	증가	상승	상승
②	적자	감소	하락	하락
③	흑자	증가	상승	하락
④	흑자	증가	상승	상승
⑤	흑자	감소	하락	하락

[24021-0198]

04 다음 자료에 대한 설명으로 옳은 것은?

표는 2023년에 갑국과 을국의 경상 수지의 일부 항목을 나타낸다. 국제 거래는 외화인 달러화를 사용하여 갑국과 을국 간에만 이루어지고, 2023년에 갑국의 서비스 수지와 이전 소득 수지의 합은 0이다.

〈갑국〉		〈을국〉
상품 수지	본원 소득 수지	이전 소득 수지
30억 달러	−20억 달러	5억 달러

① 갑국의 상품 수지는 서비스 수지의 5배이다.
② 갑국의 경상 수지는 10억 달러 적자이다.
③ 을국은 지식 재산권 사용료를 포함하는 항목이 흑자이다.
④ 을국의 경상 수지는 달러화 대비 을국 화폐 가치 상승 요인이다.
⑤ 갑국의 서비스 수지와 을국의 이전 소득 수지는 같다.

[24021-0199]

1 다음 자료에 대한 설명으로 옳은 것은?

표는 갑국, 을국, 병국의 2023년 경상 수지를 항목별로 나타낸 것이다. 갑국의 상품 수지 흑자액은 경상 수지 흑자액의 2배이고, 병국의 경상 수지만 균형이다. (가)~(다)는 각각 갑국, 을국, 병국 중 하나이고, A, B는 상품 수지와 서비스 수지 중 하나이다. 단, 국제 거래는 외화인 달러화를 사용하여 갑국~병국 세 국가 간에만 이루어진다.

(단위: 억 달러)

구분	(가)	(나)	(다)
A	60	-25	©
B	-30	©	0
본원 소득 수지	-5	-5	10
이전 소득 수지	⊙	0	@

① A는 '서비스 수지', B는 '상품 수지'이다.
② '⊙+©+©+@'은 0이다.
③ 을국의 경상 수지는 30억 달러 적자이다.
④ 병국은 상품 수출입에 따른 외화의 수취액이 외화의 지급액보다 많다.
⑤ 갑국은 을국과 달리 무상 원조를 포함하는 항목이 적자이다.

[24021-0200]

2 다음 자료에 대한 설명으로 옳은 것은?

표는 갑국의 경상 수지에서 상품 수지가 차지하는 비중, 전년 대비 상품 수지의 변동률과 서비스 수지의 변동률을 나타낸다. t년의 상품 수지는 100억 달러 흑자이다. 단, 갑국의 본원 소득 수지와 이전 소득 수지는 모두 0으로 변함이 없다.

구분	t+1년	t+2년	t+3년
상품 수지 비중(%)	60	50	©
상품 수지 변동률(전년 대비, %)	50	-50	100
서비스 수지 변동률(전년 대비, %)	0	⊙	100

① ⊙과 ©은 모두 양(+)의 값을 가진다.
② t년의 경상 수지는 200억 달러 흑자이다.
③ t+1년 대비 t+2년에 상품 수지 변동률과 서비스 수지 변동률은 같다.
④ 상품 수지는 t+1년에 비해 t+3년이 크다.
⑤ 경상 거래 규모는 t+3년이 가장 크다.

[24021-0201]

3 다음 자료에 대한 설명으로 옳은 것은?

표는 갑국의 경상 수지 항목별 전년 대비 증감액과 전년 대비 증감률을 나타낸다. A~C는 각각 상품 수지, 서비스 수지, 본원 소득 수지 중 하나이고, 각 연도별 상품 수지에 대한 서비스 수지의 비는 1/5로 일정하다. 단, 갑국의 이전 소득 수지는 0으로 변함이 없다.

구분		2021년	2022년	2023년
A	전년 대비 증감액(억 달러)	㉠	−44	−88
	전년 대비 증감률(%)	10	−20	㉢
B	전년 대비 증감액(억 달러)	100	−550	550
	전년 대비 증감률(%)	10	㉡	100
C	전년 대비 증감액(억 달러)	100	−220	−440
	전년 대비 증감률(%)	10	㉣	−50

① '㉠+㉡+㉢+㉢'은 −50이다.
② A는 '상품 수지'이다.
③ 갑국에서 일하는 외국인 근로자의 임금은 C에 포함된다.
④ 서비스 수지 흑자액은 2021년과 2023년이 같다.
⑤ 2021년에 경상 수지 흑자액은 서비스 수지 흑자액의 11배이다.

[24021-0202]

4 다음 자료에 대한 옳은 설명만을 〈보기〉에서 고른 것은?

그림은 2020년~2023년 갑국의 경상 수지 항목 중 (가), (나)를 나타낸다. (가)는 ㉠ 급료 및 임금 등의 근로 소득과 관련하여 수취한 외화와 지급한 외화의 차액과 A로 구성되고, ㉠의 순수취액은 양(+)의 값이고 변화가 없다. 단, 갑국의 서비스 수지와 이전 소득 수지는 모두 0으로 변함이 없고, 국제 거래는 외화인 달러화를 사용하여 이루어진다.

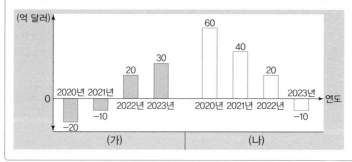

● 보기 ●
ㄱ. 2022년에 상품 거래액과 근로 소득 및 투자 소득 관련 거래액의 합은 같다.
ㄴ. 2023년에 경상 수지는 달러화 대비 갑국 통화 가치의 상승 요인이다.
ㄷ. 2020년 대비 2021년에 경상 수지 중 ㉠의 비중은 감소하였다.
ㄹ. A의 순수취액은 2023년이 가장 크다.

① ㄱ, ㄴ   ② ㄱ, ㄷ   ③ ㄴ, ㄷ   ④ ㄴ, ㄹ   ⑤ ㄷ, ㄹ

[24021-0203]

5 다음 자료에 대한 설명으로 옳은 것은?

표는 갑국~병국에서 2023년 수출 대상국별 상품 수출액과 상품 수지에 의한 각국의 국내 통화량 변동을 나타낸다. (가), (나)는 각각 증가와 감소 중 하나이다. 단, 국제 거래는 외화인 달러화를 사용하여 갑국~병국 간에만 이루어지고, 제시된 내용 이외의 다른 요인은 고려하지 않는다.

구분	갑국		을국		병국	
수출 대상국	을국	병국	갑국	병국	갑국	을국
상품 수출액(억 달러)	20	30	㉠	40	40	40
국내 통화량 변동	(가)		불변		(나)	

① ㉠은 '40'이다.
② (가)는 (나)와 달리 해당 국가의 물가 상승 요인이다.
③ 갑국의 상품 수지는 10억 달러 흑자이다.
④ 을국의 상품 거래액과 병국의 상품 거래액은 같다.
⑤ 병국과의 거래로 나타난 상품 수지는 을국과 달리 갑국 국내 통화량의 감소 요인이다.

[24021-0204]

6 다음 자료에 대한 설명으로 옳은 것은? (단, 국제 거래에는 달러화만 사용되고, 제시된 내용 이외의 다른 요인은 고려하지 않음.)

〈자료 1〉 갑국 중앙은행의 2023년 갑국 경상 수지 보도 자료의 일부

1. 상품 수지: 전년 대비 수취액 감소, ㉠ 지급액 급증으로 소폭의 적자로 전환
2. **A** : 전년 대비 여행 및 운송 수지 악화 등으로 적자로 전환
3. **B** : 전년 대비 ㉡ 수취액 급증, 지급액 소폭 증가로 흑자 규모 확대
4. 이전 소득 수지: 전년에 이어 소폭의 적자 지속

〈자료 2〉 갑국 중앙은행 보도 자료 관련 신문 기사

달라지는 외환 수급…'수출 강국'을 넘어 '투자 강국'으로

갑국 중앙은행은 수입에 의존하는 ㉢ 국제 원유 가격의 변동 및 ㉣ 갑국 통화/달러 환율 변동이 상품 수출입에 따른 외화 소득보다 ㉤ 대외 금융 자산에서 발생한 외화 소득이 더 많은 상황의 주요인이라고 분석하였다.

① 해외 무상 원조 금액은 B가 아닌 A에 계상된다.
② 지식 재산권 사용료 수취액 증가는 ㉡의 요인에 해당한다.
③ ㉤의 증감은 경상 수지 항목에 계상된다.
④ ㉢, ㉣이 ㉠의 요인이라면, 국제 원유 가격과 갑국 통화/달러 환율은 모두 상승하였을 것이다.
⑤ 2023년에 본원 소득 수지는 서비스 수지와 달리 흑자이다.

01 다음 자료에 대한 분석 및 추론으로 옳은 것은?　　2024학년도 9월 모의평가

〈경제 탐구 학습지〉

• 주제: 비교 우위에 따른 무역 원리의 이해
• 학습 목표: 비교 우위에 따른 양국의 무역 조건과 이득을 탐색한다.
• 조건: 갑국과 을국은 X재와 Y재만을 직선인 생산 가능 곡선상에서 생산한다. 양국은 비교 우위가 있는 재화만을 생산하여 양국 모두 이득이 발생하는 경우에만 교역한다. 생산 요소는 노동뿐이고, 임금은 자국 통화로 지급한다. 교역은 당국 간에만 이루어지며, 교역에 따른 거래 비용은 없다. 갑국과 을국의 각 재화 1개 생산의 비용은 표와 같다.

구분	갑국	을국
X재	6달러	1유로
Y재	4달러	2유로

• 탐구 절차: [1단계] 각 재화 1개 생산의 기회비용 확인하기
　　　　　　[2단계] 각국의 비교 우위 재화 확인하기
　　　　　　[3단계] 양국 모두 이득이 되는 교환 범위 탐색하기
　　　　　　[4단계] 교역의 이득 확인하기

① 갑국의 Y재 1개 생산의 기회비용은 X재 3/2개이다.
② 갑국은 X재, 을국은 Y재 생산에 비교 우위가 있다.
③ X재 1개와 Y재 1개를 교환하는 조건이라면 을국은 교역에 참여하지 않을 것이다.
④ 양국 모두 이득이 되는 교환 범위는 X재 1개당 Y재 1/2개 초과, 3/2개 미만이다.
⑤ 양국 간 교역이 이루어지면 교역 이전에 비해 갑국은 Y재, 을국은 X재 소비의 기회비용이 감소한다.

02 밑줄 친 ㉠~㉣에 대한 설명으로 옳은 것은? (단, 갑국과 을국은 서로 다른 통화를 사용하고, 국제 거래는 미국 달러화로 이루어짐.)　　2024학년도 수능

□□신문

갑국의 인공 지능, 전기 자동차 등 첨단 산업에 ㉠해외 투자 자금이 대폭 유입되어 ㉡갑국 통화/미국 달러 환율이 변화하고 있다. 한편 을국은 이상 기후로 곡물 생산이 감소하자 ㉢해외로부터 곡물을 대량으로 수입하고 있으며, 이에 따라 ㉣미국 달러화 대비 을국 통화 가치가 변화하고 있다.

① ㉠은 갑국 외환 시장에서 미국 달러화의 공급 감소 요인이다.
② ㉡은 갑국 기업의 미국 달러화 표시 외채 상환 부담 감소 요인이다.
③ ㉢은 을국 외환 시장에서 미국 달러화에 대한 수요 감소 요인이다.
④ ㉣은 미국 달러화 대비 을국 통화 가치 상승을 의미한다.
⑤ ㉣은 미국으로 여행하는 을국 국민의 여행 경비 부담 감소 요인이다.

03 다음 자료에 대한 분석으로 옳은 것은?

2024학년도 수능

그림은 무역 이전인 t기 갑국의 X재 시장 상황을 나타낸다. t+1기에 갑국은 자유 무역을 통해 국제 가격 ⟨ (가) ⟩ 달러에 X재를 수입하였으며, 이로 인해 국내 생산자 잉여가 t기에 비해 1,050달러 감소하였다. t+2기에 갑국은 국내 생산자를 보호하기 위해 X재 1개당 일정액의 관세를 부과하였으며, 이로 인해 국내 생산자 잉여가 t+1기에 비해 600달러 증가하였다. 단, 갑국에서 생산된 X재는 전량 국내 시장에서 판매되고, 국제 가격은 변함이 없으며, 국내 수요와 국내 공급은 변동이 없다.

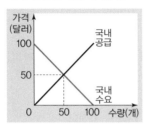

① (가)는 '10'이다.
② t+1기 국내 소비량은 t기보다 40개 많다.
③ t+2기 관세 수입은 800달러이다.
④ t+2기 수입량은 t+1기보다 40개 적다.
⑤ t+2기 국내 소비자 잉여는 t+1기보다 1,800달러 적다.

04 다음 자료에 대한 분석으로 옳은 것은?

2024학년도 9월 모의평가

표는 2022년 갑국과 을국의 경상 수지 항목별 수취액과 지급액을 나타낸다. 단, 국제 거래는 갑국의 통화인 달러화로 양국 간에만 이루어지며, 을국의 경상 수지는 5억 달러 흑자이다.

(단위: 억 달러)

구분	수취액		지급액	
	갑국	을국	갑국	을국
상품 수지	200		180	
서비스 수지		70		
본원 소득 수지		50		40
이전 소득 수지	10		5	

* 음영 처리(⬚)는 해당 내용을 표기하지 않은 것임.

① 상품 수지는 을국의 통화량 증가 요인이다.
② 투자에 따른 배당금을 포함하는 항목은 갑국이 10억 달러 흑자이다.
③ 특허권 사용료를 포함하는 항목의 을국 지급액은 50억 달러이다.
④ 무상 원조가 포함되는 항목은 달러화 대비 을국 통화 가치의 상승 요인이다.
⑤ 을국과의 경상 거래에서 갑국의 수취액 총액은 305억 달러이다.

14 금융 생활과 신용

❖ 자금의 수요자와 공급자
경제 주체 중 주요한 자금 수요자는 기업이며, 주요한 자금 공급자는 가계이다.

1. 금융과 금융 시장

(1) 금융

① 의미: 자금 공급자에게서 자금 수요자에게로 자금이 융통되는 것

② 기능
- 자금의 여유가 있는 경제 주체는 자금 활용을 통해 수익을 창출할 수 있음.
- 자금이 부족한 경제 주체는 자금 확보를 통해 안정적인 경제 활동을 할 수 있음.
- 경제 활동 촉진을 통해 경제 주체의 소득 증대와 생산성 향상에 기여함.
- 국민 경제의 원활한 작동과 경제 성장에 기여함.

❖ 유동성
자산을 쉽고 빠르게 현금화할 수 있는 정도를 의미한다.

(2) 금융 시장

① 의미: 자금 수요자와 자금 공급자 간 금융 거래가 이루어지는 시장

② 기능
- 자금의 수요자와 공급자를 중개하고 거래 비용을 감소시킴.
- 금리나 주가와 같은 금융 상품의 가격을 결정함.
- 금융 거래의 위험을 관리하고 금융 상품의 유동성을 높여 줌.

(3) 금융 기관(회사)

① 의미: 자금의 수요자와 공급자를 연결하는 중개자로서 금융 서비스를 제공하는 기관(회사)
　　예 은행, 보험 회사, 증권 회사 등

❖ 약관
계약의 편의를 목적으로 계약의 한쪽 당사자가 여러 명의 상대방과 계약을 체결하기 위해 미리 정한 일정한 형식의 계약 내용이나.

② 기능
- 금융 중개를 통해 자금 수요자와 공급자의 정보 탐색 비용 등의 거래 비용을 낮추는 데 기여함.
- 재무 불이행 등 금융 거래의 위험을 관리함.

(4) 금융 거래의 유의점과 피해 예방 및 구제 제도

① 금융 거래의 유의점
- 금융 거래는 실물 거래와 달리 거래 당사자 간 신용을 전제로 이루어지므로 실물 거래에 비해 위험성이 높음.
- 금융 의사 결정의 결과는 자기 책임이므로 약관이나 계약 내용을 주의 깊게 살펴야 함.

② 금융 피해의 예방과 구제: 예금자 보호 제도, 신용 회복 지원 제도 등

개념 체크

1. (　　　)이란 자금 수요자와 자금 공급자 간에 자금이 융통되는 것을 의미한다.
2. 금융 거래는 실물 거래와 달리 당사자 간 (　　　)을 전제로 이루어진다.
3. 예금자의 예금이 금융 기관의 파산 등의 사유로 지급될 수 없는 경우 보험의 원리에 따라 일정 범위 내에서 예금 원리금을 보호하는 제도를 (　　　)라고 한다.

정답
1. 금융
2. 신용
3. 예금자 보호 제도

> **≡ 개념 플러스　예금자 보호 제도**
>
> 「예금자 보호법」에 근거하여 설립된 예금 보험 공사가 은행, 보험 회사 등 금융 기관(회사)이 영업 정지를 당하거나 파산 등의 사유로 예금·적금 등을 지급할 수 없는 경우 보험의 원리에 따라 일정 범위 내에서 예금 원리금을 보호하는 제도이다. 자기 책임의 원칙에 따라 적립된 금융 상품에 대한 원금과 소정의 이자를 합쳐 1개의 금융 기관(회사)에 예금자 1인(법인)당 5,000만 원까지만 보호한다. 다만, 예금자가 해당 금융 기관(회사)에 대출이 있는 경우에는 대출금을 먼저 상환시키고 남은 예금을 한도 내에서 보호한다.

2. 화폐와 이자율

(1) 화폐

① 의미: 재화와 서비스의 교환에 일반적으로 사용하는 지불 수단

② 기능

- 가치의 저장: 경제적 가치를 보존하는 수단 → 저축이나 자산 형성
- 가치의 척도: 상품의 가치를 측정하는 수단 → 상품 가치를 화폐 단위로 표기
- 교환의 매개: 교환이나 거래 대가의 지불 수단 → 경제 활동의 촉진

(2) 이자와 이자율(금리)

① 이자: 일정 기간 동안 자금을 빌리거나 빌려준 것의 대가

② 이자율: 원금에 대한 이자의 비율 → 금융 시장에서 자금 거래량에 영향

③ 이자 계산 방법

- 단리: 원금에 대해서만 기간별로 이자를 계산하는 방법
- 복리: 원금에 대해 발생한 이자를 다음 기간의 원금에 합쳐 이자를 계산하는 방법

자료 플러스 | **단리와 복리의 적용**

표는 원금 1,000만 원을 연 10%의 금리로 3년 만기 정기 예금 상품 A(단리), B(복리)에 각각 예치한 경우 기간별 원금과 이자, 원리금을 나타낸다. 단, 이자는 기간별 말일에 지급된다.

(단위: 만 원)

구분	예금 상품 A(단리)			예금 상품 B(복리)		
	원금	이자	원리금	원금	이자	원리금
1년째	1,000	100	1,100	1,000	100	1,100
2년째	1,000	100	1,200	1,100	110	1,210
3년째	1,000	100	1,300	1,210	121	1,331

표와 같이 단리는 매년 원금이 일정하므로 이자가 일정하지만, 복리는 원금에 대해 발생한 이자를 다음 기간의 원금에 합쳐 이자를 계산하므로 이자가 지속적으로 증가한다.

---

④ 이자율과 물가: 이자율은 물가 변동의 반영 여부에 따라 명목 이자율과 실질 이자율로 구분됨.

- 명목 이자율: 물가 변동을 반영하지 않은 이자율
- 실질 이자율: 물가 변동을 반영한 이자율(실질 이자율 = 명목 이자율 − 물가 상승률)

3. 가계의 금융 생활

(1) 가계의 수입과 지출

① 수입: 일정 기간에 취득한 가계의 소득과 기타 수입의 합

- 소득: 가구의 실질적인 자산의 증가를 가져온 일체의 현금 및 현물을 의미하며, 이전 및 보유로 인한 평가 손익 및 자산 거래로 인한 손익은 포함되지 않음.
- 소득의 결정 요인: 인적 자본의 축적 정도, 노동 시장의 수요·공급, 사회적 기여도 등
- 소득의 구성: 정기적으로 발생하는 경상 소득과 비정기적으로 발생하는 비경상 소득으로 구성

구분		의미	사례
경상 소득	근로 소득	고용 계약에 따라 근로를 제공한 대가로 얻는 소득	봉급, 상여금, 수당 등
	사업 소득	자영업자 또는 고용주가 사업 경영으로 얻는 소득	이윤 등
	재산 소득	금융 자산이나 실물 자산을 운용하여 얻는 소득	이자, 주식 배당금 등
	이전 소득	생산 활동에 참여하지 않고 무상으로 얻는 소득	공적 연금, 사회 보험금 등
비경상 소득		비정기적이고 일시적 요인에 의해 얻는 소득	경조금, 퇴직금 등

♣ 기타 수입

저축에서 인출한 금액, 계약에 따라 수령한 보험금, 증권 판매 대금, 상환 의무가 있는 대여금 등이 이에 해당한다.

개념 체크

1. 화폐는 가치의 저장, 가치의 척도, (　　　) 등 3가지의 기능을 한다.

2. (　　　)는 일정 기간 동안 자금을 빌리거나 빌려준 것의 대가이다.

3. 소득은 정기적으로 발생하는 (　　　)과 비정기적으로 발생하는 (　　　)으로 구분한다.

정답
1. 교환의 매개
2. 이자
3. 경상 소득, 비경상 소득

② 지출: 일정 기간에 이루어진 가계의 소비 지출과 비소비 지출의 합
- 지출의 결정 요인: 현재 소득, 미래 예측 소득, 자산, 소비 성향, 이자율 등
- 지출의 구성: 소비 지출과 비소비 지출로 구성

구분	의미	사례
소비 지출	재화나 서비스를 구매하기 위한 지출	통신비, 의류비, 식료품비 등
비소비 지출	소비 지출 이외의 의무적 지출	세금, 사회 보험료, 대출 이자 등

③ 처분 가능 소득: 소득에서 비소비 지출을 뺀 것 → '소비 지출＋저축'으로 구성됨.

(2) 가계의 저축과 투자

① 저축: 미래의 지출에 대비하여 현재의 수입 중 지출하지 않고 남겨 놓은 부분

② 투자
- 의미: 미래 가치 증식을 목적으로 금융·실물 자산을 구입하는 행위
- 특징: 생산을 위해 자본재를 증가시키는 기업의 투자와 구분됨.

(3) 자산과 부채

① 자산: 경제 주체가 소유한 경제적 가치가 있는 유·무형의 물건 및 권리

② 부채: 과거의 거래나 사건의 결과로 다른 경제 주체에게 미래에 자산이나 용역을 제공해야 하는 의무

③ 순자산: 자산에서 부채를 뺀 것

(4) 신용과 신용 관리

① 신용: 채무자의 채무 이행 능력

② 신용 관리의 중요성: 현대 사회의 금융 거래는 신용을 바탕으로 하기 때문에 신용 관리는 원만한 금융 생활과 경제 활성화에 기여함.

③ 신용 관리 방법
- 소득 수준을 고려한 지출, 상환 능력을 고려한 대출 등 합리적 금융 생활
- 신용 카드 사용액, 공과금, 대출금 이자 등 주기적 결제 대금에 대한 연체 최소화
- 주거래 은행 선정 및 활용, 채무 상환 계획 수립 등 체계적 금융 생활
- 금융 거래는 자기 책임하에 이루어지지만, 채무 이행이 현저히 어려운 경우 신용 회복 지원 제도를 통해 경제적 회생을 할 수 있음.

④ 신용 회복 지원 제도: 채무를 정상적으로 상환하기 어려운 개인 채무자에 대해 상환 기간 연장, 분할 상환, 이자율 조정, 채무 감면 등을 통해 경제적 재기를 지원하는 제도

자료 플러스 — 신용 회복 지원 제도

구분	주관	제도	지원 대상	지원 내용
사적 제도	신용 회복 위원회	프리 워크아웃	30일 초과 90일 미만 연체 총 채무액 15억 원 이하 등	• 채무 감면 및 이자율 인하 • 상환 기간 연장(최장 10년)
		개인 워크아웃	90일 이상 연체 총 채무액 15억 원 이하 등	• 채무 감면 및 상환 기간 연장 • 상환 유예 지원 등
공적 제도	법원	개인 회생	파산 가능성이 있는 자로 5년 이내에 일정 금액을 변제하는 경우	최저생계비를 제외한 나머지 금액을 모두 변제 시 채무 잔액 전액 탕감
		개인 파산	개인이 채무를 변제할 수 없는 경우	파산 절차에 따라 법원의 파산 선고로 채무자의 책임을 면제함

Theme 1   복리의 마법-72의 법칙

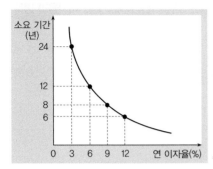

* 72/복리 방식의 연 이자율=복리 방식으로 원리금이 원금의 2배가 되는 데 필요한 기간
** 72/기간=원리금이 원금의 2배가 되기 위해 필요한 복리 방식의 연 이자율

그림은 원리금이 원금의 2배가 되는 데 소요되는 기간을 연 이자율에 따라 나타낸 것으로, 72의 법칙은 현재의 연평균 수익률을 복리 방식으로 적용했을 때 원리금이 원금의 2배가 되는 데 걸리는 대략적인 기간을 계산하는 유용한 방법이다. 예를 들어, 원금 1,000만 원을 복리 방식의 연 이자율 4%인 예금에 가입한다면, 원리금이 원금의 2배가 되는 데 걸리는 기간은 대략 18년(=72/4)이다. 또한 72의 법칙은 정해진 기간 동안 원리금이 원금의 2배가 되기 위해 필요한 복리 이자율을 파악하는 데 활용될 수 있다. 예를 들어, 원금 1,000만 원을 5년 후에 원금의 2배로 만들고 싶다면, 연 14.4%(=72/5)의 복리 이자를 주는 예금 상품에 가입해야 한다는 것이다.

Theme 2   명목 이자율과 실질 이자율

표는 갑국의 연도별 명목 이자율과 실질 이자율을 나타낸다.

(단위: %)

구분	2021년	2022년	2023년
명목 이자율	3	2	1
실질 이자율	1	2	3

명목 이자율은 물가 변동을 반영하지 않은 이자율이고, 실질 이자율은 물가 변동을 반영한 이자율이다. 따라서 실질 이자율은 명목 이자율에서 물가 상승률을 뺀 값으로 나타낼 수 있다. 명목 이자율이 실질 이자율보다 높은 2021년에는 물가 상승률이 양(+)의 값을 가지며, 명목 이자율과 실질 이자율이 같은 2022년에는 물가 상승률이 0%이다. 한편, 실질 이자율이 명목 이자율보다 높은 2023년에는 물가 상승률이 음(-)의 값을 가진다.

[24021-0205]

01 다음 자료에 대한 분석으로 옳은 것은?

그림은 갑국의 현재 금융 시장 상황을 나타낸다. 갑국 정부는 자금 수요자들의 이자 부담을 완화하기 위해 ㉠ 20%의 이자율 수준에서 실효성 있는 이자율 규제 정책을 시행할지 고민하고 있다.

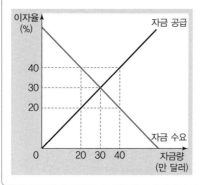

① ㉠은 최저 가격제에 해당한다.
② ㉠을 시행하면, 총이자액은 1만 달러 감소한다.
③ ㉠을 시행하면, 자금 거래량은 10만 달러 증가한다.
④ ㉠을 시행하면, 자금의 초과 수요가 20만 달러 발생한다.
⑤ ㉠을 시행하면, 자금 시장의 총잉여가 증가한다.

[24021-0206]

02 다음 자료에 대한 설명으로 옳은 것은?

표는 t년 초에 100만 원을 정기 예금 A와 B에 각각 예치한 경우 발생하는 연도별 원리금을 나타낸다. 단, A, B는 각각 단리와 복리 중 하나가 적용되며, 연 이자율은 변함이 없다. 또한 이자는 연도별 말일에 지급된다.

(단위: 만 원)

구분	t년 말	t+1년 말	t+2년 말
A의 원리금	110	121	㉠
B의 원리금	111	122	133

① ㉠은 '133'이다.
② 연 이자율은 A가 B보다 높다.
③ A는 단리, B는 복리가 적용된다.
④ A는 B와 달리 예치 기간이 증가할수록 이자 총액이 증가한다.
⑤ B는 A와 달리 예치 기간 1년 증가에 따른 연도별 이자 증가율이 0%이다.

[24021-0207]

03 표는 갑국의 연도별 (가)와 물가 상승률을 나타낸다. 이에 대한 분석으로 옳은 것은? (단, (가)는 실질 이자율과 명목 이자율 중 하나임.)

(단위: %)

구분	2021년	2022년	2023년
(가)	2	0	-1
물가 상승률	0	1	2

* 실질 이자율=명목 이자율-물가 상승률

① (가)가 '실질 이자율'이라면, 명목 이자율은 2021년이 가장 높다.
② (가)가 '실질 이자율'이라면, 2022년에 1년간 예금에 대한 이자는 0이다.
③ (가)가 '명목 이자율'이라면, 2022년의 실질 이자율은 2021년보다 높다.
④ (가)가 '명목 이자율'이라면, 2022년과 달리 2023년의 실질 이자율은 양(+)의 값이다.
⑤ 2021년부터 2023년까지 해마다 예금이 현금 보유보다 유리했다면, (가)는 '명목 이자율'이다.

[24021-0208]

04 다음 자료에 대한 분석으로 옳은 것은?

갑의 월별 소득은 변함이 없으며, 9월 현재 소비 지출과 비소비 지출은 각각 100만 원이다. 그림의 a와 b는 각각 10월에 발생할 수 있는 갑의 소비 지출과 비소비 지출의 변동 방향을 나타낸다. 단, 9월의 저축은 0이다.

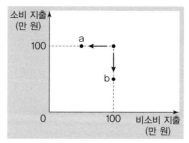

* 처분 가능 소득=소득-비소비 지출
** 저축=소득-지출

① 9월 소득은 200만 원보다 많다.
② 세율 인상은 a의 요인이다.
③ 사회 보험료 상승은 b의 요인이다.
④ a는 저축 증가 요인이다.
⑤ b는 처분 가능 소득 감소 요인이다.

[24021-0209]

05 그림은 갑의 월간 수입과 지출 전체를 항목별로 나타낸 가계부이다. 이에 대한 분석으로 옳은 것은?

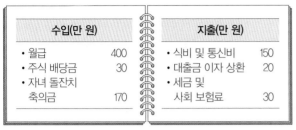

수입(만 원)		지출(만 원)	
• 월급	400	• 식비 및 통신비	150
• 주식 배당금	30	• 대출금 이자 상환	20
• 자녀 돌잔치 축의금	170	• 세금 및 사회 보험료	30

* 처분 가능 소득=소득−비소비 지출
** 저축=소득−지출

① 이전 소득은 30만 원이다.
② 경상 소득은 430만 원이다.
③ 소비 지출은 170만 원이다.
④ 저축은 400만 원보다 적다.
⑤ 처분 가능 소득은 570만 원이다.

[24021-0210]

06 다음 자료의 (가)와 (나)에 들어갈 수 있는 옳은 내용만을 〈보기〉에서 고른 것은?

갑과 을은 신용 점수 관리 게임 수업에 참여하고 있다. '+'가 표기된 카드를 선택하면 신용 점수 관리에 긍정적인 영향을 주는 사례를 옳게 제시하고, '−'가 표기된 카드를 선택하면 신용 점수 관리에 부정적인 영향을 주는 사례를 옳게 제시해야 한다. 각 표기에 따라 옳은 사례를 제시하면 1점을 얻는다. 표는 갑과 을의 게임 결과를 나타낸다.

구분	선택한 카드	제시한 사례	점수
갑	+	(가)	1점
을	−	(나)	0점

● 보 기 ●
ㄱ. (가)−카드 결제 대금의 납부 연체
ㄴ. (가)−주거래 은행 위주의 금융 거래
ㄷ. (나)−소액의 공공 요금 납부 연체
ㄹ. (나)−처분 가능 소득보다 적은 소비 지출

① ㄱ, ㄴ   ② ㄱ, ㄷ   ③ ㄴ, ㄷ
④ ㄴ, ㄹ   ⑤ ㄷ, ㄹ

[24021-0211]

07 다음 자료에 대한 분석으로 옳은 것은?

그림은 갑과 을의 소득에 대한 저축의 비를 나타낸다. 갑과 을은 모두 시기별 소득이 지속적으로 증가하였고, 비소비 지출이 소득의 10%로 일정하게 유지되었다.

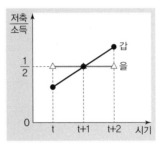

* 처분 가능 소득=소득−비소비 지출
** 저축=소득−지출

① 갑의 저축은 변함이 없다.
② 을의 소비 지출은 변함이 없다.
③ 을의 소득에 대한 소비 지출의 비는 변함이 없다.
④ 갑과 달리 을의 처분 가능 소득은 변함이 없다.
⑤ 을과 달리 갑의 처분 가능 소득에 대한 비소비 지출의 비는 변함이 없다.

[24021-0212]

08 다음 자료에 대한 분석으로 옳은 것은? (단, 제시된 내용 이외의 요인은 고려하지 않음.)

• 갑은 신용 카드로 외식비를 결제하였다.
• 을은 자동차 대금 전액을 대출받아 자동차를 구매하였다.
• 병은 예금에 예치해 두었던 원금과 이에 대한 이자 전액을 인출하였다.

① 갑의 자산은 증가한다.
② 을의 자산은 감소한다.
③ 병의 자산은 변함이 없다.
④ 갑과 달리 을의 부채는 증가한다.
⑤ 을과 달리 병의 순자산은 증가한다.

[24021-0213]

1 다음 자료에 대한 설명으로 옳은 것은?

갑은 원금 1,000만 원을 연 이자율이 서로 다른 3년 만기 정기 예금 A, B 중 하나에 예치하고자 한다. 표는 정기 예금 A, B의 기간별 말일에 발생할 이자를 나타낸다. 단, 정기 예금 A와 B는 각각 단리와 복리 중 하나가 적용되며, 세금이나 수수료 등의 거래 비용은 없다.

(단위: 만 원)

구분	1년 후	2년 후	3년 후
A의 이자	110	ⓛ	110
B의 이자	㉠	110	㉢

① A는 복리, B는 단리가 적용된다.
② 연 이자율은 B가 A보다 높다.
③ ㉠은 ⓛ보다 10% 적다.
④ ㉢은 ㉠보다 20% 많다.
⑤ 만기 시 원리금은 B가 A보다 많다.

[24021-0214]

2 다음 자료에 대한 분석 및 추론으로 옳은 것은?

○○국에서는 은행이 파산하는 경우 〈자료 1〉의 예금자 보호 원칙에 따라 예금자의 일정한 예금 원리금을 정부가 지급한다. 〈자료 2〉는 파산한 A 은행과 B 은행의 예금자 갑, 을이 보유한 예금 원리금과 채무를 나타낸다.

〈자료 1〉 예금자 보호 원칙

1. 예금자가 파산한 은행에 채무가 있는 경우 예금 원리금 범위 내에서 채무를 상환한다.
2. 원칙 '1'을 따른 후에도 예금 원리금이 남아 있는 경우 최대 ㉠ 5,000만 원까지 정부가 지급한다.
3. 원칙 '2'에 따라 정부가 지급한 예금 원리금 이외의 예금 원리금은 예금자의 손실이 된다.

〈자료 2〉 예금 원리금과 채무 현황

(단위: 만 원)

구분	A 은행		B 은행	
	예금 원리금	채무	예금 원리금	채무
갑	15,000	0	0	8,000
을	6,000	10,000	7,000	3,000

① 채무 상환액은 갑이 을보다 많다.
② 을의 손실은 7,000만 원이다.
③ 갑과 을은 모두 예금 원리금 5,000만 원을 지급받는다.
④ ㉠이 1억 원으로 상승하면, 갑의 손실은 현재보다 50% 감소한다.
⑤ ㉠이 1억 원으로 상승하면, 을이 지급받을 예금 원리금은 현재보다 증가한다.

[24021-0215]

3 그림은 음식점 운영자 갑과 출판사 근로자 을의 10월 소득과 지출 전체를 나타낸다. 이에 대한 분석으로 옳은 것은?

〈갑〉

소득(만 원)		지출(만 원)	
• 이윤	300	• 주거비 및 통신비	10
• 주식 배당	100	• 식비 및 교통비	20
• 국민연금	30	• 대출금 이자 상환	100
• 복권 당첨금	50	• 세금 및 사회 보험료	30

〈을〉

소득(만 원)		지출(만 원)	
• 월급	300	• 주거비 및 통신비	50
• 명절 휴가비	30	• 식비 및 교통비	30
• 예금 이자	100	• 대출금 이자 상환	20
• 자녀 돌잔치 축의금	200	• 세금 및 사회 보험료	30

* 처분 가능 소득=소득－비소비 지출
** 저축=소득－지출

① 갑의 비경상 소득은 80만 원이다.
② 저축은 갑이 을보다 150만 원 적다.
③ 근로 소득은 갑이 을보다 30만 원 적다.
④ 처분 가능 소득은 을이 갑보다 230만 원 많다.
⑤ 경상 소득에 대한 소비 지출의 비는 을이 갑의 2배이다.

[24021-0216]

4 다음 자료에 대한 설명으로 옳은 것은?

학생 갑, 을, 병은 자산 관리 게임 수업에 참여하고 있다. 〈자료 1〉의 A, B, C는 각각 출발점으로부터 자산과 순자산의 변동 방향을 나타낸다. 갑～병은 변동 방향 중 하나를 선택하여 이에 해당하는 옳은 사례를 제시하는 경우에만 1점을 얻는다. 〈자료 2〉는 갑～병이 선택한 변동 방향과 이에 대해 제시한 사례를 나타낸다.

〈자료 1〉

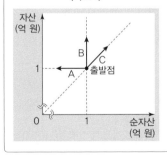

〈자료 2〉

구분	변동 방향	사례
갑	A	해외여행 상품비 500만 원 전액을 예금 계좌에서 이체하여 지급한 것
을	㉠	1억 원의 현금 자산에 1억 원의 은행 대출을 더해 2억 원짜리 주택을 구입한 것
병	B	㉡

① 갑은 1점을 얻는다.
② 을이 1점을 얻었다면, ㉠은 'B'이다.
③ ㉡이 '경제 경시 대회에서 상금을 획득한 것'이라면, 병은 1점을 얻는다.
④ ㉠이 'C'이고 ㉡이 '외식비를 신용 카드로 결제한 것'이라면, 을보다 병의 점수가 높다.
⑤ ㉠이 'A'이고 ㉡이 '은행 대출만으로 토지를 구입한 것'이라면, 갑, 을, 병의 점수가 같다.

15 금융 상품과 재무 계획

1. 자산 관리

(1) **의미**: 자산의 취득, 보유와 처분 등을 합리적으로 선택하는 과정

(2) **자산 관리 시 고려해야 할 요소**

① 안전성: 투자한 자산의 가치가 보전될 수 있는 정도

② 수익성: 투자한 자산의 가치 상승이나 이자 수익을 기대할 수 있는 정도

③ 유동성(환금성): 투자한 자산을 쉽고 빠르게 현금화할 수 있는 정도

자료 플러스 | 안전성과 수익성의 상충 관계

일반적으로 높은 수익을 기대할 수 있는 상품은 안전성이 낮고, 원금 손실의 위험성이 낮은 금융 상품은 높은 수익을 기대하기가 어렵다. 예를 들어, 주식은 원금을 잃을 위험성이 높아 안전성이 낮지만 시세 차익이나 배당 수익을 얻을 수 있어 높은 수익률을 기대할 수 있으며, 예금은 원금을 잃을 위험성이 낮아 안전성이 높지만 확정된 이자 수익만을 기대할 수 있어 비교적 수익성이 낮다.

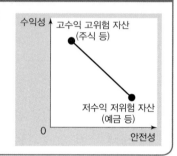

(3) **분산 투자**: 자산 관리를 위한 투자 시 이에 따르는 위험을 줄이고 수익을 높이기 위해 자산을 여러 가지 상품에 나누어 투자하는 것

개념 플러스 | 분산 투자

안전성과 수익성의 상충 관계로 인해 자산을 다양한 금융 상품에 분산 투자하여 관리하는 것이 바람직하다. 즉, 자산의 일부를 주식에 투자해 높은 수익률을 기대한다면 동시에 일부는 예금으로 보유하여 안전성과 유동성을 확보할 필요가 있다는 것이다. 이 외에도 금융 상품을 선택하기 위해서는 세금, 물가 상승률, 거래 비용, 이자율 등 다양한 변수를 고려해야 한다.

2. 금융 상품의 유형과 특징

(1) **예금**

① 의미: 이자 수익이나 자금 보관을 목적으로 금융 기관에 자금을 예치하는 것

② 특징: 다른 금융 상품들에 비해 안전성과 유동성은 높지만 수익성은 낮음.

③ 종류

구분	요구불 예금	저축성 예금
의미	입출금이 자유로운 예금	만기일까지 일정 기간 동안 자금을 예치 또는 적립하는 예금
특징	주로 자금 결제와 보관 용도로 사용되며, 이자율이 낮음.	요구불 예금에 비해 높은 이자 수익을 기대할 수 있음.
종류	보통 예금, 당좌 예금 등	정기 예금, 정기 적금 등

(2) **주식**

① 의미: 주식회사가 경영 자금 확보를 위해 투자자의 지분을 표시하여 발행하는 증서로, 주식을 보유한 사람은 주주로서의 지위를 갖게 됨.

② 특징: 예금이나 채권보다 높은 수익률을 기대할 수 있으나, 안전성이 낮음.

③ 수익 형태: 주식을 소유한 주주는 배당 수익이나 시세 차익을 기대할 수 있음.

(3) 채권

① 의미: 기업, 정부 등이 원리금 지급을 약속하고 자금을 차용하는 채무 증서

② 특징: 주식에 비해 안전성이 높고 수익성이 낮으며, 국채, 공채, 회사채 등으로 분류함.

③ 수익 형태: 채권 투자자는 시세 차익이나 이자 수익을 기대할 수 있음.

≡ 개념 플러스 주식과 채권의 비교

구분	주식	채권
발행자	기업(주식회사)	기업, 정부, 공공 기관 등
발행의 영향	발행자의 자본금 증가	발행자의 부채 증가
투자자의 지위	의결권을 가질 수 있음.	채권자
투자자의 수익 형태	배당 수익, 시세 차익	이자 수익, 시세 차익

(4) 펀드

① 의미: 금융 기관이 자금을 모집하여 운용하고 그 결과에 따라 투자자에게 수익을 돌려주는 간접 투자 상품

② 특징: 전문가가 투자를 대신한다는 장점이 있으나, 원금 손실의 위험이 있음.

③ 수익 형태: 운용자가 자금 운용으로 얻은 수익을 투자 지분에 따라 투자자에게 배분함.

(5) 보험

① 의미: 미래의 위험에 대비하여 평소에 보험료를 내고, 사고 발생 시 보험금을 받는 금융 상품

② 특징: 수익 극대화보다 사고에 따른 손실 최소화를 목적으로 함.

③ 종류

• 보험금 지급 사유에 따른 분류

생명 보험	사망 시 또는 계약 기간까지 생존 시 지급 예 사망 보험, 생존 보험 등
손해 보험	재산·신체적 손해 등 계약으로 정한 손해 발생 시 지급 예 화재 보험, 실손 의료 보험 등

• 보험 운영 방식에 따른 분류

공적 보험	국가·공공단체가 운영하며, 일반적으로 가입의 강제성이 있음. 예 국민 건강 보험, 고용 보험 등
민영 보험	민영 회사가 운영하며, 일반적으로 가입의 강제성이 없음. 예 생명 보험, 손해 보험 등

(6) 연금

① 의미: 노후 생활의 안정을 위해 일정 금액을 적립하고 노령, 은퇴 시에 약속한 금액을 지급받는 금융 상품 또는 제도

② 종류

공적 연금	국가나 공공단체가 운영하는 연금 예 국민연금, 공무원 연금 등
사적 연금	• 퇴직 연금: 사용자가 근로자의 퇴직금 일부를 외부 금융 기관에 적립·운용하고, 근로자가 퇴직할 시 지급하는 연금 • 개인연금: 개인이 자율적으로 가입하는 연금

✪ 배당
주식회사가 회사 경영을 통해 얻은 수익 가운데 일부를 지분에 따라 주주들에게 나누어 주는 것이다.

✪ 시세 차익
자산을 매수한 이후 가격이 상승한 시점에 매도함으로써 얻게 되는 이익을 말한다.

✪ 사망 보험과 생존 보험
사망 보험은 피보험자가 사망 시 보험금을 지급하며, 생존 보험은 피보험자가 계약 만기까지 생존한 경우에 보험금을 지급한다.

개념 체크

1. 주식은 주식회사가 경영 자금 확보를 위해 발행하는 증서로, 주식 투자자는 시세 차익이나 (   )을 얻을 수 있다.

2. (   )은 정부나 기업 등이 원리금 지급을 약속하고 자금을 차용하는 채무 증서로, 일반적으로 주식에 비해 안전성이 높고 수익성이 낮다.

3. (   )은 미래의 위험에 대비하기 위해 가입하는 것으로, 수익 극대화보다 손실 최소화를 목적으로 하는 금융 상품이다.

정답
1. 배당 수익
2. 채권
3. 보험

자료 플러스 **사회 보험**

국민에게 발생하는 질병, 상해, 실업, 노령 등과 같은 사회적 위험에 보험 방식으로 대처함으로써 국민의 건강과 소득을 보장하는 공적 보험 제도로, 가입자의 소득 수준이나 재산 정도에 따라 납입금이 결정된다. 표는 우리나라 사회 보험의 사례를 나타낸다.

국민연금	국민의 노령, 장애 또는 사망에 대해 연금 급여를 실시함.
국민 건강 보험	질병·부상에 대한 진단·치료 및 건강 증진 등에 대해 보험 급여를 실시함.
고용 보험	근로자의 실직으로 인한 경제적 어려움에 대비하기 위한 보험
산업 재해 보상 보험	근로자의 업무상 재해에 따른 손해를 보상하기 위한 보험

✪ 실질 수익률

물가 상승률과 세금, 거래 비용 등을 고려한 수익률이다. 예를 들어, 물가 상승률이 높은 경우 실질 수익률은 하락한다.

3. 생애 주기와 재무 설계

(1) 생애 주기

① 의미: 인간 생애를 유소년기, 청소년기, 청장년기, 노년기 등으로 구분한 것으로, 개인의 성장, 취업, 혼인, 자녀 양육, 은퇴, 노후 등 일반적 삶의 단계를 나타냄.

② 생애 주기 곡선: 생애 주기에 따른 수입과 지출 또는 소득과 소비를 곡선 형태로 나타낸 것으로, 개인마다 다양하게 나타남.

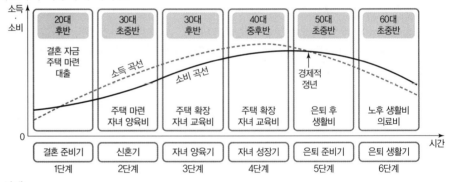

(2) 재무 설계

① 의미: 재무 목표 달성을 위해 수입, 지출과 저축 등을 합리적으로 계획하고 실천에 옮기는 것

② 필요성: 자신이 원하는 생활 수준을 유지하기 위해 재무 설계가 필요함.

③ 재무 설계 시 점검해야 할 요소
• 현재의 재정 상태 파악: 현재의 수입, 자산, 부채 등을 확인
• 미래에 소요될 자금의 종류와 규모 파악: 저축이나 투자의 목적과 기간 확인
• 저축과 소비의 비중 결정: 자신의 소득 중 어느 정도를 저축하고 소비할 것인지 결정
• 물가 상승률과 조세 제도: 자신의 실질 수익률에 영향을 미칠 수 있음.

④ 재무 설계의 절차

재무 목표 설정	자신의 가치관과 재무 상태 등을 고려하여 장단기 재무 목표 설정
재무 상태 분석	자신의 자산과 부채, 수입과 지출 등 재무 상태와 이용 가능한 자원 파악
행동 계획 수립	재무 목표의 우선순위와 시간 계획, 예산 수립, 행동 계획 등을 설정함.
행동 계획 실행	수립한 계획에 따라 수입, 지출, 저축 등에 대한 계획 실행
평가와 수정	결산을 통해 실행 결과를 평가하고 문제점을 분석하여 계획을 수정함.

개념 체크

1. ( )이란 사회적 위험을 보험 방식에 의해 사전에 대비하여 손실을 최소화하기 위한 공적 보험 제도이다.

2. ( )이란 개인의 생애 주기에 따른 수입이나 지출 등을 곡선 형태로 나타낸 것이다.

3. 재무 설계 과정에서 자신의 재무 상태를 분석하기 위해서는 자산과 ( ), 수입과 ( ) 등을 파악해야 한다.

정답
1. 사회 보험
2. 생애 주기 곡선
3. 부채, 지출

포트폴리오 투자	포트폴리오(portfolio)는 원래 간단한 서류 가방이나 자료 수집철을 뜻하는 말이지만, 경제 분야에서는 보유한 자산의 목록을 의미한다. 따라서 여러 종류의 자산으로 나누어 자산 가치 하락의 위험을 피하고 투자 수익을 극대화하기 위한 투자를 '포트폴리오 투자'라고 하며, 주식 거래에서는 여러 종목에 분산 투자하는 것을 의미한다. 소위 '계란을 한 바구니에 담지 말라.'라는 격언은 포트폴리오 투자의 필요성을 강조하는 말이다.
레버리지 투자	레버리지(leverage)의 원래 뜻은 지렛대의 힘을 의미한다. 지렛대를 사용하면 작은 힘으로 훨씬 더 무거운 물건을 들어 올릴 수 있다. 레버리지 투자는 바로 이 원리를 이용한 투자로, 자기 자본이 얼마되지 않아도 더 많은 수익을 올릴 수 있도록 '부채'라는 지렛대를 사용하는 것이다. 예를 들어, 어떤 사람이 가진 자기 자본이 10억 원인데, 연 20%의 수익률이 예상되는 투자처가 있다고 하자. 이때 이 사람이 자기 자본 10억 원만 투자한다면 연 2억 원의 수익을 올리게 되지만, 은행에서 10억 원을 10% 이자율로 빌려서 총 20억 원을 투자하게 되면 은행 이자를 빼고도 연 3억 원의 수익을 올릴 수 있다. 은행 부채를 이용해 자기 자본으로 올릴 수 있는 수익보다 훨씬 더 많은 수익을 올린 것이다. 그러나 레버리지 투자는 자산의 가격이 상승할 때에는 수익률이 높아지지만, 반대로 자산의 가격이 하락할 때에는 그만큼 손실의 위험이 커지므로 투자에 유의해야 한다.

(가)는 시중 이자율과 채권 시장에서 거래되는 채권 가격의 관계를 나타내며, (나)는 채권 가격과 채권 만기 시 원리금 환급에 따른 채권 이자율의 관계를 나타낸다.

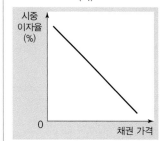

(가)

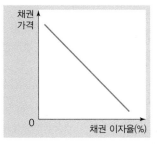

(나)

- 일반적으로 채권을 처음 발행할 때 채권에 표시되어 있는 금액이 채권의 만기 시 환급받을 수 있는 원리금을 의미한다. 따라서 발행 시 채권의 거래 가격은 이보다 낮은 수준이 되지만 이후에는 채권 시장에서의 수요와 공급의 원리에 따라 채권 가격이 변동하게 되며, 특히 채권에 대한 수요는 시중 이자율에 큰 영향을 받는다. (가)의 그래프와 같이 시중 이자율이 하락하면 채권 시장에서 거래되고 있는 채권의 이자율은 상대적으로 높아진다. 이러한 경우 채권을 구매하려는 사람은 증가하게 되고 그 가격은 상승하게 된다. 반면, 시중 이자율이 상승하면 채권 시장에서 거래되고 있는 채권의 이자율은 상대적으로 낮아진다. 이러한 경우 채권을 구매하려고 하는 사람은 감소하게 되고 그 가격은 하락하게 된다.
- 채권은 만기 시 환급받을 수 있는 원리금이 정해져 있으므로 (나)의 그래프와 같이 채권 시장에서 거래되고 있는 채권의 가격이 상승하면 채권 이자율이 하락하고, 채권의 가격이 하락하면 채권 이자율은 상승한다. 채권 이자율이 하락한다는 것은 채권 투자의 수익성이 낮아진다는 의미이며, 채권 이자율이 상승한다는 것은 채권 투자의 수익성이 높아진다는 의미이다.

[24021-0217]

01 그림은 자산 관리 원칙에 따라 구분한 금융 상품의 일반적인 특징을 나타낸다. 이에 대한 옳은 설명만을 〈보기〉에서 고른 것은? (단, ㉠, ㉡은 각각 안전성과 수익성 중 하나임.)

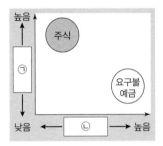

● 보기 ●
ㄱ. ㉠은 '안전성', ㉡은 '수익성'이다.
ㄴ. ㉠은 투자한 자산의 가치 상승을 기대할 수 있는 정도를 의미한다.
ㄷ. ㉡은 투자한 자산을 쉽고 빠르게 현금화할 수 있는 정도를 의미한다.
ㄹ. 시장 가치의 변동률이 큰 상품일수록 ㉠은 높고, ㉡은 낮다.

① ㄱ, ㄴ   ② ㄱ, ㄷ   ③ ㄴ, ㄷ
④ ㄴ, ㄹ   ⑤ ㄷ, ㄹ

[24021-0218]

02 그림은 공적 연금과 사적 연금의 일반적인 특징을 공통점과 차이점으로 구분한 것이다. (가)~(다)에 들어갈 수 있는 옳은 내용만을 〈보기〉에서 고른 것은?

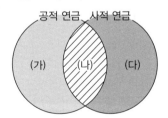

● 보기 ●
ㄱ. (가) - 의무적 가입이 요구된다.
ㄴ. (나) - 시세 차익을 목적으로 한다.
ㄷ. (나) - 은퇴나 노령으로 인한 노후 생활의 안정을 목적으로 한다.
ㄹ. (다) - 국민연금을 사례로 들 수 있다.

① ㄱ, ㄴ   ② ㄱ, ㄷ   ③ ㄴ, ㄷ
④ ㄴ, ㄹ   ⑤ ㄷ, ㄹ

[24021-0219]

03 그림은 갑의 9월 급여 명세표와 가계부의 일부를 나타낸다. 밑줄 친 ㉠~㉤에 대한 설명으로 옳은 것은?

〈급여 명세표〉
공제 항목
• ㉠ 국민 건강 보험료
• ㉡ 국민연금 납입액
• ㉢ ○○퇴직 연금 납입액
• 소득세
• 주민세

〈가계부〉
지출 항목
• 의류비
• 교통비 및 통신비
• 식비 및 문화비
• ㉣ ◇◇실손 의료 보험료
• ㉤ △△개인연금 납입액

① ㉠은 간접 투자 상품에 해당한다.
② ㉠은 ㉡과 달리 사회 보험에 해당한다.
③ ㉡은 ㉤과 달리 의무적 가입이 요구된다.
④ ㉢은 ㉣과 달리 미래의 위험을 대비하기 위한 금융 상품이다.
⑤ ㉤은 ㉢과 달리 은퇴나 노후 생활의 안정을 위한 금융 상품이다.

[24021-0220]

04 그림은 수업 장면 중 일부이다. 학생의 답변 내용으로 옳은 것은? (단, A~C는 각각 보통 예금, 정기 예금, 정기 적금 중 하나임.)

A는 B, C와 달리 수시로 입출금이 가능하며, B는 A, C와 달리 매월 일정 금액을 적립해야 합니다. A~C의 일반적 특징에 대해 설명해 보세요.

① A는 저축성 예금에 해당합니다.
② B는 이자 수익보다 자금 보관이 목적입니다.
③ C는 배당 수익을 기대할 수 있습니다.
④ A는 B, C와 달리 만기가 없습니다.
⑤ C는 A, B에 비해 수익성과 안전성이 모두 낮습니다.

[24021-0221]

05 표는 시기별 갑의 금융 상품 투자 비율을 나타낸다. 이에 대한 분석 및 추론으로 옳은 것은?

(단위: %)

구분	t 시기	t+1 시기
정기 예금	50	20
주식	20	60
채권	30	20

① 예금자 보호 제도의 적용을 받는 금융 상품의 투자 비율은 t 시기가 t+1 시기보다 높다.
② 발행 시 발행 주체의 채무가 증가하는 금융 상품의 투자 비율은 t 시기가 t+1 시기보다 낮다.
③ 배당 수익을 기대할 수 있는 금융 상품의 투자 비율은 t 시기가 t+1 시기보다 높다.
④ 이자 수익을 기대할 수 있는 금융 상품의 투자 비율은 t 시기가 t+1 시기보다 낮다.
⑤ 시세 차익을 기대할 수 있는 금융 상품의 투자 비율은 t 시기가 t+1 시기보다 높다.

[24021-0222]

06 그림은 금융 상품 A~C를 일반적인 특징에 대한 질문에 따라 구분한 것이다. 이에 대한 설명으로 옳은 것은? (단, A~C는 각각 요구불 예금, 주식, 채권 중 하나임.)

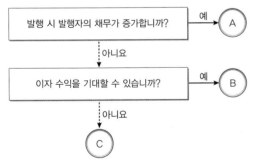

① A는 정부가 발행할 수 없다.
② B는 시세 차익을 기대할 수 있다.
③ C는 주로 자금을 보관하는 것이 목적이다.
④ B는 A와 달리 이자 수익을 기대할 수 있다.
⑤ A와 달리 C의 투자자는 주주의 지위를 가진다.

[24021-0223]

07 그림은 금융 상품 A의 약관 중 일부를 나타낸다. 금융 상품 A의 일반적인 특징에 대한 설명으로 옳은 것은?

제2장 ○○사의 의무

제3조 ○○사는 가입자가 질병이나 상해로 인해 통원 치료를 받는 경우 진료비와 약제비를 합한 금액에서 2만 원을 제한 금액 전체를 최대 5,000만 원까지 보상한다.
제4조 ○○사는 가입자가 입원 치료를 받는 경우 입원비는 1일당 10만 원을 보상한다.

① 간접 투자 상품이다.
② 자금 보관을 목적으로 한다.
③ 만기 시 이자 수익을 목적으로 한다.
④ 시세 차익과 배당 수익을 기대할 수 있다.
⑤ 미래의 위험에 대비하기 위한 목적을 가진다.

[24021-0224]

08 그림은 갑의 생애 주기 곡선이다. 이에 대한 설명으로 옳은 것은?

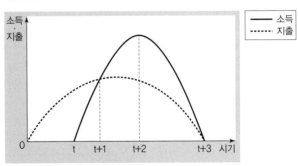

* 저축=소득−지출

① t 시기부터 저축이 발생한다.
② t+1 시기의 처분 가능 소득은 0이다.
③ 저축은 t+1 시기와 t+3 시기가 동일하다.
④ 누적 저축액은 t+2 시기가 가장 많다.
⑤ 누적 소득액은 t 시기가 t+3 시기보다 많다.

[24021-0225]

1 다음 자료에 대한 분석으로 옳은 것은?

갑은 매년 1년 만기 정기 예금 A와 배당이 없는 주식 B에 투자하였다. A에는 매년 초에 투자하여 매년 말에 원리금 전액을 지급받았다. B에는 매년 초에 투자하고 매년 말에 전량 매각하여 현금화하였다. 표는 연도별 A와 B의 투자 수익률을 나타낸다. 단, 연도별 총투자금은 서로 다른 자금을 사용하여 매년 일정하게 유지하였으며, 수수료나 세금 등 거래 비용은 없다.

(단위: %)

구분	2021년	2022년	2023년
A의 투자 수익률	5	4	3
B의 투자 수익률	2	7	−1

* 투자 수익률(%)=(투자 수익/투자 원금)×100

① A의 연 이자율은 지속적으로 상승하였다.
② B는 시세 차익과 이자 수익을 기대할 수 있다.
③ B는 A에 비해 안전성이 높은 금융 상품이다.
④ 2021년에 총투자금의 1/2씩을 각각 A와 B에 투자했다면, 연간 투자 수익률은 7%이다.
⑤ 2022년에 총투자금의 1/3을 A에 투자하고 나머지를 B에 투자했다면, 연간 투자 수익률은 6%이다.

[24021-0226]

2 다음 자료에 대한 분석으로 옳은 것은?

갑은 t년 시점에 모든 자산을 활용하여 채권에 100만 원, 주식에 100만 원을 투자하였고, 1년 후인 t+1년 시점에 이를 모두 현금화하였다. (가), (나)는 t+1년 시점에 발생할 수 있는 갑의 자산 변동을 나타낸다. 단, 세금이나 수수료 등 거래 비용은 없다.

(가) 이자 수익을 기대할 수 있는 금융 상품에서 투자금의 3%만큼 이익이 발생한다.
(나) 시세 차익을 기대할 수 있는 금융 상품에서 투자금의 3%만큼 손해가 발생한다.

① 배당 수익을 기대할 수 있는 금융 상품에 총 200만 원을 투자하였다.
② 발행 시 발행 주체의 부채가 증가하는 금융 상품에 총 200만 원을 투자하였다.
③ (가)만 발생하면, 자산은 3만 원 증가한다.
④ (나)만 발생하면, 자산은 3만 원 감소한다.
⑤ (가), (나)가 순서대로 발생하면, 갑의 자산은 변함이 없다.

[24021-0227]

3 표는 금융 상품별 갑의 투자액에 대한 을의 투자액의 비를 나타낸다. 이에 대한 분석으로 옳은 것은?

구분	주식	채권	정기 예금
을의 투자액 / 갑의 투자액	1.2	1	0.8

① 시세 차익을 기대할 수 있는 금융 상품에 투자한 금액은 갑이 을보다 적다.

② 이자 수익을 기대할 수 있는 금융 상품에 투자한 금액은 갑이 을보다 적다.

③ 배당 수익을 기대할 수 있는 금융 상품에 투자한 금액은 갑이 을보다 많다.

④ 투자자가 주주의 지위를 가지는 금융 상품에 투자한 금액은 갑이 을보다 많다.

⑤ 투자금을 일정 기간 동안 예치한 후 만기 시 원리금을 수령하는 금융 상품에 투자한 금액은 갑과 을이 같다.

[24021-0228]

4 다음 자료에 대한 옳은 분석만을 〈보기〉에서 고른 것은?

학생 갑 ~ 정은 투자 포트폴리오 게임 수업에 참여하고 있다. 갑, 을, 병은 투자자, 정은 조언자의 역할을 한다. 투자자는 조언자와 협의하여 포트폴리오를 구성하며, 교사가 제시한 투자 수익 변동 카드의 내용을 자신의 포트폴리오에 적용하여 이익과 손실을 계산한다. 투자자에게 이익이 발생한 경우에만 조언자는 투자자로부터 이익의 50%만큼을 성공 보수로 받는다. 〈자료 1〉은 투자자별 포트폴리오 구성을 나타내고, 〈자료 2〉는 투자 수익 변동 카드 A~C의 내용을 나타낸다. 단, 투자자별 투자 원금은 총 100만 원이며, 투자자의 수익은 금융 상품에서 발생한 이익에서 조언자에게 지급한 성공 보수와 손실을 뺀 값이다.

〈자료 1〉

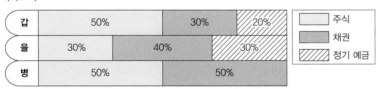

〈자료 2〉

카드 A	이자 수익만을 기대할 수 있는 금융 상품은 투자액의 10%에 해당하는 이익이 발생하였다.
카드 B	투자자가 주주의 지위를 가지는 금융 상품은 투자액의 5%에 해당하는 손실이 발생하였다.
카드 C	발행 시 발행자의 부채가 증가하는 금융 상품은 투자액의 10%에 해당하는 이익이 발생하였다.

● 보기 ●

ㄱ. 카드 A가 제시된 경우 갑의 수익은 1만 원이다.

ㄴ. 카드 B가 제시된 경우 을의 손실은 2만 원보다 크다.

ㄷ. 카드 C가 제시된 경우 정의 성공 보수는 6만 원이다.

ㄹ. 정의 성공 보수는 카드 A가 제시된 경우가 카드 B가 제시된 경우보다 1만 원 많다.

① ㄱ, ㄴ   ② ㄱ, ㄷ   ③ ㄴ, ㄷ   ④ ㄴ, ㄹ   ⑤ ㄷ, ㄹ

01 그림은 회사원 갑의 월급 명세서와 가계부 내역의 일부를 나타낸다. 밑줄 친 ㉠~㉤에 대한 설명으로 옳은 것은?

2024학년도 6월 모의평가

〈월급 명세서 내역〉

(단위: 원)

지급 항목		공제 항목	
㉠기본 급여	2,800,000	㉢소득세	93,000
㉡상여금	200,000		
⋮		⋮	

〈가계부 내역〉

(단위: 원)

⋮	
㉣이동 통신비 납부	−100,000
㉤복권 당첨금 수령	+30,000
㉥○○기업 주식 배당금 수입	+30,000

① ㉠은 비경상 소득에 해당한다.
② ㉡은 이전 소득에 해당한다.
③ ㉤은 사업 소득에 해당한다.
④ ㉥은 근로 소득에 해당한다.
⑤ ㉣과 달리 ㉢은 비소비 지출에 해당한다.

02 표는 갑이 1,000만 원으로 구성한 자산 포트폴리오이다. 이에 대한 설명으로 옳은 것은?

2024학년도 6월 모의평가

금융 상품	금액(만 원)
㉠ 정기 예금	600
㉡ 주식	300
㉢ 펀드	100

① ㉠은 주주로서의 지위를 부여하는 금융 상품이다.
② ㉡은 시세 차익을 기대할 수 있는 금융 상품이다.
③ ㉢은 발행 주체가 빌린 돈을 갚기로 약속한 증서이다.
④ 갑이 구성한 포트폴리오에서 간접 투자 금융 상품의 비중은 30%이다.
⑤ 갑이 구성한 포트폴리오에서 이자 수익을 기대할 수 있는 금융 상품의 비중은 40%이다.

03 그림은 경제 수업의 일부이다. 이에 대한 설명으로 옳은 것은? (단, A~C는 각각 정기 예금, 주식, 채권 중 하나임.) 2024학년도 9월 모의평가

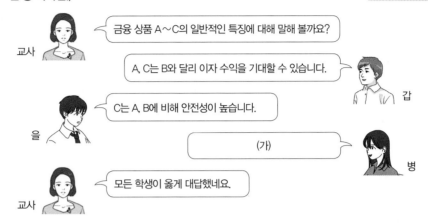

교사: 금융 상품 A~C의 일반적인 특징에 대해 말해 볼까요?

갑: A, C는 B와 달리 이자 수익을 기대할 수 있습니다.

을: C는 A, B에 비해 안전성이 높습니다.

병: (가)

교사: 모든 학생이 옳게 대답했네요.

① B는 배당 수익을 기대할 수 있다.
② C는 시세 차익을 기대할 수 있다.
③ A는 B와 달리 시장에서 거래된다.
④ B는 A와 달리 만기가 존재한다.
⑤ (가)에는 'A는 B, C와 달리 예금자 보호 제도의 적용을 받습니다.'가 들어갈 수 있다.

04 다음 자료에 대한 설명으로 옳은 것은? (단, A~D는 각각 요구불 예금, 정기 예금, 주식, 채권 중 하나이며, 각 금융 상품의 일반적인 특징을 가짐.) 2024학년도 수능

> 표는 금융 상품 A~D로 구성된 투자 포트폴리오의 조정 전후 상품별 금액을 나타낸다. 조정 후 전체 포트폴리오에서 입출금이 자유로운 상품의 비율은 변함이 없고, 이자 수익을 기대할 수 있는 상품의 비율은 80%가 되었으며, 시세 차익을 기대할 수 있는 상품만 비율이 모두 높아졌다.
>
> (단위: 만 원)
>
> | 구분 | A | B | C | D |
> |------|-----|-----|-----|-----|
> | 조정 전 | 10 | 30 | 50 | 10 |
> | 조정 후 | 10 | 15 | 55 | 20 |

① A는 C에 비해 유동성이 낮다.
② D는 B에 비해 안전성이 높다.
③ 만기가 있는 상품의 총액은 커졌다.
④ 배당 수익을 기대할 수 있는 상품의 총액은 커졌다.
⑤ 예금자 보호 제도의 적용을 받는 상품의 총액은 변함이 없다.

고2~N수 수능 집중 로드맵

수능 입문	→	기출 / 연습	→	연계+연계 보완	→	심화 / 발전	→	모의고사

수능 입문
- 윤혜정의 개념/패턴의 나비효과
- 하루 6개 1등급 영어독해
- 수능 감(感)잡기
- 수능특강 Light

강의노트
- 수능개념

기출 / 연습
- 윤혜정의 기출의 나비효과
- 수능 기출의 미래
- 수능 기출의 미래 미니모의고사
- 수능특강Q 미니모의고사

연계+연계 보완
- 수능연계교재의 VOCA 1800
- 수능연계 기출 Vaccine VOCA 2200
- 연계: 수능특강 / 수능완성
- 수능특강 사용설명서
- 수능특강 연계 기출
- 수능 영어 간접연계 서치라이트
- 수능완성 사용설명서

심화 / 발전
- 수능연계완성 3주 특강
- 박봄의 사회·문화 표 분석의 패턴

모의고사
- FINAL 실전모의고사
- 만점마무리 봉투모의고사
- 만점마무리 봉투모의고사 시즌2

구분	시리즈명	특징	수준	영역
수능 입문	윤혜정의 개념/패턴의 나비효과	윤혜정 선생님과 함께하는 수능 국어 개념/패턴 학습		국어
	하루 6개 1등급 영어독해	매일 꾸준한 기출문제 학습으로 완성하는 1등급 영어 독해		영어
	수능 감(感) 잡기	동일 소재·유형의 내신과 수능 문항 비교로 수능 입문		국/수/영
	수능특강 Light	수능 연계교재 학습 전 연계교재 입문서		영어
	수능개념	EBSi 대표 강사들과 함께하는 수능 개념 다지기		전 영역
기출/연습	윤혜정의 기출의 나비효과	윤혜정 선생님과 함께하는 까다로운 국어 기출 완전 정복		국어
	수능 기출의 미래	올해 수능에 딱 필요한 문제만 선별한 기출문제집		전 영역
	수능 기출의 미래 미니모의고사	부담없는 실전 훈련, 고품질 기출 미니모의고사		국/수/영
	수능특강Q 미니모의고사	매일 15분으로 연습하는 고품격 미니모의고사		전 영역
연계 + 연계 보완	수능특강	최신 수능 경향과 기출 유형을 분석한 종합 개념서		전 영역
	수능특강 사용설명서	수능 연계교재 수능특강의 지문·자료·문항 분석		국/영
	수능특강 연계 기출	수능특강 수록 작품·지문과 연결된 기출문제 학습		국어
	수능완성	유형 분석과 실전모의고사로 단련하는 문항 연습		전 영역
	수능완성 사용설명서	수능 연계교재 수능완성의 국어·영어 지문 분석		국/영
	수능 영어 간접연계 서치라이트	출제 가능성이 높은 핵심만 모아 구성한 간접연계 대비 교재		영어
	수능연계교재의 VOCA 1800	수능특강과 수능완성의 필수 중요 어휘 1800개 수록		영어
	수능연계 기출 Vaccine VOCA 2200	수능-EBS 연계 및 평가원 최다 빈출 어휘 선별 수록		영어
심화/발전	수능연계완성 3주 특강	단기간에 끝내는 수능 1등급 변별 문항 대비서		국/수/영
	박봄의 사회·문화 표 분석의 패턴	박봄 선생님과 사회·문화 표 분석 문항의 패턴 연습		사회탐구
모의고사	FINAL 실전모의고사	EBS 모의고사 중 최다 분량, 최다 과목 모의고사		전 영역
	만점마무리 봉투모의고사	실제 시험지 형태와 OMR 카드로 실전 훈련 모의고사		전 영역
	만점마무리 봉투모의고사 시즌2	수능 완벽대비 최종 봉투모의고사		국/수/영

총신대학교
CHONGSHIN UNIVERSITY

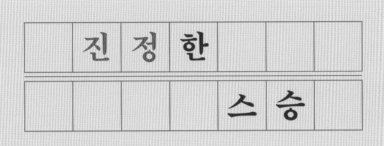

지식을 전달하는 스승이 있습니다.

기술을 전수하는 스승이 있습니다.

삶으로 가르치는 스승이 있습니다.

모두가 우리의 인생에 필요한 분들입니다.

그러나 무엇보다도 진정한 스승은

생명을 살리는 스승입니다.

또 비유로 말씀하시되 소경이 소경을 인도할 수 있느냐 둘이 다 구덩이에 빠지지 아니하겠느냐
― 누가복음 6장 39절 ―

강원대학교
글로컬지정대학
30
학생 성공을 위한
지름길 입니다

국립
강원대학교

춘천 캠퍼스
ITX타고 50분
**수도권에서 가장 가까운
국가거점국립대학교**

삼척 캠퍼스
KTX 동해역 운행
**청량리역에서 동해역 약 2시간 소요
미래수소산업·에너지분야 특성화 캠퍼스**

도계 캠퍼스
신입생 기숙사 생활장학금 지급
**보건·의료 전문가 양성
그린캠퍼스**

수도권 ◦ 춘천
◦ 삼척
◦ 도계

NOTICE

춘천 캠퍼스
입학상담   033) 250-6041

삼척 캠퍼스
입학상담   033) 570-6555

▲ 입학안내

▲ 입학상담

문제를 사진 찍고
해설 강의 보기
Google Play | App Store

EBS*i* 사이트
무료 강의 제공

한국교육과정평가원
감수

본 교재는 2025학년도 수능
연계교재로서 한국교육과정
평가원이 감수하였습니다.

정답과 해설

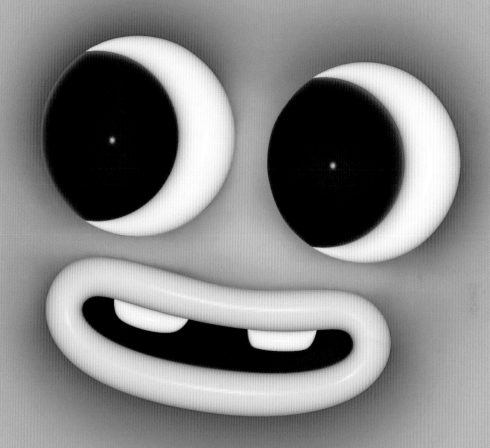

수능특강

사회탐구영역
경제

2025학년도 수능 연계교재

본 교재는 대학수학능력시험을 준비하는 데 도움을 드리고자 사회과 교육과정을 토대로 제작된 교재입니다.
학교에서 선생님과 함께 교과서의 기본 개념을 충분히 익힌 후 활용하시면 더 큰 학습 효과를 얻을 수 있습니다.

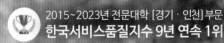

BUCHEON
UNIVERSITY

BUCHEON
UNIVERSITY

부천대학교 2025학년도 신입생모집

수시1차	2024. 09. 09. (월) ~ 10. 02. (수)
수시2차	2024. 11. 08. (금) ~ 11. 22. (금)
정　시	2024. 12. 31. (화) ~ 2025. 01. 14. (화)
입학문의	032-610-0700 ~ 2

입학홈페이지

카카오톡 상

한눈에 보는 **정답**

01 희소성과 합리적 선택
본문 12~17쪽

수능 기본 문제	01 ④	02 ④	03 ③	04 ②
	05 ①	06 ④	07 ⑤	08 ①
수능 실전 문제	1 ③	2 ⑤	3 ④	4 ③
	5 ②	6 ①	7 ④	8 ①

02 경제 체제 및 시장 경제의 원리
본문 22~26쪽

수능 기본 문제	01 ③	02 ⑤	03 ④	04 ①
	05 ②	06 ③	07 ⑤	08 ①
수능 실전 문제	1 ④	2 ③	3 ⑤	4 ⑤
	5 ④	6 ③		

03 가계, 기업, 정부의 경제 활동
본문 31~39쪽

수능 기본 문제	01 ①	02 ④	03 ④	04 ③
	05 ①	06 ⑤	07 ①	08 ②
수능 실전 문제	1 ④	2 ③	3 ⑤	4 ①
	5 ⑤	6 ③	7 ④	8 ①
	9 ④	10 ④		

I단원 기출 플러스

01 ③   02 ②   03 ③   04 ①

04 시장 가격의 결정과 변동
본문 45~51쪽

수능 기본 문제	01 ③	02 ②	03 ⑤	04 ②
	05 ①	06 ②	07 ⑤	08 ⑤
수능 실전 문제	1 ⑤	2 ②	3 ②	4 ③
	5 ④	6 ②	7 ④	8 ⑤
	9 ③	10 ⑤		

05 잉여와 자원 배분의 효율성
본문 56~61쪽

수능 기본 문제	01 ④	02 ④	03 ⑤	04 ⑤
	05 ②	06 ①	07 ②	08 ④
수능 실전 문제	1 ②	2 ③	3 ③	4 ②
	5 ④	6 ⑤	7 ②	8 ④

06 수요와 공급의 가격 탄력성
본문 66~69쪽

수능 기본 문제	01 ⑤	02 ④	03 ③	04 ③
수능 실전 문제	1 ③	2 ③	3 ②	4 ②
	5 ④	6 ②		

07 시장 실패와 정부 실패
본문 75~83쪽

수능 기본 문제	01 ①	02 ②	03 ③	04 ⑤
	05 ④	06 ⑤	07 ③	08 ②
수능 실전 문제	1 ②	2 ⑤	3 ⑤	4 ⑤
	5 ②	6 ⑤	7 ②	8 ③
	9 ③	10 ③		

II단원 기출 플러스

01 ④   02 ③   03 ③   04 ②

08 경제 순환과 경제 성장
본문 88~94쪽

수능 기본 문제	01 ②	02 ④	03 ⑤	04 ⑤
	05 ③	06 ④	07 ②	08 ④
수능 실전 문제	1 ⑤	2 ②	3 ④	4 ②
	5 ⑤	6 ⑤	7 ④	8 ③
	9 ⑤	10 ③		

한눈에 보는 **정답**

09 실업과 인플레이션
본문 100~105쪽

수능 기본 문제	01 ②	02 ④	03 ①	04 ③
	05 ②	06 ③	07 ②	08 ⑤
수능 실전 문제	1 ⑤	2 ④	3 ⑤	4 ④
	5 ④	6 ③	7 ⑤	8 ④

10 경기 변동과 안정화 정책
본문 111~117쪽

수능 기본 문제	01 ②	02 ⑤	03 ③	04 ④
	05 ⑤	06 ③	07 ④	08 ④
수능 실전 문제	1 ④	2 ④	3 ④	4 ③
	5 ③	6 ⑤		

III 단원 기출 플러스

01 ④   02 ①   03 ⑤   04 ②

11 무역 원리와 무역 정책
본문 122~129쪽

수능 기본 문제	01 ③	02 ②	03 ②	04 ②
	05 ①	06 ⑤	07 ⑤	08 ⑤
수능 실전 문제	1 ③	2 ④	3 ⑤	4 ④
	5 ④	6 ⑤	7 ⑤	8 ④
	9 ①	10 ②	11 ③	12 ③

12 외환 시장과 환율
본문 134~139쪽

수능 기본 문제	01 ①	02 ④	03 ⑤	04 ④
	05 ⑤	06 ④	07 ⑤	08 ③
수능 실전 문제	1 ⑤	2 ⑤	3 ③	4 ②
	5 ④	6 ④	7 ④	8 ③

13 국제 수지
본문 144~149쪽

수능 기본 문제	01 ③	02 ③	03 ③	04 ⑤
수능 실전 문제	1 ③	2 ②	3 ⑤	4 ④
	5 ⑤	6 ⑤		

IV 단원 기출 플러스

01 ④   02 ②   03 ④   04 ③

14 금융 생활과 신용
본문 154~157쪽

수능 기본 문제	01 ④	02 ⑤	03 ①	04 ④
	05 ②	06 ④	07 ③	08 ③
수능 실전 문제	1 ⑤	2 ④	3 ④	4 ②

15 금융 상품과 재무 계획
본문 162~167쪽

수능 기본 문제	01 ④	02 ②	03 ③	04 ④
	05 ①	06 ⑤	07 ⑤	08 ③
수능 실전 문제	1 ⑤	2 ③	3 ①	4 ②

V 단원 기출 플러스

01 ⑤   02 ②   03 ①   04 ④

01 희소성과 합리적 선택

본문 12~13쪽

수능 기본 문제

01 ④	02 ④	03 ③	04 ②
05 ①	06 ④	07 ⑤	08 ①

01 경제 주체와 경제 활동의 이해

문제 분석 소비와 생산 중 재화나 서비스의 가치를 증대시키는 활동에 해당하는 것은 생산이다. 따라서 A는 생산, B는 소비이다.

정답 찾기 ④ 민간 경제 주체인 가계와 기업의 경제생활을 구성하는 활동은 생산, 분배, 소비이다. 따라서 A와 B의 공통점을 나타낸 (가)에는 해당 진술이 들어갈 수 있다.

오답 피하기 ① 생산은 이윤 극대화를 추구하는 경제 주체인 기업이 담당한다.

② 소비의 경제 주체는 가계이다. 가계는 생산물 시장의 수요자 역할을 한다.

③ 생산에 참여한 대가를 주고받는 활동은 분배이다.

⑤ 소비는 효용을 얻기 위해 생활에 필요한 재화나 서비스를 구매 또는 사용하는 활동이다. 따라서 (나)에는 해당 진술이 들어갈 수 없다.

02 경제 주체와 경제 활동의 이해

문제 분석 (가) 시장에서 기업은 공급자, 가계는 수요자이므로 (가) 시장은 생산물 시장이다. (나) 시장에서 기업은 수요자, 가계는 공급자이므로 (나) 시장은 생산 요소 시장이다. ㉠은 기업이 생산물 시장에 공급하는 실물이므로 재화와 서비스이고, ㉡은 기업이 생산 요소 시장에서 수요하는 실물이므로 노동, 토지, 자본과 같은 생산 요소이다. ㉢은 가계가 생산 요소를 제공하고 받는 대가이므로 임금, 지대, 이자이다.

정답 찾기 ㄴ. 여행사의 테마별 여행 상품 출시는 기업이 서비스를 생산한 것이므로 ㉠에 해당한다.

ㄹ. 회사원이 받는 월급은 가계가 노동을 제공하고 받는 대가이므로 ㉢에 해당한다.

오답 피하기 ㄱ. (가) 시장은 생산물 시장, (나) 시장은 생산 요소 시장이다.

ㄷ. 자본을 제공하고 받는 이자는 가계가 생산 요소를 제공한 대가이므로 ㉢에 해당한다.

03 기본적인 경제 문제의 이해

문제 분석 은행이 연 4.5% 금리의 대출 상품을 없애고 연 4.3% 금리의 대출 상품을 출시한 것은 생산물의 종류를 결정하는 사례

이므로 A는 생산물의 결정에 대한 경제 문제이다. B와 C는 (가), (나)의 사례에 따라 각각 생산 방법의 결정에 대한 경제 문제와 분배 방식의 결정에 대한 경제 문제 중 하나이다.

정답 찾기 ③ 은행이 고객 응대 인공 지능 로봇을 도입하며 인력을 감축한 것은 생산 방법을 결정하는 사례이다. 따라서 (가)에 해당 사례가 들어가면, B는 생산 방법의 결정에 대한 경제 문제이다.

오답 피하기 ① A는 '무엇을, 얼마나 생산할 것인가'를 결정하는 경제 문제에 해당한다.

② 생산 방법의 결정에 대한 경제 문제와 분배 방식의 결정에 대한 경제 문제는 모두 해결 기준으로 효율성이 고려된다.

④ 보험 회사가 직원들 성과급의 차등 지급 비율을 높인 것은 분배 방식을 결정하는 사례이다. 따라서 (나)에 해당 사례가 들어가면, B는 생산 방법의 결정에 대한 경제 문제, C는 분배 방식의 결정에 대한 경제 문제이다.

⑤ 자동차 기업이 노후화된 생산 장비를 최신 생산 장비로 교체한 것은 생산 방법을 결정하는 사례이다. 따라서 (나)에 해당 사례가 들어가면, B는 분배 방식의 결정에 대한 경제 문제, C는 생산 방법의 결정에 대한 경제 문제이다.

04 희소성의 이해

문제 분석 A재는 수요 곡선과 공급 곡선이 만나 시장 균형 가격이 형성되므로 희소성이 있는 경제재이다. B재는 공급자가 최소로 받고자 하는 금액이 소비자가 최대로 지불하고자 하는 금액보다 높아 시장 균형 가격이 형성되지 않는 재화이다.

정답 찾기 ㄱ. A재는 인간의 욕구보다 상대적으로 적게 존재하여 대가를 지불해야 소비할 수 있는 재화로, 경제재에 해당한다.

ㄷ. A재는 B재와 달리 시장 균형 가격이 형성되는 재화이다.

오답 피하기 ㄴ. 인간의 욕구보다 많이 존재하여 무상으로 소비할 수 있는 재화는 무상재인데, B재는 무상재에 해당하지 않는다.

ㄹ. 인간의 욕구와 관계없이 자원의 양이 절대적으로 부족한 재화는 희귀성이 있다. 하지만 제시된 그림만으로는 A재와 B재의 희귀성 유무를 판단할 수 없다.

05 경제 주체와 경제 활동의 이해

문제 분석 정부는 공공재 공급, 가계와 기업으로부터 조세 징수, 생산물 시장에서 기업이 생산한 재화 구입 등의 역할을 하는 경제 주체이다. 따라서 A는 정부, B는 가계, C는 기업이다.

정답 찾기 갑. 정부는 생산 요소 시장의 수요자 역할을 한다.

을. 가계는 노동, 토지, 자본과 같은 생산 요소를 시장에 공급하는 역할을 한다.

오답 피하기 병. 이윤 극대화를 추구하는 경제 주체는 기업이다.

정. 사회적 후생 극대화를 추구하는 경제 주체는 정부이다.

06 합리적 선택의 이해

문제 분석 상품 A를 3개 또는 상품 B를 2개 소비할 때 갑은 편의점의 구매 혜택을 고려해야 한다. 즉, 갑은 상품 A를 3개 소비하려면 상품 A를 2개만 구매하면 되고, 상품 B를 2개 소비하려면 상품 B를 1개만 구매하면 된다. 이때 상품 A를 3개 소비할 때와 상품 B를 2개 소비할 때 각각의 편익, 기회비용, 순편익을 나타내면 다음과 같다.

(단위: 원)

구분		상품 A를 3개 소비(㉠)	상품 B를 2개 소비(㉡)
편익		7,200	5,400
기회비용		6,300	6,300
	명시적 비용	3,000	2,100
	암묵적 비용	3,300	4,200
순편익		900	−900

정답 찾기 ㄴ. 기회비용은 ㉠을 선택할 때(=3,000원+3,300원)와 ㉡을 선택할 때(=2,100원+4,200원)가 각각 6,300원으로 동일하다.

ㄹ. 합리적 선택은 순편익이 양(+)의 값을 갖는 대안을 선택하는 것이다. 순편익은 ㉠을 선택할 때가 900원, ㉡을 선택할 때가 −900원이므로 갑은 ㉠을 선택하는 것이 합리적이다.

오답 피하기 ㄱ. 명시적 비용은 ㉠을 선택할 때가 3,000원, ㉡을 선택할 때가 2,100원이다.

ㄷ. 편익은 ㉠을 선택할 때가 7,200원, ㉡을 선택할 때가 5,400원이다.

07 기회비용과 매몰 비용의 이해

문제 분석 갑이 부동산 컨설팅 프로그램에 등록한 것을 취소할 경우 등록비 30만 원을 전액 돌려받을 수 있다면, 등록비 30만 원은 갑이 부동산 컨설팅 프로그램에 참여함으로써 포기하게 되는 가치인 기회비용에 포함된다. 한편, 갑이 부동산 컨설팅 프로그램에 등록한 것을 취소할 경우 등록비 30만 원을 전혀 돌려받을 수 없다면, 등록비 30만 원은 갑이 부동산 컨설팅 프로그램에 참여하는 것에 대해 이미 지출하여 회수가 불가능한 비용인 매몰 비용에 포함된다.

정답 찾기 ⑤ A는 하나의 대안을 선택함으로써 포기하게 되는 가치인 기회비용이다. B는 이미 지출하여 회수가 불가능한 매몰 비용이다.

08 경제적 유인의 이해

문제 분석 ㉠은 어린이 보호 구역에서 제한 속도를 위반한 갑국 운전자의 비용을 증가시키는 부정적인 경제적 유인으로 작용한

다. ㉡은 라벨지를 제거한 투명 페트병을 일정량 모아 주민센터로 가져오는 을국 주민의 편익을 증가시키는 긍정적인 경제적 유인으로 작용한다.

정답 찾기 ① ㉠은 부정적인 경제적 유인으로, 범칙금 부과 대상인 어린이 보호 구역에서 제한 속도를 위반한 갑국 운전자의 비용 증가 요인으로 작용한다.

오답 피하기 ② ㉠은 운전자에게 교통 법규를 준수하도록 동기를 부여하는 금전적 손실에 해당한다.

③ ㉡은 긍정적인 경제적 유인으로, 라벨지를 제거한 투명 페트병을 일정량 모아 주민센터로 가져오는 을국 주민의 편익 증가 요인이다.

④ ㉡은 사람들이 어떤 행동을 하도록 동기를 부여하는 것이다. 따라서 ㉡은 정부의 명령에 의해 문제를 해결하는 사례로 보기 어렵다.

⑤ ㉠과 ㉡은 모두 인간이 어떤 행동을 하거나 하지 않도록 동기를 부여하는 것으로, 이는 인간이 합리적으로 행동한다는 것을 전제로 하는 정책에 해당한다.

수능 실전 문제

본문 14~17쪽

1 ③	2 ⑤	3 ④	4 ③
5 ②	6 ①	7 ④	8 ①

1 기본적인 경제 문제의 이해

문제 분석 ㉠은 갑의 경제 문제에 대한 해결 방안을 지칭하는 것이다. ㉡은 생산된 가치의 분배 방식을 결정하는 것으로 '누구를 위하여 생산할 것인가'의 경제 문제와 관련이 있고, ㉢은 생산 요소의 선택과 결합 방법을 결정하는 것으로 '어떻게 생산할 것인가'의 경제 문제와 관련이 있으며, ㉣은 생산물의 종류와 수량을 결정하는 것으로 '무엇을, 얼마나 생산할 것인가'의 경제 문제와 관련이 있다.

정답 찾기 ③ 기존의 주방 설비를 자동화된 주방 설비로 교체하여 숙련도가 낮은 직원도 음식을 능숙하게 만들 수 있게 한 것은 생산 요소의 선택과 결합 방법을 결정하기 위한 것이다.

오답 피하기 ① ㉠의 과정에서 자원의 희소성이 고려된다.

② ㉡은 '누구를 위하여 생산할 것인가'를 결정하기 위한 것이다.

④ ㉡은 ㉣과 달리 생산된 가치의 분배 방식을 결정하기 위한 것이다.

⑤ ㉡~㉣과 관련된 기본적인 경제 문제는 모두 해결 기준으로 효율성이 고려된다.

2 경제 활동의 유형과 객체의 이해

문제 분석 농장 운영을 위해 땅에 대한 지대를 지불한 것은 토지에 대한 대가를 지급하는 분배 활동이다. 따라서 A는 분배, B는 생산이다.

정답 찾기 ⑤ 문화 콘텐츠 회사가 유명 가수의 공연을 제작한 것은 서비스에 대한 생산 활동이므로 (다)에 해당한다.

오답 피하기 ① A는 '분배', B는 '생산'이다.
② 사회적 후생 극대화를 추구하는 경제 주체는 정부이다. 정부는 민간 부문이 아니며, 재정 활동의 주체이다.
③ 전자 제품 회사가 시스템 반도체를 제조한 것은 재화를 만들어 낸 생산 활동이므로 (나)에 해당한다.
④ 의류 회사가 직원들에게 성과급을 지급한 것은 노동에 대한 분배 활동이므로 (가)에 해당한다.

3 경제 주체와 경제 활동의 이해

문제 분석 생산물 시장과 생산 요소 시장을 매개로 민간 부문에서 가계와 기업의 경제 활동이 이루어진다. 생산물 시장에서는 재화와 서비스, 생산 요소 시장에서는 노동, 토지, 자본과 같은 생산 요소가 거래되며, 생산 요소 구입에 대한 대가를 지불하는 경제 주체는 기업이고, 이에 대한 대가를 받는 경제 주체는 가계이다.

정답 찾기 ㄴ. 전기차 제조업체가 전기차를 제조하는 활동은 생산 요소를 이용해 사람들에게 필요한 재화를 만들어 내거나 이미 만들어진 재화의 가치를 증대시키는 활동이므로 부가 가치를 창출하는 생산 활동이다.
ㄹ. ㉣은 가계이며, 가계는 소비 활동을 주로 담당한다.

오답 피하기 ㄱ. ㉠에서 가계는 공급자이다.
ㄷ. ㉢의 주체는 기업이며, 기업은 이윤 극대화를 추구한다.

4 합리적 선택의 분석

문제 분석 갑의 항공권 종류에 따른 항공권 요금과 소요 시간의 가치를 나타내면 다음과 같다.

(단위: 달러)

구분	(가) 항공권	(나) 항공권
항공권 요금	700	350
소요 시간의 가치	500	(14시간+㉠시간)×50

항공기 이용을 통해 갑이 얻는 편익은 항공권 종류에 관계없이 2,000달러로 동일하므로 갑은 항공권 요금과 소요 시간의 가치를 합한 금액이 상대적으로 작은 항공권을 이용하는 것이 합리적이다.

정답 찾기 ㄱ. (가) 항공권의 경우 소요 시간의 가치는 500달러(=50달러×10시간)이고, 항공권 요금은 700달러이므로 소요 시간의 가치는 항공권 요금보다 작다.

ㄷ. ㉠이 '2'라면, (가) 항공권에 대한 항공권 요금과 소요 시간의 가치를 합한 금액은 1,200달러(=700달러+500달러)이고, (나) 항공권에 대한 항공권 요금과 소요 시간의 가치를 합한 금액은 1,150달러{=350달러+(14시간+2시간)×50달러}이다. 따라서 ㉠이 '2'라면, (나) 항공권을 이용하는 것이 합리적이다.

오답 피하기 ㄴ. 합리적 선택은 순편익이 양(+)의 값을 갖는 대안을 선택하는 것이다. 따라서 (가) 항공권을 이용할 경우의 순편익이 양(+)의 값이라면, (가) 항공권에 대한 항공권 요금과 소요 시간의 가치를 합한 금액이 (나) 항공권에 대한 항공권 요금과 소요 시간의 가치를 합한 금액보다 작아야 한다. ㉠이 '1'일 경우 (가) 항공권에 대한 항공권 요금과 소요 시간의 가치를 합한 금액은 1,200달러(=700달러+500달러)이고, (나) 항공권에 대한 항공권 요금과 소요 시간의 가치를 합한 금액은 1,100달러{=350달러+(14시간+1시간)×50달러}이다. 따라서 (가) 항공권을 이용할 경우의 순편익이 양(+)의 값이라면, ㉠은 '1'이 될 수 없다.

5 합리적 선택의 분석

문제 분석 현재 갑이 소비량 A를 예상하며 멤버십 (나)가 아닌 (가)에, (가)가 아닌 (나)에 가입함으로써 발생하는 각각의 편익, 기회비용, 순편익과 소비량 B를 예상하며 멤버십 (나)가 아닌 (가)에, (가)가 아닌 (나)에 가입함으로써 발생하는 각각의 편익, 기회비용, 순편익을 나타내면 다음과 같다.

(단위: 만 원)

구분	A		B	
	(가)	(나)	(가)	(나)
편익	12	3.4	24	6.4
기회비용	13.4	2	16.4	14
명시적 비용	10	0	10	0
암묵적 비용	3.4	2	6.4	14
순편익	-1.4	1.4	7.6	-7.6

정답 찾기 ㄱ. 갑은 멤버십 가입비를 아직 지출하지 않은 상태이므로 멤버십 가입비는 이미 지출하여 회수가 불가능한 매몰 비용에 해당하지 않는다. 따라서 멤버십 가입비는 합리적 선택을 위해 고려해야 한다.

ㄷ. 합리적 선택은 순편익이 양(+)의 값을 갖는 대안을 선택하는 것이다. 소비량 A를 예상한다면, 순편익은 (가)에 가입할 경우가 -1만 4,000원, (나)에 가입할 경우가 1만 4,000원이므로 갑은 (나)에 가입하는 것이 합리적이다.

오답 피하기 ㄴ. 명시적 비용은 대안을 선택함으로써 실제 지출하는 비용인데, 갑이 소비량 A를 예상하며 (가)에 가입할 경우의 명시적 비용은 10만 원이다.

ㄹ. 암묵적 비용은 다른 대안을 선택했다면 얻을 수 있었던 가치를 의미한다. 소비량 B를 예상한다면, 암묵적 비용은 (가)에 가입할 경우가 6만 4,000원, (나)에 가입할 경우가 14만 원이므로 (나)에 가입할 경우의 암묵적 비용에서 (가)에 가입할 경우의 암묵적 비용을 뺀 값은 7만 6,000원이다.

6 희소성의 이해

문제 분석 갑국에서 t년과 t+5년의 '삐삐'는 모두 대가를 지불해야 소비할 수 있는 경제재이므로 희소성이 있었으나, t+10년의 '삐삐'는 생산과 소비가 모두 사라졌으므로 희소성이 없어졌다.

정답 찾기 ㄱ. t년의 '삐삐'는 희소성을 가진 경제재에 해당한다.
ㄴ. t+5년의 '삐삐'는 판매량이 매우 적어졌고 재고가 증가하였으므로 희귀성을 갖지 않는다.

오답 피하기 ㄷ. 모든 가격 수준에서 공급량이 수요량보다 많은 재화는 무상재에 해당한다. t+5년의 '삐삐'는 무상재로 보기 어렵다.
ㄹ. t+5년의 '삐삐'는 판매량이 매우 적어지고 재고가 증가하여 희소성이 작아졌을 뿐 경제적 가치를 갖지 않는 재화로 보기 어렵다.

7 합리적 선택의 분석

문제 분석 갑 기업이 X재 1개를 생산하기 위한 A~E 조합별 노동 비용, 자본 비용, 총생산 비용을 나타내면 다음과 같다.

(단위: 달러)

구분	A	B	C	D	E
노동 비용	720	600	480	420	240
자본 비용	900	1,050	1,125	1,200	1,425
총생산 비용 (노동 비용+ 자본 비용)	1,620	1,650	1,605	1,620	1,665

정답 찾기 ④ A에서 생산할 때의 총생산 비용에서 자본 비용이 차지하는 비율은 900달러/1,620달러이고, D에서 생산할 때의 총생산 비용에서 자본 비용이 차지하는 비율은 1,200달러/1,620달러이다. 따라서 D에서 생산할 때의 총생산 비용에서 자본 비용이 차지하는 비율은 A에서 생산할 때의 4/3배이다.

오답 피하기 ① A에서 생산할 때의 총생산 비용은 1,620달러(=720달러+900달러)이다.
② 총생산 비용은 B에서 생산할 때가 1,650달러(=600달러+1,050달러), C에서 생산할 때가 1,605달러(=480달러+1,125달러)이다. 따라서 B에서 생산할 때의 총생산 비용은 C에서 생산할 때보다 크다.
③ 갑 기업은 X재 1개를 생산하기 위해 A~E 조합 중 하나를 선택하여 생산하고자 하므로 C에서 생산할 때의 암묵적 비용은 A, B, D, E 중 총생산 비용이 가장 적게 드는 조합에서 생산할 때 얻을

수 있었던 가치이다. B 조합은 A, B, D, E 중 총생산 비용이 가장 적게 드는 조합이라고 볼 수 없다.
⑤ 갑 기업은 총생산 비용이 가장 적게 드는 조합에서 생산하는 것이 합리적이다. C에서 생산할 때 총생산 비용이 가장 적으므로 E에서 생산하는 것은 합리적 선택이 될 수 없다.

8 경제적 유인의 이해

문제 분석 A 정책과 B 정책은 모두 유해 물질을 과도하게 배출하는 노후 경유차 소유자가 친환경 차량으로 바꿀 때 비용을 감소시키는 긍정적인 경제적 유인으로 작용한다.

정답 찾기 ① A 정책은 긍정적인 경제적 유인으로, 해당 경제 주체의 비용 감소 요인이다.

오답 피하기 ② A 정책은 해당 경제 주체의 비용 감소 요인이므로 해당 경제 주체에게 부정적인 경제적 유인으로 작용한다고 볼 수 없다.
③ B 정책은 긍정적인 경제적 유인으로, 해당 경제 주체의 비용 감소 요인이다.
④ B 정책이 긍정적 유인보다 부정적 유인의 효과가 높음을 전제하는지에 대한 여부는 파악할 수 없다.
⑤ A 정책과 B 정책은 모두 인간이 합리적으로 행동한다는 것을 전제로 하는 정책으로, 경제 활동의 자유를 허용하지 않는 정책에 해당한다고 볼 수 없다.

02 경제 체제 및 시장 경제의 원리

본문 22~23쪽

수능 기본 문제

| 01 ③ | 02 ⑤ | 03 ④ | 04 ① |
| 05 ② | 06 ③ | 07 ⑤ | 08 ① |

01 경제 체제의 이해

문제 분석 갑국은 시장 경제 체제, 을국은 계획 경제 체제를 채택하고 있다.

정답 찾기 ③ 자원 배분의 효율성을 중시하는 것은 시장 경제 체제의 특징이다.

오답 피하기 ① 전통에 의한 자원 배분을 중시하는 것은 전통 경제 체제의 특징이다.

② 경제 활동에서 경제적 유인을 중시하는 것은 시장 경제 체제의 특징이다.

④ 자원 배분 과정에서 '보이지 않는 손'의 역할을 중시하는 것은 시장 경제 체제의 특징이다.

⑤ 시장 경제 체제와 계획 경제 체제에서는 모두 자원 배분 과정에서 비효율성이 나타날 수 있다.

02 경제 체제의 이해

문제 분석 경제 활동 과정에서 경제적 유인 체계를 중시하는 경제 체제는 시장 경제 체제이다. 따라서 ㉠이 '갑'이라면, A는 시장 경제 체제, B는 계획 경제 체제이고, ㉠이 '을'이라면, A는 계획 경제 체제, B는 시장 경제 체제이다.

정답 찾기 ㄷ. ㉠이 '을'이라면, A는 계획 경제 체제, B는 시장 경제 체제이다. 시장 경제 체제에서는 계획 경제 체제와 달리 시장의 자기 조정 능력을 중시한다.

ㄹ. 시장 경제 체제와 계획 경제 체제 모두에서 자원의 희소성으로 인한 경제 문제가 나타난다. 따라서 (가)에 해당 진술이 들어가면, 갑이 옳게 발표한 것이므로 A는 시장 경제 체제이다.

오답 피하기 ㄱ. ㉠이 '갑'이라면, B는 계획 경제 체제이다. 생산 수단의 사적 소유를 원칙적으로 인정하는 경제 체제는 시장 경제 체제이다.

ㄴ. ㉠이 '을'이라면, A는 계획 경제 체제, B는 시장 경제 체제이다. 시장 경제 체제에서는 계획 경제 체제와 달리 민간 경제 주체의 자유로운 경쟁을 강조한다.

03 경제 체제의 이해

문제 분석 그림의 (가)에는 시장 경제 체제와 계획 경제 체제를 구분하는 질문이 들어갈 수 있다.

정답 찾기 ㄴ. A가 '계획 경제 체제'라면, (가)에는 계획 경제 체제는 '예', 시장 경제 체제는 '아니요'라고 응답할 수 있는 질문이 들어가야 한다. '생산 수단의 국공유화가 원칙입니까?'에 대해 계획 경제 체제는 '예', 시장 경제 체제는 '아니요'라고 응답하므로 (가)에는 해당 질문이 들어갈 수 있다.

ㄹ. 생산물의 생산 방법을 정부가 결정하는 경제 체제는 계획 경제 체제이다. 따라서 (가)에 해당 질문이 들어가면, B는 시장 경제 체제이다.

오답 피하기 ㄱ. 시장 경제 체제와 계획 경제 체제는 경제 문제의 해결 방식에 따른 차이로 구분되므로 두 체제 모두 기본적인 경제 문제에 직면한다. 따라서 (가)에는 해당 질문이 들어갈 수 없다.

ㄷ. B가 '시장 경제 체제'라면, (가)에는 계획 경제 체제는 '예', 시장 경제 체제는 '아니요'라고 응답할 수 있는 질문이 들어가야 한다. '개인의 경제적 자율성을 강조합니까?'에 대해 계획 경제 체제는 '아니요', 시장 경제 체제는 '예'라고 응답하므로 (가)에는 해당 질문이 들어갈 수 없다.

04 정부의 시장 개입 이해

문제 분석 갑은 자율적인 시장 질서를 강조하는 입장, 을은 자율적인 시장 질서보다 정부의 적극적인 역할을 강조하는 입장이다.

정답 찾기 ㄱ. 갑은 자율적인 시장 질서를 강조하는 입장이므로 시장 가격 기구의 역할을 중시할 것이다.

ㄴ. 을은 정부의 적극적인 역할을 강조하는 입장이므로 민간 경제 주체만으로는 경제 운용의 한계가 있음을 주장할 것이다.

오답 피하기 ㄷ. 을은 갑에 비해 식료품 소비자에 대한 정부의 직접적 조치를 강조할 것이다.

ㄹ. 갑은 자율적인 시장 질서를 강조하고, 을은 정부의 적극적인 역할을 강조하므로 갑은 '큰 정부'를, 을은 '작은 정부'를 지지할 것이라고 보기 어렵다.

05 분업과 특화의 이해

문제 분석 갑은 특화를 통한 자원의 효율적 활용을 간과하고 있으며, 을은 특화를 통한 자원의 효율적 활용을 강조한다.

정답 찾기 ㄱ. 갑은 기업의 최고 경영자들이 스케줄 관리를 비서실에 맡기고 경영 활동에 전념하는 것에 대해 기업의 비용을 높이는 불필요한 행동이라고 지적한다. 따라서 갑은 특화의 효과를 중시하지 않을 것이다.

ㄷ. 을은 기업의 최고 경영자들이 스케줄 관리를 비서실에 맡기고 경영 활동에 전념하는 것에 대해 교환 경제의 이익을 위한 행동이라고 평가한다. 따라서 을은 갑에 비해 기회비용이 적게 드는 경제 활동에 집중하는 것을 중시할 것이다.

오답 피하기 ㄴ. 을은 특화를 통한 자원의 효율적 활용을 강조하므로 시장 경제의 기본 원리를 부정할 것이라고 볼 수 없다.

ㄹ. 제시된 사례에 대해 갑은 기업의 비용을 높이는 불필요한 행동임을 지적하고, 을은 교환 경제의 이익을 위한 행동임을 강조하므로 갑과 을은 모두 효율성보다 형평성을 강조할 것이라고 볼 수 없다.

06 분업과 특화의 이해

문제 분석 X재 1개 생산의 기회비용은 갑국이 Y재 1/3개, 을국이 Y재 2/3개이고, Y재 1개 생산의 기회비용은 갑국이 X재 3개, 을국이 X재 3/2개이다. 따라서 갑국은 X재 생산에, 을국은 Y재 생산에 비교 우위를 가진다.

정답 찾기 ③ 을국의 Y재 생산에 대한 기술 향상은 이전과 동일한 생산 요소를 투입하였을 때 더 많은 Y재를 생산할 수 있다. 따라서 이는 Y재 1개 생산에 따른 기회비용을 감소시키는 요인이다.

오답 피하기 ① 갑국의 X재 1개 생산의 기회비용은 Y재 1/3개이다.

② 을국의 Y재 1개 생산의 기회비용은 X재 3/2개이다.

④ 갑국의 X재 1개 생산의 기회비용이 Y재 1/3개이므로 갑국은 X재 45개를 생산할 경우 Y재를 최대 5개까지 생산할 수 있다. 을국의 X재 1개 생산의 기회비용이 Y재 2/3개이므로 을국은 X재 45개를 생산할 경우 Y재를 최대 30개까지 생산할 수 있다.

⑤ 갑국은 X재 생산에, 을국은 Y재 생산에 비교 우위를 가지므로 양국 모두 이익이 발생하는 범위에서 X재와 Y재를 교역할 경우 교환의 이익을 얻을 수 있다.

07 정부의 시장 개입 이해

문제 분석 제시된 법률 조항은 노동 시장의 최저 임금제에 대한 내용으로, 노동 시장에서 민간 경제 주체의 자유로운 경제 활동을 제한하는 근거가 된다.

정답 찾기 ⑤ 최저 임금제는 임금의 하한선을 정해 놓고, 이보다 낮은 임금 수준에서 거래하지 못하도록 규제하는 정책이다. 따라서 제시된 법률 조항은 노동 시장에서 경제 주체의 자유로운 활동을 제한하는 근거가 된다.

오답 피하기 ① 제시된 법률 조항에는 정부의 시장 개입을 배척하는 관점이 나타나지 않는다.

② 제시된 법률 조항은 정부가 시장에 개입할 수 있는 근거가 되므로 시장의 자동 조절 기능에 전적으로 의존하는 근거라고 볼 수 없다.

③ 제시된 법률 조항에는 사용자가 아닌 근로자를 보호하기 위한 목적이 나타난다.

④ 최저 임금제는 임금의 하한선만을 규제하는 정책이므로 모든 근로자의 임금을 정부의 명령으로 결정하는 것의 근거로 볼 수 없다.

08 교환의 이해

문제 분석 X재 1개 생산의 기회비용은 갑국이 Y재 7/10개, 을국

이 Y재 5/6개이고, Y재 1개 생산의 기회비용은 갑국이 X재 10/7개, 을국이 X재 6/5개이다. 따라서 갑국은 X재 생산에, 을국은 Y재 생산에 비교 우위를 가진다.

정답 찾기 ㄱ. 갑국은 X재 생산에 비교 우위를 가진다.

ㄴ. 을국의 Y재 1개 생산의 기회비용은 X재 6/5개이다.

오답 피하기 ㄷ. 갑국과 을국의 1명당 노동 비용이 같다면, X재 1개 생산에 갑국은 7명, 을국은 10명이 필요하므로 X재 1개 생산에 대한 노동 비용은 을국이 갑국보다 크다.

ㄹ. 갑국의 1명당 노동 비용이 을국의 2배이더라도 갑국은 X재 생산에, 을국은 Y재 생산에 비교 우위를 가진다. 따라서 갑국은 X재에 특화하는 것이 유리하다.

수능 실전 문제
본문 24~26쪽

1 ④	**2** ③	**3** ⑤	**4** ⑤
5 ④	**6** ③		

1 경제 체제의 이해

문제 분석 '정부의 명령에 의한 자원 배분을 중시하는가?'에 대한 A와 B의 응답이 일치하지 않으므로 A와 B 중 하나는 계획 경제 체제이다. '전통과 관습에 의한 경제 문제 해결을 중시하는가?'에 대한 B와 C의 응답이 일치하므로 A는 전통 경제 체제이다. 따라서 B는 계획 경제 체제, C는 시장 경제 체제이다.

정답 찾기 ㄴ. 계획 경제 체제에서는 시장 경제 체제와 달리 정부가 생산 요소의 선택과 결합 방식을 결정한다.

ㄹ. (가)에는 전통 경제 체제와 시장 경제 체제의 응답이 일치하지 않는 질문이 들어갈 수 있다. '개별 경제 주체의 자유로운 경제 활동을 중시하는가?'에 대해 전통 경제 체제의 응답은 '아니요', 시장 경제 체제의 응답은 '예'이므로 (가)에는 해당 질문이 들어갈 수 있다.

오답 피하기 ㄱ. 전통 경제 체제와 계획 경제 체제 모두에서 자원의 희소성으로 인한 경제 문제가 발생한다.

ㄷ. 시장 경제 체제에서는 전통 경제 체제, 계획 경제 체제와 달리 개인의 이윤 추구 동기를 중시한다.

2 교환에 기초한 분업과 특화의 이해

문제 분석 ㉠에서는 생산 요소의 효율적 활용을 위해 X재 생산에 특화하는 모습, ㉡에서는 생산성 향상을 위해 분업을 강화하는 모습, ㉢에서는 시장을 통해 재화를 교환하는 모습이 나타난다.

정답 찾기 ㄴ. 특화는 자신이 갖고 있는 생산 요소를 특정 재화나 서비스 생산에 집중하는 것으로, 자원의 효율적 활용을 가능하게 한다. 따라서 ㉠은 생산 요소의 효율적 활용을 추구하는 것이다.

ㄷ. 한 상품의 생산 과정을 세분화하여 서로 다른 공정을 담당하게 하는 분업을 통해 노동 생산성을 향상할 수 있다. 따라서 ㉡은 노동 생산성의 향상 요인이다.

오답 피하기 ㄱ. A 기업은 경제 활동의 자율성에 대한 제약을 받고 있다고 보기 어렵다.

ㄹ. 교환에 기초한 분업과 특화를 통해 시장에서의 거래 당사자는 모두 이익을 얻을 수 있다. 따라서 ㉢은 Y재 생산자의 이윤 추구를 저해한다고 보기 어렵다.

3 정부의 시장 개입 이해

문제 분석 ㉡은 정부의 결정과 통제를 통한 해결을 강조하는 관점이고, ㉢은 시장의 자기 조정 능력을 중시하는 관점이며, ㉣은 정부의 가격 규제 정책이 필요하다는 점을 강조하는 관점이다.

정답 찾기 ⑤ 정부의 가격 규제 정책은 시장 원리를 인정하는 상태에서 가격이 일정 수준에서 벗어나지 않도록 규제하는 정책이다. 따라서 ㉢과 ㉣은 모두 '보이지 않는 손'의 역할을 인정할 것이다.

오답 피하기 ① 금리는 돈이라는 재화가 희소하기 때문에 시장에서 결정되는 것이다.

② ㉡은 정부가 세운 목적의 달성을 중시하는 관점으로, 금융 회사의 이윤 추구 활동을 중시할 것이라고 보기 어렵다.

③ ㉢은 개별 경제 주체의 자유로운 경제 활동을 중시하는 관점으로, 사유 재산권 보장의 필요성을 경시할 것이라고 보기 어렵다.

④ ㉡은 시장 원리가 아닌 정부의 결정과 통제를 통해 취약 계층을 보호해야 한다는 관점으로, 형평성보다 효율성을 강조할 것이라고 보기 어렵다.

4 경제 체제의 이해

문제 분석 갑은 (나)에서 카드 A에 적힌 계획 경제 체제에 대한 장점만을 옳게 설명하여 총 1점을 획득하였다. 을은 (다)에서 카드 B에 적힌 시장 경제 체제에 대한 장점만을 옳게 설명하여 1점을 획득하였고, (라)의 진술 내용에 따라 총점이 달라진다.

정답 찾기 ㄷ. 민간 경제 주체에 대한 자유로운 경쟁 보장으로 개인의 능력과 창의성이 발휘된다는 진술은 시장 경제 체제에 대한 장점을 옳게 설명한 것이다. 따라서 (다)에는 해당 진술이 들어갈 수 있다.

ㄹ. 정부의 잘못된 결정으로 불필요한 재화가 생산될 수 있는 것에 비해 시장 원리를 통해 자원 배분의 효율성을 높일 수 있다는 진술은 시장 경제 체제의 장점과 계획 경제 체제의 단점을 모두

옳게 설명한 것이다. 따라서 (라)에 해당 진술이 들어가면, ㉠은 '2점'이다.

오답 피하기 ㄱ. 정부의 계획에 의해 부와 소득의 불평등을 완화하기 용이하다는 진술은 계획 경제 체제의 장점을 옳게 설명한 것이다. 따라서 (가)에는 해당 진술이 들어갈 수 없다.

ㄴ. 정부의 결정과 통제에 비해 신속하게 생산물을 결정할 수 있다는 진술은 계획 경제 체제의 장점을 옳게 설명한 것이 아니다. 따라서 (나)에는 해당 진술이 들어갈 수 없다.

5 특화와 교환의 이해

문제 분석 X재 1개 생산의 기회비용은 갑국이 Y재 4/5개, 을국이 Y재 2/3개이다. Y재 1개 생산의 기회비용은 갑국이 X재 5/4개, 을국이 X재 3/2개이다. 따라서 갑국은 Y재 생산에, 을국은 X재 생산에 비교 우위를 가지며, 양국은 비교 우위가 있는 재화에 특화하여 서로 교환함으로써 양국 모두 이익을 얻을 수 있다.

정답 찾기 ④ 갑국의 X재 1개 생산의 기회비용은 Y재 4/5개이다.

오답 피하기 ① 특화는 보유한 생산 요소를 특정 재화나 서비스 생산에 집중하는 것으로, 효율적 자원 배분을 저해한다고 보기 어렵다.

② 계획 경제 체제에서는 정부의 결정과 통제에 의한 경제 문제 해결이 이루어지므로 교환의 자유가 보장된다고 보기 어렵다.

③ 특화와 교환은 모두 경제 주체의 이익 추구 과정에서 발생한다.

⑤ Y재 1개 생산의 기회비용은 갑국이 을국보다 작다.

6 교환의 이해

문제 분석 X재 1개 생산의 기회비용은 갑이 Y재 5/8개, 을이 Y재 7/4개이다. Y재 1개 생산의 기회비용은 갑이 X재 8/5개, 을이 X재 4/7개이다. 따라서 갑과 을이 각각 목표로 설정한 소비 조합을 달성하기 위해서는 갑은 X재에, 을은 Y재에 특화해야 한다.

정답 찾기 ㄴ. 을이 X재 40개와 Y재 30개를 소비하기 위해서는 Y재 70개를 생산하여 갑에게 Y재 40개를 주고, 갑으로부터 X재 40개를 받아야 한다. 따라서 갑은 X재에, 을은 Y재에 특화해야 한다.

ㄷ. 갑이 X재 40개와 Y재 60개를 소비하기 위해서는 X재 80개를 생산하여 을에게 X재 40개를 주고, 을로부터 Y재 60개를 받아야 한다. 따라서 갑의 목표 달성을 위한 X재와 Y재의 교환 비율은 2 : 3이다.

오답 피하기 ㄱ. 갑의 Y재 1개 생산에 따른 기회비용은 X재 8/5개이다.

ㄹ. 을이 목표를 달성하기 위해서는 갑에게 Y재 40개를 주고, 갑으로부터 X재 40개를 받아야 한다. 따라서 을의 목표 달성을 위한 X재와 Y재의 교환 비율은 1 : 1이다.

03 가계, 기업, 정부의 경제 활동

수능 기본 문제   본문 31~32쪽

01 ①	**02** ④	**03** ④	**04** ③
05 ①	**06** ⑤	**07** ①	**08** ②

01 가계의 합리적 선택 분석

문제 분석 갑이 X재와 Y재 각 재화 1개를 추가로 소비할 때 얻는 만족감의 증가분을 나타내면 다음과 같다.

소비량(개)	1	2	3	4
X재 1개를 추가로 소비할 때 얻는 만족감의 증가분(달러)	150	130	120	100
Y재 1개를 추가로 소비할 때 얻는 만족감의 증가분(달러)	150	150	150	100

정답 찾기 ㄱ. X재 1개 추가 소비에 따른 만족감의 증가분은 150달러, 130달러, 120달러, 100달러로 지속적으로 감소한다.

ㄴ. Y재 1개 추가 소비에 따른 만족감의 증가분은 최대 150달러이다.

오답 피하기 ㄷ. 갑은 자신의 용돈 200달러를 모두 사용하여 가격이 50달러인 X재와 Y재를 소비한다. 따라서 갑은 X재 3개와 Y재 2개를 동시에 소비할 수 없다.

ㄹ. X재 1개와 Y재 3개를 동시에 소비할 경우 갑이 얻는 만족감은 600달러(=150달러+450달러)로 가장 크다.

02 가계의 합리적 선택 분석

문제 분석 갑의 X재 1개 소비의 기회비용은 Y재 5/4개이다. X재 16개를 소비하면 Y재 20개를 포기해야 하므로 a는 '30'이다.

정답 찾기 ④ X재 32개를 소비하면 Y재 40개를 포기해야 하므로 X재 32개와 Y재 10개를 동시에 소비할 수 있다.

오답 피하기 ① a는 '30'이다.

② X재 1개 소비의 기회비용은 Y재 5/4개로 일정하다.

③ Y재 1개 소비의 기회비용은 X재 4/5개이다.

⑤ X재 28개를 소비하면 Y재 35개를 포기해야 하므로 X재 28개와 Y재 20개를 동시에 소비할 수 없다.

03 기업의 합리적 선택 분석

문제 분석 A 기업이 생산하는 X재 가격은 t년에 50달러, t+1년에 100달러이다. 이를 토대로 t년과 t+1년에 각각의 총수입, 평균 수입, 총비용, 평균 비용, X재 1개를 추가로 생산할 때 발생하는 비용의 증가분, 이윤을 나타내면 다음과 같다.

〈t년〉

생산량(개)	1	2	3	4	5
총수입(달러)	50	100	150	200	250
평균 수입(달러)	50	50	50	50	50
총비용(달러)	50	60	75	100	200
평균 비용(달러)	50	30	25	25	40
X재 1개를 추가로 생산할 때 발생하는 비용의 증가분(달러)	50	10	15	25	100
이윤(달러)	0	40	75	100	50

〈t+1년〉

생산량(개)	1	2	3	4	5
총수입(달러)	100	200	300	400	500
평균 수입(달러)	100	100	100	100	100
총비용(달러)	100	120	150	200	400
평균 비용(달러)	100	60	50	50	80
X재 1개를 추가로 생산할 때 발생하는 비용의 증가분(달러)	100	20	30	50	200
이윤(달러)	0	80	150	200	100

정답 찾기 ㄴ. t+1년에 생산량이 4개일 때의 평균 비용은 50달러, 생산량이 5개일 때의 평균 비용은 80달러이다. 따라서 t+1년에 생산량이 5개일 때의 평균 비용은 4개일 때보다 30달러만큼 크다.

ㄹ. X재 1개를 추가로 생산할 때 발생하는 비용의 증가분은 t년의 경우 50달러, 10달러, 15달러, 25달러, 100달러이고, t+1년의 경우 100달러, 20달러, 30달러, 50달러, 200달러이다. 따라서 X재 1개를 추가로 생산할 때 발생하는 비용의 증가분은 각 생산량에서 t+1년이 t년의 2배이다.

오답 피하기 ㄱ. t년에 생산량에 따른 평균 수입은 50달러로 일정하다.

ㄷ. t+1년에 생산량이 3개일 때의 이윤은 150달러, 생산량이 4개일 때의 이윤은 200달러이다. 따라서 t+1년에 생산량이 3개일 때의 이윤은 4개일 때보다 작다.

04 기업의 경제 활동 이해

문제 분석 갑의 경제 활동에는 서빙 로봇을 도입하여 서비스의 질 향상과 비용 절감을 통한 이윤 창출이 나타나고, 을의 경제 활동에는 신제품 개발을 통한 수익 창출과 수익의 일부분을 사회에 환원하는 기업의 사회적 책임이 나타난다.

정답 찾기 ③ 을의 활동에는 기업의 사회적 책임이 나타난다.

오답 피하기 ① 갑의 활동에는 기업의 일자리 창출이 나타나지 않는다.
② 갑의 활동에는 새로운 상품을 개발하는 혁신이 나타나지 않는다.
④ 을의 활동에는 생산 및 경영 과정에서 새로운 방식을 추구하는 '창조적 파괴'의 과정이 나타난다.
⑤ 을의 활동에는 소비자의 세대 감성을 자극하는 혁신이 나타난다.

05 민간 경제 주체의 이해

문제 분석 이윤 극대화를 추구하는 경제 주체는 기업이고, 소비 활동의 주체는 가계이다. 경제 주체 B에 대한 학생의 탐구 내용이 모두 옳게 제시되었으므로 A는 기업, B는 가계이며, (가)에는 기업의 특징으로 옳지 않은 내용이, (나)에는 가계의 특징으로 옳은 내용이 들어가야 한다.

정답 찾기 ㄱ. A는 '기업', B는 '가계'이다.
ㄴ. 가계는 기업과 달리 생산 요소 시장의 공급자이다.

오답 피하기 ㄷ. 재정 활동의 주체는 정부이므로 (가)에는 해당 내용이 들어갈 수 있다.
ㄹ. 가계는 생산물 시장에서 재화와 서비스를 구입하고, 이에 대한 대가로 소비 지출을 하는 경제 주체이다. 따라서 (나)에는 해당 내용이 들어갈 수 없다.

06 정부의 경제적 역할 이해

문제 분석 공정 거래 위원회에서 과징금을 부과하고 시정 명령을 내리는 것은 불공정 거래 행위에 대한 규제로, 이는 시장 기능을 보완하기 위한 정부의 역할이다.

정답 찾기 ⑤ 시장 경제가 원활하게 작동할 수 있도록 시장의 기능을 보완하기 위한 정부의 역할이 나타난다.

오답 피하기 ① 이자를 얻기 위한 가계의 역할이 나타나지 않는다.
② 효율적 생산을 위한 기업의 혁신이 나타나지 않는다.
③ 소득 재분배를 위한 정부의 역할이 나타나지 않는다.
④ 사회적 책임을 다하는 기업의 역할이 나타나지 않는다.

07 누진세제와 비례세제의 이해

문제 분석 t년에 갑국의 소득세제는 과세 대상 소득이 2만 달러 이하일 경우 10%의 세율이 적용되고, 과세 대상 소득이 2만 달러를 초과할 경우 15%의 세율이 적용되므로 누진세제의 특징이 나타난다. t+1년에 갑국의 소득세제는 비례세제로 변화하였다.

정답 찾기 ① t년에 과세 대상 소득 대비 세액의 비율은 과세 대상 소득이 2만 달러인 납세자가 10%, 과세 대상 소득이 3만 달러인 납세자가 15%이다.

오답 피하기 ② t년에 갑국의 소득세제는 누진세제의 특징이 나타났다가 t+1년에 비례세제로 변화하였으므로 t년에 비해 t+1년에 소득 재분배 효과가 커졌다고 보기 어렵다.

③ 제시된 그림은 소득세제의 변화를 나타낸 것이므로 조세 부담의 전가가 용이해졌는지 여부는 알 수 없다.
④ 과세 대상 소득이 2만 달러보다 낮은 납세자의 세율은 t년에 10%, t+1년에 약 6.67%이므로 t년 대비 t+1년에 납세자의 세액이 50% 이상 감소하였다고 볼 수 없다.
⑤ 과세 대상 소득이 3만 달러인 납세자의 과세 대상 소득 대비 세액의 비율은 t년에 15%, t+1년에 약 6.67%이므로 t년 대비 t+1년에 낮아졌다.

08 경제 주체의 이해

문제 분석 생산물 시장의 수요자 역할을 하지 않는 경제 주체는 기업이므로 A는 기업이고, B와 C는 각각 가계와 정부 중 하나이다.

정답 찾기 ㄱ. 가계와 정부는 모두 생산물 시장의 수요자 역할을 하므로 ㉠과 ㉡에는 모두 '예'가 들어갈 수 있다.
ㄷ. 생산 요소 시장의 수요자 역할을 하는 경제 주체는 기업과 정부이므로 (가)에는 해당 질문이 들어갈 수 있다.

오답 피하기 ㄴ. 기업은 재정 활동의 주체가 아니므로 조세를 징수할 수 없다.
ㄹ. 효용 극대화를 추구하는 경제 주체는 가계이므로 (나)에는 해당 질문이 들어갈 수 있다.

수능 실전 문제 본문 33~37쪽

1 ④	**2** ③	**3** ⑤	**4** ①
5 ⑤	**6** ③	**7** ④	**8** ①
9 ④	**10** ④		

1 기업 경영 혁신의 이해

문제 분석 갑 기업은 우수 인재 영입과 창의적 업무 수행을 도모하고자 '워케이션(workcation) 제도'를 새롭게 도입하였고, 을 기업은 성장 동력을 찾기 위한 노력으로 사내 동호회를 지원하던 기존의 전략에서 벗어나 직원들이 사업 분야가 다른 기업들에 속해 있는 직원들과 자유롭게 교류하고 함께 학습할 수 있는 환경을 조성하고 있다. 두 사례를 통해 기업의 경영 혁신을 위한 노력을 파악할 수 있다.

정답 찾기 ㄴ. 직원들이 여행과 원격 근무를 병행하도록 하는 갑 기업의 사례는 생산 과정에서의 혁신에 해당한다.
ㄹ. 사례 1과 사례 2는 모두 기업의 경영 혁신을 통해 이윤 극대화를 추구하는 노력이므로 경제 성장의 요인이 될 수 있다.

정답과 해설

오답 피하기 ㄱ. 사례 1과 사례 2에서 공통적으로 기업의 경영 혁신에 대한 노력을 파악할 수 있으므로 (가)에는 '기업의 환경에 대한 책임'이 들어갈 수 없다.

ㄷ. 사례 1과 사례 2는 모두 기업의 이윤을 증대시키는 요인이다.

2 가계의 합리적 선택 분석

문제 분석 X재와 Y재의 가격이 서로 동일한 상황에서 갑은 10만 원을 모두 사용하여 A~F의 소비 조합에서만 소비할 수 있으므로 X재와 Y재의 가격은 각각 2만 원이다. 〈자료 1〉을 통해 갑의 X재와 Y재 소비에 따른 편익과 각 재화 1개를 추가로 소비할 때 얻는 편익의 증가분을 나타내면 다음과 같다.

소비량(개)	1	2	3	4	5
X재 소비에 따른 편익(만 원)	10	18	22	26	28
X재 1개를 추가로 소비할 때 얻는 편익의 증가분(만 원)	10	8	4	4	2
Y재 소비에 따른 편익(만 원)	12	22	28	30	32
Y재 1개를 추가로 소비할 때 얻는 편익의 증가분(만 원)	12	10	6	2	2

〈자료 1〉과 〈자료 2〉를 통해 소비 조합점 A~F를 선택할 경우의 편익, 기회비용, 순편익을 나타내면 다음과 같다.

(단위: 만 원)

구분	A	B	C	D	E	F
편익	32	40	46	44	38	28
기회비용	46	46	44	46	46	46
명시적 비용	10	10	10	10	10	10
암묵적 비용	36	36	34	36	36	36
순편익	−14	−6	2	−2	−8	−18

정답 찾기 ③ 순편익은 C점을 선택할 경우가 2만 원, D점을 선택할 경우가 −2만 원이므로 순편익은 C점을 선택할 경우가 D점을 선택할 경우보다 크다.

오답 피하기 ① X재 가격은 2만 원이다.

② Y재 가격이 하락하더라도 갑은 A점과 B점에서 모두 소비할 수 있다.

④ E점과 F점을 선택할 경우의 암묵적 비용은 각각 36만 원으로 같다.

⑤ X재 1개를 추가로 소비할 때 얻는 편익의 증가분은 소비를 늘림에 따라 10만 원, 8만 원, 4만 원, 4만 원, 2만 원으로 지속적으로 감소하지 않는다.

3 기업의 합리적 선택 분석

문제 분석 t년과 t+1년에 각각 갑 기업의 X재 생산량에 따른 총수입, 평균 수입, 총비용, 평균 비용, X재 1개를 추가로 생산할 때 발생하는 비용의 증가분, 이윤을 나타내면 다음과 같다.

〈t년〉

생산량(개)	1	2	3	4	5
총수입(달러)	70	140	210	280	350
평균 수입(달러)	70	70	70	70	70
총비용(달러)	100	170	220	250	300
평균 비용(달러)	100	85	약 73.3	62.5	60
X재 1개를 추가로 생산할 때 발생하는 비용의 증가분(달러)	100	70	50	30	50
이윤(달러)	−30	−30	−10	30	50

〈t+1년〉

생산량(개)	1	2	3	4	5
총수입(달러)	70	140	210	280	350
평균 수입(달러)	70	70	70	70	70
총비용(달러)	80	136	176	200	240
평균 비용(달러)	80	68	약 58.7	50	48
X재 1개를 추가로 생산할 때 발생하는 비용의 증가분(달러)	80	56	40	24	40
이윤(달러)	−10	4	34	80	110

정답 찾기 ⑤ X재 1개 추가 생산에 따른 비용의 증가분은 각 생산량에서 t+1년이 t년보다 작다.

오답 피하기 ① 각 생산량에서의 평균 수입은 t년과 t+1년이 각각 70달러로 동일하다.

② t년에는 이윤을 극대화하는 생산량인 5개에서의 평균 비용이 60달러로 가장 작다.

③ t년에 생산량이 3개일 때의 총비용은 220달러, t+1년에 생산량이 4개일 때의 총비용은 200달러이다. 따라서 t년에 생산량이 3개일 때의 총비용은 t+1년에 생산량이 4개일 때의 총비용보다 크다.

④ t년과 t+1년 모두 이윤을 극대화하는 생산량은 5개이다.

4 정부의 경제적 역할 이해

문제 분석 전 세계적 경기 침체로 인해 국내 제조업 분야의 수출액이 감소하고 투자 규모가 줄어드는 상황에 대해 갑은 사회 보장 제도의 강화와 사회 간접 자본 확충을 주장하고, 을은 소득세율과 부가 가치세율의 하향 조정을 주장한다.

12 EBS 수능특강 경제

정답 찾기 ㄱ. 경제적 취약 계층을 위한 사회 보장 제도를 강화하는 것은 정부의 소득 재분배 역할과 관련있다.

ㄴ. 경제 활성화를 위해 소득세율과 부가 가치세율을 조정하는 것은 세입 측면에서 정부의 재정 활동과 관련있다. 따라서 을은 세입 측면에서 정부의 역할을 강조한다고 볼 수 있다.

오답 피하기 ㄷ. 갑은 사회 간접 자본의 확충을 주장함으로써 시장을 통해 충분히 공급되지 않는 것을 보완하는 정부의 역할을 강조한다.

ㄹ. 갑과 을은 모두 기업 간 공정한 경쟁 질서 확립을 위한 정부의 역할을 강조한다고 보기 어렵다.

5 기업의 합리적 선택 분석

문제 분석 노동과 자본 1단위의 가격이 각각 100달러일 경우 A 기업의 X재 생산량에 따른 노동 투입 비용, 자본 투입 비용, 총생산 비용, X재 개당 총생산 비용을 나타내면 다음과 같다.

생산량(개)	1	2	3	4
노동 투입 비용(달러)	1,200	1,400	1,600	2,000
자본 투입 비용(달러)	400	800	1,100	1,200
총생산 비용(달러)	1,600	2,200	2,700	3,200
X재 개당 총생산 비용(달러)	1,600	1,100	900	800

정답 찾기 ㄷ. 생산량이 3개일 때 총생산 비용에서 자본에 투입된 비용이 차지하는 비율은 11/27이다.

ㄹ. 노동 1단위 가격과 자본 1단위 가격의 비가 1 : 1인 경우 X재 개당 총생산 비용은 생산량이 4개일 때 가장 작으므로 A 기업은 X재 4개를 생산한다. 노동 1단위 가격과 자본 1단위 가격의 비가 1 : 2로 변한다면 노동 1단위의 가격이 100달러일 경우 자본 1단위의 가격은 200달러가 되므로 각 생산량에서의 총생산 비용은 2,000달러, 3,000달러, 3,800달러, 4,400달러이다. 따라서 노동 1단위 가격과 자본 1단위 가격의 비가 1 : 2로 변하더라도 X재 개당 총생산 비용은 생산량이 4개일 때가 가장 작으므로 A 기업은 X재 4개를 생산한다.

오답 피하기 ㄱ. 생산량이 1개일 때 X재 개당 총생산 비용이 가장 크다.

ㄴ. 생산량이 2개일 때 총생산 비용에서 노동에 투입된 비용이 차지하는 비율은 7/11이다.

6 직접세와 간접세의 이해

문제 분석 갑국의 (가)는 소비 지출을 대상으로 비례세율이 적용되는 조세 제도이고, (나)는 소득을 대상으로 누진세율이 적용되는 조세 제도이다.

정답 찾기 ③ (가)는 3.5%의 비례세율이 적용되는 제도이므로 X재에 대한 소비 지출 중 세액이 차지하는 비율은 일정하다.

오답 피하기 ① (가)는 비례세율이 적용된다.

② (나)는 과세 대상 금액이 커질수록 높은 세율이 적용되므로 조세 부담의 역진성이 나타난다고 보기 어렵다.

④ (나)에서 과세 대상 소득 중 세액이 차지하는 비율은 과세 대상 소득이 1만 달러일 경우가 3.5%{=(350달러/10,000달러)×100}, 과세 대상 소득이 2만 달러일 경우가 7%{=(1,400달러/20,000달러)×100}이다. 따라서 과세 대상 소득 중 세액이 차지하는 비율은 과세 대상 소득이 1만 달러일 경우가 2만 달러일 경우보다 작다.

⑤ X재에 대한 소비 지출이 2만 달러인 다자녀 가구 납세자에게 적용되는 (가)의 세액은 700달러이다. 갑국 정부가 ㉠을 시행할 경우 이 납세자는 최대 500달러의 세금을 면제받을 수 있으므로 최소 200달러의 세금을 부담하게 된다. 이때 납세자가 실제로 부담하는 (가)의 세율은 최소 1%{=(200달러/20,000달러)×100}이다.

7 정부의 경제적 역할 이해

문제 분석 A국 정부는 국제 유가의 급격한 상승으로 인한 물가 상승을 억제하기 위해 유류세 인하 제도를 운영하고 있으나 경제적 여건의 변화로 이를 재검토하고자 한다. 이는 재정 활동의 주체이자 경제 안정을 추구하는 정부의 역할과 관련있다.

정답 찾기 ④ 물가 상승을 억제하면서도 정부의 재정 부담을 줄여야 한다는 것은 유류세 인하 제도를 유지하되 할인 비율은 축소하자는 입장의 근거가 된다. 따라서 (나)에는 해당 내용이 들어갈 수 있다.

오답 피하기 ① ㉠은 소득이나 재산이 아닌 시장에서 판매되는 휘발유와 경유에 대해 부과하는 조세이므로 직접세로 보기 어렵다.

② A국 정부는 국제 유가의 급격한 상승으로 지난해부터 유류세 인하 제도를 운영하고 있으므로 갑은 국제 유가의 급격한 하락을 전제하지 않는다.

③ 세입보다 세출이 빠르게 증가하여 정부 재정에 부담이 되면 유류세 인하 제도를 폐지하거나 유지는 하되 할인 비율을 축소해야 한다. 따라서 (가)에는 해당 내용이 들어갈 수 없다.

⑤ 세입과 세출을 비교했을 때 정부의 재정 부담 여력이 충분하다는 것은 유류세 인하 제도를 폐지하는 근거가 될 수 없다. 따라서 (다)에는 해당 내용이 들어갈 수 없다.

8 누진세제의 이해

문제 분석 C 기업의 경우 (가) 적용 시 세액이 (나) 적용 시 세액보다 많으므로 (가)는 '단순 누진세율', (나)는 '초과 누진세율'이다. 과세 대상 법인 소득별로 (가)와 (나)를 각각 적용할 때 A 기업~C 기업이 부담해야 할 세액을 계산하면 다음과 같다.

(단위: 억 원)

구분	(가) 적용 시 세액	(나) 적용 시 세액
A 기업	39	38.8
B 기업	63	42.8
C 기업	1,085	914.8

정답 찾기 ㄱ. (가)는 '단순 누진세율', (나)는 '초과 누진세율'이다. ㄴ. (가) 적용 시 A 기업의 세후 법인 소득은 156억 원(=195억 원-39억 원), B 기업의 세후 법인 소득은 147억 원(=210억 원-63억 원)이다. 따라서 (가) 적용 시 A 기업의 세후 법인 소득은 B 기업보다 많다.

오답 피하기 ㄷ. A 기업~C 기업은 모두 (나) 적용 시 세액이 (가) 적용 시 세액보다 적다.
ㄹ. ㉠과 ㉢의 합은 102억 원(=39억 원+63억 원), ㉡과 ㉣의 합은 81.6억 원(=38.8억 원+42.8억 원)이다. 따라서 ㉠과 ㉢의 합은 ㉡과 ㉣의 합보다 크다.

9 민간 경제 주체의 이해

문제 분석 민간 경제 주체 중 생산 요소 시장에서 생산 요소를 구입하는 경제 주체는 기업이고, 생산물 시장에서 재화와 서비스를 구입하는 경제 주체는 가계이다. 을은 모두 옳게 설명하였으므로 A는 가계, B는 기업이다. 갑이 모두 옳게 설명하기 위해서는 생산물 시장에서의 가계와 기업의 역할을 고려하여 다시 판단해야 한다.

정답 찾기 ㄴ. 기업은 생산 요소를 이용하여 부가 가치를 창출하는 경제 주체이다.
ㄹ. 갑은 생산 요소 시장에서의 가계와 기업의 역할에 대해서는 옳게 설명하였으므로 (가)에는 해당 내용이 들어갈 수 없다.

오답 피하기 ㄱ. 생산물 시장에서 판매 수입을 얻는 경제 주체는 기업이다.
ㄷ. A와 B는 모두 납세자의 역할을 수행한다.

10 경제 주체의 이해

문제 분석 갑은 을과 달리 배부받은 국민 경제 순환 그림을 정확히 완성하였으므로 A는 가계, B는 정부, C는 기업이다. 또한 갑과 을이 완성한 국민 경제 순환 그림을 통해 갑은 가계, 기업, 정부 각각의 경제 주체에 대해서만 '예'라고 답할 수 있는 질문을 모두 옳게 제시하여 카드 세 장을 얻었고, 을은 가계, 기업 각각의 경제 주체에 대해서만 '예'라고 답할 수 있는 질문을 옳게 제시하여 카드 두 장을 얻었음을 알 수 있다.

정답 찾기 ④ 담합 행위를 규제하여 시장의 기능을 보완하는 경제 주체는 정부이다. 하지만 을은 카드 B(정부)를 받지 못하였으므로 해당 질문은 을의 ㉠ 내용이 될 수 없다.

오답 피하기 ① 공공재를 직접 생산하여 공급하는 경제 주체는 정부이다.
② 이윤 극대화를 추구하는 경제 주체는 기업이다.
③ 가계와 정부는 모두 생산물 시장의 수요자 역할을 하므로 해당 질문은 갑의 ㉠ 내용이 될 수 없다.
⑤ 기업과 정부는 모두 생산 요소 시장의 수요자 역할을 하므로 해당 질문은 갑의 ㉠ 내용이 될 수 없다.

01 민간 경제의 순환 이해

문제 분석 학생의 학용품 구입비가 ㉠에 해당하므로 A는 가계, B는 기업이다. 따라서 (가) 시장은 생산물 시장, (나) 시장은 생산 요소 시장이며, ㉠은 '소비 지출', ㉡은 '판매 수입'이다.

정답 찾기 ③ 기업은 생산 요소를 이용해 부가 가치를 창출하는 생산의 주체이다.

오답 피하기 ① (가) 시장은 생산물 시장이다.

② 가계는 효용 극대화를 추구한다.

④ 가계는 생산 요소 시장에서 노동, 토지, 자본과 같은 생산 요소를 공급하는 역할을 한다.

⑤ ㉡은 '판매 수입'이다. 회사원이 받는 월급은 가계와 생산 요소 시장 간의 화폐 흐름으로 나타난다.

02 경제 체제의 이해

문제 분석 A는 계획 경제 체제, B는 시장 경제 체제이다. 따라서 계획 경제 체제와 구분되는 시장 경제 체제의 특징을 응답해야 한다.

정답 찾기 ② 자유로운 경쟁을 통한 이윤 추구를 보장하는 것은 시장 경제 체제의 특징에만 해당한다.

오답 피하기 ① 정부가 생산물의 종류와 수량을 통제하는 것은 계획 경제 체제의 특징에만 해당한다.

③ 자원의 희소성에 따른 경제 문제가 발생하는 것은 시장 경제 체제와 계획 경제 체제 모두에 해당한다.

④ 원칙적으로 생산 수단의 사적 소유를 인정하지 않는 것은 계획 경제 체제의 특징에만 해당한다.

⑤ 경제 문제 해결에 있어 효율성보다 형평성을 강조하는 것은 시장 경제 체제의 특징에만 해당한다고 볼 수 없다.

03 기업의 사회적 책임 이해

문제 분석 기업의 사회적 책임은 소비자나 지역 사회 등과의 관계 속에서 이윤을 추구하는 기업이 사회에 대한 책임을 함께 져야 한다는 것으로 환경 보전, 오염 물질 정화, 사회 공헌 활동, 윤리 경영 등의 건전한 기업 활동을 유도한다.

정답 찾기 ③ 갑은 기업의 환경 보전, 을은 기업의 탄소 배출량 감축과 오염 물질 정화, 병은 기업의 사회 공헌 확대와 윤리 경영을 발표하였다. 따라서 (가)에는 기업의 사회적 책임이 들어갈 수 있다.

04 합리적 선택의 분석

문제 분석 갑이 아이돌 공연과 뮤지컬 공연 중 뮤지컬 공연을 선택하여 표를 구입하였다는 것을 통해 ㉠ 선택의 상황에서 갑의 뮤지컬 공연 선택에 따른 순편익이 양(+)의 값이라는 것을 파악할 수 있다. 이후 갑은 아이돌 공연 표가 있는 을에게 ㉡과 같은 제안을 하였는데, 이를 통해 갑이 아이돌 공연을 관람함으로써 얻는 편익이 뮤지컬 공연 관람으로부터 얻는 편익인 9만 원에서 5만 원을 더한 금액보다 크다는 것을 파악할 수 있다. 따라서 (가)는 14보다 크다.

정답 찾기 ㄱ. (가)가 14보다 클 경우 갑은 ㉡을 제안하므로 (가)가 '13'이라면 갑은 ㉡을 제안하지 않았을 것이다.

오답 피하기 ㄴ. ㉡이 제안된 상황에서 (나)가 '4'라면 을은 아이돌 공연을 관람함으로써 10만 원의 편익을 얻을 수 있고, 갑에게 5만 원을 받고 뮤지컬 공연을 관람하는 경우 뮤지컬 공연을 관람함으로써 얻는 편익까지 총 9만 원(=5만 원+4만 원)의 편익을 얻을 수 있다. 따라서 을은 ㉡을 받아들이지 않을 것이다.

ㄷ. ㉡에 따르면 (가)는 14보다 크므로 (다)가 '12'인 경우 ㉠ 선택의 상황에서 갑의 뮤지컬 공연 선택에 따른 순편익은 음(−)의 값{=9만 원−(8만 원+2만 원 초과)}이다. 따라서 ㉠과 ㉡으로부터 판단할 때, (다)는 '12'가 될 수 없다.

04 시장 가격의 결정과 변동

수능 기본 문제   본문 45~46쪽

| 01 ③ | 02 ② | 03 ⑤ | 04 ② |
| 05 ① | 06 ② | 07 ⑤ | 08 ⑤ |

01 공급 변동의 요인 이해

문제 분석 X재 시장의 균형점 E₁과 E₂는 같은 수요 곡선상에 위치하므로 균형점 E₁에서 E₂로 이동한 것은 X재의 공급이 증가하였음을 의미한다.

정답 찾기 ③ X재의 생산 기술 발달은 X재의 공급 증가 요인이다.

오답 피하기 ① X재의 가격 하락은 X재의 수요량 증가 요인, X재의 공급량 감소 요인이다.
② X재의 생산비 증가는 X재의 공급 감소 요인이다.
④ X재에 대한 소비자 선호 감소는 X재의 수요 감소 요인이다.
⑤ X재 공급자의 미래 가격 상승 예상은 X재의 공급 감소 요인이다.

02 수요와 공급 변동의 요인 이해

문제 분석 A재가 X재와 대체 관계라면 A재의 가격 상승은 X재의 수요 증가 요인이고, A재가 X재와 보완 관계라면 A재의 가격 하락은 X재의 수요 증가 요인이다. B재는 X재 생산에 필요한 원료이므로 B재의 가격 변동은 X재의 공급 변동에 영향을 미치는 요인이다.

정답 찾기 ㄱ. X재와 대체 관계에 있는 A재의 가격 상승은 X재의 수요 증가 요인이다. 따라서 (가)가 '상승'이라면, X재는 A재와 대체 관계에 있다.
ㄷ. X재의 수요 증가는 X재의 균형 가격 상승 요인이다.

오답 피하기 ㄴ. B재는 X재의 생산 원료이므로 X재 공급이 감소했다는 것은 B재 가격이 상승했다는 것을 의미한다.
ㄹ. X재의 공급 감소는 X재의 균형 거래량 감소 요인이다.

03 시장 균형의 이해

문제 분석 X재는 수요와 공급 법칙을 따르므로 X재의 균형 가격은 수요량과 공급량이 일치할 때 결정된다.

정답 찾기 ㄷ. X재의 균형 가격은 7달러와 8달러 사이에서 결정된다. 따라서 X재 가격이 8달러라면, 초과 공급으로 인해 가격 하락 유인이 발생한다.
ㄹ. 모든 가격 수준에서 수요량이 5개씩 감소하면, X재의 가격 수준에 따른 수요량과 공급량은 다음과 같다.

가격(달러)	5	6	7	8	9
수요량(개)	55	50	45	40	35
공급량(개)	35	40	45	50	55

이때 X재의 수요량과 공급량이 일치하는 7달러가 X재의 균형 가격이 된다.

오답 피하기 ㄱ. 균형 가격은 수요량과 공급량이 일치할 때 결정되므로 X재의 균형 가격은 초과 수요가 발생하는 7달러보다 높다.
ㄴ. 가격이 6달러일 때 15개의 초과 수요가 발생한다.

04 시장 균형의 변동 이해

문제 분석 2021년과 2022년의 균형점은 같은 수요 곡선상에 위치하므로 2022년에는 전년에 비해 X재 공급이 증가하였다. 2022년과 2023년의 균형점은 같은 공급 곡선상에 위치하므로 2023년에는 전년에 비해 X재 수요가 증가하였다.

정답 찾기 ② 전년 대비 2023년에 X재 수요가 증가하여 X재 가격이 상승하였고 거래량이 증가하였으므로 X재의 시장 판매 수입은 증가하였다.

오답 피하기 ① 전년 대비 2022년에 X재 가격은 하락하였고 거래량은 증가하였으므로 X재 공급은 증가하였다.
③ 2022년에 X재 수요는 전년 대비 변화가 없고, 2023년에 X재 수요는 전년 대비 증가하였다.
④ X재의 생산 비용 증가는 X재의 공급 감소 요인이다. 전년 대비 2022년에 X재 공급은 증가하였다.
⑤ X재와 보완 관계에 있는 재화의 가격 상승은 X재의 수요 감소 요인이다. 전년 대비 2023년에 X재 수요는 증가하였다.

05 시장 균형의 변동 이해

문제 분석 X재 시장의 연도별 균형 가격, 균형 거래량, 시장 판매 수입을 나타내면 다음과 같다.

구분	2020년	2021년	2022년	2023년
균형 가격(달러)	10	15	10	10
균형 거래량(만 개)	1.5	2	2	2.5
시장 판매 수입(만 달러)	15	30	20	25

정답 찾기 ① 전년 대비 2021년에 X재의 균형 가격은 상승하였고 균형 거래량은 증가하였다. 이는 X재의 수요가 증가할 경우 나타날 수 있다. 따라서 전년 대비 2021년 X재의 수요는 증가하였다.

오답 피하기 ② 전년 대비 2022년에 X재의 균형 가격은 하락하였고 균형 거래량은 변동이 없으므로 X재의 수요는 감소하였고, 공급은 증가하였다.

③ 전년 대비 2023년에 X재의 균형 가격은 변동이 없고 균형 거래량은 증가하였다. 이는 X재의 수요 증가와 공급 증가가 동시에 발생할 때 나타날 수 있다.

④ X재의 균형 거래량은 2020년이 1.5만 개, 2021년이 2만 개이다.

⑤ 2022년에 X재의 균형 거래량은 전년과 동일하고, 2023년에 X재의 균형 거래량은 전년 대비 5,000개 증가하였다.

06 수요와 공급 변동의 이해

문제 분석 수요와 공급 법칙이 적용되는 재화의 경우 수요가 감소하고 공급이 증가하면 균형 가격이 하락하고, 수요가 증가하고 공급이 감소하면 균형 가격이 상승한다. 따라서 A는 '공급', B는 '수요'이다.

정답 찾기 ② X재의 생산 기술 발달은 X재의 공급 증가 요인이다.

오답 피하기 ① X재의 수요가 증가하고 X재의 공급이 감소하면, X재의 균형 가격은 상승하므로 A는 '공급', B는 '수요'이다.

③ X재에 대한 소비자 선호 증가는 X재의 수요 증가 요인이다.

④ X재의 수요와 공급이 모두 증가하면, X재의 균형 거래량은 증가한다. 따라서 (가)에는 '균형 거래량 감소'가 들어갈 수 없다.

⑤ X재의 수요가 감소하고 공급이 증가하면, X재의 균형 가격은 하락한다. 따라서 (나)에는 '균형 가격 하락'이 들어갈 수 있다.

07 수요와 공급 변동의 이해

문제 분석 X재의 수요 증가는 X재의 균형 가격 상승과 균형 거래량 증가 요인이고, X재의 공급 증가는 X재의 균형 가격 하락과 균형 거래량 증가 요인이다.

정답 찾기 ⑤ X재의 수요 증가는 X재의 균형 가격 상승 요인이고, X재의 공급 증가는 X재의 균형 거래량 증가 요인이다. 따라서 (가)에는 '상승', (나)에는 '증가'가 들어갈 수 있다.

오답 피하기 ① ㉠은 X재의 수요 증가 요인이다. 이는 X재의 균형 거래량 증가 요인이다.

② X재의 수요자 수 감소는 X재의 수요 감소 요인이다. ㉠은 X재의 수요 증가 요인에 해당한다.

③ ㉡은 X재의 공급 증가 요인이다. 따라서 ㉡은 X재의 균형 가격 하락 요인이다.

④ X재의 생산 비용 증가는 X재의 공급 감소 요인이다. ㉡은 X재의 공급 증가 요인에 해당한다.

08 시장 균형의 변동 이해

문제 분석 X재 시장에서 균형점 E, A, B는 같은 공급 곡선상에 위치하므로 E에서 A로의 변동은 X재의 수요 증가로 인한 것이고, E에서 B로의 변동은 X재의 수요 감소로 인한 것이다.

정답 찾기 ㄷ. X재의 수요자 수 감소는 X재의 수요 감소 요인이므로 E에서 B로의 변동 요인이다.

ㄹ. X재 수요자의 미래 가격 하락 예상은 X재의 수요 감소 요인이므로 E에서 B로의 변동 요인이다.

오답 피하기 ㄱ. X재의 생산 비용 증가는 X재의 공급 감소 요인이므로 E에서 A로의 변동 요인에 해당하지 않는다.

ㄴ. X재에 대한 소비자 선호 감소는 X재의 수요 감소 요인이므로 E에서 A로의 변동 요인에 해당하지 않는다.

수능 실전 문제 본문 47~51쪽

1 ⑤	**2** ②	**3** ②	**4** ③
5 ④	**6** ②	**7** ④	**8** ⑤
9 ③	**10** ⑤		

1 시장 균형의 이해

문제 분석 X재 시장의 가격 수준에 따른 수요량과 공급량을 나타내면 다음과 같다.

가격(달러)	10	20	30	40	50
수요량(만 개)	50	40	30	20	10
공급량(만 개)	10	20	30	40	50

정답 찾기 ⑤ 모든 가격 수준에서 공급량만 20만 개씩 증가할 경우 X재 시장의 가격 수준에 따른 수요량과 공급량은 다음과 같다.

가격(달러)	10	20	30	40	50
수요량(만 개)	50	40	30	20	10
공급량(만 개)	30	40	50	60	70

이때 X재의 균형 가격은 20달러이다.

오답 피하기 ① X재의 균형 가격은 수요량과 공급량이 일치하는 30달러이고, 이때의 균형 거래량은 30만 개이다.

② X재의 균형 가격은 30달러, 균형 거래량은 30만 개이므로 X재의 시장 판매 수입은 900만 달러이다.

③ 가격이 20달러일 때 20만 개의 초과 수요가 발생한다.

④ 가격이 10달러일 때 공급량은 10만 개, 가격이 50달러일 때 공급량은 50만 개이므로 공급량은 가격이 50달러일 때가 가격이 10달러일 때의 5배이다.

2 시장 균형의 이해

[문제 분석] A재와 B재는 모두 가격 수준이 높을수록 공급량이 증가하므로 공급 법칙을 따른다. B재는 모든 가격 수준에서 수요량이 일정하므로 수요 곡선이 수직선의 형태이다. A재는 가격 수준이 P_3보다 낮을 경우 초과 수요가, 가격 수준이 P_3보다 높을 경우 초과 공급이 나타난다. B재는 가격 수준이 P_2보다 낮을 경우 초과 수요가, 가격 수준이 P_2보다 높을 경우 초과 공급이 나타난다.

[정답 찾기] ㄱ. 균형 가격은 수요량과 공급량이 일치하는 가격 수준에서 결정되므로 A재는 P_3, B재는 P_2이다.

ㄷ. 가격 수준이 P_2보다 낮을 때, A재와 B재는 모두 수요량이 공급량보다 많으므로 초과 수요가 발생한다.

[오답 피하기] ㄴ. B재의 수요 곡선은 수직선의 형태이므로 수요 법칙을 따르지 않는다.

ㄹ. 가격 수준이 P_4보다 높을 때, A재와 B재는 모두 초과 공급이 발생하므로 가격 하락 압력이 발생한다.

3 수요와 공급 변동의 이해

[문제 분석] X재의 수요 변화로 인해 X재의 균형 가격이 하락하였고 균형 거래량이 감소하였다면, X재 수요는 감소하였다. X재의 공급 변화로 인해 X재의 균형 가격이 하락하였고 균형 거래량이 증가하였다면, X재 공급은 증가하였다.

[정답 찾기] ㄱ. A재가 X재와 대체 관계에 있다면, A재의 공급 증가는 X재의 수요 감소 요인이다. X재 수요가 감소하였으므로 X재와 대체 관계에 있는 A재 공급은 증가하였다.

ㄷ. X재 공급이 증가하였으므로 B재 가격은 하락하였다.

[오답 피하기] ㄴ. A재가 X재와 보완 관계에 있다면, A재의 가격 상승은 X재의 수요 감소 요인이다. X재 수요가 감소하였으므로 X재와 보완 관계에 있는 A재 가격은 상승하였다.

ㄹ. B재는 X재의 원자재이므로 B재의 생산 비용이 증가하면 X재 공급은 감소한다. 따라서 B재의 생산 비용 증가는 X재의 균형 거래량 감소 요인이다.

4 시장 균형 변동의 이해

[문제 분석] 전년 대비 2021년에 X재의 균형 가격은 변함이 없고 균형 거래량만 증가하였으므로 X재의 수요와 공급은 모두 증가하였다. 전년 대비 2022년에 X재의 균형 가격은 상승하였고 균형 거래량은 변함이 없으므로 X재 수요는 증가하였고, X재 공급은 감소하였다. 전년 대비 2023년에 X재의 균형 가격은 상승하였고 균형 거래량은 증가하였으며, 2023년의 X재 균형점은 2022년과 같은 공급 곡선상에 위치하므로 X재 수요는 증가하였다.

[정답 찾기] ③ 전년 대비 2022년에 X재의 균형 가격은 상승하였고 균형 거래량은 변함이 없으므로 X재 수요는 증가하였고, X재 공급은 감소하였다.

[오답 피하기] ① X재의 균형 가격은 2023년이 2021년보다 높고, X재의 균형 거래량은 2023년이 2021년보다 많다. 따라서 X재의 시장 판매 수입은 2021년이 2023년보다 작다.

② 전년 대비 2021년에 X재의 균형 가격은 변함이 없고 균형 거래량만 증가하였으므로 X재의 수요와 공급은 모두 증가하였다.

④ 전년 대비 2023년에 X재의 균형 가격은 상승하였고 균형 거래량은 증가하였으며, X재 균형점이 같은 공급 곡선상에서 이동하였으므로 X재 수요는 증가하였다. X재와 대체 관계에 있는 재화의 가격 하락은 X재의 수요 감소 요인이다.

⑤ X재의 균형 가격은 2020년과 2021년이 같고, X재의 균형 거래량은 2021년과 2022년이 같다.

5 수요와 공급 변동의 이해

[문제 분석] X재의 수요만 증가하면, 균형 가격은 상승하고 균형 거래량은 증가한다. X재의 수요만 감소하면, 균형 가격은 하락하고 균형 거래량은 감소한다. X재의 공급만 증가하면, 균형 가격은 하락하고 균형 거래량은 증가한다. X재의 공급만 감소하면, 균형 가격은 상승하고 균형 거래량은 감소한다.

[정답 찾기] ④ X재의 생산 기술의 향상은 X재의 공급 증가 요인이다. X재의 공급만 증가하면, 균형 가격은 하락하고 균형 거래량은 증가한다. 따라서 X재의 생산 기술의 향상은 정이 아닌 을의 예측 근거로 사용될 수 있다.

[오답 피하기] ① 갑은 X재의 수요만 증가하여 균형점이 변동한다고 예측하였고, 을은 X재의 공급만 증가하여 균형점이 변동한다고 예측하였다.

② 병은 X재의 수요만 감소하여 균형점이 변동한다고 예측하였고, 정은 X재의 공급만 감소하여 균형점이 변동한다고 예측하였다.

③ X재에 대한 소비자 선호 감소는 X재의 수요 감소 요인이다. X재의 수요만 감소하여 균형점이 변동한다고 예측한 사람은 갑이 아니라 병이다.

⑤ 갑의 예측에 따라 X재의 균형 가격이 상승하고 균형 거래량이 증가하면, X재의 시장 판매 수입은 증가한다. 병의 예측에 따라 X재의 균형 가격이 하락하고 균형 거래량이 감소하면, X재의 시장 판매 수입은 감소한다.

6 시장 균형 변동의 이해

[문제 분석] X재 시장에서 정부가 X재 소비에 대해 개당 1달러의 보조금을 지급하는 것은 X재의 수요 증가 요인이고, Y재 시장에서 정부가 Y재 생산에 대해 개당 1달러의 보조금을 지급하는 것은 Y재의 공급 증가 요인이다.

[정답 찾기] ㄴ. ㉠으로 인해 X재 수요만 증가할 경우 X재의 균형 가격은 5달러와 6달러 사이에서 결정된다. ㉡으로 인해 Y재 공급만 증가할 경우 Y재의 균형 가격은 4달러와 5달러 사이에서 결정

된다. 따라서 ㉠으로 인한 X재의 균형 가격은 ㉡으로 인한 Y재의 균형 가격보다 높다.

오답 피하기 ㄱ. ㉠은 X재 시장에서의 수요 증가 요인, ㉡은 Y재 시장에서의 공급 증가 요인이다.

ㄷ. ㉠은 X재의 균형 거래량 증가 요인이므로 ㉠으로 인한 X재의 균형 거래량은 3만 개보다 많다. ㉡은 Y재의 균형 거래량 증가 요인이므로 ㉡으로 인한 Y재의 균형 거래량은 3만 개보다 많다.

7 수요와 공급 변동의 이해

문제 분석 t+1기에 X재의 공급이 변동하여 X재의 균형 가격이 하락하였으므로 X재의 공급은 증가하였다. 따라서 t+1기에 X재의 균형 거래량은 t기에 비해 증가하였다. X재의 균형 가격 하락으로 Y재의 수요가 변동하여 Y재의 균형 거래량이 증가하였으므로 Y재의 수요는 증가하였다. 따라서 Y재는 X재와 보완 관계이다. X재의 균형 가격 하락으로 Z재의 수요가 변동하여 Z재의 균형 가격이 하락하였으므로 Z재의 수요는 감소하였다. 따라서 Z재는 X재와 대체 관계이다.

정답 찾기 ④ t기 대비 t+1기에 Y재의 수요 증가로 인해 Y재의 균형 가격은 상승하였고 균형 거래량은 증가하였으므로 Y재의 시장 판매 수입은 증가하였다.

오답 피하기 ① X재의 균형 가격 하락으로 인해 Y재의 수요는 증가하였고 Z재의 수요는 감소하였으므로 Y재는 X재와 보완 관계, Z재는 X재와 대체 관계이다.

② X재는 공급 증가로 인해 균형 가격이 하락하였고, 균형 거래량은 증가하였다. 따라서 ㉠은 10보다 크다. X재의 균형 가격 하락으로 인해 Z재의 수요는 감소하였으므로 Z재의 균형 거래량은 감소하였다. 따라서 ㉢은 25보다 작다.

③ X재의 균형 가격 하락으로 인해 Y재의 수요는 증가하였으므로 Y재의 균형 가격은 상승하였다. 따라서 ㉡은 150보다 크다.

⑤ t기 대비 t+1기에 Z재의 수요 감소로 인해 Z재의 균형 가격은 하락하였고 균형 거래량은 감소하였으므로 Z재의 시장 판매 수입은 감소하였다.

8 수요와 공급 변동의 이해

문제 분석 X재와 보완 관계에 있는 재화의 가격 상승은 X재의 수요 감소 요인, X재 소비자의 소득 증가는 X재의 수요 증가 요인이다. X재의 생산 기술 향상과 X재의 원자재 가격 하락은 모두 X재의 공급 증가 요인이다.

정답 찾기 ㄷ. (가)는 X재의 수요 감소 요인, (다)는 X재의 공급 증가 요인이다. X재의 수요 감소는 X재의 균형 거래량 감소 요인, X재의 공급 증가는 X재의 균형 거래량 증가 요인이다.

ㄹ. (나)는 X재의 수요 증가 요인, (라)는 X재의 공급 증가 요인이다. X재의 수요 증가는 X재의 균형 가격 상승 요인, X재의 공급

증가는 X재의 균형 가격 하락 요인이다.

오답 피하기 ㄱ. t 시기의 시장 상황에서 (가)는 X재의 수요 감소 요인, (나)는 X재의 수요 증가 요인이다.

ㄴ. t+1 시기의 시장 상황은 모두 X재의 공급 증가 요인이다.

9 시장 균형 변동의 이해

문제 분석 X재 시장에서 서로 다른 시기의 균형 가격과 균형 거래량에 따른 균형점 A~D를 나타내면 다음과 같다.

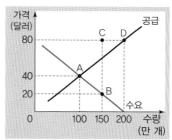

정답 찾기 ③ B에서 C로의 변동은 수요 증가와 공급 감소가 동시에 발생할 때 나타날 수 있다. X재의 소비자 수 증가는 X재의 수요 증가 요인, X재의 생산비 증가는 X재의 공급 감소 요인이므로 B에서 C로의 변동 요인이 될 수 있다.

오답 피하기 ① X재의 생산 비용 증가는 X재의 공급 감소 요인이다. A에서 B로의 변동은 X재의 공급 증가로 나타날 수 있다.

② A에서 C로 변동하기 위해서는 X재 수요는 증가하고, X재 공급은 감소해야 한다. 따라서 X재의 수요 증가와 공급 증가는 A에서 C로의 변동 요인에 해당하지 않는다.

④ D에서 A로의 변동은 X재의 수요 감소로 나타날 수 있다. D에서 C로의 변동은 X재의 수요 감소와 공급 감소가 동시에 발생할 때 나타날 수 있다.

⑤ B에서 C로의 변동은 X재의 수요 증가와 공급 감소가 동시에 발생할 때 나타날 수 있다. C에서 D로의 변동은 X재의 수요 증가와 공급 증가가 동시에 발생할 때 나타날 수 있다. 따라서 X재 공급이 지속적으로 감소하였다고 볼 수 없다.

10 시장 균형의 이해

문제 분석 〈자료 2〉의 (가)는 X재의 공급 감소 요인, (나)는 X재의 수요 증가 요인, (다)는 X재의 수요 감소 요인, (라)는 X재의 공급 증가 요인이다.

정답 찾기 ⑤ (다)와 (라)만 동시에 발생할 경우 X재 시장의 가격 수준에 따른 수요량과 공급량은 다음과 같다.

가격(달러)	10	20	30	40	50	60	70
수요량(만 개)	300	250	200	150	100	50	0
공급량(만 개)	100	150	200	250	300	350	400

현재 X재의 균형 가격은 40달러이다. (다)와 (라)만 동시에 발생한다면, X재의 균형 가격은 30달러가 되므로 변동 이전보다 10달러 하락한다.

오답 피하기 ① (가)는 X재의 공급 감소 요인, (나)는 X재의 수요 증가 요인이다. X재의 공급 감소는 X재의 균형 거래량 감소 요인, X재의 수요 증가는 X재의 균형 거래량 증가 요인이다.

② (다)는 X재의 수요 감소 요인, (라)는 X재의 공급 증가 요인이다. X재의 수요 감소와 X재의 공급 증가는 모두 X재의 균형 가격 하락 요인이다.

③ (나)만 발생할 경우 X재 시장의 가격 수준에 따른 수요량과 공급량은 다음과 같다.

가격(달러)	10	20	30	40	50	60	70
수요량(만 개)	400	350	300	250	200	150	100
공급량(만 개)	50	100	150	200	250	300	350

(나)만 발생한다면, X재의 균형 가격은 40달러와 50달러 사이에서 결정되므로 10달러만큼 상승한다고 볼 수 없다.

④ (가)와 (다)만 동시에 발생할 경우 X재 시장의 가격 수준에 따른 수요량과 공급량은 다음과 같다.

가격(달러)	10	20	30	40	50	60	70
수요량(만 개)	300	250	200	150	100	50	0
공급량(만 개)	0	50	100	150	200	250	300

현재 X재의 균형 거래량은 200만 개이다. (가)와 (다)만 동시에 발생한다면, X재의 균형 거래량은 150만 개가 되므로 변동 이전보다 50만 개 감소한다.

05 잉여와 자원 배분의 효율성

수능 기본 문제
본문 56~57쪽

01 ④	02 ④	03 ⑤	04 ⑤
05 ②	06 ①	07 ②	08 ④

01 소비자 잉여와 생산자 잉여의 이해

문제 분석 X재 시장에서 X재 개당 30달러에 3개가 거래되었으므로 수요자는 갑, 을, 병이고, 공급자는 A, C, D이다.

정답 찾기 ㄴ. 최대 지불 용의 금액은 을이 40달러, 병이 35달러이다.

ㄹ. 갑의 최대 지불 용의 금액은 50달러, D의 최소 요구 금액은 15달러이다. 따라서 갑의 최대 지불 용의 금액은 D의 최소 요구 금액의 약 3.3배이다.

오답 피하기 ㄱ. 최소 요구 금액은 A가 25달러이고, B가 30달러를 초과하므로 B가 A보다 크다.

ㄷ. X재 시장에서 소비자 잉여는 35달러, 생산자 잉여는 30달러이므로 소비자 잉여는 생산자 잉여보다 크다.

02 소비자 잉여와 생산자 잉여의 이해

문제 분석 (가)는 Y재의 공급 증가 요인, (나)는 Z재의 공급 증가 요인이다. Y재는 X재의 유일한 원료이므로 Y재의 공급 증가는 Y재의 균형 가격 하락 요인이며, 이는 X재의 공급 증가 요인이다. Z재는 X재와 대체 관계에 있으므로 Z재의 공급 증가는 Z재의 균형 가격 하락 요인이며, 이는 X재의 수요 감소 요인이다.

정답 찾기 ④ (나)는 Z재의 균형 가격 하락 요인이다. Z재의 균형 가격 하락은 대체 관계에 있는 X재의 수요 감소 요인이다. X재의 수요 감소는 X재 시장의 생산자 잉여 감소 요인이다.

오답 피하기 ① (가)는 X재의 공급 증가 요인이다. X재의 공급 증가는 X재의 균형 가격 하락 요인이다.

② (가)는 X재의 공급 증가 요인이다. X재의 공급 증가는 X재 시장의 소비자 잉여 증가 요인이다.

③ (나)는 Z재의 균형 가격 하락 요인이다. Z재의 균형 가격 하락은 대체 관계에 있는 X재의 수요 감소 요인이다. X재의 수요 감소는 X재의 균형 거래량 감소 요인이다.

⑤ (나)는 X재의 수요 감소 요인이다. X재의 수요 감소는 X재 시장의 판매 수입 감소 요인이다.

03 소비자 잉여와 생산자 잉여의 이해

문제 분석 X재 시장에서는 수요가 증가하여 균형 가격이 상승하고, 균형 거래량이 증가하였다.

정답 찾기 ⑤ X재 시장의 총잉여는 수요 변동 이전이 400만 달러, 수요 변동 이후가 900만 달러이다. 따라서 X재 시장의 총잉여는 수요 변동 이후가 수요 변동 이전의 2.25배이다.

오답 피하기 ① 수요 변동 이전 X재 시장의 총잉여는 400만 달러, 소비자 잉여는 200만 달러이다.

② X재 시장의 생산자 잉여는 수요 변동 이전이 200만 달러, 수요 변동 이후가 450만 달러이다. 따라서 수요 변동 이전 대비 이후 X재 시장의 생산자 잉여 증가분은 250만 달러이다.

③ X재와 대체 관계에 있는 재화의 가격 하락은 X재의 수요 감소 요인이다. X재 시장에서는 수요가 증가하였으므로 X재와 대체 관계에 있는 재화의 가격 하락은 X재 시장의 수요 증가 요인으로 보기 어렵다.

④ X재의 시장 판매 수입은 수요 변동 이전이 400만 달러, 수요 변동 이후가 900만 달러이다. X재의 시장 판매 수입은 수요 변동 이후가 수요 변동 이전의 2.25배이다.

04 잉여의 이해

문제 분석 제시된 자료를 통해 X재 시장의 가격별 수요량과 공급량을 나타내면 다음과 같다.

가격(달러)	7	8	9	10	11
수요량(개)	6	6	5	3	1
공급량(개)	1	3	5	6	6

X재 시장의 균형 가격은 수요량과 공급량이 일치하는 수준에서 결정되므로 X재 시장의 균형 가격은 9달러이다.

정답 찾기 ⑤ X재 시장의 균형 가격에서 갑은 3개를 구매하므로 갑의 소비자 잉여는 3달러이고, 을은 2개를 구매하므로 을의 소비자 잉여는 1달러이다. 따라서 갑의 소비자 잉여는 을의 소비자 잉여의 3배이다.

오답 피하기 ① X재 시장의 균형 상태에서 총잉여는 소비자 잉여와 생산자 잉여의 합인 8달러이다.

② X재 시장의 균형 가격은 9달러, 균형 거래량은 5개이다.

③ X재 시장의 균형 가격은 9달러, 균형 거래량은 5개이므로 시장 판매 수입은 45달러이다.

④ X재 시장의 균형 가격에서 A는 3개를 공급하므로 A의 생산자 잉여는 3달러이고, B는 2개를 공급하므로 B의 생산자 잉여는 1달러이다. 따라서 A의 생산자 잉여는 B의 생산자 잉여보다 크다.

05 가격 규제 정책의 이해

문제 분석 실효성 있는 가격 규제 정책 A의 시행으로 인해 X재의 시장 가격은 상승하고 시장 거래량은 감소하므로 A는 최저 가격제이다. 한편, 실효성 있는 가격 규제 정책 B의 시행으로 인해 X재의 시장 가격은 하락하고 시장 거래량은 감소하므로 B는 최고 가격제이다.

정답 찾기 ② 최고 가격제가 시행되면, X재의 시장 가격은 하락하고 시장 거래량은 감소하므로 최고 가격제의 시행은 X재 시장의 생산자 잉여 감소 요인이다.

오답 피하기 ① 최저 가격제는 X재 공급자를 보호하기 위한 가격 규제 정책이다.

③ 최저 가격제의 시행은 X재 시장의 초과 공급 발생 요인이고, 최고 가격제의 시행은 X재 시장의 초과 수요 발생 요인이다.

④ 최저 가격제와 최고 가격제의 시행은 모두 X재 시장의 총잉여 감소 요인이다.

⑤ 최저 가격제가 시행되면, X재의 시장 가격은 상승하고 시장 거래량은 감소하므로 시장 판매 수입의 증감 여부는 불분명하다. 최고 가격제가 시행되면, X재의 시장 가격은 하락하고 시장 거래량은 감소하므로 시장 판매 수입은 감소한다.

06 잉여의 이해

문제 분석 X재 시장에서 A의 시행은 X재의 수요 감소 요인이므로 균형 가격은 P_1과 P_2 사이에서 결정되고, 균형 거래량은 Q_1과 Q_2 사이에서 결정된다. B의 시행은 X재의 공급 감소 요인이므로 균형 가격은 P_2와 P_3 사이에서 결정되고, 균형 거래량은 Q_1과 Q_2 사이에서 결정된다.

정답 찾기 ① A의 시행은 X재의 수요 감소 요인이다. X재의 수요 감소로 인해 균형 가격은 하락하고 균형 거래량은 감소하므로 A의 시행은 X재 시장의 생산자 잉여 감소 요인이다.

오답 피하기 ② B의 시행은 X재의 공급 감소 요인이다. X재의 공급 감소로 인해 균형 가격은 상승하고 균형 거래량은 감소하므로 B의 시행은 X재 시장의 소비자 잉여 감소 요인이다.

③ A의 시행은 X재의 수요 감소 요인, B의 시행은 X재의 공급 감소 요인이다.

④ A와 B의 시행은 모두 X재 시장의 총잉여 감소 요인이다.

⑤ A 시행으로 인한 X재의 균형 가격은 P_1과 P_2 사이에서 결정되고, B 시행으로 인한 X재의 균형 가격은 P_2와 P_3 사이에서 결정된다.

07 소비자 잉여와 생산자 잉여의 이해

문제 분석 X재의 수요 증가는 X재의 균형 가격 상승과 균형 거래량 증가 요인이고, X재의 수요 감소는 X재의 균형 가격 하락과 균형 거래량 감소 요인이다. X재의 공급 증가는 X재의 균형 가격 하락과 균형 거래량 증가 요인이고, X재의 공급 감소는 X재의 균형 가격 상승과 균형 거래량 감소 요인이다.

정답 찾기 ② B로의 이동은 X재의 수요 감소로 나타날 수 있다. X재의 수요 감소는 X재 시장의 생산자 잉여 감소 요인이다.

오답 피하기 ① A로의 이동은 X재의 수요 증가로 나타날 수 있다.

③ C로의 이동은 X재의 공급 증가로 나타날 수 있다. X재의 공급 증가는 X재 시장의 소비자 잉여 증가 요인이다.

④ X재의 생산 기술 혁신은 X재의 공급 증가 요인이다. D로의 이동은 X재의 공급 감소로 나타날 수 있다.

⑤ A로의 이동은 X재 시장의 총잉여 증가 요인, D로의 이동은 X재 시장의 총잉여 감소 요인이다.

08 가격 규제 정책의 이해

문제 분석 갑국의 X재 시장에서 균형 가격은 5달러, 균형 거래량은 40만 개이다.

정답 찾기 ㄴ. 정부가 최고 가격을 4달러로 규제하면, 공급량은 30만 개, 수요량은 50만 개가 되므로 20만 개의 초과 수요가 발생한다.

ㄹ. 모든 가격 수준에서 X재 수요량이 20만 개씩 증가하면, 수요 곡선이 우측으로 이동하므로 균형 거래량은 50만 개, 균형 가격은 6달러가 된다.

오답 피하기 ㄱ. 정부가 최저 가격을 6달러로 규제하면, X재의 거래량은 30만 개가 되므로 X재의 시장 판매 수입은 180만 달러(=6달러 × 30만 개)이다.

ㄷ. 정부가 X재 생산자에게 개당 1달러의 세금을 부과하면, X재 공급이 감소한다. 이 경우 X재의 균형 가격은 5달러와 6달러 사이에서 결정되므로 균형 거래량은 10만 개보다 적게 감소한다.

수능 실전 문제

본문 58~61쪽

1 ②	**2** ③	**3** ③	**4** ②
5 ④	**6** ⑤	**7** ②	**8** ④

1 소비자 잉여와 총잉여의 이해

문제 분석 X재 가격이 P_3일 경우 수요량과 공급량이 일치하므로 X재의 균형 가격은 P_3이다. X재 가격이 P_1, P_2일 경우 각각 초과 수요가 나타나며, P_4, P_5일 경우 각각 초과 공급이 나타난다.

정답 찾기 ② 총잉여는 균형 상태일 때 극대화되므로 X재 시장의 총잉여가 극대화되는 가격은 P_3이다.

오답 피하기 ① X재의 균형 가격은 P_3, 균형 거래량은 3개이다.

③ X재 1개 소비의 소비자 잉여가 가장 큰 수요자는 최대 지불 용의 금액이 가장 높은 갑이다.

④ X재 1개 소비에 대한 최대 지불 용의 금액은 을이 P_4 이상 P_5 미만이고, 병이 P_3 이상 P_4 미만이므로 X재 구입에 대한 최대 지불 용의 금액은 을이 병보다 크다.

⑤ X재 공급자 중 X재 판매에 대한 최소 요구 금액이 가장 큰 공급자는 E이고, 가장 작은 공급자는 A이다.

2 생산자 잉여와 총잉여의 이해

문제 분석 X재는 수요와 공급 법칙을 따르므로 균형점 E, A, B의 수요와 공급 곡선을 나타내면 다음과 같다.

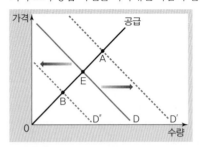

정답 찾기 ③ E에서 A로의 이동은 X재의 수요 증가를 의미하는 것으로, 이는 X재의 균형 가격 상승과 균형 거래량 증가 요인이므로 X재 시장의 생산자 잉여 증가 요인이다.

오답 피하기 ① X재의 생산 비용 감소는 X재의 공급 증가 요인이다. E에서 A로의 변동 요인은 X재의 수요 증가이다.

② X재와 대체 관계에 있는 재화의 가격 상승은 X재의 수요 증가 요인이다. 이는 E에서 A로의 이동 요인이다.

④ E에서 B로의 이동은 X재의 수요 감소를 의미하는 것으로, 이는 X재 시장의 소비 지출 감소 요인이다.

⑤ E에서 A로의 이동은 X재의 수요 증가를 의미하는 것으로, 이는 X재 시장의 총잉여 증가 요인이다. E에서 B로의 이동은 X재의 수요 감소를 의미하는 것으로, 이는 X재 시장의 총잉여 감소 요인이다.

3 가격 규제 정책과 소비자 잉여의 관계 이해

문제 분석 X재 시장에서 균형 가격은 60달러, 균형 거래량은 5만 개이다. 갑국 정부가 시행하고자 하는 실효성 있는 가격 규제 정책은 X재를 시장 균형 가격보다 낮은 수준에서 거래되도록 하기 위한 것으로, 이는 최고 가격제에 해당한다.

정답 찾기 ③ 갑국 정부의 규제 가격이 50달러라면, X재 거래량은 4만 개이다. 따라서 가격 규제 이전보다 X재 거래량은 1만 개 감소한다.

오답 피하기 ① ㉠은 최고 가격제이며, 이는 X재 수요자 보호를 목적으로 한다.

② 갑국 정부의 규제 가격이 45달러라면, X재의 수요량은 6.5만 개, 공급량은 3.5만 개이므로 초과 수요량은 3만 개이다.

④ 갑국 정부의 규제 가격이 40달러일 때의 소비자 잉여는 165만 달러로, 가격 규제 이전의 소비자 잉여 125만 달러보다 40만 달러 증가한다.

⑤ 가격 규제 이전 X재의 균형 가격은 60달러이며, ㉠으로 인해 발생한 X재의 초과 수요량이 1만 개라면, 갑국 정부의 규제 가격은 55달러이다. 따라서 가격 규제 이전 X재의 균형 가격은 갑국 정부의 규제 가격보다 5달러 높다.

4 생산자 잉여의 이해

문제 분석 ┃ X재 공급자의 최소 요구 금액을 통해 가격 수준에 따른 시장 공급량과 시장 수요량을 나타내면 다음과 같다.

가격(달러)	10	20	30	40	50
시장 공급량(개)	1	2	3	4	5
시장 수요량(개)	5	4	3	2	1

정답 찾기 ┃ ② 정의 최소 요구 금액은 40달러이며, 이는 X재의 균형 가격보다 높으므로 정의 생산자 잉여는 0이다. 을의 최소 요구 금액은 20달러이며, 이는 X재의 균형 가격보다 10달러 낮으므로 을의 생산자 잉여는 10달러이다.

오답 피하기 ┃ ① X재의 균형 가격은 수요량과 공급량이 일치하는 수준에서 결정되므로 30달러이다.
③ 가격이 50달러일 때 수요량은 1개, 공급량은 5개이므로 초과 공급량은 4개이다.
④ 갑의 생산자 잉여는 20달러, 병의 생산자 잉여는 0이므로 갑의 생산자 잉여는 병의 생산자 잉여보다 20달러 크다.
⑤ 균형 가격 수준에서 갑의 생산자 잉여는 20달러, 을의 생산자 잉여는 10달러, 병의 생산자 잉여는 0이므로 X재 시장의 생산자 잉여는 30달러이다.

5 가격 규제 정책과 총잉여의 관계 이해

문제 분석 ┃ 가격 규제 정책 B는 X재의 가격 상승 요인이므로 최저 가격제이다. 따라서 가격 규제 정책 A는 최고 가격제이다.

정답 찾기 ┃ 질문 1. 최저 가격제는 공급자 보호를 목적으로 하고, 최고 가격제는 수요자 보호를 목적으로 한다. 따라서 'A는 B와 달리 공급자 보호를 목적으로 하는가?'에 대해 '아니요'라고 응답한 을, 정, 무가 옳게 응답하였다.
질문 2. 최고 가격제와 최저 가격제는 모두 총잉여 감소 요인이므로 'B는 A와 달리 총잉여 감소 요인인가?'에 대해 '아니요'라고 응답한 갑, 을, 정이 옳게 응답하였다.
질문 3. 최고 가격제는 X재의 가격 하락 요인이므로 ㉠에는 '하락'이 들어갈 수 있고, 최저 가격제는 X재의 거래량 감소 요인이므로 ㉡에는 '감소'가 들어갈 수 있다. 따라서 '㉠에는 '하락', ㉡에는 '감소'가 들어갈 수 있는가?'에 대해 '예'라고 응답한 갑, 정이 옳게 응답하였다.
따라서 모든 질문에 옳게 응답한 학생은 정이다.

6 시장 균형과 잉여의 이해

문제 분석 ┃ X재 시장에서 균형 가격은 수요량과 공급량이 일치하는 수준에서 결정되므로 '수요량−공급량' 값이 0일 때의 가격인 30달러가 균형 가격이다. 현재 X재 시장의 균형 가격에서 판매 수입이 900만 달러이므로 균형 거래량은 30만 개이다. 가격이

10달러에서의 초과 수요량과 50달러에서의 초과 공급량이 같고, 가격이 20달러에서의 초과 수요량과 40달러에서의 초과 공급량이 같다. 이를 그림으로 나타내면 다음과 같다.

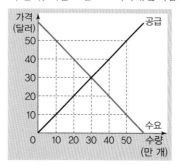

정답 찾기 ┃ ⑤ 가격이 20달러일 때 초과 수요는 20만 개, 가격이 40달러일 때 초과 공급은 20만 개이다. 균형 가격에서 소비자 잉여와 생산자 잉여가 같을 때, 초과 수요량과 초과 공급량이 같다는 것은 가격을 20달러로 규제할 때와 40달러로 규제할 때의 거래량이 같다는 것을 의미한다. 따라서 정부가 20달러에서 최고 가격제를 시행하는 경우의 생산자 잉여는 40달러에서 최저 가격제를 시행하는 경우의 소비자 잉여와 같다.

오답 피하기 ┃ ① 가격이 10달러일 때의 수요량은 50만 개, 가격이 50달러일 때의 수요량은 10만 개이다. 따라서 수요량은 가격이 10달러일 때가 가격이 50달러일 때의 5배이다.
② 정부가 X재 생산자에게 개당 10달러의 보조금을 지급하는 경우 X재 공급량이 모든 가격 수준에서 10만 개씩 증가하지만, X재의 균형 거래량이 현재보다 10만 개 늘어나는 것은 아니다. 따라서 X재 거래량은 30만 개보다 많고 40만 개보다 적다.
③ 정부가 X재 소비자에게 개당 10달러의 세금을 부과하는 경우 X재 수요량이 모든 가격 수준에서 10만 개씩 감소하여 X재의 균형 가격은 현재보다 5달러만큼 하락하고, 균형 거래량은 5만 개만큼 감소하므로 X재의 소비 지출액은 625만 달러(=25달러 × 25만 개)이다.
④ 수요가 증가하고 공급이 감소하여 균형 가격이 40달러가 되는 경우 균형 거래량은 수요 증가 폭과 공급 감소 폭의 크기에 따라 변동 이전과 같을 수도, 변동 이전에 비해 감소하거나 증가할 수도 있다. 따라서 총잉여는 수요와 공급의 변동 이후가 변동 이전보다 크다고 단정할 수 없다.

7 가격 규제 정책과 잉여의 관계 이해

문제 분석 ┃ X재 가격을 P_1로 규제하는 정책은 최저 가격제, P_2로 규제하는 정책은 최고 가격제이다.

정답 찾기 ┃ ㄱ. 갑국 정부가 X재 가격을 P_1로 규제하면, 가격은 규제 이전보다 상승하고, 거래량은 가격 규제 이전보다 감소하므로 X재 시장의 소비자 잉여는 감소한다. 따라서 ㉠은 X재 시장의 소비자 잉여 감소 요인이다.

ㄷ. ㉠은 최저 가격제이므로 X재의 공급자를 보호하기 위한 정책이고, ㉡은 최고 가격제이므로 X재의 수요자를 보호하기 위한 정책이다.

오답 피하기 ㄴ. 갑국 정부가 X재 가격을 P_2로 규제하면, X재 시장에서는 Q_1Q_2만큼의 초과 수요가 발생한다.

ㄹ. X재 가격을 P_1로 규제할 경우와 X재 가격을 P_3로 규제할 경우 모두 X재의 거래량은 Q_1로 감소한다. 따라서 ㉠으로 인한 X재 거래량은 ㉡으로 인한 X재 거래량과 같다.

8 가격 규제 정책과 잉여의 관계 이해

문제 분석 현재 X재 시장의 균형 가격은 P_2, 균형 거래량은 Q_2이고, 가격 수준은 P_1, P_2, P_3 순으로 높아지며, 수량은 Q_1, Q_2, Q_3 수준으로 많아진다. 이를 그림으로 나타내면 다음과 같고, a~f는 각 영역의 면적에 해당한다.

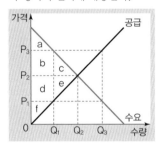

갑국 정부가 P_1로 가격 규제 정책을 시행하는 것은 최고 가격제에, P_3으로 가격 규제 정책을 시행하는 것은 최저 가격제에 해당한다.

정답 찾기 ④ 가격 규제 이전 소비자 잉여는 'a+b+c'이고, 생산자 잉여는 'd+e+f'이다. P_1 수준에서의 가격 규제 정책 시행으로 인한 총잉여는 'a+b+d+f'이고, P_3 수준에서의 가격 규제 정책 시행으로 인한 총잉여는 'a+b+d+f'이다.

오답 피하기 ① X재의 시장 판매 수입은 가격 규제 이전이 $P_2 \times Q_2$, P_1 수준에서의 가격 규제 이후가 $P_1 \times Q_1$이다. 따라서 P_1 수준에서의 가격 규제 정책 시행으로 인한 시장 판매 수입은 가격 규제 이전보다 감소한다.

② P_3 수준에서의 가격 규제 정책 시행으로 인한 소비자 잉여는 a이고, 가격 규제 이전의 소비자 잉여는 'a+b+c'이므로 소비자 잉여의 경우 가격 규제 이전보다 감소한다. 생산자 잉여의 경우 가격 규제 정책 시행으로 판매 가격은 상승하지만 판매량은 감소하므로 생산자 잉여의 증감 여부를 파악할 수 없다.

③ 수요자 보호를 목적으로 하는 가격 규제 정책은 최고 가격제이므로 갑국 정부가 수요자 보호를 목적으로 한다면, P_1 수준에서 가격을 규제할 것이다. P_3 수준에서 가격을 규제하는 것은 최저 가격제이다.

⑤ P_3 수준에서의 가격 규제 정책 시행으로 인한 거래량과 P_1 수준에서의 가격 규제 정책 시행으로 인한 거래량은 각각 Q_1로 같다.

---

06 수요와 공급의 가격 탄력성

수능 기본 문제   본문 66쪽

01 ⑤   **02** ④   **03** ③   **04** ③

01 수요의 가격 탄력성 이해

문제 분석 X재는 가격 변동률의 절댓값이 수요량 변동률의 절댓값보다 크므로 X재 수요는 가격에 대해 비탄력적이고, Y재는 가격 변동률의 절댓값이 수요량 변동률의 절댓값보다 작으므로 Y재 수요는 가격에 대해 탄력적이다.

정답 찾기 ⑤ X재의 경우 공급 감소로 인해 균형 가격은 상승하였고 균형 거래량은 감소하였는데, X재 수요는 가격에 대해 비탄력적이므로 X재의 시장 판매 수입은 증가한다. Y재의 경우 수요 증가로 인해 균형 가격은 상승하였고 균형 거래량은 증가하였으므로 Y재의 시장 판매 수입은 증가한다.

오답 피하기 ① X재는 가격 변동률의 절댓값이 수요량 변동률의 절댓값보다 크므로 X재 수요는 가격에 대해 비탄력적이다.

② Y재 수요는 가격에 대해 탄력적이므로 Y재 수요의 가격 탄력성은 1보다 크다.

③ X재의 원자재 가격 상승은 X재의 공급 감소 요인이다. X재 공급이 감소하면 X재의 균형 거래량은 감소한다.

④ Y재에 대한 소비자 선호 증가는 Y재의 수요 증가 요인이다. Y재 수요가 증가하면 Y재의 균형 가격은 상승한다.

02 수요와 공급의 가격 탄력성 이해

문제 분석 X재~Z재의 수요와 공급의 가격 탄력성을 나타내면 다음과 같다.

구분	X재	Y재	Z재
수요의 가격 탄력성	1.5	2	1
공급의 가격 탄력성	1.5	1	2

정답 찾기 ④ 수요가 가격에 대해 탄력적일 경우 공급 감소에 의한 가격 상승에 따라 시장 판매 수입은 감소한다. 수요가 가격에 대해 탄력적인 재화는 X재와 Y재이다.

오답 피하기 ① 수요의 가격 탄력성은 X재가 1.5, Y재가 2이다.

② 공급의 가격 탄력성은 X재가 1.5, Z재가 2이다.

③ 수요의 가격 탄력성이 1인 재화는 Z재뿐이다.

⑤ 수요가 가격에 대해 단위 탄력적인 재화는 수요의 가격 탄력성이 1인 Z재이고, 공급이 가격에 대해 단위 탄력적인 재화는 공급의 가격 탄력성이 1인 Y재이다.

03 수요의 가격 탄력성 이해

문제 분석 A 소비자 집단은 X재의 가격 상승에 따라 소비 지출이 증가하였으므로 X재 수요가 가격에 대해 비탄력적이다. B 소비자 집단은 X재의 가격 상승에 따라 소비 지출이 감소하였으므로 X재 수요가 가격에 대해 탄력적이다. 또한 X재의 공급 변화로 X재 가격이 상승하였다. 이는 X재의 공급 감소가 그 요인이다.

정답 찾기 ㄴ. X재 공급자의 미래 가격 상승 예상은 X재의 공급 감소 요인이다.
ㄷ. A 소비자 집단의 X재 수요는 가격에 대해 비탄력적이므로 X재 수요의 가격 탄력성은 1보다 작다.

오답 피하기 ㄱ. X재의 공급 감소로 인해 X재의 균형 가격이 상승하였고 균형 거래량은 감소하였으므로 X재의 공급 감소는 X재 시장의 소비자 잉여 감소 요인이다.
ㄹ. B 소비자 집단의 경우 X재의 가격 상승에 따라 소비 지출이 감소하였으므로 X재 수요는 가격에 대해 탄력적이다.

04 수요의 가격 탄력성 이해

문제 분석 X재는 '|가격 변동률| − |수요량 변동률|'이 0%p인데, 이는 가격 변동률 절댓값과 수요량 변동률 절댓값이 같다는 것을 의미하므로 X재 수요는 가격에 대해 단위 탄력적이다. Y재는 '|가격 변동률| − |수요량 변동률|'이 5%p인데, 이는 가격 변동률 절댓값이 수요량 변동률 절댓값보다 크다는 것을 의미하므로 Y재 수요는 가격에 대해 비탄력적이다.

정답 찾기 ③ X재 수요의 가격 탄력성은 1이고, Y재 수요의 가격 탄력성은 1보다 작다.

오답 피하기 ① X재 수요는 가격에 대해 단위 탄력적이므로 X재 수요의 가격 탄력성은 1이다.
② Y재 수요는 가격에 대해 비탄력적이다.
④ X재의 공급 증가는 X재의 균형 가격 하락 요인이다. X재 수요는 가격에 대해 단위 탄력적이므로 X재의 균형 가격이 하락해도 X재의 소비 지출은 이전과 동일하다.
⑤ Y재의 공급 감소는 Y재의 균형 가격 상승 요인이다. Y재 수요는 가격에 대해 비탄력적이므로 Y재의 균형 가격 상승은 Y재의 판매 수입 증가 요인이다.

수능 실전 문제 본문 67~69쪽

1 ③	2 ③	3 ②	4 ②
5 ④	6 ②		

1 수요의 가격 탄력성 이해

문제 분석 X재는 가격 상승에도 불구하고 판매 수입이 변함없으므로 X재 수요는 가격에 대해 단위 탄력적이다. Y재는 가격 상승에 따라 판매 수입이 증가하므로 Y재 수요는 가격에 대해 비탄력적이다. Z재는 가격 상승에 따라 판매 수입이 감소하므로 Z재 수요는 가격에 대해 탄력적이다.

정답 찾기 ③ Z재는 가격 상승에 따라 판매 수입이 감소한다. 따라서 Z재 수요는 가격에 대해 탄력적이다.

오답 피하기 ① X재의 판매 수입은 X재의 가격 변화에 상관없이 일정하므로 X재 수요는 가격에 대해 단위 탄력적이다.
② Y재는 가격 상승에 따라 판매 수입이 증가한다. 따라서 Y재 수요는 가격에 대해 비탄력적이다.
④ X재와 Y재는 모두 수요 법칙을 따르므로 공급 감소로 인해 거래량은 감소한다. 따라서 X재와 Y재는 모두 가격 상승에 따른 균형 거래량 변동률이 음(−)의 값을 가진다.
⑤ Y재와 Z재는 모두 공급 변화로 인해 가격이 상승하였으므로 공급이 감소하였다.

2 수요의 가격 탄력성 이해

문제 분석 2022년과 2023년에 X재~Z재의 판매 수입액과 각 해당 연도의 총판매 수입액을 나타내면 다음과 같다.

(단위: 만 달러)

구분	판매 수입액			총판매 수입액
	X재	Y재	Z재	
2022년	25	25	50	100
2023년	18	27	45	90

정답 찾기 ㄴ. Y재는 가격 상승에 따라 판매 수입이 증가하였으므로 Y재 수요는 가격에 대해 비탄력적이다. 따라서 가격 변동률의 절댓값이 거래량 변동률의 절댓값보다 크다.
ㄷ. Z재의 판매 수입 비중은 변화가 없었으나 Z재의 공급 감소로 인한 가격 상승으로 Z재의 판매 수입이 감소하였으므로 Z재 수요는 가격에 대해 탄력적이다.

오답 피하기 ㄱ. X재는 공급 감소로 인해 가격 상승이 나타났고, 이에 따라 X재의 판매 수입이 감소하였으므로 X재 수요는 가격에 대해 탄력적이다. 따라서 X재 수요의 가격 탄력성은 1보다 크다.
ㄹ. 2022년 대비 2023년에 Y재의 판매 수입 변동률은 양(+)의 값이고, Z재의 판매 수입 변동률은 음(−)의 값이다.

3 수요의 가격 탄력성 이해

문제 분석 X재의 경우 원료인 Z재의 가격 상승으로 인해 X재의 가격이 상승함에 따라 X재의 소비 지출은 감소하므로 X재 수요는 가격에 대해 탄력적이다. Y재의 경우 원료인 Z재의 가격 상승으로 인해 Y재의 가격이 상승함에 따라 소비 지출이 증가하므로 Y재 수요는 가격에 대해 비탄력적이다.

정답찾기 ㄴ. X재는 공급 변화로 X재의 가격이 상승함에 따라 소비 지출이 감소하므로 X재 수요는 가격에 대해 탄력적이고, Y재는 공급 변화로 Y재의 가격이 상승함에 따라 소비 지출이 증가하므로 Y재 수요는 가격에 대해 비탄력적이다.

오답피하기 ㄱ. Z재의 생산 비용 증가는 Z재의 공급 감소 요인이다. Z재의 공급 감소로 인해 X재의 원료인 Z재 가격이 상승하면 X재 생산비가 증가하여 X재 공급이 감소할 수 있다. X재의 공급 감소는 X재의 가격 상승 요인이므로 수요가 가격에 대해 탄력적인 X재의 가격 상승은 X재의 판매 수입 감소 요인이다.
ㄷ. Z재 생산자의 미래 가격 상승 예상은 Z재의 공급 감소 요인이다. Z재의 공급 감소로 인해 X재와 Y재의 원료인 Z재의 가격이 상승하면 X재와 Y재의 생산비가 각각 증가하여 X재와 Y재는 모두 균형 가격이 상승하고 균형 거래량이 감소한다. 따라서 Z재 생산자의 미래 가격 상승 예상은 X재의 생산자 잉여 감소 요인, Y재의 소비자 잉여 감소 요인이다.

4 공급의 가격 탄력성 이해

문제분석 X재는 균형 가격 변동률보다 균형 거래량 변동률이 크므로 X재 공급은 가격에 대해 탄력적이다. Y재는 균형 가격 변동률과 균형 거래량 변동률이 같으므로 Y재 공급은 가격에 대해 단위 탄력적이다. Z재는 균형 가격 변동률보다 균형 거래량 변동률이 작으므로 Z재 공급은 가격에 대해 비탄력적이다.

정답찾기 ② Y재는 공급의 가격 탄력성이 1이고, Z재는 공급의 가격 탄력성이 1보다 작다.

오답피하기 ① X재와 Y재는 모두 공급 법칙을 따르므로 수요 증가로 인해 균형 거래량은 증가한다.
③ X재는 공급의 가격 탄력성이 1보다 크고, Z재는 공급의 가격 탄력성이 1보다 작다.
④ X재와 Y재는 모두 수요와 공급 법칙을 따르므로 수요 증가 이전 대비 이후에 X재의 시장 판매 수입이 증가한다.
⑤ 수요 증가 이전 대비 이후에 균형 거래량이 가장 많이 증가한 재화는 X재~Z재 중 공급의 가격 탄력성이 큰 X재이다.

5 수요의 가격 탄력성 이해

문제분석 X재 시장에서는 X재에 대한 소비자 선호가 증가하였으므로 X재 수요가 증가하였다. Y재 시장에서는 Y재 생산자에게 개당 일정액의 정부 보조금을 지급하였으므로 Y재 공급이 증가하였다. Z재 시장에서는 Z재의 생산 비용이 증가하였으므로 Z재의 공급이 감소하였다.

정답찾기 ④ Y재는 공급 증가에 따라 가격이 하락하였지만 소비 지출은 변함이 없으므로 Y재 수요의 가격 탄력성은 1이다.

오답피하기 ① X재에 대한 소비자 선호 증가는 X재의 수요 증가 요인이므로 X재 시장의 생산자 잉여가 증가할 수 있다.
② Y재 생산자에게 개당 일정액의 정부 보조금을 지급하는 것은 Y재의 공급 증가 요인이고, Z재의 생산 비용 증가는 Z재의 공급 감소 요인이다.
③ X재는 수요 증가로 인해 X재의 시장 거래량이 증가하였고, Y재는 공급 증가로 인해 Y재의 시장 거래량이 증가하였다.
⑤ Z재는 공급 감소에 따라 가격이 상승하였고 소비 지출이 증가하였으므로 Z재 수요는 가격에 대해 비탄력적이다.

6 수요의 가격 탄력성 이해

문제분석 X재 가격이 10% 상승할 때, 청소년 세대에서는 소비 지출 변동률이 양(+)의 값을 가지므로 청소년 세대의 X재 수요는 가격에 대해 비탄력적이고, 중장년 세대에서는 소비 지출 변동률이 음(−)의 값을 가지므로 중장년 세대의 X재 수요는 가격에 대해 탄력적이며, 노인 세대에서는 소비 지출 변동률이 0%이므로 노인 세대의 X재 수요는 가격에 대해 단위 탄력적이다.

정답찾기 ㄱ. 청소년 세대에서는 X재 가격이 상승할 때 X재의 소비 지출이 증가하므로 X재 수요가 가격에 대해 비탄력적이다.
ㄹ. 중장년 세대에서 X재 수요는 가격에 대해 탄력적이고, 노인 세대에서 X재 수요는 가격에 대해 단위 탄력적이다. 따라서 X재 수요의 가격 탄력성은 중장년 세대가 1보다 크고, 노인 세대가 1이다.

오답피하기 ㄴ. 중장년 세대에서는 X재 수요가 가격에 대해 탄력적이므로 X재 가격 변동률의 절댓값이 X재 거래량 변동률의 절댓값보다 작다.
ㄷ. 노인 세대에서는 X재 수요가 가격에 대해 단위 탄력적이므로 X재 수요의 가격 탄력성이 1이다.

07 시장 실패와 정부 실패

01 ①	02 ②	03 ③	04 ⑤
05 ④	06 ⑤	07 ③	08 ②

01 재화의 속성 이해

문제 분석 비배제성은 소비의 대가를 지불하지 않은 사람을 소비에서 배제시킬 수 없다는 속성이며, 비경합성은 한 사람의 소비가 다른 사람의 소비 기회를 감소시키지 않는다는 속성이다.

정답 찾기 ㄱ. A는 대부분의 사적 재화이므로 서점에서 판매하는 참고서는 A의 사례에 해당한다.

ㄴ. B는 공유 자원이며, 이는 남용으로 인한 자원 고갈의 문제가 발생할 수 있다.

오답 피하기 ㄷ. C는 배제성과 비경합성을 가지므로 한산한 유료 도로에 비유할 수 있다.

ㄹ. D는 공공재이며, 비배제성으로 인해 대가를 지불하지 않고도 재화를 소비할 수 있다.

02 도덕적 해이의 이해

문제 분석 도덕적 해이란 상대적으로 거래에 필요한 정보가 많은 당사자가 자신의 이익만을 위해 행동하여 사회적으로 바람직하지 않은 결과가 나타나는 경향을 의미한다.

정답 찾기 ② A 기업과 B 기업 모두에서 도덕적 해이가 발생하였다.

03 불완전 경쟁의 이해

문제 분석 X재 시장은 기업 간 담합을 통해 독점 시장과 같아졌으므로 불완전 경쟁으로 인한 시장 실패가 발생하였다.

정답 찾기 ㄴ. 담합을 통해 독점 시장과 같이 생산량이 감소하였으므로 시장 거래량이 감소하였을 것이다.

ㄷ. 담합을 통해 독점 시장과 같이 생산량이 감소하였고 가격이 상승하였으므로 소비자 잉여가 감소하였을 것이다.

오답 피하기 ㄱ. 담합을 통해 독점 시장과 같이 생산량이 감소하였으므로 시장 가격이 상승하였을 것이다.

ㄹ. 기업들이 담합을 통해 독점 시장과 같이 생산량을 줄이는 경우 일반적으로 생산량이 사회적 최적 수준보다 적어지므로 자원 배분 효율성이 높아졌다고 볼 수 없다.

04 정보의 비대칭성 이해

문제 분석 (가)는 중고 X재 시장에서 판매자와 소비자 간 정보의 비대칭성으로 인한 소비자의 역선택 사례이며, (나)는 보험 시장에서 가입자와 보험사 간 정보의 비대칭성으로 인한 보험사의 역선택 사례이다.

정답 찾기 ⑤ (가)와 (나)는 모두 경제 주체 간 정보의 비대칭성으로 인한 역선택 사례이다.

05 외부 효과의 이해

문제 분석 제시된 그림은 생산 측면의 긍정적 외부 효과가 발생한 X재의 시장 상황을 나타낸다.

정답 찾기 ④ X재의 시장 거래량은 Q_1, 사회적 최적 수준은 Q_2이다. 따라서 사회적 최적 수준보다 과소 거래되고 있다.

오답 피하기 ①, ②, ③ X재 시장에서는 사회적 비용보다 사적 비용이 크므로 생산 측면의 긍정적 외부 효과가 발생하였다.

⑤ X재 시장에서는 생산 측면의 긍정적 외부 효과가 발생하였으므로 생산자에 대한 과세로 외부 효과를 제거할 수 없다.

06 역선택의 이해

문제 분석 품질 안내 제도 시행 이전 중고 X재 시장에서 소비자들은 중고 X재를 개당 5달러에 소비하고자 하므로 을, 병이 공급한 중고 X재만 거래된다.

정답 찾기 ⑤ 품질 안내 제도가 시행되면, 개별 공급자의 최소 요구 금액과 수요자의 최대 지불 용의 금액이 같아지고 모든 중고 X재가 거래되므로 생산자 잉여는 0으로 감소한다.

오답 피하기 ① 품질 안내 제도 시행 이전 중고 X재는 개당 5달러에 2개가 거래되므로 소비 지출은 10달러이다.

② 품질 안내 제도 시행 이전 갑의 중고 X재는 최소 요구 금액이 소비자들의 최대 지불 용의 금액보다 크므로 판매되지 않는다.

③ 품질 안내 제도 시행 이전 을과 병의 중고 X재가 거래되며, 을의 생산자 잉여는 0, 병의 생산자 잉여는 1달러이다.

④ 품질 안내 제도가 시행되면, 모든 중고 X재가 거래되므로 판매 수입은 15달러가 된다.

07 외부 효과의 이해

문제 분석 정부 개입을 통해 외부 효과가 제거되어 X재의 시장 가격이 하락하였고 시장 거래량이 감소하였으므로 정부 개입 전 t 시기에 X재 시장에서는 소비 측면의 부정적 외부 효과가 발생하였을 것이다. 따라서 t+1 시기에 갑국 정부는 X재 소비자에게 세금을 부과하여 소비 측면의 부정적 외부 효과를 제거하였을 것이다.

정답 찾기 ③ t 시기에 발생한 소비 측면의 부정적 외부 효과가 t+1 시기에 정부 개입으로 제거되었으므로 정부는 X재 소비자에게 세금을 부과하였다.

오답 피하기 ① t 시기에 X재 시장에서는 사회적 최적 수준보다 시장 거래량이 많으므로 부정적 외부 효과가 발생하였다.

② t+1 시기에 정부가 X재 소비자에게 세금을 부과하여 외부 효과를 제거하였으므로 t 시기에 X재 시장에서는 소비 측면의 외부 효과가 발생하였다.

④ t 시기에 X재 시장에서는 소비 측면의 부정적 외부 효과가 발생하였으므로 t+1 시기에 정부가 X재 생산자에게 보조금을 지급하면 외부 효과를 제거할 수 없다.

⑤ t+1 시기에는 정부가 X재 소비자에 대한 세금 부과로 수요가 감소하여 시장 거래량이 감소하였으므로 소비자 잉여와 생산자 잉여는 모두 감소하였다.

08 정부 실패의 이해

문제 분석 정부 실패란 시장의 문제점을 개선하기 위한 정부의 개입이 문제를 충분히 해결하지 못하거나 오히려 악화시키는 현상을 의미한다.

정답 찾기 ② 무주택 빈곤층의 주거 비용 부담 완화를 위한 갑국 정부의 시장 개입으로 인해 오히려 무주택 빈곤층이 임대 주택을 더욱 구하기 어려워지는 문제가 발생한 것은 정부 실패의 사례에 해당한다.

수능 실전 문제 본문 77~81쪽

1 ②	**2** ⑤	**3** ⑤	**4** ⑤
5 ②	**6** ⑤	**7** ②	**8** ③
9 ③	**10** ③		

1 외부 효과의 이해

문제 분석 갑국의 X재 시장에서는 소비 측면의 외부 효과가 발생하였다.

정답 찾기 ㄱ. D₁이 사적 편익만을 반영한 수요 곡선이라면, 정부 개입 전 사회적 편익이 사적 편익보다 크므로 X재 시장에서는 소비 측면의 긍정적 외부 효과가 발생한 것이다.

ㄷ. D₂가 사적 편익만을 반영한 수요 곡선이라면, 정부 개입 전 사회적 최적 수준은 2만 개, 시장 거래량은 4만 개가 되므로 사회적 최적 수준에 대한 시장 거래량의 비는 2이다.

오답 피하기 ㄴ. 소비 측면의 긍정적 외부 효과가 발생한 경우 갑국 정부는 X재 소비자에게 개당 2달러의 보조금을 지급하여 외부 효과를 제거하였을 것이다. 이 경우 X재는 4만 개가 소비되므로 갑국 정부가 X재 소비자에게 지급한 보조금 총액은 8만 달러이다.

ㄹ. 소비 측면의 부정적 외부 효과가 발생한 경우 갑국 정부는 X재 소비자에게 개당 2달러의 세금을 부과하여 외부 효과를 제거하였을 것이다. 이 경우 X재는 2만 개가 소비되므로 갑국 정부가 X재 소비자에게 부과한 세금 총액은 4만 달러이다.

2 외부 효과의 이해

문제 분석 X재 시장의 균형 가격은 5달러, 균형 거래량은 5만 개이다. 사회적 최적 수준이 5만 개보다 많으면(적으면), X재 시장에서는 긍정적(부정적) 외부 효과가 발생한 것이다.

정답 찾기 ⑤ t+1 시기에 정부가 X재 생산자에게 부과한 세금이 총 8만 달러라면, 정부가 X재 생산자에게 개당 2달러의 세금을 부과한 경우에 해당할 수 있다. 이 경우 X재는 개당 6달러에 4만 개가 거래되므로 t 시기의 사회적 최적 수준은 4만 개이다. 따라서 t기의 사회적 최적 수준이 6만 개라고 볼 수 없다.

오답 피하기 ① t 시기의 균형 가격은 5달러, 균형 거래량은 5만 개이므로 소비 지출은 25만 달러이다.

② t 시기의 사회적 최적 수준이 4만 개라면, 사회적 최적 수준이 시장 균형 거래량보다 적으므로 X재 시장에서는 부정적 외부 효과가 발생한 것이다.

③ t 시기에 생산 측면에서 외부 효과가 발생하였고 사회적 최적 수준이 6만 개라면, t 시기에 X재 시장에서는 생산 측면의 긍정적 외부 효과가 발생한 것이다. 외부 효과를 제거하기 위해서는 t+1 시기에 정부가 X재 생산자에게 개당 2달러의 보조금을 지급해야 하므로 X재 생산자에게 지급한 보조금 총액은 12만 달러이다.

④ t+1 시기에 정부가 X재 소비자에게 개당 2달러의 세금을 부과하여 외부 효과를 제거하였다면, t 시기에 소비 개당 사적 편익은 사회적 편익보다 2달러 크다.

3 정보의 비대칭성 이해

문제 분석 ○○보험사가 보험 가입 희망자들의 건강 정보를 알 수 없어 예상 연간 의료비가 연간 보험료보다 많은 갑, 을과 보험 계약을 맺게 되는 것은 정보의 비대칭성으로 인한 ○○보험사의 역선택에 해당한다.

정답 찾기 ㄷ. A 보험 가입으로 발생하는 연간 '보험금－보험료'는 갑이 40만 원, 을이 20만 원이다.

ㄹ. 갑과 을만이 A 보험에 가입하므로 ○○보험사가 수취한 연간 보험료 총액은 200만 원, 지급한 연간 보험금 총액은 260만 원이다. 따라서 ○○보험사는 수취한 연간 보험료 총액이 지급한 연간 보험금 총액보다 작다.

오답 피하기 ㄱ. 병은 연간 보험료보다 연간 보험금이 작으므로 A 보험에 가입하지 않을 것이다.

ㄴ. 을이 자신의 건강 정보와 A 보험의 정보를 바탕으로 연간 보험금이 연간 보험료보다 크다고 판단하여 A 보험에 가입하는 것은 을의 역선택이라고 볼 수 없다.

4 불완전 경쟁의 이해

문제 분석 갑국과 을국의 X재 시장이 경쟁 시장에서 불완전 경쟁 시장으로 변동하여 A 기업의 이윤은 극대화되었지만, 이로 인해 X재의 시장 가격이 상승하고 시장 거래량이 감소하여 X재 시장의 소비자 잉여는 감소하였다.

정답 찾기 ⑤ $t+1$ 시기에 갑국과 을국에서는 모두 X재의 시장 가격이 상승하고 시장 거래량이 감소하므로 t 시기 대비 $t+1$ 시기에 갑국과 을국에서는 모두 X재 시장의 소비자 잉여가 감소한다.

오답 피하기 ① t 시기에 X재의 시장 판매 수입은 갑국이 2,100만 달러, 을국이 3,000만 달러이다.

② $t+1$ 시기에 X재 시장은 경쟁 시장에서 독점 시장으로 변동하였으며, A 기업은 이윤을 극대화하기 위해 양국 X재 시장에서 공급량을 각각 조정하였다. $t+1$ 시기에 X재의 시장 가격은 갑국이 50달러, 을국이 40달러이므로 갑국이 을국보다 높다.

③ $t+1$ 시기에 X재의 시장 가격은 갑국이 50달러, 을국이 40달러이다. 따라서 A 기업의 X재 공급량은 갑국이 50만 개, 을국이 80만 개이다.

④ $t+1$ 시기에 X재의 시장 가격은 갑국이 50달러, 을국이 40달러이므로 t 시기 대비 $t+1$ 시기에 갑국과 을국의 X재 시장 가격은 각각 상승한다.

5 공유 자원의 고갈 문제 이해

문제 분석 제시된 자료를 통해 공유 자원의 남용으로 인한 자원 고갈의 문제를 개선하기 위한 정부의 유료 조업 면허 발행의 효과를 분석할 수 있다.

정답 찾기 ㄱ. 공유 자원은 경합성과 비배제성을 모두 가지므로 자원 고갈의 위험이 있다.

ㄷ. 유료 조업 면허 발행 이후 참치 어획량이 10마리인 어민의 총이윤은 900달러{=(100달러-10달러)×10마리}이며, 참치 어획량이 11마리인 어민의 총이윤은 660달러{=(100달러-40달러)×11마리}이다.

오답 피하기 ㄴ. 유료 조업 면허 발행 이후 참치 어획량이 5마리인 어민의 이윤은 이전에 비해 마리당 10달러씩 총 50달러 감소한다.

ㄹ. 참치 어획량이 10마리와 20마리인 경우 각각 1마리 증가할 때 마리당 조업 면허 취득 비용 증가분이 달라지므로 참치 어획량 1마리 증가에 따른 마리당 조업 면허 취득 비용 증가분이 일정하게 유지된다고 볼 수 없다.

6 정부 개입의 이해

문제 분석 X재의 사회적 최적 수준이 시장 거래량보다 많으므로 갑국의 X재 시장에서는 긍정적 외부 효과가 발생하였다.

정답 찾기 ⑤ (나) 시행에 따른 보조금 총액은 22만 달러이며, (다) 시행에 따른 '총매입액-총매각액'도 22만 달러(=121만 달러-99만 달러)이다.

오답 피하기 ① (가)를 시행하는 경우 정부가 X재 생산자에게 개당 2달러의 보조금을 지급하므로 보조금 총액은 22만 달러이다.

② 현재 소비 지출은 100만 달러이고, (나) 시행에 따른 '소비 지출-보조금 총액'은 99만 달러(=121만 달러-22만 달러)이다.

③ 현재 판매 수입은 100만 달러이다. (다)를 시행하는 경우 정부는 11달러의 가격으로 11만 개를 매입하므로 판매 수입은 121만 달러이다.

④ (가) 시행에 따른 소비자 잉여 증가분과 (나) 시행에 따른 생산자 잉여 증가분은 각각 10.5만 달러로 같다.

7 무임승차자 문제의 이해

문제 분석 제시된 자료에 따라 게임의 진행 과정을 바둑알의 개수로 나타내면 다음과 같다.

(단위: 개)

구분	갑	을	병	정
최초 자산	10	10	10	10
1회차 게임 기부액	3	3	4	0
1회차 지원금	5	5	5	5
1회차 게임 종료 후 자산	12	12	11	15
2회차 게임 기부액	3	2	0	1
2회차 지원금	3	3	3	3
2회차 게임 종료 후 자산	12	13	14	17

정답 찾기 ㄱ. 기부 게임의 결과 1회차와 2회차 게임 각각 기부를 하지 않는 경우에도 X재를 받게 되므로 (가)에는 '무임승차자 문제'가 들어갈 수 있다.

ㄷ. 1회차 게임의 경우 기부액이 가장 많은 기부자는 병인데, 병은 게임 종료 후 자산이 가장 적으므로 X재를 받을 수 없다. 2회차 게임의 경우 기부액이 가장 많은 기부자는 갑인데, 갑은 게임 종료 후 자산이 가장 적으므로 X재를 받을 수 없다.

오답 피하기 ㄴ. 1회차 게임의 지원금은 5개로 동일하며, 기부액은 병이 가장 많으므로 기부액에 대한 지원금의 비는 병이 가장 작다.

ㄹ. 1회차 게임에서는 갑, 을, 정이 X재를 받고, 2회차 게임에서는 을, 병, 정이 X재를 받는다. 따라서 모든 게임이 종료된 후 갑~정은 모두 X재를 1개 이상 받는다.

8 외부 효과의 이해

문제 분석 갑국의 X재 시장에서는 사회적 비용이 사적 비용보다 크므로 생산 측면의 부정적 외부 효과가 발생하였고, Y재 시장에서는 사회적 비용이 사적 비용보다 작으므로 생산 측면의 긍정적 외부 효과가 발생하였다.

정답 찾기 ③ Y재 시장에서는 긍정적 외부 효과가 발생하였으므로 정부는 Y재 생산자에게 보조금을 지급하였을 것이다. 따라서 Y재 시장에서는 정부 개입 후 시장 거래량이 증가하였을 것이다.

오답 피하기 ① 정부 개입 전 X재 시장에서는 사적 비용보다 사회적 비용이 크므로 부정적 외부 효과가 발생하였다.

② X재 시장에서는 부정적 외부 효과가 발생하였으므로 정부는 X재 생산자에게 세금을 부과하였을 것이다.

④ Y재 시장에서는 사적 비용이 사회적 비용보다 2달러 높으므로 정부는 Y재 생산자에게 개당 2달러의 보조금을 지급하였을 것이다. 따라서 Y재 시장에서는 정부 개입 후 시장 가격이 2달러보다 작게 하락하였을 것이다.

⑤ X재 시장에서는 정부 개입 후 시장 거래량이 감소하고 시장 가격이 상승하므로 소비자 잉여가 감소하였을 것이다. Y재 시장에서는 정부 개입 후 시장 거래량이 증가하고 시장 가격이 하락하므로 소비자 잉여가 증가하였을 것이다.

9 공공재의 이해

문제 분석 가로등 설치 비용의 50%를 주민들이 균등하게 분담해야 하므로 가로등 1개 추가 설치에 따른 최대 지불 용의 금액이 125달러 이상인 주민은 가로등 1개 추가 설치에 대해 찬성할 것이다.

정답 찾기 ③ t+1기에 갑~정은 모두 첫 번째와 두 번째 가로등 1개 추가 설치에 따른 최대 지불 용의 금액이 125달러 이상이므로 가로등 2개 설치에 대해 갑~정은 모두 찬성할 것이다.

오답 피하기 ① 갑~정은 모두 가로등 1개 추가 설치에 따른 최대 지불 용의 금액이 지속적으로 양(+)의 값이므로 효용의 증가분도 지속적으로 양(+)의 값을 가진다. 따라서 주민들은 모두 가로등 1개 추가 설치에 따른 총효용이 지속적으로 증가한다.

② t기에 가로등 1개를 설치할 경우 설치 비용은 1,000달러이며, 갑~정의 최대 지불 용의 금액의 합은 720달러이다.

④ t+1기에 병만 세 번째 가로등 1개 추가 설치에 따른 최대 지불 용의 금액이 125달러 이상이므로 가로등 3개 설치에 대해 병만 찬성할 것이다.

⑤ t+1기에 갑~정은 모두 네 번째 가로등 1개 추가 설치에 따른 최대 지불 용의 금액이 125달러보다 작으므로 가로등 4개 설치에 대해 갑~정은 모두 반대할 것이다.

10 도덕적 해이의 이해

문제 분석 ○○보험사의 A 화재 보험 운용 방식에 따라 보험 가

입자의 도덕적 해이를 개선시킬 수 있음을 파악할 수 있다.

정답 찾기 ③ ⓒ이 '2'이고 (가)를 따르면, 화재 사고 발생 시와 미발생 시 갑의 자산은 각각 8억 원으로 같다.

오답 피하기 ① 화재 보험 가입 후 주택 화재 방지를 위한 노력을 게을리하는 등의 행위는 보험 가입자의 도덕적 해이에 해당한다.

② ⓒ이 '1'이고 (가)를 따르면, 보험료 납입 1억 원, 주택의 자산 가치 0, 지급받은 보험금 3억 원이므로 화재 발생 시 갑의 자산은 6억 원으로 감소한다.

④ ⓒ이 '3'이라면, 화재 사고 발생 시 갑의 자산은 (가)를 따를 경우가 10억 원, (나)를 따를 경우가 7억 원이다.

⑤ 화재 사고 미발생 시 보험료의 일부를 환급하는 것은 보험 가입자의 화재 예방 노력에 대한 긍정적 유인으로 작용하여 화재 보험 가입자의 도덕적 해이가 개선될 수 있다.

Ⅱ단원 기출 플러스

본문 82~83쪽

01 ④　　　**02** ③　　　**03** ③　　　**04** ②

01 수요와 공급 변동의 이해

문제 분석 X재 시장에서 균형점 E가 (가)로 이동하기 위해서는 X재의 수요가 감소해야 하고, 균형점 E가 (나)로 이동하기 위해서는 X재의 수요가 증가해야 하며, 균형점 E가 (다)로 이동하기 위해서는 X재의 공급이 증가해야 한다.

정답 찾기 ㄴ. Y재의 공급 증가는 Y재의 가격 하락 요인으로, Y재와 대체 관계인 X재의 수요 감소 요인이다. 따라서 Y재의 공급 증가는 X재 시장의 균형점 E가 (가)로 이동하는 요인이 된다.
ㄹ. Z재의 생산 비용 하락은 Z재의 가격 하락 요인으로, Z재와 보완 관계인 X재의 수요 증가 요인이다. 따라서 Z재의 생산 비용 하락은 X재 시장의 균형점 E가 (나)로 이동하는 요인이 된다.

오답 피하기 ㄱ. X재의 생산에 대한 보조금 지급은 X재의 공급 증가 요인이다. X재의 생산에 대한 보조금 지급은 X재 시장의 균형점 E가 (다)로 이동하는 요인이 된다.
ㄷ. Z재의 가격 상승은 Z재와 보완 관계인 X재의 수요 감소 요인이다. Z재의 가격 상승은 X재 시장의 균형점 E가 (가)로 이동하는 요인이 된다.

02 가격 규제 정책의 이해

문제 분석 X재 시장에서 정책 시행 전 균형 가격은 300원, 균형 거래량은 15개이고, 실효성 있는 가격 규제 정책 (가)를 시행한 후 X재의 규제 가격은 400원, 시장 거래량은 12개이다. 정책 시행 전에 비해 X재의 거래 가격은 상승하고 시장 거래량은 감소하므로 (가)는 최저 가격제이다. 실효성 있는 가격 규제 정책 (나)를 시행한 후 X재의 규제 가격은 200원, 시장 거래량은 10개이다. 정책 시행 전에 비해 X재의 거래 가격은 하락하고 시장 거래량은 감소하므로 (나)는 최고 가격제이다. 또한 정책 시행 이전 X재 가격이 300원일 때 공급량은 15개, X재 가격이 200원일 때 공급량은 10개이며, X재의 공급 곡선은 직선이므로 X재 가격이 100원씩 하락(상승)하면 X재 공급량은 5개씩 감소(증가)한다. 정책 시행 이전 X재 가격이 300원일 때 수요량은 15개, X재 가격이 400원일 때 수요량은 12개이며, X재의 수요 곡선은 직선이므로 X재 가격이 100원씩 상승(하락)하면 X재 수요량은 3개씩 감소(증가)한다. 이를 통해 X재 시장의 수요 곡선과 공급 곡선상의 가격에 따른 수요량과 공급량의 일부를 나타내면 다음과 같다.

가격(원)	100	200	300	400
수요량(개)	21	18	15	12
공급량(개)	5	10	15	20

정답 찾기 ③ X재 가격이 800원일 때 수요량은 0이므로 실효성 있는 가격 규제 정책 (가)를 시행할 경우 X재 시장의 소비자 잉여는 2,400원{=(400원 × 12개) × 1/2}이다.

오답 피하기 ① X재 가격이 100원일 때 수요량은 21개이다.
② (가)는 최저 가격제로 생산자 보호를 목적으로 하고, (나)는 최고 가격제로 소비자 보호를 목적으로 한다.
④ 실효성 있는 가격 규제 정책 (나)를 시행할 경우 X재의 시장 가격은 200원이다.
⑤ 실효성 있는 가격 규제 정책 (나)를 시행할 경우 X재의 규제 가격은 200원이고, 이때 X재 수요량은 18개, X재 공급량은 10개이므로 8개의 초과 수요가 발생한다.

03 잉여의 이해

문제 분석 ㉠은 소비자에게 ○○ 신약 구매에 대한 보조금을 지급하는 것으로, ○○ 신약 시장에서 수요 곡선이 S만큼 우측으로 이동하는 요인이다. ㉡은 공급자인 A사에 ○○ 신약 생산에 대한 조세를 부과하는 것으로, ○○ 신약 시장에서 공급 곡선이 T만큼 위로 이동하는 요인이다.

정답 찾기 ③ ㉡이 시행되면 ○○ 신약 시장의 공급 곡선이 T만큼 위로 이동하므로 부과된 T만큼 가격이 상승한다.

오답 피하기 ① ⓐ는 ○○ 신약 시장의 소비자 잉여이지만, ⓑ는 ○○ 신약 시장의 생산자 잉여가 아니다.
② ㉠이 시행되면 ○○ 신약 시장에서 수요가 증가하므로 ○○ 신약의 거래량이 증가한다.
④ ㉡이 시행되면 ○○ 신약 시장에서 공급 곡선이 T만큼 위로 이동하므로 소비자 잉여는 감소한다.
⑤ ㉠은 총잉여를 증가시키고, ㉡은 총잉여를 감소시킨다.

04 외부 효과의 이해

문제 분석 X재 시장에서는 소비 측면에서 외부 효과가 발생하였고, 사회적 최적 거래량이 시장 균형 거래량보다 많으므로 소비 측면의 긍정적 외부 효과가 발생하였다. Y재 시장에서는 생산 측면에서 외부 효과가 발생하였고, 사회적 최적 거래량이 시장 균형 거래량보다 적으므로 생산 측면의 부정적 외부 효과가 발생하였다.

정답 찾기 ② X재 시장에서는 소비 측면의 긍정적 외부 효과가 발생하였으므로 과소 소비의 문제가 발생하였다.

오답 피하기 ① X재 시장에서는 소비 측면의 긍정적 외부 효과가 발생하였으므로 X재 소비의 사적 편익이 사회적 편익보다 작다.
③ X재 시장에서는 소비 측면의 긍정적 외부 효과가 발생하였으므로 X재 소비에 세금을 부과할 경우 외부 효과가 심화될 수 있다.
④ Y재 시장에서는 생산 측면의 부정적 외부 효과가 발생하였다.
⑤ Y재 시장에서는 생산 측면의 부정적 외부 효과가 발생하였으므로 Y재 생산에 보조금을 지급할 경우 외부 효과가 심화될 수 있다.

08 경제 순환과 경제 성장

본문 88~89쪽

수능 기본 문제

| 01 ② | 02 ④ | 03 ⑤ | 04 ⑤ |
| 05 ③ | 06 ④ | 07 ② | 08 ④ |

01 국민 소득의 이해

문제 분석 국민 소득은 생산 국민 소득, 분배 국민 소득, 지출 국민 소득의 세 측면으로 측정한다. 생산 국민 소득은 최종 생산물의 시장 가치 합으로, 분배 국민 소득은 임금, 지대, 이자, 이윤의 합으로, 지출 국민 소득은 소비 지출, 투자 지출, 정부 지출, 순수출(수출-수입)의 합으로 측정한다.

정답 찾기 ㄱ. A 기업이 창출한 이윤은 분배 국민 소득에 반영된다.

ㄷ. C 기업이 상환한 경영 자금 대출 이자는 분배 국민 소득에 반영된다.

오답 피하기 ㄴ. B 기업이 근로자들에게 지급한 급여는 생산 측면에서 파악한 국민 소득에 해당한다고 보기 어렵다.

ㄹ. D 기업이 근로자들에게 지급한 성과금은 지출 측면에서 파악한 국민 소득에 해당한다고 보기 어렵다.

02 국내 총생산의 한계 이해

문제 분석 국내 총생산은 한 나라 국가 경제의 전반적인 생산 수준을 측정하는 지표이다. 하지만 시장에서 거래되는 재화와 서비스의 가치만을 포함하므로 경제적 후생 지표로서의 한계를 가진다. 갑과 을의 답변은 옳으며, 갑~병 중 두 명만 옳게 답변하였으므로 병의 답변은 틀렸다. 따라서 (가)에는 틀린 진술이 들어가야 한다.

정답 찾기 ㄴ. 여가는 소비 활동에 해당하므로 여가의 가치는 GDP에 반영되지 않는다.

ㄹ. '지하 경제에서의 거래는 GDP에 반영됩니다.'는 틀린 내용이므로 (가)에는 해당 진술이 들어갈 수 있다.

오답 피하기 ㄱ. 주부의 가사 노동은 시장을 통해 거래되는 경제 활동으로 보기 어렵다.

ㄷ. '시장을 통해 거래되는 경제 활동은 GDP에 반영되지 않습니다.'는 틀린 내용이므로 (가)에는 해당 진술이 들어갈 수 있다.

03 실질 GDP와 명목 GDP의 이해

문제 분석 기준 연도는 t-1년이고, 갑국의 연도별 명목 GDP와 실질 GDP에 따른 GDP 디플레이터를 구하면 다음과 같다.

구분	t-1년	t년	t+1년	t+2년
GDP 디플레이터	100	50	80	100

정답 찾기 ⑤ GDP 디플레이터는 t+1년보다 t+2년이 크므로 t+1년 대비 t+2년의 물가 수준은 상승하였다.

오답 피하기 ① 실질 GDP는 t년이 t+1년보다 작으므로 경제 규모는 t년이 가장 크다고 보기 어렵다.

② 실질 GDP는 t+1년에 2.5a만 달러에서 t+2년에 3a만 달러로 증가하였으므로 t+2년의 경제 성장률은 양(+)의 값이다.

③ GDP 디플레이터는 t-1년이 t년보다 크다. 따라서 t-1년 대비 t년의 물가 수준은 하락하였다.

④ t년과 t+1년 모두 GDP 디플레이터는 100보다 작다.

04 국민 경제 순환의 이해

문제 분석 그림은 국민 경제 순환을 화폐의 흐름으로 나타낸 것이므로 A는 가계, B는 기업이다. ㉠은 '소비 지출', ㉡은 '조세', ㉢은 '요소 소득'이다.

정답 찾기 ⑤ 요소 소득의 증가는 소비 지출의 증가 요인이다.

오답 피하기 ① A는 가계이다. 이윤 극대화를 추구하는 경제 주체는 기업이다.

② B는 기업이다. 사회적 후생 극대화를 추구하는 경제 주체는 정부이다.

③ ㉠은 소비 지출이다.

④ ㉡은 조세이다. 조세는 재화와 서비스를 구입한 대가에 해당한다고 보기 어렵다.

05 명목 GDP와 실질 GDP의 이해

문제 분석 기준 연도는 2020년이다. 전년 대비 2021년에 물가 상승률은 0%, 실질 GDP 증가율은 0%이므로 명목 GDP 증가율은 0%이다. 전년 대비 2022년에 물가 상승률은 0%, 실질 GDP 증가율은 1%이므로 명목 GDP 증가율은 1%이다. 전년 대비 2023년에 물가 상승률은 1%, 실질 GDP 증가율은 0%이므로 명목 GDP는 증가하였다.

정답 찾기 ③ 전년 대비 2022년에 물가 수준은 변함이 없고 실질 GDP는 1% 증가하였으므로 명목 GDP는 1% 증가하였다.

오답 피하기 ① 전년 대비 2021년의 실질 GDP 증가율이 0%이므로 경제 성장률은 0%이다.

② 전년 대비 2021년의 실질 GDP 증가율과 물가 상승률은 모두 0%이므로 전년 대비 2021년의 명목 GDP는 변함이 없다.

④ 전년 대비 2023년의 실질 GDP는 변함이 없고 물가 상승률은 1%이므로 명목 GDP는 증가하였다.

⑤ 명목 GDP는 2021년이 2022년보다 작다.

06 경제 성장률의 이해

문제 분석 갑국의 명목 GDP는 변함이 없다. 2021년의 경제 성장률은 0%이므로 2020년과 2021년의 실질 GDP와 물가 수준은 각각 같다. 2022년의 경제 성장률은 양(+)의 값이므로 2021년 대비 2022년의 실질 GDP는 증가하였고, 물가 수준은 하락하였다. 2023년의 경제 성장률은 음(−)의 값이므로 2022년 대비 2023년의 실질 GDP는 감소하였고, 물가 수준은 상승하였다.

정답 찾기 ㄴ. 2022년의 경제 성장률만 양(+)의 값이므로 실질 GDP는 2022년이 가장 크다.

ㄹ. 2020년과 2021년의 GDP 디플레이터는 각각 100이다. 전년 대비 2022년의 물가 수준은 하락하였으므로 2022년의 GDP 디플레이터는 100보다 작다.

오답 피하기 ㄱ. 명목 GDP는 변함이 없고 2021년의 경제 성장률은 0%이므로 2020년과 2021년의 물가 수준은 같다.

ㄷ. 2022년 대비 2023년의 물가 수준은 상승하였으므로 물가 수준은 2023년이 가장 낮다고 보기 어렵다.

07 명목 GDP와 실질 GDP의 이해

문제 분석 전년 대비 2023년의 실질 GDP 변화와 명목 GDP의 변화를 통해 GDP 디플레이터의 변화를 파악할 수 있다. GDP 디플레이터는 '(명목 GDP/실질 GDP) × 100'이다.

정답 찾기 ㄱ. 실질 GDP 감소분이 명목 GDP 감소분보다 크면, GDP 디플레이터는 커지므로 A로의 이동 요인이다.

ㄷ. 실질 GDP 감소분이 명목 GDP 감소분보다 작으면, GDP 디플레이터는 작아지므로 C로의 이동 요인이다.

오답 피하기 ㄴ. 실질 GDP 증가분이 명목 GDP 증가분보다 크면, GDP 디플레이터는 작아지므로 B로의 이동 요인으로 보기 어렵다.

ㄹ. 실질 GDP 증가분이 명목 GDP 증가분보다 작으면, GDP 디플레이터는 커지므로 D로의 이동 요인으로 보기 어렵다.

08 명목 GDP와 실질 GDP의 이해

문제 분석 제시된 자료를 토대로 연도별 명목 GDP와 실질 GDP를 구하면 다음과 같다.

(단위: 달러)

구분	2021년	2022년	2023년
명목 GDP	40,000	20,000	10,000
실질 GDP	40,000	40,000	40,000

정답 찾기 ④ 2021년부터 2023년까지 실질 GDP는 모두 같으므로 2022년과 2023년의 경제 성장률은 모두 0%이다.

오답 피하기 ① 명목 GDP는 2023년이 가장 작다.

② 실질 GDP는 2021년과 2022년이 같다.

③ 전년 대비 2022년의 실질 GDP는 같고 명목 GDP는 감소하였으므로 물가 수준은 하락하였다.

⑤ 실질 GDP에 대한 명목 GDP의 비는 2021년이 가장 크다.

수능 실전 문제 본문 90~94쪽

1 ⑤	2 ②	3 ④	4 ②
5 ⑤	6 ⑤	7 ④	8 ③
9 ⑤	10 ③		

1 국민 경제 순환의 이해

문제 분석 그림은 국민 경제 순환을 실물의 흐름으로 나타낸 것이므로 A는 가계, B는 기업이고, ㉠은 '생산 요소', ㉡은 '공공 서비스', ㉢은 '수입품'이다.

정답 찾기 ⑤ 외국으로부터 수입이 증가하면 수입을 위해 외국에 지출하는 금액이 증가하는데, 이는 갑국 내 통화량 감소 요인이다.

오답 피하기 ① A는 가계이다. 이윤 극대화를 추구하는 경제 주체는 기업이다.

② 재화와 서비스의 흐름으로 보아 (가) 시장은 생산 요소 시장, (나) 시장은 생산물 시장이다.

③ 기업의 신규 직원 채용은 기업이 생산 요소 시장으로부터 생산 요소를 구입하는 것에 해당한다.

④ 정부의 재정 지출 감소는 공공 서비스의 증가 요인으로 보기 어렵다.

2 GDP 디플레이터의 이해

문제 분석 갑국과 을국의 기준 연도는 모두 2020년이고, 명목 GDP는 변함이 없다. 갑국의 경우 전년 대비 물가 수준은 2021년에 하락, 2022년에 상승, 2023년에 하락으로 나타난다. 을국의 경우 전년 대비 물가 수준은 2021년에 상승, 2022년에 하락, 2023년에 하락으로 나타난다.

정답 찾기 ② 갑국의 경우 전년 대비 2022년의 물가 수준은 상승하였고 명목 GDP는 변함이 없으므로 실질 GDP 감소는 갑국의 GDP 디플레이터 변화 요인이다.

오답 피하기 ① 갑국의 경우 전년 대비 2021년의 물가 수준은 하락하였으므로 실질 GDP는 증가하였다.

③ 을국의 경우 전년 대비 물가 수준은 2022년부터 지속적으로 하락하고 있다.

④ 을국의 경우 전년 대비 2022년의 물가 수준은 하락하였으므로 실질 GDP는 증가하였다.

⑤ 2023년의 경제 성장률은 갑국과 을국 모두에서 양(+)의 값이다.

3 명목 GDP 증가율과 물가 상승률의 이해

문제 분석 명목 GDP 증가율이 물가 상승률보다 크면 실질 GDP는 증가하고, 명목 GDP 증가율이 물가 상승률보다 작으면 실질 GDP는 감소한다. 기준 연도인 2023년의 명목 GDP와 실질 GDP를 각각 100억 원으로 가정할 경우 2024년의 명목 GDP와 실질 GDP를 구하면 다음과 같다.

구분	2023년	2024년	
		갑	을
명목 GDP 증가율(%)	–	3	5
물가 상승률(%)	–	5	3
명목 GDP(억 원)	100	103	105
실질 GDP(억 원)	100	약 98.1	약 101.9

정답 찾기 ㄴ. 을의 전망이 맞을 경우 2024년의 명목 GDP 증가율은 5%이며, 이는 물가 상승률 3%보다 크다. 따라서 전년 대비 2024년에 실질 GDP는 증가하므로 경제 성장률은 양(+)의 값이다.

ㄹ. 갑의 전망에 따르면 2024년에 명목 GDP는 103억 원, 실질 GDP는 약 98.1억 원이다. 을의 전망에 따르면 2024년에 명목 GDP는 105억 원, 실질 GDP는 약 101.9억 원이다. 따라서 갑과 을은 모두 2024년에 명목 GDP가 실질 GDP보다 클 것으로 전망하고 있다.

오답 피하기 ㄱ. 갑의 전망이 맞을 경우 2024년의 명목 GDP 증가율은 3%이며, 이는 물가 상승률 5%보다 작으므로 전년 대비 2024년의 실질 GDP는 감소한다.

ㄷ. 2024년의 실질 GDP는 갑의 전망이 맞을 경우가 약 98.1억 원, 을의 전망이 맞을 경우가 약 101.9억 원이므로 갑의 전망이 맞을 경우가 을의 전망이 맞을 경우보다 작다.

4 지출 국민 소득의 이해

문제 분석 지출 국민 소득은 '소비 지출+투자 지출+정부 지출+순수출(수출−수입)'이다. 갑~병 중 두 명만 옳게 답변을 하였고 갑과 을의 답변은 옳으므로 병의 답변은 틀렸다. 따라서 (가)에는 틀린 진술이 들어가야 한다.

정답 찾기 ㄱ. 내국인이 지출한 국내 여행 경비는 내국인이 국내 재화와 서비스를 구입한 것이므로 소비 지출에 포함된다.

ㄷ. 외국 기업에 의해 국내에서 이루어진 투자는 투자 지출에 포함되므로 해당 진술이 (가)에 들어가면 병의 답변은 옳게 된다. 따라서 (가)에는 해당 진술이 들어갈 수 없다.

오답 피하기 ㄴ. 정부가 생산하는 공공 가로등은 공공재에 해당한다. 따라서 정부가 공공 가로등을 생산하기 위해 지출한 비용은 정부 지출에 포함된다.

ㄹ. 순수출 증가는 총수요 증가 요인이므로 해당 진술이 (가)에 들어가면 병의 답변은 옳게 된다. 따라서 (가)에는 해당 진술이 들어갈 수 없다.

5 명목 GDP 증가율과 실질 GDP 증가율의 이해

문제 분석 2020년이 기준 연도이고 전년 대비 2022년에 물가 수준이 하락하였으므로 A는 '전년 대비 명목 GDP 증가율', B는 '전년 대비 실질 GDP 증가율'이다. 2020년의 명목 GDP와 실질 GDP가 각각 100억 달러로 동일하므로 갑국의 연도별 명목 GDP와 실질 GDP를 구하면 다음과 같다.

(단위: 억 달러)

구분	2020년	2021년	2022년	2023년
명목 GDP	100	101	102.01	약 104.05
실질 GDP	100	102	104.04	약 105.08

정답 찾기 ⑤ 2021년의 실질 GDP는 102억 달러, 명목 GDP는 101억 달러이다. 2023년의 실질 GDP는 약 105.08억 달러, 명목 GDP는 약 104.05달러이다. 따라서 2021년과 2023년 모두 실질 GDP는 명목 GDP보다 크다.

오답 피하기 ① A는 '전년 대비 명목 GDP 증가율', B는 '전년 대비 실질 GDP 증가율'이다.

② A는 전년 대비 명목 GDP 증가율, B는 전년 대비 실질 GDP 증가율이므로 전년 대비 2021년의 물가 수준은 하락하였다.

③ 전년 대비 실질 GDP 증가율은 곧 경제 성장률이다. 2023년의 실질 GDP 증가율이 1%이므로 경제 성장률은 양(+)의 값이다.

④ 2021년에 명목 GDP는 101억 달러, 실질 GDP는 102억 달러이고, 2022년에 명목 GDP는 102.01억 달러, 실질 GDP는 104.04억 달러이다. 따라서 2021년과 2022년 모두 명목 GDP는 실질 GDP보다 작다.

6 GDP의 이해

문제 분석 2023년 한 해 동안 갑이 창출한 부가 가치는 10억 달러, 을이 창출한 부가 가치는 11억 달러, 병이 창출한 부가 가치는 16억 달러이다. 따라서 A국 GDP는 37억 달러이다.

정답 찾기 ⑤ 을이 창출한 부가 가치는 11억 달러, 병이 창출한 부가 가치는 16억 달러이다. A국 GDP가 37억 달러이므로 을과 병이 창출한 부가 가치의 합은 A국 GDP의 50%를 초과한다.

오답 피하기 ① 갑이 생산한 보리 중 을과 병에게 판매한 보리는 중간 생산물에, 소비자에게 판매한 보리는 최종 생산물에 해당한다.
② 갑이 소비자에게 판매한 보리는 최종 생산물에 해당하므로 A국 GDP에 포함된다.
③ 갑이 창출한 부가 가치는 10억 달러, 을이 창출한 부가 가치는 11억 달러이다.
④ 갑과 을이 창출한 부가 가치는 모두 A국 GNI에 포함된다.

7 국민 소득의 이해

문제 분석 (가)는 '분배 국민 소득', (나)는 '지출 국민 소득'이다. 2023년의 생산 국민 소득이 100억 달러이므로 국민 소득 3면 등가 원칙에 따라 분배 국민 소득과 지출 국민 소득도 각각 100억 달러이다.

정답 찾기 ④ 순수출은 수출에서 수입을 뺀 것이다. 순수출이 10억 달러로 양(+)의 값이므로 갑국의 수입액은 수출액보다 10억 달러 적다.

오답 피하기 ① 분배 국민 소득과 지출 국민 소득은 각각 100억 달러이므로 A와 B는 각각 '10'이다.
② 갑국 기업이 국내에서 구입한 사무 전용 노트북은 생산 요소를 구입한 것이므로 투자 지출에 해당한다.
③ 갑국 운동 선수가 외국에서 받은 연봉은 갑국 GDP에 포함되지 않는다.
⑤ 제시된 자료만으로는 외국 기업이 얻은 이윤을 파악하기 어렵다.

8 명목 GDP와 실질 GDP의 이해

문제 분석 갑국의 경우 GDP 디플레이터는 t년이 100, t+1년이 100보다 크고, t+2년이 100보다 작다. 을국의 경우 GDP 디플레이터는 t년이 100, t+1년이 100보다 작고, t+2년이 100보다 크다.

정답 찾기 ㄴ. 을국의 GDP 디플레이터는 t년이 100, t+1년이 100보다 작다. 따라서 t년 대비 t+1년에 을국의 물가 수준은 하락하였다.
ㄹ. t+2년에 갑국의 경우 명목 GDP가 실질 GDP보다 작으므로 GDP 디플레이터는 100보다 작고, 을국의 경우 명목 GDP가 실질 GDP보다 크므로 GDP 디플레이터는 100보다 크다.

오답 피하기 ㄱ. t년부터 t+2년까지 갑국의 실질 GDP는 모두 같다.
ㄷ. t+1년에 경제 성장률은 갑국이 0%, 을국이 양(+)의 값이다.

9 GDP의 이해

문제 분석 제시된 자료를 바탕으로 갑국에서 A 기업과 B 기업 각각의 매출액, 생산비, 부가 가치, 이윤을 정리하면 다음과 같다.

(단위: 억 달러)

구분		A 기업	B 기업
매출액		100	200
생산비	중간재 구입 비용	25	80
	노동 비용	25	40
부가 가치		75	120
이윤		50	80

정답 찾기 ⑤ A 기업이 창출한 부가 가치는 75억 달러, B 기업이 창출한 부가 가치는 120억 달러이다. 따라서 B 기업이 창출한 부가 가치는 A 기업이 창출한 부가 가치보다 크다.

오답 피하기 ① A 기업이 창출한 부가 가치는 75억 달러, B 기업이 창출한 부가 가치는 120억 달러이다. 따라서 2023년 갑국의 GDP는 195억 달러이다.
② A 기업의 이윤은 50억 달러, B 기업의 이윤은 80억 달러이다. 따라서 이윤은 A 기업이 B 기업보다 작다.
③ 중간재 구입 비용은 A 기업이 25억 달러, B 기업이 80억 달러이므로 B 기업이 A 기업보다 크다.
④ 을국으로부터 수입한 원자재는 외국에서 생산한 것이므로 을국으로부터 수입한 원자재의 가치는 갑국 GDP에 포함되지 않는다.

10 명목 GDP와 실질 GDP의 이해

문제 분석 명목 GDP는 당해 연도의 가격으로 계산한 GDP이고, 실질 GDP는 기준 연도의 가격으로 계산한 GDP이다.

정답 찾기 ㄴ. 을국의 경우 명목 GDP는 2021년이 40만 달러, 2022년이 15만 달러이다.
ㄷ. 을국의 경우 기준 연도는 2022년이다. 따라서 2022년의 실질 GDP는 15만 달러이다. 2023년의 경제 성장률이 양(+)의 값이 되려면 2023년의 실질 GDP는 15만 달러보다 커야 한다. 따라서 ⊙에는 1,500보다 큰 값이 들어가야 한다.

오답 피하기 ㄱ. 갑국의 경우 명목 GDP는 2021년과 2023년이 각각 30만 달러로 동일하다.
ㄹ. 갑국의 경우 X재 수출액은 2021년이 15만 달러, 2022년이 10만 달러이고, 을국의 경우 Y재 수출액은 2021년이 20만 달러, 2022년이 7만 5,000달러이다. 따라서 2021년의 수출액은 갑국이 을국보다 작고, 2022년의 수출액은 갑국이 을국보다 크다.

09 실업과 인플레이션

본문 100~101쪽

수능 기본 문제

01 ②	02 ④	03 ①	04 ③
05 ②	06 ③	07 ②	08 ⑤

01 고용 지표의 이해

문제 분석 '지난 1주 동안 수입을 목적으로 1시간 이상 일하였습니까?'에 대해 '예'라고 응답한 A는 취업자이다. 첫 번째 질문에 대해 '아니요'라고 응답한 것을 전제로 '지난 4주 내에 직장(일)을 구해 보았습니까?'에 대해 '예'라고 응답한 B는 실업자이고, '아니요'라고 응답한 C는 비경제 활동 인구이다.

정답 찾기 ㄱ. 고용률은 '(취업자 수/15세 이상 인구) × 100'이다. 따라서 취업자 수의 감소는 고용률 감소 요인이다.
ㄷ. '취업자+실업자'는 경제 활동 인구이다. 15세 이상 인구는 변함이 없다고 하였으므로 경제 활동 인구의 감소는 비경제 활동 인구의 증가 요인이다.

오답 피하기 ㄴ. 15세 이상 인구는 '경제 활동 인구(취업자+실업자)+비경제 활동 인구'이다. 따라서 실업자의 증가가 취업자의 증가 요인이라고 보기 어렵다.
ㄹ. 비경제 활동 인구의 감소는 경제 활동 인구의 증가 요인이다. 따라서 비경제 활동 인구의 감소가 취업자와 실업자 모두의 감소 요인이라고 보기 어렵다.

02 실업의 유형 이해

문제 분석 (가)는 구조적 실업, (나)는 경기적 실업, (다)는 마찰적 실업에 해당한다.

정답 찾기 ㄴ. 총수요 감소는 경기적 실업의 발생 요인이다.
ㄹ. (가)는 구조적 실업, (다)는 마찰적 실업이다. 마찰적 실업은 구조적 실업과 달리 자발적 실업에 해당한다.

오답 피하기 ㄱ. (가)는 구조적 실업이다. 기술 교육은 구조적 실업의 대책이 될 수 있다.
ㄷ. (나)는 경기적 실업이다. 경기적 실업은 일시적 실업으로 단정하기 어렵다.

03 물가 지수의 이해

문제 분석 (가)는 소비자 물가 지수, (나)는 생산자 물가 지수, (다)는 GDP 디플레이터이다.

정답 찾기 ㄱ. 소비자 물가 지수가 상승하면, 일반적으로 실물 자산 보유자는 화폐 자산 보유자보다 유리해진다.

ㄴ. 생산자 물가 지수 상승은 화폐 가치 하락 요인이므로 화폐 구매력 하락 요인이다.

오답 피하기 ㄷ. GDP 디플레이터는 국내 총생산에 포함되는 모든 재화와 서비스를 반영한다. 따라서 가계 소비 생활의 주요 품목들도 반영되므로 가계의 소비 생활을 반영하지 못한다고 보기 어렵다.
ㄹ. (가)는 소비자 물가 지수, (나)는 생산자 물가 지수, (다)는 GDP 디플레이터이다.

04 인플레이션의 유형 이해

문제 분석 (가)는 비용 인상 인플레이션, (나)는 수요 견인 인플레이션이다.

정답 찾기 ③ 소비 지출 증가는 총수요 증가 요인이다.

오답 피하기 ① 수입 원자재 가격 하락은 총공급 증가 요인이다.
② (가)에 따라 실질 GDP는 감소하므로 경제 성장률은 음(−)의 값을 가진다.
④ (가)와 (나) 모두에서 물가 수준이 상승하므로 두 경우는 모두 화폐 구매력 하락 요인이다.
⑤ (가)는 비용 인상 인플레이션, (나)는 수요 견인 인플레이션이다.

05 고용 지표의 이해

문제 분석 갑은 실업자에서 비경제 활동 인구인 구직 단념자가 된 경우에 해당하고, 을은 비경제 활동 인구인 구직 단념자에서 실업자가 된 경우에 해당한다.

정답 찾기 ② 갑은 실업자에서 비경제 활동 인구가 되었으므로 (가)는 A국의 실업자 수 감소 요인이다.

오답 피하기 ① 갑은 실업자에서 비경제 활동 인구가 된 경우이다. 따라서 (가)는 A국의 취업자 수 감소 요인으로 보기 어렵다.
③ 을은 비경제 활동 인구에서 실업자가 되었으므로 (나)는 B국의 고용률 상승 요인으로 보기 어렵다.
④ 을은 비경제 활동 인구에서 실업자가 되었으므로 이는 비경제 활동 인구의 감소 요인이다. B국의 15세 이상 인구는 변함이 없으므로 (나)는 B국의 경제 활동 인구 증가 요인이다.
⑤ 갑은 실업자에서 비경제 활동 인구에 해당하는 구직 단념자가 되었고, 을은 비경제 활동 인구에 해당하는 구직 단념자에서 실업자가 되었으므로 (가)는 A국의 비경제 활동 인구 증가 요인, (나)는 B국의 비경제 활동 인구 감소 요인이다.

06 실업의 유형 이해

문제 분석 일반적으로 직업 탐색 과정에서 일시적으로 발생하는 실업은 마찰적 실업, 계절에 따른 고용 기회의 감소가 주요 원인인 실업은 계절적 실업, 경기 불황에 따른 기업의 노동 수요 감소가 주요 원인인 실업은 경기적 실업이다. 따라서 A는 마찰적 실업, B는 계절적 실업, C는 경기적 실업, D는 구조적 실업이다.

정답 찾기 ③ 총수요 증가는 경기적 실업의 감소 요인이다.

오답 피하기 ① 마찰적 실업은 경기 상승이나 경기 하강 국면 모두에서 나타날 수 있다.

② 계절적 실업의 증가는 실업률 상승 요인이다.

④ 마찰적 실업은 자발적 실업에 해당한다. 계절적 실업, 경기적 실업, 구조적 실업은 모두 비자발적 실업에 해당한다.

⑤ 직업 재훈련은 구조적 실업에 대한 대책으로 적절하다.

07 경제 성장률과 물가 상승률의 이해

문제 분석 갑국의 연도별 경제 성장률과 전년 대비 물가 상승률을 통해 명목 GDP와 실질 GDP, 전년 대비 명목 GDP 증가율과 실질 GDP 증가율을 비교할 수 있다.

정답 찾기 ㄱ. 기준 연도는 2020년이고, 2021년의 전년 대비 물가 상승률은 0%이다. 따라서 2021년의 명목 GDP와 실질 GDP는 같다.

ㄷ. 2022년에 경제 성장률과 전년 대비 물가 상승률은 같고, 모두 양(+)의 값을 가진다. 즉, 전년 대비 물가 수준은 상승하였고 실질 GDP는 증가하였다. 따라서 전년 대비 2022년의 명목 GDP 증가율은 실질 GDP 증가율보다 높다.

오답 피하기 ㄴ. 2022년의 경제 성장률은 양(+)의 값이므로 실질 GDP는 2022년이 2021년보다 크다.

ㄹ. 전년 대비 2023년의 물가 수준은 상승하였으므로 이 변화가 봉급 생활자에게 유리하다고 보기 어렵다.

08 국내 총생산과 물가 변동의 이해

문제 분석 갑국의 연도별 전년 대비 명목 GDP 증가율과 실질 GDP 증가율을 바탕으로 전년 대비 물가 수준과 실질 GDP의 변동을 나타내면 다음과 같다.

구분	2020년	2021년	2022년	2023년
전년 대비 물가 수준의 변동	불변	불변	상승	상승
전년 대비 실질 GDP의 변동	불변	증가	불변	감소

정답 찾기 ⑤ 전년 대비 2023년에 물가 수준은 상승하였고 실질 GDP는 감소하였다. 수입 원자재 가격 상승은 총공급을 감소시키므로 전년 대비 2023년의 변화 요인이다.

오답 피하기 ① 기준 연도는 2019년이다. 전년 대비 2020년에 실질 GDP와 명목 GDP는 모두 변함이 없으므로 물가 수준은 2019년과 2020년이 같다.

② 전년 대비 2021년의 실질 GDP는 증가하였으므로 2021년의 경제 성장률은 양(+)의 값이다.

③ 전년 대비 2021년에 실질 GDP 증가율과 명목 GDP 증가율은 같다. 따라서 전년 대비 2021년의 물가 수준은 변함이 없다.

④ 전년 대비 2022년에 물가 수준은 상승하였고 실질 GDP는 변함이 없다. 이와 같은 변화는 총수요 증가와 총공급 감소로 나타날 수 있는데, 투자 지출 감소는 총수요 감소 요인이다.

수능 실전 문제
본문 102~105쪽

1 ⑤	2 ④	3 ⑤	4 ④
5 ④	6 ③	7 ⑤	8 ④

1 물가 상승률과 실업률의 이해

문제 분석 A국의 경제 고통 지수는 실업률에 전년 대비 소비자 물가 상승률을 더한 값으로 계산하므로 연도별 전년 대비 소비자 물가 상승률을 나타내면 다음과 같다.

구분	2020년	2021년	2022년	2023년
소비자 물가 지수	102	102	104.04	약 105.08
소비자 물가 상승률 (전년 대비, %)	2	0	2	1
실업률(%)	1	2	2	2
경제 고통 지수	3	2	4	3

갑과 을 중 한 명만 옳게 답변하였는데, 갑의 답변이 옳으므로 을의 답변은 틀리다. 따라서 (가)에는 틀린 진술이 들어가야 한다.

정답 찾기 ㄷ. 2020년과 2022년의 전년 대비 소비자 물가 상승률은 각각 2%로 같다. 해당 진술은 옳은 답변이므로 (가)에 들어갈 수 없다.

ㄹ. 소비자 물가 지수는 2021년이 102, 2023년이 약 105.08이므로 두 해 모두 기준 연도의 소비자 물가 지수보다 높다. 따라서 2021년과 2023년 모두 기준 연도 대비 화폐 구매력이 상승하였다고 보기 어려우므로 (가)에는 해당 진술이 들어갈 수 있다.

오답 피하기 ㄱ. ㉠은 '102', ㉡은 '104.04'이다. 따라서 ㉠은 ㉡보다 작다.

ㄴ. 2022년의 실업률과 전년 대비 소비자 물가 상승률은 각각 2%로 같다.

정답과 해설

2 이자율과 물가 상승률의 관계 이해

문제 분석 제시된 자료를 토대로 명목 이자율, 실질 이자율, 물가 상승률을 나타내면 다음과 같다.

(단위: %)

구분	2021년	2022년	2023년
명목 이자율	3	1	2
실질 이자율	0	1	1
물가 상승률	3	0	1

정답 찾기 ④ 물가 상승률은 2022년이 0%, 2023년이 1%이다.

오답 피하기 ① 물가 상승률은 2021년이 3%로 가장 높다.
② 2022년의 명목 이자율은 1%이다.
③ 명목 이자율은 2021년이 3%, 2023년이 2%이다.
⑤ 2021년과 2023년 모두 명목 이자율은 실질 이자율보다 높다.

3 고용 지표의 이해

문제 분석 t년에서 t+1년으로의 변화를 살펴보면 갑국과 을국의 경우 모두 취업자 수는 변함이 없고 실업자 수는 증가하였으므로 경제 활동 인구는 증가하였고, 비경제 활동 인구는 감소하였다.

정답 찾기 ⑤ 갑국과 을국 각각 취업자 수는 변함이 없고 실업자 수는 증가하였으므로 실업자 수의 변화분과 경제 활동 인구의 변화분은 같다.

오답 피하기 ① 갑국의 경우 취업자 수는 변함이 없고 실업자 수는 증가하였으므로 경제 활동 인구는 증가하였다.
② 을국의 경우 경제 활동 인구는 증가하였으므로 비경제 활동 인구는 감소하였다.
③ 갑국과 을국 모두 실업자 수는 증가하였다.
④ 갑국과 을국 모두 취업자 수는 변함이 없다.

4 고용 지표의 이해

문제 분석 A는 취업자, B는 실업자, C는 비경제 활동 인구이다.

정답 찾기 ④ 경제 활동 인구는 증가하였고 15세 이상 인구는 변함이 없으므로 경제 활동 참가율은 상승하였다.

오답 피하기 ① 비경제 활동 인구가 감소하였으므로 경제 활동 인구는 증가하였다.
② 취업자 수는 증가하였고 15세 이상 인구는 변함이 없으므로 고용률은 상승하였다.
③ 경제 활동 인구는 증가하였고 실업자 수는 변함이 없으므로 실업률은 하락하였다.
⑤ 실업자 수는 변함이 없는데, 취업자 수와 경제 활동 인구가 각각 증가하였으므로 취업자 수의 증가분과 경제 활동 인구의 증가분은 같다.

5 고용 지표의 이해

문제 분석 제시된 그림을 통해 갑국의 연도별 고용 지표를 구하면 다음과 같다.

구분	2022년	2023년
취업자 수(만 명)	30	50
실업자 수(만 명)	15	40
경제 활동 인구(만 명)	45	90
비경제 활동 인구(만 명)	15	30
15세 이상 인구(만 명)	60	120
실업률(%)	약 33.3	약 44.4
고용률(%)	50	약 41.7
경제 활동 참가율(%)	75	75

정답 찾기 ④ 경제 활동 참가율은 2022년과 2023년이 각각 75%로 동일하다.

오답 피하기 ① 2022년에 실업률은 약 33.3%, 고용률은 50%이다.
② 고용률은 2022년이 50%, 2023년이 약 41.7%이다.
③ 15세 이상 인구는 2022년이 60만 명, 2023년이 120만 명이다. 따라서 2023년의 15세 이상 인구는 전년의 2배이다.
⑤ 2022년과 2023년 모두 비경제 활동 인구는 15세 이상 인구의 0.25배이다.

6 경제 성장률과 물가 변동의 이해

문제 분석 제시된 자료의 내용을 바탕으로 2020년의 총수요와 총공급 곡선상에 2020년~2023년 A국의 국민 경제 균형점을 나타내면 다음과 같다.

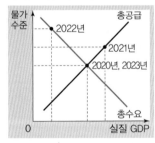

정답 찾기 ㄷ. 전년 대비 2021년의 변화 요인은 총수요 증가, 전년 대비 2022년의 변화 요인은 총수요 감소와 총공급 감소이다. 따라서 정부 지출 증가는 전년 대비 2022년이 아닌 전년 대비 2021년의 변화 요인이다.
ㄹ. 전년 대비 2022년의 변화 요인은 총수요 감소와 총공급 감소이고, 전년 대비 2023년의 변화 요인은 총공급 증가이다. 따라서 총공급 곡선의 변동 방향은 전년 대비 2022년과 전년 대비 2023년이 서로 다르다.

오답 피하기 ㄱ. 실질 GDP는 2023년이 2022년보다 크다.
ㄴ. 2020년 대비 2022년의 총공급은 감소하였다.

7 경제 성장률과 물가 상승률의 이해

문제 분석 A~E 각각의 전년 대비 물가 수준과 경제 성장률의 변화 요인을 나타내면 다음과 같다.

구분	변화 요인
A	총공급 감소
B	총수요 증가, 총공급 감소
C	총수요 증가
D	총수요 감소, 총공급 감소
E	총수요 증가, 총공급 증가

정답 찾기 ⑤ E로의 변화에서 총공급 곡선은 우측으로 이동하고, A로의 변화에서 총공급 곡선은 좌측으로 이동한다.

오답 피하기 ① C로의 변화 요인은 총수요 증가이다. 수입 원자재 가격 상승은 총공급 감소 요인이다.
② A로의 변화와 B로의 변화는 모두 전년 대비 물가 수준이 상승하였다. 따라서 두 경우 모두 화폐 구매력 하락 요인이다.
③ A로의 변화 요인은 총공급 감소, C로의 변화 요인은 총수요 증가이다. 따라서 A로의 변화보다 C로의 변화가 스태그플레이션을 야기할 가능성이 크다고 볼 수 없다.
④ D로의 변화와 E로의 변화는 각각 전년 대비 물가 상승률이 0%이므로 두 경우 모두 수요 견인 인플레이션의 변화 양상으로 보기 어렵다.

8 GDP 디플레이터의 이해

문제 분석 갑국의 연도별 명목 GDP와 GDP 디플레이터를 통해 실질 GDP를 구하면 다음과 같다.

구분	2020년	2021년	2022년	2023년
명목 GDP(억 달러)	108	120	120	㉠
GDP 디플레이터	120	120	160	㉡
실질 GDP(억 달러)	90	100	75	100

㉠의 값이 160보다 클 경우 전년 대비 2023년의 물가 수준은 상승한다.

정답 찾기 ④ ㉠이 '150'이라면, ㉡은 '150'이므로 전년 대비 2023년의 물가 수준은 하락하고 실질 GDP는 증가한다. 총공급 증가는 이와 같은 변화의 요인이다.

오답 피하기 ① 2020년의 실질 GDP는 90억 달러, 2022년의 실질 GDP는 75억 달러이다.

② 전년 대비 2021년의 실질 GDP는 증가하였으므로 2021년의 경제 성장률은 양(+)의 값이고, 전년 대비 2022년의 실질 GDP는 감소하였으므로 2022년의 경제 성장률은 음(−)의 값이다.
③ 전년 대비 2020년의 물가 수준은 상승하였고 실질 GDP는 감소하였다. 총공급의 감소는 이와 같은 변화의 요인이다. 따라서 총수요 감소를 전년 대비 2020년의 변화 요인으로 보기 어렵다.
⑤ ㉠이 '200'이라면, ㉡은 '200'이므로 전년 대비 2023년의 물가 수준은 상승하고 실질 GDP는 증가한다. 총수요 증가는 이와 같은 변화의 요인이다. 따라서 총공급 감소를 전년 대비 2023년의 변화 요인으로 보기 어렵다.

⑩ 경기 변동과 안정화 정책

01 ② 　　**02** ⑤ 　　**03** ③ 　　**04** ④
05 ⑤ 　　**06** ③ 　　**07** ④ 　　**08** ④

01 총수요와 총공급의 이해

문제 분석 갑국의 국민 경제 균형점 E를 A로 이동시키는 요인은 총수요 증가와 총공급 증가이다.

정답 찾기 ② 투자 지출 증가는 총수요 증가 요인, 수입 원자재 가격 하락은 총공급 증가 요인이다.

오답 피하기 ① 소비 지출 감소는 총수요 감소 요인, 생산 기술 향상은 총공급 증가 요인이다.

③ 정부 지출 증가는 총수요 증가 요인, 수입 원자재 가격 상승은 총공급 감소 요인이다.

④ 수입 원자재 가격 상승은 총공급 감소 요인, 소비 지출 증가는 총수요 증가 요인이다.

⑤ 수입 원자재 가격 하락은 총공급 증가 요인, 투자 지출 감소는 총수요 감소 요인이다.

02 총수요와 총공급의 이해

문제 분석 전년 대비 2022년에 물가 수준은 상승하고 실질 GDP는 증가하였다. 2021년과 2022년의 국민 경제 균형점이 동일한 총공급 곡선상에 위치하므로 전년 대비 2022년의 변화는 총수요 증가만으로 발생하였다. 전년 대비 2023년에 물가 수준은 변함이 없고 실질 GDP는 감소하였으므로 전년 대비 2023년의 변화는 총수요 감소와 총공급 감소로 발생하였다.

정답 찾기 ㄷ. 전년 대비 2023년에 물가 수준은 변함이 없고 실질 GDP는 감소하였으므로 총수요와 총공급은 모두 감소하였다.

ㄹ. 전년 대비 2023년에 총수요와 총공급이 모두 감소하였다. 소득세율 인상은 총수요 감소 요인, 수입 원유 가격 상승은 총공급 감소 요인이다.

오답 피하기 ㄱ. 전년 대비 2022년에 총수요가 증가하였다. 정부 지출 감소는 총수요 감소 요인이다.

ㄴ. 전년 대비 2022년에 물가 수준은 상승하였고 실질 GDP는 증가하였으므로 전년 대비 2022년의 명목 GDP는 증가하였다.

03 경제 안정화 정책의 이해

문제 분석 일반적으로 국공채의 매입은 통화량 증가 요인이다. 수입 원유 가격의 급등은 총공급 감소 요인이다.

정답 찾기 ㄴ. 공공 사업을 위한 정부 지출 증가는 총수요를 증가시키므로 이는 경기 침체를 해결하기 위한 재정 정책에 해당한다.

ㄷ. 수입 원유 가격의 급등은 총공급 감소 요인이다. 따라서 수입 원유 가격의 급등은 실질 GDP 감소 요인이다.

오답 피하기 ㄱ. 국공채 매입은 확대 통화 정책에 해당한다. 따라서 국공채 매입은 물가 상승 요인이다.

ㄹ. 수입 원유 가격의 급등은 총공급 감소 요인이므로 수요 견인 인플레이션을 예상치 못한 경제 문제로 보기 어렵다.

04 물가 상승률과 경제 성장률의 이해

문제 분석 표는 갑국의 연도별 전년 대비 물가 상승률과 경제 성장률을 나타낸다. 경제 성장률을 통해 실질 GDP 증감을 알 수 있다. 따라서 물가 수준의 변동과 실질 GDP 증감을 통해 총수요 곡선과 총공급 곡선의 이동 유무와 방향을 파악할 수 있다.

정답 찾기 ④ 총공급 곡선의 좌측 이동은 물가 수준 상승과 실질 GDP 감소 요인이다. 전년 대비 2022년에 물가 상승률이 양(+)의 값, 경제 성장률이 음(−)의 값이므로 물가 수준은 상승하였고 실질 GDP는 감소하였다.

오답 피하기 ① 2020년은 기준 연도이다. 이때 실질 GDP를 100억 달러라고 가정한다면, 2021년의 실질 GDP는 101억 달러, 2022년의 실질 GDP는 99.99억 달러가 된다. 따라서 실질 GDP는 2022년이 2020년보다 작다.

② 총수요 곡선의 좌측 이동은 물가 수준 하락과 실질 GDP 감소 요인이다. 전년 대비 2021년에 물가 상승률과 경제 성장률이 모두 양(+)의 값이므로 물가 수준은 상승하였고 실질 GDP는 증가하였다.

③ 기준 금리 인상은 총수요 감소 요인이다. 총수요가 감소하면 물가 수준은 하락하고 실질 GDP는 감소한다. 전년 대비 2022년에 물가 수준은 상승하였고 실질 GDP는 감소하였으므로 기준 금리 인상이 전년 대비 2022년의 변화 요인이라고 보기 어렵다.

⑤ 전년 대비 2023년에 물가 상승률은 1.5%, 경제 성장률은 1%이다. 경제 성장률은 전년 대비 실질 GDP 증가율이다. 따라서 전년 대비 2023년의 경제 규모가 감소하였다고 보기 어렵다.

05 국민 경제 균형점의 변화 이해

문제 분석 t년 대비 t+1년의 변화를 보면 갑국의 경우 물가 수준은 변함이 없으나 실질 GDP는 증가하였고, 을국의 경우 물가 수준은 상승하였으나 실질 GDP는 변함이 없다. 즉, 갑국의 경우에는 총수요와 총공급이 모두 증가하였고, 을국의 경우에는 총수요가 증가하고 총공급이 감소하였다.

정답 찾기 ㄷ. 갑국의 총공급 곡선은 우측으로 이동하였고, 을국의 총공급 곡선은 좌측으로 이동하였다. 따라서 총공급 곡선의 변동 방향은 갑국과 을국이 서로 다르다.

ㄹ. 갑국과 을국의 총수요 곡선은 모두 우측으로 이동하였다. 대출 이자율 하락은 총수요 증가 요인으로, 총수요 곡선을 우측으로 이동시키는 요인이다. 따라서 대출 이자율 하락은 갑국과 을국 모두의 총수요 곡선 이동 요인이다.

오답 피하기 ㄱ. 갑국에서 물가 수준은 변함이 없으므로 실물 자산 보유자가 화폐 자산 보유자에 비해 불리해졌다고 보기 어렵다.

ㄴ. 을국에서 물가 수준은 상승하였으므로 화폐 자산 보유자는 실물 자산 보유자에 비해 불리해졌다.

06 총수요와 총공급의 이해

문제 분석 제시된 표는 갑국의 연도별 전년 대비 실질 GDP 변화율을 나타낸다. 갑국의 총수요 곡선은 우하향하고 총공급 곡선은 우상향한다. 특히, 2022년까지 총공급 곡선이 불변이라는 점에 유의해야 한다.

정답 찾기 ③ 전년 대비 2022년에는 실질 GDP 변화율이 음(−)의 값이다. 2022년에 총공급 곡선은 불변이므로 총수요 감소로 인해 물가 수준은 하락하였다. 따라서 전년 대비 2022년의 변화는 화폐 구매력 증가 요인이다.

오답 피하기 ① 소비 지출 감소는 총수요 감소 요인이다. 즉, 물가 수준 하락과 실질 GDP 감소 요인이다. 전년 대비 2020년의 실질 GDP 변화율은 양(+)의 값이고 총공급 곡선은 불변이므로 총수요 감소를 전년 대비 2020년의 변화 요인으로 보기 어렵다.

② 투자 지출 감소는 총수요 감소 요인이다. 즉, 물가 수준 하락과 실질 GDP 감소 요인이다. 전년 대비 2021년의 실질 GDP 변화율은 양(+)의 값이고 총공급 곡선은 불변이므로 총수요 감소를 전년 대비 2021년의 변화 요인으로 보기 어렵다.

④ 전년 대비 2023년의 실질 GDP 변화율은 0%이다. 총수요만의 증가는 물가 수준 상승과 실질 GDP 증가 요인이다. 따라서 총수요만의 증가를 전년 대비 2023년의 변화 요인으로 보기 어렵다.

⑤ 전년 대비 2023년의 실질 GDP 변화율은 0%이다. 총공급만의 감소는 물가 수준 상승과 실질 GDP 감소 요인이다. 따라서 총공급만의 감소를 전년 대비 2023년의 변화 요인으로 보기 어렵다.

07 경제 안정화 정책의 이해

문제 분석 '중앙은행이 실시하는 정책에 해당합니까?'에 대해 '아니요'라고 응답한 A, C 중에서 '실질 GDP를 증가시키는 요인입니까?'에 대해 '예'라고 응답한 A는 확대 재정 정책이고, '아니요'라고 응답한 C는 긴축 재정 정책이다. 또한 '중앙은행이 실시하는 정책에 해당합니까?'에 대해 '예'라고 응답한 B, D 중에서 '물가 수준을 상승시키는 요인입니까?'에 대해 '예'라고 응답한 B는 확대 통화 정책이다. 따라서 D는 긴축 통화 정책이다.

정답 찾기 ④ 소득세율 인상은 확대 통화 정책이 아닌 긴축 재정 정책에 해당한다.

오답 피하기 ① 긴축 재정 정책과 긴축 통화 정책은 모두 물가 수준 하락 요인이므로 ㄱ과 ㄴ은 각각 '아니요'이다.

② 지급 준비율 인하 정책은 확대 통화 정책에 해당한다.

③ 국공채 매각 정책은 긴축 통화 정책에 해당한다.

⑤ 확대 재정 정책은 총수요 증가 요인, 긴축 통화 정책은 총수요 감소 요인이다.

08 경기 변동의 이해

문제 분석 ㉠은 회복기, ㉡은 확장기, ㉢은 후퇴기, ㉣은 수축기이다.

정답 찾기 ㄴ. 국공채 매입은 통화량 증가 요인이므로 확장기보다 수축기에 적절한 정책이다.

ㄹ. 기준 금리 인상은 통화량 감소 요인이므로 수축기보다 확장기에 적절한 정책이다.

오답 피하기 ㄱ. 회복기와 달리 후퇴기에서 기업의 투자 심리가 확대된다고 보기 어렵다.

ㄷ. 후퇴기와 달리 확장기에서 소비가 감소한다고 보기 어렵다.

수능 실전 문제 본문 113~115쪽

1 ④　　**2** ④　　**3** ④　　**4** ③
5 ③　　**6** ⑤

1 총수요와 총공급의 변동 요인 이해

문제 분석 갑국의 경우 전년 대비 2023년에 물가 상승률은 양(+)의 값이고 경제 성장은 음(−)의 값이므로 총공급 감소로 인해 비용 인상 인플레이션이 발생하였다. 을국의 경우 전년 대비 2023년에 물가 상승률과 경제 성장률은 모두 양(+)의 값이므로 총수요 증가로 인해 수요 견인 인플레이션이 발생하였다.

정답 찾기 ④ 2023년에 을국에서는 수요 견인 인플레이션이 발생하였다. 을국 중앙은행의 국공채 매각은 총수요 감소 요인이므로 2023년 을국의 경제 문제 해결책에 해당한다.

오답 피하기 ① 갑국의 경우 전년 대비 2023년에 물가 수준은 상승하였고 실질 GDP는 감소하였으므로 이는 총공급 감소가 변화 요인이다. 수입 원유 가격 하락은 총공급 증가 요인이다.

② 을국의 경우 전년 대비 2023년에 물가 상승률은 15%, 경제 성장률은 6%이므로 명목 GDP는 증가하였다.

③ 2023년에 갑국에서는 비용 인상 인플레이션이 발생하였다. 소비 지출 증가는 총수요 증가 요인이므로 전년 대비 2023년의 변화 요인으로 보기 어렵다.

⑤ 갑국의 경우 전년 대비 2023년에 물가 수준이 상승하였고 실질 GDP가 감소하였으므로 총공급이 감소하였다. 따라서 2023년에 갑국에서는 비용 인상 인플레이션이 발생하였다. 을국의 경우 전년 대비 2023년에 물가 수준이 상승하였고 실질 GDP가 증가하였으므로 총수요가 증가하였다. 따라서 2023년에 을국에서는 수요 견인 인플레이션이 발생하였다.

2 총수요, 총공급과 경제 안정화 정책의 이해

문제 분석 전년 대비 2020년, 전년 대비 2021년, 전년 대비 2022년에 모두 물가 수준은 상승하였고 실질 GDP는 증가하였으므로 이는 총수요 증가가 변화 요인이다. 전년 대비 2023년에 물가 수준은 상승하였고 실질 GDP는 감소하였으므로 이는 총공급 감소가 변화 요인이다.

정답 찾기 ④ 소비 지출 증가는 물가 수준 상승과 실질 GDP 증가 요인이다. 전년 대비 2022년의 물가 상승률과 실질 GDP 변화율은 모두 양(+)의 값이므로 소비 지출 증가를 전년 대비 2022년의 변화 요인으로 볼 수 있다.

오답 피하기 ① 2022년과 2023년에 전년 대비 물가 상승률이 각각 9%에서 3%로 낮아졌지만 양(+)의 값이므로 물가 수준은 2022년부터 지속적으로 상승하였다.

② 정부의 소득세율 인상은 총수요 감소 요인이다. 즉, 물가 수준 하락과 실질 GDP 감소 요인이다. 전년 대비 2020년에 물가 수준은 상승하였고 실질 GDP는 증가하였다. 따라서 정부의 소득세율 인상을 전년 대비 2020년의 변화 요인으로 보기 어렵다.

③ 기업의 투자 위축은 총수요 감소 요인이다. 전년 대비 2021년에 물가 수준은 상승하였고 실질 GDP는 증가하였으므로 기업의 투자 위축을 전년 대비 2021년의 변화 요인으로 보기 어렵다.

⑤ 스태그플레이션은 경기 침체와 물가 상승이 동시에 발생하는 현상이다. 전년 대비 2022년에 물가 수준은 상승하였고 실질 GDP는 증가하였으며, 전년 대비 2023년에 물가 수준은 상승하였고 실질 GDP는 감소하였다. 따라서 스태그플레이션의 발생 가능성은 2022년이 2023년보다 높다고 보기 어렵다.

3 기준 금리 변동의 이해

문제 분석 갑국의 기준 금리는 상승 추이이고, 을국의 기준 금리는 하락 추이이다. 일반적으로 경기 과열 시에는 기준 금리를 인상하고, 경기 침체 시에는 기준 금리를 인하한다.

정답 찾기 ㄴ. 을국의 기준 금리는 하락 추이이다. 이는 을국 내 통화량 증가 요인이다.

ㄹ. 기준 금리 하락 추이는 총수요 증가 요인이다.

오답 피하기 ㄱ. 갑국의 기준 금리는 상승 추이이다. 이는 갑국 내 기업의 투자 감소 요인이다.

ㄷ. 기준 금리 상승 추이는 총수요 감소 요인이므로 총공급 증가 요인으로 보기 어렵다.

4 경제 안정화 정책의 이해

문제 분석 갑국의 전년 대비 물가 수준은 지속적으로 상승하고 있으며, 전년 대비 실질 GDP 증가율은 2021년에 양(+)의 값, 2022년에 음(−)의 값, 2023년에 양(+)의 값을 가진다.

정답 찾기 ㄴ. 확대 재정 정책 시행은 총수요 증가 요인이다. 전년 대비 2021년에 물가 수준은 상승하였고 실질 GDP는 증가하였으므로 확대 재정 정책 시행은 전년 대비 2021년의 변화 요인이다.

ㄷ. 중앙은행의 국공채 매입은 총수요 증가 요인이다. 전년 대비 2022년에 물가 수준은 상승하였고 실질 GDP는 감소하였으며, 전년 대비 2023년에 물가 수준은 상승하였고 실질 GDP는 증가하였다. 따라서 중앙은행의 국공채 매입은 전년 대비 2022년이 아닌 전년 대비 2023년의 변화 요인이다.

오답 피하기 ㄱ. 기준 금리 인상은 총수요 감소 요인이다. 이는 전년 대비 물가 수준 하락과 실질 GDP 감소 요인이므로 기준 금리 인상을 전년 대비 2021년의 변화 요인으로 보기 어렵다.

ㄹ. 전년 대비 2022년의 변화 요인은 총공급 감소이고, 전년 대비 2023년의 변화 요인은 총수요 증가이다.

5 경제 안정화 정책의 이해

문제 분석 갑은 양적 완화 시행에 따른 물가 상승을 경제 문제로 보고, 을은 수입 원유 가격 변동에 따른 물가 상승을 경제 문제로 보고 있다.

정답 찾기 ③ 갑은 긴축 통화 정책을 해결책으로 강조하고 있다. 지급 준비율 인상 정책은 긴축 통화 정책에 해당한다.

오답 피하기 ① 양적 완화 시행에 따른 인플레이션은 수요 견인 인플레이션에, 수입 원유 가격 변동에 따른 인플레이션은 비용 인상 인플레이션에 해당한다. 따라서 갑은 을과 달리 수요 견인 인플레이션이 발생한 것으로 보고 있다.

② 양적 완화는 중앙은행이 시중에 통화를 직접 공급하여 통화량을 증가시키는 정책으로, 이는 총수요 증가 요인이다.

④ 을은 수입 원유 가격의 상승을 경제 문제 원인으로 보고 있다. 수입 원유 가격 상승은 총공급 감소 요인이므로 실질 GDP 감소 요인이다.

⑤ 소득세율 인하 정책은 총수요 증가 요인이므로 총공급 감소에 따른 물가 상승을 해결하기 위한 정부의 정책에 해당하지 않는다.

6 경기 변동과 경제 안정화 정책의 이해

문제 분석 그림에서 A는 수축기, B는 확장기이다. 일반적으로 수축기에 비해 확장기에 실업률이 낮고, 소비 활동이 활발하며, 통화량이 많고, 공장 가동률이 높다. 갑과 을 중 한 명만 옳게 답변을 하였는데, 갑의 답변이 옳으므로 을의 답변은 틀리다. 따라서 (가)에는 틀린 진술이 들어가야 한다.

정답찾기 ⑤ 지급 준비율 인상은 통화량 감소 요인이므로 수축기보다 확장기에 적절한 정책이다. 따라서 '지급 준비율 인상 정책은 A 시기보다 B 시기에 적절합니다.'는 옳은 답변이므로 (가)에는 해당 진술이 들어갈 수 없다.

오답 피하기 ① 일반적으로 실업률은 확장기보다 수축기에 높다.
② 일반적으로 소비 활동은 수축기보다 확장기에 활발하다.
③ 일반적으로 통화량은 수축기보다 확장기에 많다. 따라서 'B 시기보다 A 시기에 통화량이 많습니다.'는 틀린 답변이므로 (가)에는 해당 진술이 들어갈 수 있다.
④ 일반적으로 공장 가동률은 수축기보다 확장기에 높다. 따라서 '공장 가동률은 A 시기보다 B 시기에 높습니다.'는 옳은 답변이므로 (가)에는 해당 진술이 들어갈 수 없다.

Ⅲ단원 기출 플러스

본문 116~117쪽

| 01 ④ | 02 ① | 03 ⑤ | 04 ② |

01 GDP 구성 항목의 이해

문제 분석 (가)는 '소비 지출'이다. t+1년의 경제 성장률은 0%이므로 t년과 t+1년의 실질 GDP는 같다. 기준 연도인 t년의 명목 GDP는 100억 달러이고, t+1년의 GDP 디플레이터는 110이므로 t+1년의 명목 GDP는 110억 달러가 되어야 한다. 따라서 ㉠은 '25'이다.

정답찾기 ④ 기준 연도는 t년이고 t년과 t+1년의 실질 GDP는 같으므로 t년 대비 t+1년에 명목 GDP 증가율은 물가 상승률과 같다.

오답 피하기 ① 소비 지출은 기업이 생산한 최종 생산물 중 가계가 구입한 재화와 서비스의 시장 가치를 의미한다. 따라서 공무원에게 지급하는 월급이 소비 지출에 포함된다고 보기 어렵다.
② ㉠은 '25'이므로 t년 순수출의 2.5배이다.
③ t+1년에 경제 성장률이 0%이므로 실질 GDP는 100억 달러이다.
⑤ 가계의 소비 지출이 포함되는 항목은 t년과 t+1년에 각각 50억 달러로 같다.

02 실질 GDP와 명목 GDP의 이해

문제 분석 2018년과 2019년의 경제 성장률은 모두 음(−)의 값이므로 2018년과 2019년 모두 실질 GDP는 전년 대비 감소하였다. 2018년과 2019년 모두 명목 GDP는 전년 대비 증가하였다.

정답찾기 ㄱ. 경제 성장률은 '{(금년도 실질 GDP−전년도 실질 GDP)/전년도 실질 GDP} × 100'이므로 (가)에는 '실질 GDP'가 들어갈 수 있다.

오답 피하기 ㄴ. 2019년의 경제 성장률이 음(−)의 값이므로 전년 대비 2019년의 실질 GDP는 감소하였다.
ㄷ. 2018년이 기준 연도라면 전년 대비 2019년의 명목 GDP는 증가하였고 실질 GDP는 감소하였으므로 GDP 디플레이터는 100보다 크다.

03 명목 GDP와 실질 GDP의 이해

문제 분석 기준 연도가 2019년이므로 2019년의 명목 GDP와 실질 GDP를 각각 100억 달러라고 가정할 경우 연도별 명목 GDP와 실질 GDP를 계산하면 다음과 같다.

(단위: 억 달러)

구분	2019년	2020년	2021년	2022년
명목 GDP	100	100	101	106.05
실질 GDP	100	95	95.95	99.788

정답 찾기 ⑤ 전년 대비 2021년에 물가 상승률은 0%이고 전년 대비 2022년에 물가 상승률은 양(+)의 값이므로 2022년의 전년 대비 물가 상승률은 2021년보다 높다.

오답 피하기 ① 2020년에 명목 GDP는 실질 GDP보다 크다. 따라서 2020년의 GDP 디플레이터는 100보다 크다.

② 2021년에 명목 GDP는 실질 GDP보다 크다.

③ 전년 대비 2021년에 물가 상승률은 0%이므로 2020년의 물가 수준은 2021년과 같다.

④ 2019년의 실질 GDP가 100억 달러라면 2022년의 실질 GDP는 99.788억 달러이므로 2022년의 경제 규모는 2019년보다 작다.

04 고용 인구 변화의 이해

문제 분석 경제 활동 참가율은 '(경제 활동 인구/15세 이상 인구) × 100'이고, 고용률은 '(취업자 수/15세 이상 인구) × 100'으로 계산한다. 따라서 (가)는 '경제 활동 참가율', (나)는 '고용률'이다. 15세 이상 인구를 100명이라고 가정할 경우 연도별로 경제 활동 인구, 취업자 수, 실업자 수, 비경제 활동 인구를 나타내면 다음과 같다.

(단위: 명)

구분	t년	t+1년	t+2년
경제 활동 인구	70	80	75
취업자 수	60	70	70
실업자 수	10	10	5
비경제 활동 인구	30	20	25

정답 찾기 ② 취업자 수는 t+1년과 t+2년이 같다.

오답 피하기 ① (가)는 '경제 활동 참가율'이다.

③ 경제 활동 인구는 t+2년이 t+1년보다 적다.

④ 비경제 활동 인구는 t+2년이 t년보다 적다.

⑤ 실업률은 '(실업자 수/경제 활동 인구) × 100'이므로 t년이 약 14.3%, t+1년이 12.5%이다. 따라서 실업률은 t년이 t+1년보다 높다.

11 무역 원리와 무역 정책

수능 기본 문제 본문 122~123쪽

01 ③	02 ②	03 ②	04 ②
05 ①	06 ⑤	07 ⑤	08 ⑤

01 비교 우위의 이해

문제 분석 X재 1개 생산의 기회비용은 갑국이 Y재 1/2개, 을국이 Y재 2개이고, Y재 1개 생산의 기회비용은 갑국이 X재 2개, 을국이 X재 1/2개이다.

정답 찾기 ③ Y재 1개 생산에 필요한 노동자 수는 갑국이 20명, 을국이 8명이므로 을국은 Y재 생산에 절대 우위를 가진다. 또한 Y재 1개 생산의 기회비용은 갑국이 X재 2개, 을국이 X재 1/2개이므로 을국은 Y재 생산에 비교 우위를 가진다.

오답 피하기 ① 갑국의 X재 1개 생산의 기회비용은 Y재 1/2개이다.

② 을국의 Y재 1개 생산의 기회비용은 X재 1/2개이다.

④ X재 1개 생산의 기회비용은 갑국이 Y재 1/2개, 을국이 Y재 2개이므로 을국이 갑국의 4배이다.

⑤ Y재 1개 생산의 기회비용은 갑국이 X재 2개, 을국이 X재 1/2개이므로 교역 시 을국은 Y재만 생산한다.

02 비교 우위의 이해

문제 분석 교역 후 갑국은 X재만을, 을국은 Y재만을 생산하였으므로 갑국은 X재 생산에, 을국은 Y재 생산에 비교 우위를 가진다. 갑국은 교역 전보다 X재 60개를 추가로 생산하기 위해 Y재 30개를 포기하였으므로 갑국의 X재 1개 생산의 기회비용은 Y재 1/2개이다. 을국은 교역 전보다 Y재 20개를 추가로 생산하기 위해 X재 20개를 포기하였으므로 을국의 Y재 1개 생산의 기회비용은 X재 1개이다.

정답 찾기 ② 갑국은 X재 생산에 비교 우위를 가진다. 따라서 갑국의 Y재 1개 소비의 기회비용은 교역 전에 비해 교역 후가 작다.

오답 피하기 ① 갑국이 X재만을 특화하여 생산하였다는 것은 갑국이 X재 생산에 비교 우위를 가진다는 것을 의미한다. 따라서 X재 1개 생산의 기회비용은 갑국이 을국보다 작다.

③ 갑국은 X재의 최대 생산 가능량이 100개이다. 을국은 X재 1개 생산의 기회비용이 Y재 1개이므로 X재의 최대 생산 가능량이 45개이다.

④ 교역 후 을국은 Y재를 특화하여 생산하는데, 을국의 최대 생산 가능량이 45개이므로 교역 전 Y재 생산량인 55개(갑국의 Y재 생산량 30개+을국의 Y재 생산량 25개)보다 작다.

⑤ X재 1개당 교환되는 Y재가 1/2개보다 많으면 갑국이 이익을 얻고, Y재가 1개보다 적으면 을국이 이익을 얻는다. 따라서 X재 1개와 Y재 2개를 교환하는 조건이라면, 교역으로 인한 이익이 양국 모두에게 발생하는 상황은 아니다.

03 비교 우위의 이해

문제 분석 교역 전 X재 1개 소비의 기회비용이 Y재 1개이고 교역 전 생산과 소비의 기회비용은 같으므로 X재 1개 생산의 기회비용은 갑국이 Y재 1개, 을국이 Y재 2개이고, Y재 1개 생산의 기회비용은 갑국이 X재 1개, 을국이 X재 1/2개이다.

정답 찾기 ② X재 1개 생산의 기회비용은 갑국이 Y재 1개, 을국이 Y재 2개이므로 갑국은 X재 생산에 비교 우위를 가진다.

오답 피하기 ① 교역 전 X재 1개 소비의 기회비용은 Y재 1개이고, 교역 전 생산과 소비의 기회비용은 같으므로 ㉠은 '10'이다.

③ 갑국은 X재만 생산하면 최대 10개, Y재만 생산하면 최대 10개를 생산할 수 있으므로 갑국은 X재 1개와 Y재 10개를 동시에 생산할 수 없다.

④ X재 1개당 교환되는 Y재가 1개보다 많으면 갑국이 이익을 얻고, Y재가 2개보다 적으면 을국이 이익을 얻는다. 따라서 교역 후 갑국의 X재의 1개 소비의 기회비용은 Y재 2개보다 작다.

⑤ X재 2개와 Y재 3개를 교환하는 조건이라면, 교역으로 인한 이익이 양국 모두에게 발생하는 상황이므로 갑국은 교역에 참여할 것이다.

04 비교 우위의 이해

문제 분석 X재 1개 생산의 기회비용은 갑국이 Y재 1/4개, 을국이 Y재 1/2개이고, Y재 1개 생산의 기회비용은 갑국이 X재 4개, 을국이 X재 2개이다.

정답 찾기 ㄱ. X재 1개 생산의 기회비용은 갑국이 Y재 1/4개, 을국이 Y재 1/2개이므로 갑국은 X재 생산에 비교 우위를 가진다.

ㄷ. 갑국은 X재 생산에 비교 우위가 있고, 을국은 Y재 생산에 비교 우위가 있으므로 교역을 할 경우 갑국은 X재, 을국은 Y재를 수출하게 된다.

오답 피하기 ㄴ. 갑국이 X재 생산에 비교 우위를 갖고 있지만, 양국이 보유한 생산 요소의 양을 알 수 없으므로 X재의 최대 생산 가능량을 비교할 수 없다.

ㄹ. X재 1개당 교환되는 Y재가 1/4개보다 많으면 갑국이 이익을 얻고, Y재가 1/2개보다 적으면 을국이 이익을 얻는다. 따라서 X재와 Y재의 교환 비율이 1 : 2이면, 교역으로 인한 이익이 양국 모두에게 발생하는 상황은 아니다.

05 비교 우위의 이해

문제 분석 X재 1개 생산의 기회비용은 갑국이 Y재 1/2개, 을국이 Y재 2개이고, Y재 1개 생산의 기회비용은 갑국이 X재 2개, 을국이 X재 1/2개이다.

정답 찾기 ① 갑국의 경우 X재의 최대 생산 가능량이 60개, Y재의 최대 생산 가능량이 30개이므로 갑국의 X재 1개 생산의 기회비용은 Y재 1/2개이다.

오답 피하기 ② 을국의 경우 X재의 최대 생산 가능량이 20개, Y재의 최대 생산 가능량이 40개이므로 을국은 X재 10개와 Y재 20개를 동시에 생산할 수 있다.

③ 양국의 생산 요소가 노동뿐이고 보유량이 동일하므로 을국은 Y재 생산에 절대 우위를 가진다. 또한 Y재 1개 생산의 기회비용은 갑국이 X재 2개, 을국이 X재 1/2개이므로 을국이 Y재 생산에 비교 우위를 가진다. 따라서 을국은 Y재 생산에 절대 우위와 비교 우위를 모두 가진다.

④ Y재 1개 생산의 기회비용은 갑국이 X재 2개, 을국이 X재 1/2개로 을국이 Y재 생산에 비교 우위를 가지므로 교역 시 을국은 Y재 생산에 특화한다.

⑤ X재 1개당 교환되는 Y재가 1/2개보다 많으면 갑국이 이익을 얻고, Y재가 2개보다 적으면 을국이 이익을 얻는다. 따라서 X재 1개와 Y재 2개를 교환하는 조건이라면, 교역으로 인한 이익이 양국 모두에게 발생하는 상황은 아니다.

06 비교 우위의 이해

문제 분석 X재 1개 생산의 기회비용은 갑국이 Y재 2개, 을국이 Y재 1/2개이고, Y재 1개 생산의 기회비용은 갑국이 X재 1/2개, 을국이 X재 2개이다.

정답 찾기 ⑤ 갑국은 Y재 생산에, 을국은 X재 생산에 비교 우위를 가지므로 교역 전에 비해 교역 후 갑국은 Y재, 을국은 X재 1개 소비의 기회비용이 각각 증가한다.

오답 피하기 ① 을국이 X재 생산에 비교 우위를 가지므로 X재 1개 생산의 기회비용은 을국이 갑국보다 작다.

② 교역 전 갑국은 X재 5개를 생산하면 Y재를 최대 30개 생산하여 소비할 수 있다.

③ X재 1개당 교환되는 Y재가 1/2개보다 많으면 을국이 이익을 얻고, Y재가 2개보다 적으면 갑국이 이익을 얻는다. 따라서 X재 1개와 Y재 1개를 교환하는 조건이라면, 양국 모두 교역으로 인해 이익이 발생한다.

④ 갑국이 Y재 생산에 비교 우위를 가지므로 을국의 경우 Y재 1개 소비의 기회비용은 교역 전에 비해 교역 후가 작다.

07 비교 우위의 이해

문제 분석 X재 1개 생산의 기회비용은 (가)가 Y재 5/4개, (나)가 Y재 1/2개이므로 (나)는 X재 생산에 비교 우위를 가지는 을국의 생산 가능 곡선이다. Y재 1개 생산의 기회비용은 (가)가 X재 4/5개, (나)가 X재 2개이므로 (가)는 Y재 생산에 비교 우위를 가지는 갑국의 생산 가능 곡선이다.

정답 찾기 ⑤ 갑국이 비교 우위를 가지고 있는 Y재만을 생산하면 최대 50개를 생산하므로 교역 후 을국의 수입량은 50개를 초과할 수 없다.

오답 피하기 ① (가)는 갑국의 생산 가능 곡선, (나)는 을국의 생산 가능 곡선이다.

② 점 a는 을국의 생산 가능 곡선상의 점이므로 을국에서 생산 가능한 점이다.

③ Y재 1개 생산의 기회비용은 을국이 갑국의 2.5배이다.

④ X재 1개당 교환되는 Y재가 1/2개보다 많으면 을국이 이익을 얻고, Y재가 5/4개보다 적으면 갑국이 이익을 얻는다. 따라서 X재 1개와 Y재 3개를 교환하는 조건이라면, 갑국은 교역에 참여하지 않을 것이다.

08 자유 무역의 영향 이해

문제 분석 자유 무역 후 세계 전체의 X재 시장에서 P_1 가격 수준에서는 초과 수요가 발생하며, P_2 가격 수준에서는 초과 공급이 발생하여 국제 가격은 교역 전 양국의 국내 가격 사이에서 결정된다. 그 결과 초과 수요가 발생하는 국가가 X재의 수입국이 되며, 초과 공급이 발생하는 국가가 수출국이 된다. 자유 무역 후 갑국의 생산자 잉여가 증가하려면, X재 가격이 상승하여 국내 생산량이 증가해야 하므로 무역 전 갑국의 X재 시장 가격은 P_1이다.

정답 찾기 ⑤ 교역 후 갑국에서는 X재 가격이 상승하여 소비량이 감소하므로 소비자 잉여는 감소한다.

오답 피하기 ① 교역 후 갑국에서는 X재 가격이 상승하면서 초과 공급이 발생하여 X재를 수출한다.

② 교역 후 을국에서는 X재 가격이 하락하여 국내 생산량이 감소한다.

③ 교역 후 세계 전체의 X재 시장에서 P_1 가격 수준에서는 초과 수요가 발생하므로 P_1보다 높은 수준에서 X재의 국제 가격이 형성된다.

④ 교역 후 세계 전체의 X재 시장에서 P_2 가격 수준에서는 초과 공급이 발생하여 X재 가격은 하락한다. 따라서 을국의 X재 가격은 개방 전보다 하락한다.

수능 실전 문제 본문 124~129쪽

1 ③	**2** ④	**3** ⑤	**4** ④
5 ④	**6** ⑤	**7** ⑤	**8** ④
9 ①	**10** ②	**11** ③	**12** ③

1 비교 우위의 이해

문제 분석 t+1기에 X재 1개 생산의 기회비용은 (가)가 Y재 1개, (나)가 Y재 1/2개이고, Y재 1개 생산의 기회비용은 (가)가 X재 1개, (나)가 X재 2개이다. t기에 비해 t+1기에 을국의 Y재 1개당 생산비가 감소하므로 X재 1개 생산의 기회비용은 증가한다. t기의 갑국과 t+1기의 (나)는 X재 1개 생산의 기회비용이 동일하므로 (가)는 을국의 생산 가능 곡선, (나)는 갑국의 생산 가능 곡선임을 알 수 있다.

정답 찾기 ③ t+1기에 Y재 1개 생산의 기회비용은 갑국이 X재 2개, 을국이 X재 1개이므로 갑국이 을국의 2배이다.

오답 피하기 ① t기에 비해 t+1기에 을국에서 Y재 1개 생산비가 감소한 결과 X재 1개 생산의 기회비용이 증가하는데, t+1기에 X재 1개 생산의 기회비용이 Y재 1개이므로 t기에 X재 1개 생산의 기회비용은 Y재 1개보다 작다.

② (가)는 을국의 생산 가능 곡선, (나)는 갑국의 생산 가능 곡선이다.

④ t+1기에 을국은 Y재 생산에 비교 우위를 가지므로 을국의 Y재 1개 소비의 기회비용은 교역 전에 비해 교역 후가 크다.

⑤ t+1기에 X재 1개당 교환되는 Y재가 1/2개보다 많으면 갑국이 이익을 얻고, Y재가 1개보다 적으면 을국이 이익을 얻는다. 따라서 X재와 Y재의 교환 비율이 1 : 2라면, 교역으로 인한 이익이 양국 모두에게 발생하는 상황은 아니다.

2 비교 우위의 이해

문제 분석 X재 1개 생산의 기회비용은 갑국이 Y재 2개, 을국이 Y재 1/4개이고, Y재 1개 생산의 기회비용은 갑국이 X재 1/2개, 을국이 X재 4개이다. 직선인 생산 가능 곡선상에서만 생산하고 교역 전 X재와 Y재의 생산 조합을 보면 갑국이 (10, 20)이고 을국이 (20, 5)이므로 갑국은 X재를 최대 20개, Y재를 최대 40개 생산할 수 있고, 을국은 X재를 최대 40개, Y재를 최대 10개 생산할 수 있음을 파악할 수 있다.

정답 찾기 ④ X재 20개와 Y재 10개를 교환하였으므로 X재와 Y재의 교환 비율은 2 : 1이다.

오답 피하기 ① 갑국의 교역 후 Y재 소비량이 30개이므로 생산한 Y재 40개 중 10개를 을국의 X재와 교환하였고, 을국의 교역 후 X재 소비량이 20개이므로 생산한 X재 40개 중 20개를 갑국의 Y재와 교환하였다. 그 결과 갑국은 X재 20개, 을국은 Y재 10개를 소비할 수 있게 된다.

② 갑국에서 X재의 최대 생산 가능량은 20개이다.

③ 갑국이 X재를 15개 생산했을 때 Y재는 최대 10개까지 생산할 수 있다.

⑤ 을국의 X재로 표시한 Y재 1개 소비의 기회비용은 교역 전에 비해 교역 후가 작다.

3 비교 우위의 이해

문제 분석 t기에 X재 1개 생산의 기회비용은 갑국이 Y재 1/2개, 을국이 Y재 2/3개이고, Y재 1개 생산의 기회비용은 갑국이 X재 2개, 을국이 X재 3/2개이다. t+1기에 X재 1개 생산의 기회비용은 갑국이 Y재 1/2개, 을국이 Y재 3/4개이고, Y재 1개 생산의 기회비용은 갑국이 X재 2개, 을국이 X재 4/3개이다.

정답 찾기 ⑤ 갑국의 경우 t기와 t+1기 모두 X재 1개당 교환되는 Y재가 1/2개보다 많으면 이익을 얻고, 을국의 경우 X재 1개당 교환되는 Y재가 t기에 2/3개, t+1기에 3/4개보다 적으면 이익을 얻는다. 따라서 X재와 Y재의 교환 비율이 5 : 3이라면, t기와 t+1기에 모두 양국은 교역으로 인한 이익이 발생한다.

오답 피하기 ① t기에 갑국은 X재 생산에, 을국은 Y재 생산에 비교 우위를 가진다.

② 갑국의 경우 t+1기에 교역 전 X재 1개 생산에 필요한 노동 시간이 10시간, Y재 1개 생산에 필요한 노동 시간이 20시간이고 투입 가능한 노동 시간이 600시간이므로 X재 소비량이 20개(200시간)라면, Y재 소비량은 20개(400시간)이다.

③ t기와 t+1기에 갑국의 X재 1개 생산의 기회비용은 각각 Y재 1/2개로 같다.

④ t기와 t+1기에 모두 갑국은 X재 생산에, 을국은 Y재 생산에 비교 우위를 가진다.

4 비교 우위의 이해

문제 분석 X재 1개 생산의 기회비용은 갑국이 Y재 4개, 을국이 Y재 1개이고, Y재 1개 생산의 기회비용은 갑국이 X재 1/4개, 을국이 X재 1개이다. 갑국에서 교역 전 X재 1개 소비의 기회비용이 Y재 4개이므로 교역 후 X재 1개 소비의 기회비용은 Y재 3개이고, X재와 Y재의 교환 비율은 1 : 3이 된다.

정답 찾기 ④ 갑국이 비교 우위를 가지고 있는 Y재의 최대 생산 가능량이 120개, 을국이 비교 우위를 가지고 있는 X재의 최대 생산 가능량은 90개이고 X재와 Y재의 교환 비율이 1 : 3이므로 교역 후 갑국의 X재 소비량이 30개이면 을국의 Y재 소비량은 90개가 된다.

오답 피하기 ① Y재 1개 생산의 기회비용은 갑국이 X재 1/4개, 을국이 X재 1개이다.

② 양국 간 X재와 Y재의 교환 비율은 1 : 3이다.

③ 을국의 X재로 표시한 Y재 1개 소비의 기회비용은 교역 전에 비해 교역 후가 작다.

⑤ 을국에서 교역 전 X재 1개 소비의 기회비용은 Y재 1개이고 X재와 Y재의 교환 비율이 1 : 3, 즉 교역 후 X재 1개 소비의 기회비용이 Y재 3개이므로 ㉠은 '3'이다.

5 비교 우위의 이해

문제 분석 갑국에서 X재만 생산하면 최대 30개, Y재만 생산하면 최대 30개를 생산할 수 있으므로 X재 1개 생산의 기회비용은 Y재 1개이고 Y재 1개 생산의 기회비용은 X재 1개이다. 갑국의 교역 후 X재의 소비량이 30개, Y재의 소비량이 10개이므로 갑국은 비교 우위를 가지는 Y재만 30개 생산하여 Y재 20개를 을국의 X재 30개와 교환하였음을 알 수 있다. 즉, X재와 Y재의 교환 비율은 3 : 2이다.

정답 찾기 ④ 갑국은 X재만 생산하면 30개를 생산할 수 있는데 교역 후 X재의 소비량이 30개이므로 갑국이 Y재 생산에 비교 우위를 가지고 있음을 알 수 있다. 따라서 교역 시 갑국은 Y재를 수출하고, 을국은 X재를 수출한다.

오답 피하기 ① 갑국에서 X재 1개 생산의 기회비용은 Y재 1개이므로 ☐가 2칸이면 ▨는 1칸으로 된 생산량 조합이 최대 생산 가능한 조합이다.

② 갑국의 경우 X재 1개 소비의 기회비용은 교역 전이 Y재 1개, 교역 후가 Y재 2/3개이다.

③ 을국의 각 재화별 최대 생산 가능량을 알 수 없으므로 을국이 X재와 Y재 생산 모두에 절대 우위를 갖는지 알 수 없다.

⑤ 양국 간 X재와 Y재의 교환 비율은 3 : 2이다.

6 비교 우위의 이해

문제 분석 생산량 조합 B, C, D는 Y재의 생산량이 20개로 동일하고 C가 생산 가능 곡선상의 점이 아니므로 B와 D를 지나는 직선은 갑국 또는 을국의 생산 가능 곡선이 될 수 없다. 따라서 갑국과 을국의 생산 가능 곡선은 각각 A와 B를 지나는 직선과 A와 D를 지나는 직선 중 하나인데, 갑국이 X재 생산에 절대 우위가 있으므로 갑국의 생산 가능 곡선은 A와 D를 지나는 직선이고, 을국의 생산 가능 곡선은 A와 B를 지나는 직선임을 알 수 있다. X재 1개 생산의 기회비용은 갑국이 Y재 1개, 을국이 Y재 2개이고, Y재 1개 생산의 기회비용은 갑국이 X재 1개, 을국이 X재 1/2개이다. 따라서 X재 1개당 교환되는 Y재가 1개보다 많으면 갑국이 이익을 얻고, Y재가 2개보다 적으면 을국이 이익을 얻는다.

정답 찾기 ⑤ 양국이 비교 우위를 가지는 재화만 생산하면 갑국은 X재를 최대 40개, 을국은 Y재를 최대 40개 생산할 수 있다. X재와 Y재의 교환 비율이 2 : 3이라면, 양국 모두 교역으로 인해 이익을 얻을 수 있고, 갑국은 X재 20개와 Y재 30개, 을국은 X재 20개와 Y재 10개를 소비할 수 있다.

오답 피하기 ① 갑국의 X재 1개 생산의 기회비용은 Y재 1개이다.

② Y재의 최대 생산 가능량은 갑국과 을국이 각각 40개로 같다.

③ C점은 갑국의 생산 가능 곡선 안쪽에 있으면서 을국의 생산 가능 곡선 바깥쪽에 있는 점이다.

④ 갑국이 X재 생산에 비교 우위를 가지므로 양국 간 교역이 이루어지면 교역 전에 비해 을국은 X재 1개 소비의 기회비용이 감소한다.

7 자유 무역과 보호 무역 정책의 이해

문제 분석 갑국에서의 가격별 X재의 수요량, 을국 공급량 및 병국 공급량을 나타내면 다음과 같다.

가격(달러)	수요량(개)	을국 공급량(개)	병국 공급량(개)
10	85	20	15
20	80	25	25
30	75	30	35
40	70	35	45
50	65	40	55
60	60	45	65
70	55	50	75
80	50	55	85
90	45	60	95
100	40	65	105

t기에 갑국의 X재 시장에서 X재 개당 관세 20달러가 부과되었으므로 을국의 경우 각 가격 수준에서 공급량이 10개씩 감소하는 효과가 발생하고, 병국의 경우 각 가격 수준에서 공급량이 20개씩 감소하는 효과가 발생한다.

정답 찾기 ⑤ 병국과 자유 무역을 체결하는 경우 갑국의 X재 가격이 40달러일 때 X재의 수요량과 을국 및 병국의 공급량의 합이 70개로 같고, 을국과 자유 무역을 체결하는 경우 갑국의 X재 가격은 40달러 초과 50달러 미만이고, X재의 수요량은 65개 초과 70개 미만에서 결정된다. 따라서 갑국의 X재 시장의 소비자 잉여는 X재의 가격이 낮고 거래량이 많은 (나)의 경우가 (가)의 경우보다 크다.

오답 피하기 ① t기에 갑국의 X재 가격이 50달러일 때 X재의 수요량과 공급량(을국 공급량 30개 + 병국 공급량 35개)은 각각 65개로 같다.

② t기에 갑국의 X재 시장에서 X재 개당 관세 20달러가 부과되고 을국과 병국의 공급량의 합이 65개이므로 갑국의 관세 수입은 1,300달러이다.

③ 병국과 자유 무역을 체결하는 경우 갑국의 X재 가격이 40달러일 때 X재의 수요량과 공급량(=을국 공급량 25개 + 병국 공급량 45개)은 각각 70개로 같다.

④ 을국과 자유 무역을 체결하는 경우 갑국의 X재 가격은 40달러 초과 50달러 미만이고, 을국의 X재 공급량은 35개 초과 40개 미만에서 결정된다. 병국과 자유 무역을 체결하는 경우 갑국의 X재 가격은 40달러이고, 을국의 X재 공급량은 25개이다.

8 절대 우위론과 비교 우위론의 이해

문제 분석 갑국과 을국의 생산 가능 곡선이 교차하고 X재와 Y재 각각의 최대 생산 가능량은 양국이 서로 다르므로 절대 우위론과 비교 우위론 중 어떤 이론에 따르더라도 양국 간 교역이 발생할 수 있다.

정답 찾기 ㄴ. 옳게 설명한 사람이 두 명이고 학생 2의 설명이 옳지 않으므로 옳게 설명한 사람은 학생 1과 학생 3이다.

ㄹ. 갑국과 을국의 생산 가능 곡선이 교차하고 학생 3의 설명처럼 갑국이 X재 생산에, 을국이 Y재 생산에 비교 우위를 가지면 갑국은 X재 생산에, 을국은 Y재 생산에 비교 우위뿐만 아니라 절대 우위도 가진다는 점을 알 수 있다. 따라서 어떤 이론에 따르더라도 양국 간 교역이 이루어지면 갑국은 X재, 을국은 Y재를 수출한다.

오답 피하기 ㄱ. 갑국과 을국의 생산 가능 곡선이 교차하므로 A, B가 각각 절대 우위론과 비교 우위론 중 어떤 이론에 해당하더라도 학생 2의 설명은 옳지 않다.

ㄷ. 갑국이 X재 생산에 절대 우위를 가지고 있으므로 X재의 최대 생산 가능량은 갑국이 을국보다 많다.

9 비교 우위의 이해

문제 분석 갑국과 을국에서 각각 t기와 t+1기의 생산량을 이용하여 생산 가능 곡선을 도출하면 갑국은 X재만 생산하면 최대 30개, Y재만 생산하면 최대 15개를 생산할 수 있고, 을국은 X재만 생산하면 최대 12개, Y재만 생산하면 최대 30개를 생산할 수 있다. X재 1개 생산의 기회비용은 갑국이 Y재 1/2개, 을국이 Y재 5/2개이고, Y재 1개 생산의 기회비용은 갑국이 X재 2개, 을국이 X재 2/5개이다.

정답 찾기 ① 양국이 비교 우위를 가지는 재화만 생산하면 갑국은 X재를 최대 30개, 을국은 Y재를 최대 30개 생산할 수 있다. X재와 Y재의 교환 비율이 1 : 2이므로 갑국은 X재 20개와 Y재 20개, 을국은 X재 10개와 Y재 10개를 소비할 수 있다.

오답 피하기 ② 제시된 자료만으로는 갑국과 을국의 X재와 Y재 1개의 생산비를 알 수 없다. 따라서 갑국이 X재와 Y재 생산에 모두 절대 우위를 갖는지 여부는 알 수 없다.

③ Y재의 최대 생산 가능량은 갑국이 15개, 을국이 30개이다.

④ 갑국은 X재 생산에 비교 우위를 가지므로 갑국의 X재 1개 소비의 기회비용은 교역 전에 비해 교역 후가 크다.

⑤ 을국의 경우 교역 전 t+1기에는 X재 10개와 Y재 5개를 소비하고, 교역 후에는 X재 10개와 Y재 10개를 소비한다.

10 자유 무역과 보호 무역 정책의 이해

문제 분석 갑국의 X재 생산자의 생산자 잉여가 t기에 1,200달러 증가하려면 X재의 국제 가격은 70달러이고, t+1기에 2,000달러 감소하려면 X재의 국제 가격은 30달러이다. t+2기에 수입업자의 X재 수입량이 국내 생산량의 50%가 되도록 관세를 부과하면 X재의 수입 가격은 40달러로 규제된다.

정답 찾기 ② X재에 대한 국내 소비자의 지출액은 t기가 2,100 달러, t+1기가 2,100달러, t+2기가 2,400달러이다.

오답 피하기 ① X재의 국내 거래량은 t기가 30개, t+1기가 70개, t+2기가 60개이다.

③ t기의 국제 가격은 70달러, t+1기의 국제 가격은 30달러이다.

④ 갑국의 X재 국내 생산자의 판매 수입은 t기가 4,900달러, t+1 기가 900달러이다.

⑤ 갑국의 X재 국내 생산자 잉여는 t+1기가 450달러, t+2기가 800달러이다.

11 비교 우위의 이해

문제 분석 갑국과 을국의 X재 공급 곡선이 일치하므로 X재 공급 곡선은 E_3과 E_4를 지난다. 갑국의 경우 X재와 Y재의 국내 가격이 같으므로 갑국의 X재 가격은 E_3에서의 20달러이고, Y재 가격은 E_2에서의 20달러이다. 을국의 경우 X재 가격은 E_4에서의 10 달러이고, Y재 가격은 E_1에서의 30달러이다. 자유 무역 후 세계 전체의 X재 시장에서는 E_3에서의 가격 수준에서 초과 공급이 발생하며, E_4에서의 가격 수준에서 초과 수요가 발생하고, Y재 시장에서는 E_1에서의 가격 수준에서 초과 공급이 발생하며, E_2에서의 가격 수준에서 초과 수요가 발생한다. 국제 가격은 교역 전 양국의 국내 가격 사이에서 결정되고, X재 또는 Y재의 초과 수요가 발생하는 국가는 수입국이 되며 초과 공급이 발생하는 국가는 수출국이 된다.

정답 찾기 ③ 교역 후 갑국에서는 X재 가격이 하락하여 소비량이 증가하므로 X재 시장의 소비자 잉여가 증가한다.

오답 피하기 ① 교역 전 을국의 X재 시장의 국내 균형점은 E_4이다.

② 교역 후 갑국의 경우 X재 가격이 10달러와 20달러 사이에서 결정되므로 X재 생산량은 20개와 30개 사이에서 결정된다.

④ 교역 후 을국에서는 Y재 가격이 하락하여 국내 생산량이 감소하므로 Y재 시장의 생산자 잉여가 감소한다.

⑤ X재의 수출 가격은 10달러와 20달러 사이에서, Y재의 수출 가격은 20달러와 30달러 사이에서 결정된다.

12 비교 우위의 이해

문제 분석 자유 무역 이전 갑국 내 X재 가격은 11달러이다. t기에 자유 무역 이후 갑국 내 X재 가격은 국제 가격인 9달러로 하락하여 40개의 초과 수요가 발생한다. t+1기에 10개의 초과 공급이 발생하려면 국내 공급량 80개에 해당하는 가격이 14달러이므로 갑국 정부는 X재 생산에 대해 개당 5달러의 보조금을 지급해야 한다.

정답 찾기 ③ X재의 국내 시장에서 t기에 X재 가격이 9달러에서 국내 수요량이 70개이므로 t+1기에 갑국 정부가 보조금을 통해 국내 공급 곡선을 이동시켜 국내 공급량이 80개가 되어야만

10개의 초과 공급이 발생한다. 따라서 갑국 정부는 X재 생산에 대해 개당 5달러의 보조금을 지급하였다.

오답 피하기 ① t기에 X재의 국제 가격은 9달러이다.

② t+1기에 갑국의 X재 소비 지출액은 국내 소비자들이 가격 9 달러에 70개를 구입하므로 630달러이다.

④ 갑국 내 X재 시장에서는 t기에 X재 가격이 9달러일 경우 국내 수요량은 70개, 국내 공급량은 30개이므로 40개의 초과 수요가 발생하고, t+1기에 X재 가격이 9달러일 경우 국내 수요량은 70 개, 국내 공급량은 80개이므로 10개의 초과 공급이 발생한다.

⑤ 갑국 X재 생산자의 판매 수입은 t기가 270달러(=9달러 × 30 개), t+1기가 국내 판매 수입 630달러(=9달러 × 70개)와 수출액 90달러(=9달러 × 10개)의 합인 720달러이다. 따라서 t+1기에 갑국 X재 생산자의 판매 수입은 t기에 비해 450달러 증가한다.

12 외환 시장과 환율

수능 기본 문제 본문 134~135쪽

| 01 ① | 02 ④ | 03 ⑤ | 04 ④ |
| 05 ⑤ | 06 ④ | 07 ⑤ | 08 ③ |

01 환율 변동의 요인 이해

문제 분석 우리나라 외환 시장에서 우리나라에 대한 미국 기업의 투자 증감은 달러화의 공급 변동 요인, 미국으로 여행 가는 우리나라 사람의 증감은 달러화의 수요 변동 요인이다.

정답 찾기 ① 우리나라 외환 시장에서 우리나라에 대한 미국 기업의 투자 증가는 달러화의 공급 증가에 의한 원/달러 환율 하락 요인이다. 미국으로 여행 가는 우리나라 사람의 감소는 달러화의 수요 감소에 의한 원/달러 환율 하락 요인이다.

02 환율 변동의 영향 이해

문제 분석 우리나라 외환 시장에서 원/달러 환율이 지속적으로 상승하는 것은 달러화에 대한 원화의 가치가 지속적으로 하락한다는 것을 의미한다. 원/달러 환율이 상승하는 경우 동일한 양의 원화로 환전할 수 있는 달러화가 감소하므로 원화의 달러화 환전 수요가 있는 경제 주체의 부담은 증가하고, 반대로 동일한 양의 달러화로 환전할 수 있는 원화가 증가하므로 달러화의 원화 환전 수요가 있는 경제 주체의 부담은 감소한다.

정답 찾기 ㄴ. 달러화 표시 채무를 상환해야 하는 우리나라 기업가 B의 입장에서 원/달러 환율이 상승하면 동일한 양의 원화로 환전할 수 있는 달러화가 감소하므로 달러화 표시 외채의 상환 부담이 증가한다.

ㄹ. 미국에서 원자재를 수입하는 우리나라 기업가 E는 ㉠으로 인해 경제적 부담이 증가하므로 경제적으로 불리해지는 경제 주체이다. 경제 주체 A~D 중 E와 같은 입장은 달러화 표시 채무를 상환해야 하는 우리나라 기업가 B와 미국 여행을 준비하는 우리나라 대학생 D이다.

오답 피하기 ㄱ. 원/달러 환율이 상승할 경우 우리나라에서 유학 중인 미국인 유학생 A의 유학 경비 부담은 감소한다.

ㄷ. 원/달러 환율이 상승할 경우 원화 표시 부동산의 매입을 계획 중인 미국인 기업가 C의 비용 부담은 감소하고, 미국 여행을 준비하는 우리나라 대학생 D의 미국 여행 경비 부담은 증가한다.

03 환율 변동의 요인 및 결과 이해

문제 분석 달러화를 기준으로 원화 가치가 크게 하락한 것은 원/달러 환율이 크게 상승하였음을 의미한다. 달러화의 수요 증가 요인과 달러화의 공급 감소 요인은 모두 원/달러 환율의 상승 요인이다.

정답 찾기 ⑤ 달러화의 수요 증가는 달러화의 거래량 증가 요인, 달러화의 공급 감소는 달러화의 거래량 감소 요인이다.

오답 피하기 ① 원/달러 환율이 상승하면 1달러와 교환될 수 있는 원화의 양이 증가한다.

② 원/달러 환율의 상승은 미국에서 원자재를 수입하는 한국 기업의 생산 비용 증가 요인이다.

③ 미국인의 우리나라 관광 증가는 달러화의 공급 증가 요인에 해당하는 사례이다.

④ 달러화의 수요 증가와 달러화의 공급 감소는 모두 원/달러 환율을 상승시키는 요인이다.

04 환율 변동의 영향 이해

문제 분석 우리나라 외환 시장에서 달러화의 수요가 증가하고 달러화의 공급이 감소하면 원/달러 환율은 상승하고 달러화 대비 원화 가치는 하락한다. 일본 외환 시장에서 달러화의 수요가 감소하고 달러화의 공급이 증가하면 엔/달러 환율은 하락하고 달러화 대비 엔화 가치는 상승한다.

정답 찾기 ④ 엔/달러 환율이 하락하면 일본산 원자재를 수입하는 미국 기업의 비용 부담은 증가한다.

오답 피하기 ① 원/달러 환율이 상승하면 달러화 대비 원화 가치는 하락한다.

② 엔/달러 환율이 하락하면 엔화 대비 달러화 가치는 하락한다.

③ 달러화를 기준으로 원화 가치는 하락하고 엔화 가치는 상승하면 엔화 대비 원화 가치는 하락한다.

⑤ 원/달러 환율의 상승은 미국에 수출하는 한국산 제품의 달러화 표시 가격의 하락 요인이다.

05 환율 변동의 요인 이해

문제 분석 우리나라 외환 시장에서 원/달러 환율의 변동 없이 달러화의 거래량만 감소하려면 달러화의 수요와 달러화의 공급 모두 감소해야 한다.

정답 찾기 ⑤ 원/달러 환율은 변동이 없고 달러화의 거래량만 감소하는 경우는 달러화의 수요와 달러화의 공급이 모두 감소할 때 나타날 수 있다.

오답 피하기 ① 달러화의 수요는 감소하고 공급이 증가한 경우 원/달러 환율은 하락한다.

② 달러화의 수요는 불변이고 공급만 감소한 경우 원/달러 환율은 상승한다.

③ 달러화의 수요는 증가하고 공급이 감소한 경우 원/달러 환율은 상승한다.

④ 달러화의 수요와 공급이 모두 증가한 경우 달러화의 거래량이 증가한다.

06 환율 변동의 요인 이해

문제 분석 우리나라 외환 시장에서 달러화의 수요 증가와 달러화의 공급 감소는 모두 원/달러 환율 상승 요인이다. 달러화의 수요 증가는 달러화의 거래량 증가 요인, 달러화의 공급 감소는 달러화의 거래량 감소 요인이다.

정답 찾기 ④ 달러화의 수요 증가는 원/달러 환율의 상승 요인이다.

오답 피하기 ① A는 '수요', B는 '공급'이다.
② 국내 기업의 해외 수출 증가는 달러화의 공급 증가에 해당하는 사례이다.
③ ⓒ은 달러화의 공급 증가 요인이므로 ⓑ의 사례가 아니다. 따라서 (나)에는 달러화의 공급 감소에 해당하는 사례가 들어가야 한다.
⑤ 국내 기업의 해외 공사 수취액 감소는 달러화의 공급 감소에 해당하는 사례이므로 (나)에는 해당 사례가 들어갈 수 있다.

07 환율 변동의 영향 이해

문제 분석 t년 대비 t+1년에 원/달러 환율 하락으로 달러화 대비 원화 가치는 상승하고, t+1년 대비 t+2년에 원/달러 환율 상승으로 달러화 대비 원화 가치는 하락한다.

정답 찾기 ⑤ 원/달러 환율이 t년 대비 t+1년에 10% 하락하고 t+1년 대비 t+2년에 10% 상승하면 원/달러 환율은 t+2년이 t년보다 낮다. 따라서 우리나라 기업의 달러화 표시 외채 상환 부담은 t년에 비해 t+2년에 감소하였다.

오답 피하기 ① t년 대비 t+1년에 원/달러 환율이 하락하였으므로 달러화 대비 원화 가치는 t년에 비해 t+1년에 상승하였다.
② 원/달러 환율은 t+2년에 비해 t년에 상승하였다.
③ t년 대비 t+1년에 원/달러 환율이 하락하였으므로 t년에 비해 t+1년의 원/달러 환율은 미국 시장에서 우리나라 수출품의 가격 경쟁력 하락 요인이다.
④ t+1 대비 t+2년에 원/달러 환율이 상승하였으므로 미국인의 우리나라 여행 경비 부담은 t+1년에 비해 t+2년에 감소하였다.

08 환율 변동의 영향 이해

문제 분석 2021년에는 X재의 국내 판매액이 1,000억 원이고 X재의 수출액 1억 달러가 원화 표시 총수입의 50%이므로 원/달러 환율은 1달러당 1,000원이다. 2022년에는 X재의 국내 판매액이 1,000억 원이고 X재의 수출액 1억 달러가 원화 표시 총수입의 60%이므로 원/달러 환율은 1달러당 1,500원이다. 2023년에는 X재의 국내 판매액이 1,500억 원이고 X재의 수출액 1억 달러가 원화 표시 총수입의 40%이므로 원/달러 환율은 1달러당 1,000원이다.

정답 찾기 ③ 원/달러 환율은 2021년에 1달러당 1,000원에서 2022년에 1달러당 1,500원으로 상승하였으므로 2021년에 비해 2022년에 달러화 대비 원화 가치는 하락하였다.

오답 피하기 ① 2023년에 원/달러 환율은 1달러당 1,000원이다.
② 원화 표시 총수입은 2021년이 2,000억 원, 2022년이 2,500억 원이다.
④ 2022년 대비 2023년에 X재의 원화 표시 수출액은 500억 원 감소하였다.
⑤ 원/달러 환율은 2022년에 1달러당 1,500원, 2023년에 1달러당 1,000원이므로 2022년에 비해 2023년에 원/달러 환율은 하락하였다.

수능 실전 문제 본문 136~139쪽

1 ⑤	2 ⑤	3 ③	4 ②
5 ④	6 ④	7 ④	8 ③

1 환율 변동의 요인 이해

문제 분석 우리나라 외환 시장에서 우리나라 기업의 원자재 해외 수입액 증가는 달러화의 수요 증가에 따른 원/달러 환율 상승 요인이므로 '○', 우리나라로 유학 보낸 외국인 학부모의 학비 송금액 증가는 달러화의 공급 증가에 따른 원/달러 하락 요인이므로 '△', 우리나라 기업의 해외 공사 수취액 감소는 달러화의 공급 감소에 따른 원/달러 환율 상승 요인이므로 '◇', 우리나라 기업의 특허권 사용료의 해외 지급액 감소는 달러화의 수요 감소에 따른 원/달러 환율 하락 요인이므로 '△'이다.

정답 찾기 ⑤ 우리나라로 유학 보낸 미국인 학부모의 학비 송금액 증가와 우리나라 기업의 특허권 사용료의 해외 지급액 감소는 모두 원/달러 환율 하락 요인이다. 이에 대해 모두 옳게 답한 학생인 갑이 획득한 점수는 5점이다.

오답 피하기 ① 을이 획득한 점수는 2점이다.
② 을과 병은 모두 원/달러 환율 상승의 수요 요인인 우리나라 기업의 원자재 해외 수입액 증가에 틀리게 답하였다.
③ 옳게 답한 개수가 1개인 학생은 을과 병 2명이다.
④ 옳게 답한 개수가 2개인 학생인 정이 획득한 점수는 5점이다.

2 환율 변동의 요인 및 영향 이해

문제 분석 달러화 대비 갑국 통화의 균형 환율이 상승하고 균형 거래량이 증가한 것은 달러화의 수요 증가가 요인이고, 달러화 대비 을국 통화의 균형 환율이 하락하고 균형 거래량이 증가한 것은 달러화의 공급 증가가 요인이며, 달러화 대비 병국 통화의 균형 환율이 하락하고 균형 거래량이 감소한 것은 달러화의 수요 감소가 요인이다.

정답 찾기 ⑤ 달러화 수요만의 변화가 달러화 대비 자국의 통화 가치 변동의 요인인 국가는 갑국과 병국이고, 달러화 공급만의 변화가 달러화 대비 자국의 통화 가치 변동의 요인인 국가는 을국이다.

오답 피하기 ① 갑국은 달러화 대비 갑국 통화의 균형 환율이 상승하였으므로 갑국의 균형 환율 변동은 갑국 기업의 달러화 표시 외채 상환 부담을 증가시키는 요인이다.

② 병국의 균형 환율 변동은 달러화의 수요 감소가 요인이다. 병국 기업의 해외 원자재 수입 증가는 달러화의 수요 증가 요인이다.

③ 달러화 대비 통화 가치가 하락한 국가는 갑국이다.

④ 달러화 대비 갑국 통화의 균형 환율 변동은 달러화의 수요 증가가 요인이고, 달러화 대비 을국 통화의 균형 환율 변동은 달러화의 공급 증가가 요인이다.

3 환율 변동의 요인 이해

문제 분석 우리나라 외환 시장에서 (가)의 환율 변화는 달러화의 수요 증가 요인과 달러화의 공급 감소 요인이 동시에 나타난 경우이고, (나)의 환율 변화는 달러화의 수요 증가 요인과 달러화의 공급 증가 요인이 동시에 나타난 경우이다.

정답 찾기 ㄴ. 외국인의 우리나라 투자 감소는 달러화의 공급 감소 요인, 해외 상품의 수입 증가는 달러화의 수요 증가 요인으로, 이는 (가)의 환율 변화 요인이 될 수 있다.

ㄷ. 외국인의 우리나라 여행 증가는 달러화의 공급 증가 요인, 우리나라 국민의 해외여행 증가는 달러화의 수요 증가 요인으로, 이는 (나)의 환율 변화 요인이 될 수 있다.

4 환율 변동의 요인 및 영향 이해

문제 분석 t기 대비 t+1기에는 원/달러 환율 하락, t+1기 대비 t+2기에는 원/달러 환율 상승, t+2기 대비 t+3기에는 엔/달러 환율 상승, t+3기 대비 t+4기에는 원/달러 환율 불변, t+4기 대비 t+5기에는 원/달러 환율 하락이 나타났다.

정답 찾기 ② 원/달러 환율의 변화는 시기별로 −10%, 10%, 0%, 0%, −10%로 나타난다. 따라서 X재의 달러화 표시 수출 가격은 t+2기에 비해 t+5기가 높다.

오답 피하기 ① ㉡의 경우 달러화의 수요 증가와 달러화의 공급 감소, ㉣의 경우 달러화의 수요 증가와 달러화의 공급 증가로 나타날 수 있다.

③ t+2기 대비 t+3기에 엔/달러 환율은 상승하고 원/달러 환율은 불변이므로 엔화 대비 원화 가치는 상승하였다.

④ t+4기 대비 t+5기에 원/달러 환율이 하락하였으므로 달러화 대비 원화 가치 변동률은 10%이다.

⑤ 원/달러 환율은 t기가 t+5기보다 높으므로 우리나라 기업이 보유한 달러화 표시 외채의 상환 부담은 t기에 비해 t+5기가 작다.

5 환율 변동의 요인 및 영향 이해

문제 분석 A는 원/달러 환율이 상승하고 원/유로 환율이 하락하는 방향이므로 유로/달러 환율이 상승하고, B는 원/달러 환율과 원/유로 환율이 모두 상승하는 방향이고, C는 원/달러 환율과 원/유로 환율이 모두 하락하는 방향이고, D는 원/달러 환율이 하락하고 원/유로 환율이 상승하는 방향이므로 유로/달러 환율이 하락한다.

정답 찾기 ④ A로의 환율 변화는 유로/달러 환율을 상승시켜 미국 수출품의 유로화 표시 가격을 상승시키는 요인이다.

오답 피하기 ① 원/달러 환율이 하락하고 유로/달러 환율이 불변이면 원/유로 환율은 하락한다.

② 원/달러 환율이 상승하고 유로/달러 환율이 하락하면, 원/유로 환율이 상승하여 B로의 환율 변화가 나타날 수 있다.

③ 해외 외환 시장에서 유로존 기업들의 달러화 매입 확대는 달러화의 수요 증가 요인이다.

⑤ D로의 환율 변화는 유로/달러 환율을 하락시키는 방향이므로 미국인의 유로존 여행 경비를 증가시키는 요인이다.

6 환율 변동의 요인 및 영향 이해

문제 분석 원/달러 환율은 하락하다가 (가) 시기에 발생한 환율 변동의 요인으로 상승하는 추세가 지속되면서 달러화 대비 원화 가치가 하락할 것으로 예상된다.

정답 찾기 ④ C가 원/유로 환율의 변화 추세라면, 현재 이후의 환율 변화 추세는 달러화 대비 원화 가치의 하락과 원화 대비 유로화 가치의 하락을 예상한다. 이는 유로화 대비 달러화의 가치 상승을 의미하므로 미국 기업의 유로화 표시 외채 상환 부담을 감소시키는 요인이다.

오답 피하기 ① 달러화 자금이 우리나라로 대량 유입되는 상황은 달러화의 공급 증가 요인으로, 원/달러 환율의 하락 추세 요인이 된다.

② A는 원/달러 환율 상승 추세로 달러화 대비 원화 가치 하락을 의미하므로 우리나라 대미 수출품의 달러화 표시 가격을 하락시키는 요인이다.

③ (가) 시기 직전의 환율 변화 추세는 엔화 대비 원화 가치의 하락과 유로화 대비 원화 가치의 상승 추세이다. 이는 유로화 대비 엔화 가치의 상승을 의미하므로 일본인의 유로존 여행 경비 부담을 감소시키는 요인이다.

⑤ 현재 이후의 원/유로 환율의 변화 추세가 C라면, 유로화 대비 원화 가치가 상승하고 있으므로 미국 시장에서 유럽 제품과 경쟁하는 우리나라 기업의 가격 경쟁력을 상대적으로 하락시키는 요인이 된다. 한편, 현재 이후의 원/유로 환율의 변화 추세가 B라면, 유로화 대비 원화 가치가 하락하고 있으므로 미국 시장에서 유로존 제품과 경쟁하는 우리나라 기업의 가격 경쟁력을 상대적으로 상승시키는 요인이 된다.

7 환율 변동의 요인 및 영향 이해

문제 분석 달러화 예금보다 원화 예금 상품에 투자해야 한다는 갑의 발표는 원/달러 환율이 하락하는 추세에서 적절한 의사 결정이다. 달러화 표시 상품의 신용 카드 구매 시 결제 방식을 구매한 달 후 시점의 원/달러 환율을 적용하여 원화로 결제하는 방식을 선택해야 한다는 을의 발표는 원/달러 환율이 하락하는 추세에서 적절한 의사 결정이다.

정답 찾기 ㄴ. B는 원/달러 환율의 하락 추세로 달러화의 공급 증가와 달러화의 수요 감소로 나타날 수 있다.

ㄹ. 한국으로 여행 오는 미국인의 여행 경비 부담이 증가하는 상황은 원/달러 환율의 하락 추세에서 나타난다.

오답 피하기 ㄱ. A는 원/달러 환율의 상승 추세로, 달러화 대비 원화의 가치가 하락하는 추세임을 의미한다.

ㄷ. (가)에는 원/달러 환율의 하락 추세를 나타내는 B가 들어갈 수 있다.

8 환율 변동의 영향 이해

문제 분석 갑 기업의 연간 총생산량이 일정하고 전년 대비 2021년 수출량 증가율이 −10%이면 수출량은 감소하고 국내 판매량은 증가한 상황이다. 국내 판매액은 일정하므로 국내 판매량이 증가하면 국내 판매 가격이 하락하였음을 의미하고 수출품의 원화 표시 가격도 하락하게 된다. 전년 대비 2021년의 원/달러 환율 변동률이 0%이므로 전년 대비 2021년의 달러화 표시 가격 변동률은 하락하였음을 알 수 있다. 2022년에는 전년 대비 수출량과 국내 판매량이 변함이 없고 국내 판매액이 일정하므로 국내 판매 가격과 수출품의 원화 표시 가격이 불변임을 의미한다. 수출품의 원화 표시 가격이 불변인데 전년 대비 2022년의 달러화 표시 가격이 상승하였으므로 전년 대비 2022년의 원/달러 환율이 하락하였음을 알 수 있다. 2023년에는 전년 대비 원/달러 환율과 X재의 달러화 표시 가격이 변동 없으므로 X재의 국내 판매 가격과 수출품의 원화 표시 가격도 불변이다. X재의 국내 판매액이 일정하므로 전년 대비 2023년 X재의 국내 판매량과 수출량도 변함이 없다.

정답 찾기 ③ 2022년과 2023년에 X재의 전년 대비 수출량과 전년 대비 수출품의 원화 표시 가격이 불변이므로 2022년과 2023년 모두 X재의 전년 대비 원화 표시 수출액은 변화가 없다.

오답 피하기 ① 전년 대비 2021년 수출량이 감소하고 국내 판매량이 증가하면서 국내 판매액이 일정하므로 국내 판매 가격이 하락하였음을 의미하고 수출품의 원화 표시 가격도 하락하였음을 알 수 있다.

② 전년 대비 2023년에 수출량 증가율은 0%이므로 수출량은 변함이 없다.

④ 원/달러 환율은 2022년이 전년 대비 하락하였고, 2023년이 전년과 같으므로 달러화 대비 원화 가치는 2021년이 가장 낮다.

⑤ ㉠과 ㉡은 모두 음(−)의 값을 가진다.

13 국제 수지

수능 기본 문제 .... 본문 144쪽

01 ③   **02** ③   **03** ③   **04** ⑤

01 국제 수지의 이해

문제 분석 갑국 정부가 병국에 무상으로 지원한 5억 달러는 이전 소득 수지에, 갑국 내 기업이 을국에 스마트폰을 수출하고 받은 30억 달러는 상품 수지에, 갑국 내 기업이 을국에 투자한 외화 증권에 대한 배당금 8억 달러는 본원 소득 수지에, 갑국 내 기업이 병국의 스마트폰 생산 공장 건설에 투자한 10억 달러는 금융 계정에, 갑국 내 기업이 생산한 스마트폰의 해외 운송을 맡은 을국 내 기업에 지불한 10억 달러는 서비스 수지에 각각 계상된다.

정답 찾기 ③ 갑국의 금융 계정 항목에 계상되는 거래는 갑국 내 기업이 병국의 스마트폰 생산 공장 건설에 투자한 10억 달러뿐이다.

오답 피하기 ① 갑국의 상품 수지에 해당하는 거래는 갑국 내 기업이 을국에 스마트폰을 수출하고 받은 30억 달러이므로 갑국의 상품 수지는 흑자이다.

② 갑국의 이전 소득 수지 항목에 계상되는 거래는 갑국 정부가 병국에 무상으로 지원한 5억 달러이므로 갑국의 이전 소득 수지는 적자이다.

④ 갑국의 서비스 수지 항목에 계상되는 거래는 갑국 내 기업이 생산한 스마트폰의 해외 운송을 맡은 을국 내 기업에 지불한 10억 달러로 적자, 본원 소득 수지 항목에 계상되는 거래는 갑국 내 기업이 을국에 투자한 외화 증권에 대한 배당금 8억 달러로 흑자이다.

⑤ 갑국의 경상 수지는 23억 달러 흑자이다.

02 경상 수지의 이해

문제 분석 해외 투자 자산에서 발생하는 소득이 기록되는 항목의 수지는 본원 소득 수지, 해외 무상 원조 금액이 기록되는 항목의 수지는 이전 소득 수지이다. 2022년에 본원 소득 수지가 이전 소득 수지의 2배이므로 B는 본원 소득 수지이다. 따라서 A는 상품 수지이다.

정답 찾기 ③ 2022년에 상품 수지는 30억 달러, 이전 소득 수지 10억 달러이므로 상품 수지는 이전 소득 수지의 3배이다.

오답 피하기 ① 해외 투자에 따른 배당금은 본원 소득 수지인 B에 포함된다.

② 해외 지식 재산권 사용료는 서비스 수지에 포함된다.

④ 2023년에 경상 수지는 5억 달러 적자, 본원 소득 수지는 25억 달러 흑자이다.

⑤ 2022년에 경상 수지는 75억 달러 흑자, 2023년에 경상 수지는 5억 달러 적자이다. 경상 수지 적자는 통화량 감소 요인이다.

03 경상 수지의 이해

문제 분석 경상 수지 불균형에는 경상 거래에 계상되는 상품 수지, 서비스 수지, 본원 소득 수지, 이전 소득 수지의 합이 양(+)의 값을 갖는 경상 수지 흑자와 음(−)의 값을 갖는 경상 수지 적자가 있다. 경상 수지 불균형은 생산과 고용, 국내 통화량, 물가, 외환 보유량 및 환율 등의 국민 경제 지표에 영향을 준다.

정답 찾기 ③ 갑국의 경상 수지 항목에 해당하는 거래에서 지급한 외화보다 수취한 외화가 많은 경상 수지 흑자는 갑국 내 기업의 생산 증가를 통한 고용 확대, 국내 통화량 증가, 국내 물가 상승, 환율 하락 요인이 된다.

04 경상 수지의 이해

문제 분석 2023년에 갑국과 을국의 항목별 경상 수지를 나타내면 다음과 같다.

(단위: 억 달러)

항목	갑국	을국
상품 수지	30	−30
서비스 수지	5	−5
본원 소득 수지	−20	20
이전 소득 수지	−5	5

정답 찾기 ⑤ 갑국의 서비스 수지와 을국의 이전 소득 수지는 각각 5억 달러 흑자로 같다.

오답 피하기 ① 갑국의 상품 수지는 30억 달러 흑자, 서비스 수지는 5억 달러 흑자이다.

② 갑국의 경상 수지는 10억 달러 흑자이다.

③ 지식 재산권 사용료를 포함하는 항목은 서비스 수지이다. 을국의 서비스 수지는 5억 달러 적자이다.

④ 을국의 경상 수지는 10억 달러 적자이므로 수취한 외화보다 지급한 외화가 많다. 이는 을국 통화/달러 환율 상승으로 달러화 대비 을국 화폐 가치의 하락 요인이다.

수능 실전 문제 .... 본문 145~147쪽

1 ③   **2** ②   **3** ⑤   **4** ④
5 ⑤   **6** ⑤

1 경상 수지의 이해

문제 분석 2023년에 국제 거래는 갑국~병국 사이에서만 이루어지므로 경상 수지 항목별 수지의 합은 각각 0이 된다. 경상 수지 항목 A에 해당하는 60억 달러, −25억 달러, ©의 합이 0이 되려면 ©은 '−35'이고, 경상 수지 항목 B에 해당하는 −30억 달러, ©, 0의 합이 0이 되려면 ©은 '30'이다. 병국의 경상 수지는 균형이므로 (나)는 병국이고, 갑국의 상품 수지가 흑자이므로 (가)는 갑국, (다)는 을국이다. 갑국의 상품 수지 흑자가 경상 수지 흑자의 2배이므로 경상 수지는 30억 달러 흑자이고, 이전 소득 수지에 해당하는 ⊙은 '5'이다. 2023년에 갑국~병국의 항목별 경상 수지를 나타내면 다음과 같다.

(단위: 억 달러)

항목	갑국	병국	을국
상품 수지	60	−25	−35
서비스 수지	−30	30	0
본원 소득 수지	−5	−5	10
이전 소득 수지	5	0	−5
경상 수지	30	0	−30

정답 찾기 ③ 을국의 경상 수지는 30억 달러 적자이다.

오답 피하기 ① A는 '상품 수지', B는 '서비스 수지'이다.
② '⊙+©+©+©'은 '5+30+(−35)+(−5)'이므로 −5이다.
④ 병국은 상품 수지가 −25억 달러 적자이므로 상품 수출입에 따른 외화의 수취액이 외화의 지급액보다 적다.
⑤ 무상 원조를 포함하는 항목은 이전 소득 수지이며, 이전 소득 수지는 갑국이 5억 달러 흑자, 을국이 5억 달러 적자이다.

2 경상 수지의 이해

문제 분석 t년에 상품 수지가 100억 달러 흑자이고, t년 대비 t+1년에 상품 수지 변동률이 50%이므로 t+1의 상품 수지는 150억 달러 흑자이다. t+1년에 상품 수지 비중이 60%이므로 서비스 수지 비중은 40%이고, 이는 100억 달러에 해당한다. t+1년 대비 t+2년에 상품 수지 변동률이 −50%이므로 t+2년의 상품 수지는 75억 달러 흑자이다. t+2년에 상품 수지와 서비스 수지의 비중은 각각 50%이므로 서비스 수지는 75억 달러 흑자이다. 서비스 수지는 t+1년이 100억 달러 흑자, t+2년이 75억 달러 흑자이므로 t+1년 대비 t+2년의 서비스 수지 변동률은 −25%이다. t+2년 대비 t+3년에 상품 수지 변동률과 서비스 수지 변동률이 100%로 같으므로 상품 수지 비중과 서비스 수지 비중은 각각 50%이다. 이를 표로 정리하면 다음과 같다.

구분	t+1년	t+2년	t+3년
상품 수지 비중(%)	60	50	50
상품 수지 변동률(전년 대비, %)	50	−50	100
서비스 수지 변동률(전년 대비, %)	0	−25	100
상품 수지(억 달러)	150	75	150
서비스 수지(억 달러)	100	75	150

정답 찾기 ② t년에 상품 수지는 100억 달러 흑자이고, t+1년에 서비스 수지가 100억 달러 흑자, 전년 대비 서비스 수지 변동률이 0%이므로 t년에 서비스 수지는 100억 달러 흑자이다. 따라서 t년의 경상 수지는 200억 달러 흑자이다.

오답 피하기 ① ⊙은 '−25'으로 음(−)의 값, ©은 '50'으로 양(+)의 값을 가진다.
③ t+1년 대비 t+2년에 상품 수지 변동률은 −50%, 서비스 수지 변동률은 −25%이다.
④ 상품 수지는 t+1년과 t+3년이 각각 150억 달러 흑자로 같다.
⑤ 경상 거래 규모는 경상 수지 항목별 거래액을 통해 파악할 수 있으므로 제시된 자료만으로는 경상 거래 규모를 알 수 없다.

3 경상 수지의 이해

문제 분석 A는 2022년에 전년 대비 증감률 −20%가 전년 대비 증감액 −44억 달러이므로 2021년에 220억 달러, 2022년에 176억 달러이다. 2023년에 A는 2022년 176억 달러 대비 증감액이 −88억 달러이므로 88억 달러가 되고, 전년 대비 증감률(©)은 −50%이다. B와 C는 모두 2021년에 전년 대비 증감률 10%가 전년 대비 증감액 100억 달러이므로 각각 2020년에 1,000억 달러, 2021년에 1,100억 달러로 같다. 2022년에 B는 전년 대비 증감액이 −550억 달러이므로 550억 달러가 되고, 전년 대비 증감률(©)은 −50%이다. 2022년에 C는 전년 대비 증감액이 −220억 달러이므로 880억 달러가 되고, 전년 대비 증감률(©)은 −20%이다. 2022년에 A는 176억 달러, B는 550억 달러, C는 880억 달러이고 상품 수지에 대한 서비스 수지의 비가 1/5이므로 A는 서비스 수지, B는 본원 소득 수지, C는 상품 수지이다. 2020년에 상품 수지가 1,000억 달러이므로 서비스 수지는 200억 달러가 되고, 2021년 전년 대비 증감률이 10%이므로 전년 대비 증감액(⊙)은 20억 달러이다. 이를 표로 정리하면 다음과 같다.

(단위: 억 달러)

구분	2020년	2021년	2022년	2023년
경상 수지	2,200	2,420	1,606	1,628
서비스 수지	200	220	176	88
본원 소득 수지	1,000	1,100	550	1,100
상품 수지	1,000	1,100	880	440

정답 찾기 ⑤ 2021년에 경상 수지 흑자액은 2,420억 달러로, 서비스 수지 흑자액인 220억 달러의 11배이다.

오답 피하기 ① 'ㄱ+ㄴ+ㄷ+ㄹ'은 −100이다.

② A는 '서비스 수지'이다.

③ 갑국에서 일하는 외국인 근로자의 임금은 본원 소득 수지인 B에 포함된다.

④ 서비스 수지 흑자액은 2021년이 220억 달러, 2023년이 88억 달러이다.

4 경상 수지의 이해

문제 분석 급료 및 임금 등의 근로 소득과 관련하여 수취한 외화와 지급한 외화의 차액은 본원 소득 수지에 포함되므로 (가)는 본원 소득 수지이다. 갑국의 서비스 수지와 이전 소득 수지는 각각 0이므로 (나)는 상품 수지이다. 본원 소득 수지에서 근로 소득과 관련한 순수취액인 ㄱ에 변화가 없으므로 본원 소득 수지 변화는 배당금이나 이자 등의 투자 소득 변화가 포함되는 A의 결과이다.

정답 찾기 ㄴ. 2023년에 경상 수지는 20억 달러 흑자이다. 경상 수지 흑자는 갑국 통화/달러 환율의 하락 요인이므로 달러화 대비 갑국 통화 가치를 상승시키는 요인으로 작용한다.

ㄹ. 2020년~2023년에 본원 소득 수지가 지속적으로 개선되고 있고 ㄱ에는 변화가 없으므로 A가 매년 증가하였음을 알 수 있다. 따라서 A의 순수취액은 2023년이 가장 크다.

오답 피하기 ㄱ. 경상 수지 항목별 거래 규모는 경상 수지 항목별 거래액(수취한 외화와 지급한 외화의 합)을 통해 파악할 수 있다. 상품 수지와 본원 소득 수지만으로는 각각의 거래 규모를 알 수 없다.

ㄷ. 경상 수지는 2020년에 40억 달러에서 2021년에 30억 달러로 감소하였는데 ㄱ은 변화가 없으므로 2020년 대비 2021년에 경상 수지 중 ㄱ의 비중은 증가하였다.

5 상품 수지의 이해

문제 분석 2023년에 을국의 상품 수입액은 갑국에서 20억 달러, 병국에서 40억 달러로 총 60억 달러이다. 을국에서 상품 수지에 의한 국내 통화량 변동이 불변이고 병국에 대한 상품 수출액이 40억 달러이므로 갑국에 대한 상품 수출액은 20억 달러임을 알 수 있다. 2023년에 갑국~병국 간에 이루어진 상품 거래를 정리하면 다음과 같다.

구분	갑국	을국	병국
수취액(억 달러)	50	60	80
지급액(억 달러)	60	60	70
상품 수지(억 달러)	−10	0	10
국내 통화량 변동	감소	불변	증가

정답 찾기 ⑤ 병국에 대한 상품 수지는 갑국이 −10억 달러, 을국이 0이므로 병국과의 거래로 나타난 상품 수지는 을국과 달리 갑국 국내 통화량의 감소 요인이다.

오답 피하기 ① ㄱ은 '20'이다.

② (가)는 '감소', (나)는 '증가'이다. 국내 통화량 감소는 국내 물가 하락 요인이다.

③ 갑국의 상품 수지는 −10억 달러 적자이다.

④ 을국의 상품 거래액은 120억 달러, 병국의 상품 거래액은 150억 달러이다.

6 국제 수지의 이해

문제 분석 A는 서비스 수지로, 외국과의 운송, 여행, 지식 재산권 사용 등 서비스 거래가 계상되는 항목이다. B는 본원 소득 수지로, 배당금이나 이자 등의 투자 소득과 급료 및 임금 등의 근로 소득과 관련한 거래가 계상되는 항목이다.

정답 찾기 ⑤ 2023년에 서비스 수지는 적자, 본원 소득 수지는 흑자이다.

오답 피하기 ① 해외 무상 원조 금액은 이전 소득 수지에 계상된다.

② 지식 재산권 사용료 수취액 증가는 서비스 수지의 수취액이 증가하는 요인이다.

③ 대외 금융 자산 증감은 금융 계정에 계상된다.

④ 국제 원유 가격 상승은 원유 수입에 따른 외화 지급액의 증가 요인이다. 이와 달리 갑국 통화/달러 환율 상승은 수입품의 갑국 통화 표시 가격 상승에 따른 수입품에 대한 국내 수요량이 감소하여 수입량 감소를 통한 외화 지급액의 감소 요인이 될 수 있다.

IV단원 기출 플러스   본문 148~149쪽

01 ④   **02** ②   **03** ④   **04** ③

01 비교 우위의 이해

문제 분석 X재 1개 생산의 기회비용은 갑국이 Y재 3/2개, 을국이 Y재 1/2개이고, Y재 1개 생산의 기회비용은 갑국이 X재 2/3개, 을국이 X재 2개이다.

정답 찾기 ④ X재 1개당 교환되는 Y재가 1/2개보다 많으면 을국이 이익을 얻고, Y재가 3/2개보다 적으면 갑국이 이익을 얻는다.

오답 피하기 ① 갑국의 Y재 1개 생산의 기회비용은 X재 2/3개이다.

② 갑국은 Y재 생산에, 을국은 X재 생산에 비교 우위가 있다.

③ X재 1개당 교환되는 Y재가 1/2개보다 많으면 을국이 이익을 얻고, Y재가 3/2개보다 적으면 갑국이 이익을 얻는다. 따라서 X재 1개와 Y재 1개를 교환하는 조건이라면 양국 모두 교역으로 인해 이익이 발생한다.

⑤ 양국 간 교역이 이루어지면 갑국은 Y재 생산에 비교 우위를 가지므로 Y재 1개 소비의 기회비용은 교역 이전에 비해 증가하고, 을국은 X재 생산에 비교 우위를 가지므로 X재 1개 소비의 기회비용은 교역 이전에 비해 증가한다.

02 환율 변동의 영향 이해

문제 분석 갑국으로 해외 투자 자금이 대폭 유입되는 것은 갑국 외환 시장에서 미국 달러화의 공급 증가 요인이고, 을국에서 해외로부터 곡물이 대량 수입되는 것은 을국 외환 시장에서 미국 달러화의 수요 증가 요인이다.

정답 찾기 ② 갑국 외환 시장에서 미국 달러화의 공급 증가는 갑국 통화/미국 달러 환율 하락 요인이다. 갑국 통화/미국 달러 환율 하락은 갑국 기업의 미국 달러화 표시 외채 상환 부담 감소 요인이다.

오답 피하기 ① 갑국으로 해외 투자 자금이 대폭 유입되는 것은 갑국 외환 시장에서 미국 달러화의 공급 증가 요인이다.

③ 을국에서 해외로부터 곡물이 대량 수입되는 것은 을국 외환 시장에서 미국 달러화의 수요 증가 요인이다.

④ 을국 외환 시장에서 미국 달러화의 수요 증가는 을국 통화/미국 달러 환율 상승 요인이다. 을국 통화/미국 달러 환율 상승은 미국 달러화 대비 을국 통화 가치 하락을 의미한다.

⑤ 미국 달러화 대비 을국 통화 가치 하락은 미국을 여행하는 을국 국민의 여행 경비 부담 증가 요인이다.

03 자유 무역과 보호 무역 정책의 이해

문제 분석 갑국에서 X재 시장의 생산자 잉여가 t기에 1,250달러에서 t+1기에 200달러로 감소하려면, 갑국이 t+1기에 자유 무역을 통해 국제 가격 20달러에 X재를 수입하였다는 것을 알 수 있다. 갑국에서 X재 시장의 생산자 잉여가 t+1기에 200달러에서 t+2기에 800달러로 증가하려면, 갑국이 t+2기에 X재 1개당 20달러의 관세를 부과하였다는 것을 알 수 있다.

정답 찾기 ④ 수입량은 t+1기가 60개, t+2기가 20개이므로 t+2기 수입량은 t+1기보다 40개 적다.

오답 피하기 ① (가)는 '20'이다.

② 국내 소비량은 t기가 50개, t+1기가 80개이므로 t+1기 국내 소비량은 t기보다 30개 많다.

③ t+2기 수입량은 20개이고 X재 1개당 20달러의 관세를 부과하였으므로 t+2기 관세 수입은 400달러이다.

⑤ 국내 소비자 잉여는 t+1기가 3,200달러, t+2기가 1,800달러이므로 t+2기 국내 소비자 잉여는 t+1기보다 1,400달러 적다.

04 경상 수지의 이해

문제 분석 국제 거래는 갑국과 을국 양국 간에만 이루어지므로 양국의 항목별 경상 수지의 합은 0이다. 2022년 갑국과 을국의 경상 수지 항목별 수취액과 지급액을 나타내면 다음과 같다.

(단위: 억 달러)

구분	수취액		지급액	
	갑국	을국	갑국	을국
상품 수지	200	180	180	200
서비스 수지	50	70	70	50
본원 소득 수지	40	50	50	40
이전 소득 수지	10	5	5	10

정답 찾기 ③ 특허권 사용료를 포함하는 항목은 서비스 수지이며, 서비스 수지 항목의 을국 지급액은 50억 달러이다.

오답 피하기 ① 을국의 상품 수지는 20억 달러 적자이므로 상품 수지는 을국의 통화량 감소 요인이다.

② 투자에 따른 배당금을 포함하는 항목은 본원 소득 수지로, 이 항목에서 갑국은 10억 달러 적자이다.

④ 무상 원조가 포함되는 항목은 이전 소득 수지로, 이 항목에서 을국은 5억 달러 적자이다. 이는 을국 외환 시장에서 미국 달러화의 공급 감소에 따른 달러화 대비 을국 통화 가치의 하락 요인이다.

⑤ 을국과의 경상 거래에서 갑국의 수취액 총액은 300억 달러이다.

14 금융 생활과 신용

수능 기본 문제   본문 154~155쪽

01 ④   **02** ⑤   **03** ①   **04** ④
05 ②   **06** ④   **07** ③   **08** ③

01 금융 시장의 이해

문제 분석 갑국 정부가 금융 시장에 균형 이자율보다 낮은 이자율 수준에서 실효성 있는 이자율 규제 정책을 시행하면, 자금의 초과 수요가 발생한다.

정답 찾기 ④ 20%의 이자율 수준에서는 자금 수요량이 40만 달러, 자금 공급량이 20만 달러이므로 자금의 초과 수요가 20만 달러 발생한다.

오답 피하기 ① 균형 이자율보다 낮은 수준에서의 실효성 있는 이자율 규제 정책은 최고 가격제에 해당한다.

② 총이자액은 현재 9만 달러이며, ㉠을 시행하면 총이자액은 4만 달러가 되어 5만 달러 감소한다.

③ 자금 거래량은 현재 30만 달러이며, ㉠을 시행하면 자금 거래량은 20만 달러가 되어 10만 달러 감소한다.

⑤ ㉠을 시행하면, 자금의 초과 수요가 발생하여 자금 거래량이 감소하므로 자금 시장의 총잉여는 감소한다.

02 이자율 적용 방식의 이해

문제 분석 A는 B보다 이자율이 낮으며, B와 달리 예치 기간이 증가할수록 시기별 이자가 증가하므로 A는 복리, B는 단리가 적용된다.

정답 찾기 ⑤ 예치 기간 1년 증가에 따른 연도별 이자 증가율은 A가 10%, B가 0%이다.

오답 피하기 ① A는 연 이자율 10%의 복리가 적용되는 정기 예금이므로 ㉠은 '133.1'이다.

② 연 이자율은 A가 10%, B가 11%이다.

③ A는 복리, B는 단리가 적용된다.

④ A와 B는 모두 예치 기간이 증가할수록 이자 총액이 증가한다.

03 명목 이자율과 실질 이자율의 이해

문제 분석 실질 이자율은 명목 이자율에서 물가 상승률을 뺀 값이다. 예를 들어, (가)가 '실질 이자율'인 경우 명목 이자율을 나타내면 다음과 같다.

구분	2021년	2022년	2023년
명목 이자율(%)	2	1	1

정답 찾기 ① (가)가 '실질 이자율'이라면, 명목 이자율은 2021년이 2%로 가장 높다.

오답 피하기 ② (가)가 '실질 이자율'이라면, 2022년의 명목 이자율은 1%이므로 2022년에 1년간 예금에 대한 이자는 0이라고 볼 수 없다.

③ (가)가 '명목 이자율'이라면, 실질 이자율은 2021년이 2%, 2022년이 −1%이다.

④ (가)가 '명목 이자율'이라면, 2022년과 2023년에는 모두 물가 상승률보다 명목 이자율이 작으므로 2022년과 2023년의 실질 이자율은 모두 음(−)의 값이다.

⑤ 2021년부터 2023년까지 해마다 예금이 현금 보유보다 유리했다면, 명목 이자율은 양(+)의 값을 가진다. 따라서 (가)는 '실질 이자율'이다.

04 소득과 지출의 이해

문제 분석 제시된 자료에서 a는 비소비 지출 감소로 인한 처분 가능 소득 증가 요인과 저축 증가 요인이다. b는 소비 지출 감소로 인한 저축 증가 요인이다.

정답 찾기 ④ 비소비 지출 감소는 저축 증가 요인이다.

오답 피하기 ① 9월의 저축은 0이므로 소득은 200만 원이다.

② 세율 인상은 비소비 지출 증가 요인이다.

③ 사회 보험료 지출은 비소비 지출에 해당하므로 사회 보험료 상승은 비소비 지출 증가 요인이다.

⑤ 소득과 비소비 지출이 일정하게 유지되므로 처분 가능 소득은 변함이 없다.

05 소득과 지출의 이해

문제 분석 갑의 경상 소득은 430만 원, 비경상 소득은 170만 원이며, 소비 지출은 150만 원, 비소비 지출은 50만 원이다.

정답 찾기 ② 경상 소득은 근로 소득에 해당하는 월급과 재산 소득에 해당하는 주식 배당금의 합이므로 430만 원이다.

오답 피하기 ① 이전 소득은 0이다.

③ 소비 지출은 식비 및 통신비 지출이므로 150만 원이다.

④ 저축은 소득에서 지출을 뺀 값이므로 400만 원이다.

⑤ 처분 가능 소득은 소득에서 비소비 지출을 뺀 값이므로 550만 원이다.

06 신용 관리의 이해

문제 분석 갑은 신용 점수 관리에 긍정적인 영향을 주는 옳은 사례를 제시하였으며, 을은 신용 점수 관리에 부정적인 영향을 주는 옳지 않은 사례를 제시하였다.

정답 찾기 ㄴ. 주거래 은행 위주의 금융 거래는 신용 점수 관리에 긍정적인 영향을 주는 옳은 사례이므로 (가)에 들어갈 수 있다.

ㄹ. 처분 가능 소득보다 적은 소비 지출은 신용 점수 관리에 부정적인 영향을 주는 사례라고 볼 수 없으므로 (나)에 들어갈 수 있다.

오답 피하기 ㄱ. 카드 결제 대금의 납부 연체는 신용 점수 관리에 부정적인 영향을 주는 사례이므로 (가)에 들어갈 수 없다.

ㄷ. 소액의 공공 요금 납부 연체는 신용 점수 관리에 부정적인 영향을 주는 옳은 사례이므로 (나)에 들어갈 수 없다.

07 소득과 지출의 분석

문제 분석 갑은 소득과 소득에 대한 저축의 비가 모두 지속적으로 증가하였으므로 소득 증가율이 저축 증가율보다 작다. 을은 소득이 지속적으로 증가하고 소득에 대한 저축의 비가 일정하게 유지되었으므로 소득 증가율과 저축 증가율은 같다.

정답 찾기 ③ 을의 경우 시기별 소득은 지속적으로 증가하고 비소비 지출은 소득의 10%, 저축은 소득의 50%로 일정하였으므로 소비 지출은 소득의 40%로 일정하게 유지되었다. 따라서 을의 소득에 대한 소비 지출의 비는 변함이 없다.

오답 피하기 ① 갑의 경우 시기별 소득과 소득에 대한 저축의 비가 모두 지속적으로 증가하였으므로 저축은 지속적으로 증가하였다.

② 을의 경우 시기별 소득은 지속적으로 증가하였고 비소비 지출은 소득의 10%, 저축은 소득의 50%로 일정하였으므로 소비 지출은 지속적으로 증가하였다.

④ 갑과 을의 경우 소득은 모두 지속적으로 증가하였고 비소비 지출은 소득의 10%로 일정하게 유지되었으므로 갑과 을의 처분 가능 소득은 모두 지속적으로 증가하였다.

⑤ 갑과 을은 모두 처분 가능 소득이 소득의 90%, 비소비 지출이 소득의 10%이므로 처분 가능 소득에 대한 비소비 지출의 비는 변함이 없다.

08 자산과 부채의 이해

문제 분석 갑은 부채만 증가하였고, 을은 자산과 부채가 모두 증가하였으며, 병은 자산의 변함이 없다.

정답 찾기 ③ 예금에 예치해 두었던 원금과 이에 대한 이자는 모두 병의 자산이다. 따라서 이를 전액 인출하여도 병의 자산은 변함이 없다.

오답 피하기 ① 갑은 신용 카드로 외식비를 결제하였으므로 자산이 아닌 부채가 증가한다.

② 을은 자동차를 구매하였으므로 자산이 증가한다.

④ 신용 카드 결제, 대출 등은 모두 부채 증가 요인이다. 따라서 갑과 을은 모두 부채가 증가한다.

⑤ 을은 자동차 대금 전액을 대출받아 자동차를 구매하였으므로 을의 순자산은 변함이 없다. 병은 예치해 두었던 원금과 이에 대한 이자 전액을 인출하였을 뿐 병의 순자산은 변함이 없다.

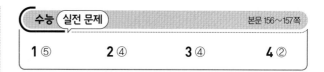

1 ⑤	2 ④	3 ④	4 ②

1 이자율 적용 방식의 이해

문제 분석 A는 1년 후와 3년 후의 이자가 110만 원으로 같으므로 연 이자율 11%의 단리가 적용되는 정기 예금이다. B는 2년 후 이자가 110만 원이므로 연 이자율 10%의 복리가 적용되는 정기 예금이다.

정답 찾기 ⑤ 만기 시 원리금은 A가 1,330만 원, B가 1,331만 원이므로 B가 A보다 1만 원 많다.

오답 피하기 ① A는 단리, B는 복리가 적용된다.

② 연 이자율은 A가 11%, B가 10%이다.

③ ㉠은 '100'이고, ㉡은 '110'이다. ㉡보다 10% 적은 금액은 99만 원이므로 ㉠은 ㉡보다 10% 적다고 볼 수 없다.

④ ㉠은 '100', ㉢은 '121'이므로 ㉢은 ㉠보다 21% 많다.

2 예금자 보호 제도의 이해

문제 분석 예금자 보호 제도는 은행이 파산 등의 사유로 예금자의 예금 원리금을 지급하지 못할 때 보험의 원리에 따라 정부가 일정한 예금 원리금을 대신 지급해 주는 제도이다.

정답 찾기 ④ 갑은 현재 A 은행에서만 1억 원의 손실이 발생한다. ㉠이 1억 원으로 상승하면, 갑의 손실은 5,000만 원이 되므로 50% 감소한다.

오답 피하기 ① 채무 상환액은 갑이 0원, 을이 9,000만 원이다.

② 을은 A 은행과 B 은행 모두에서 손실이 발생하지 않는다.

③ 갑은 5,000만 원을 지급받고, 을은 4,000만 원을 지급받는다.

⑤ ㉠이 1억 원으로 상승하여도 을은 4,000만 원을 지급받는다.

3 소득과 지출의 이해

문제 분석 갑과 을의 소득과 지출은 다음과 같다.

(단위: 만 원)

구분	경상 소득	비경상 소득	소비 지출	비소비 지출
갑	430	50	30	130
을	430	200	80	50

정답 찾기 ④ 처분 가능 소득은 갑이 350만 원, 을이 580만 원이므로 을이 갑보다 230만 원 많다.

오답 피하기 ① 갑의 비경상 소득은 50만 원이다.

② 갑의 저축은 320만 원, 을의 저축은 500만 원이다.

③ 갑은 근로 소득이 발생하지 않았으며, 을의 근로 소득은 330만 원이다.

⑤ 경상 소득은 갑과 을이 각각 430만 원으로 같으며, 소비 지출은 갑이 30만 원, 을이 80만 원이다. 따라서 경상 소득에 대한 소비 지출의 비는 을이 갑의 2배보다 크다.

4 자산과 부채의 이해

문제 분석 순자산은 자산에서 부채를 뺀 값이다. 〈자료 1〉에서 A는 부채만 증가하는 경우, B는 자산 증가분과 부채 증가분이 같은 경우, C는 자산만 증가하는 경우이다.

정답 찾기 ② 1억 원의 현금 자산에 1억 원의 은행 대출을 더해 2억 원짜리 주택을 구입하면 자산은 2억 원으로 1억 원 증가하고, 부채는 1억 원이 발생하므로 순자산은 1억 원으로 변함이 없다. 따라서 을이 1점을 얻었다면, ㉠은 'B'이다.

오답 피하기 ① 해외여행 상품비 전액을 예금 계좌에서 이체하여 지급한 것은 자산과 순자산이 모두 감소하는 사례이므로 A에 대한 옳은 사례가 아니다. 따라서 갑은 1점을 얻을 수 없다.
③ 경제 경시 대회에서 상금을 획득한 것은 자산과 순자산이 모두 증가하는 사례이므로 C에 대한 옳은 사례이다. 따라서 병은 1점을 얻을 수 없다.
④ ㉠이 'C'라면, 을은 1점을 얻을 수 없다. 외식비를 신용 카드로 결제한 것은 자산이 변함없고 부채가 증가하므로 순자산은 감소한다. 이는 A에 대한 옳은 사례이므로 병이 해당 사례를 제시하면, 병은 1점을 얻을 수 없다. 따라서 을과 병의 점수는 같다.
⑤ 갑은 틀린 사례를 제시하였으므로 1점을 얻을 수 없다. ㉠이 'A'라면, 을은 틀린 사례를 제시한 것이므로 1점을 얻을 수 없다. 반면, 은행 대출만으로 토지를 구입한 것은 B에 대한 옳은 사례이므로 병이 해당 사례를 제시하면, 병은 1점을 얻는다.

15 금융 상품과 재무 계획

수능 기본 문제 본문 162~163쪽

| **01** ④ | **02** ② | **03** ③ | **04** ④ |
| **05** ① | **06** ⑤ | **07** ⑤ | **08** ③ |

01 자산 관리 원칙의 이해

문제 분석 주식은 요구불 예금에 비해 안전성이 낮고 수익성이 높다.

정답 찾기 ㄴ. ㉠은 투자한 자산의 가치 상승을 기대할 수 있는 정도를 의미하는 수익성이다.
ㄹ. 시장 가치의 변동률이 큰 상품일수록 높은 수익을 기대할 수 있지만, 손실의 위험이 높아 안전성은 낮다.

오답 피하기 ㄱ. ㉠은 '수익성', ㉡은 '안전성'이다.
ㄷ. ㉡은 '안전성'이다. 안전성은 투자한 자산의 가치가 보전될 수 있는 정도를 의미한다.

02 연금의 이해

문제 분석 연금은 노후 생활의 안정을 위해 일정 금액을 적립하고 노령, 은퇴 시에 약속한 금액을 지급받는 금융 상품 또는 제도이다.

정답 찾기 ㄱ. 의무적 가입이 요구되는 것은 공적 연금만의 특징이다.
ㄷ. 연금은 은퇴나 노후 생활의 안정을 목적으로 한다.

오답 피하기 ㄴ. 연금은 일반적으로 매매가 불가능하므로 시세 차익이 발생할 수 없다.
ㄹ. 국민연금은 공적 연금에 해당한다.

03 연금과 보험의 이해

문제 분석 국민 건강 보험과 국민연금은 모두 사회 보험에 해당하므로 의무적 가입이 요구된다. 퇴직 연금과 개인연금은 국민연금과 달리 사적 연금에 해당한다. 실손 의료 보험은 민영 보험이며, 손해 보험에 해당한다.

정답 찾기 ③ 국민연금은 공적 연금이자 사회 보험에 해당하여 개인연금과 달리 의무적 가입이 요구된다.

오답 피하기 ① 국민 건강 보험은 사회 보험이므로 간접 투자 상품에 해당하지 않는다.
② 국민 건강 보험과 국민연금은 모두 사회 보험에 해당한다.
④ 연금과 보험은 모두 미래의 위험을 대비하기 위한 금융 상품이다.
⑤ 연금은 은퇴나 노후 생활의 안정을 위한 금융 상품이다.

04 금융 상품의 이해

문제 분석 A는 보통 예금, B는 정기 적금, C는 정기 예금이다.

정답 찾기 ④ A는 보통 예금으로, 저축성 예금인 B, C와 달리 만기가 없다.

오답 피하기 ① A는 수시로 입출금이 가능한 보통 예금이므로 요구불 예금에 해당한다.

② B는 매월 일정 금액을 적립해야 하는 정기 적금이다. 정기 적금은 보통 예금에 비해 높은 이자 수익을 기대할 수 있으므로 이자 수익보다 자금 보관이 목적이라고 단정할 수 없다.

③ C는 정기 예금이므로 배당 수익을 기대할 수 없다.

⑤ C는 정기 예금이므로 보통 예금인 A보다 수익성이 높으며, A~C는 모두 예금자 보호 제도의 적용 대상이므로 C가 A, B에 비해 안전성이 낮다고 볼 수 없다.

05 금융 상품의 이해

문제 분석 정기 예금은 이자 수익을 기대할 수 있는 금융 상품, 주식은 시세 차익과 배당 수익을 기대할 수 있는 금융 상품, 채권은 이자 수익과 시세 차익을 기대할 수 있는 금융 상품이다.

정답 찾기 ① 예금자 보호 제도의 적용을 받는 금융 상품은 정기 예금이며, 정기 예금의 투자 비율은 t 시기가 t+1 시기보다 높다.

오답 피하기 ② 발행 시 발행 주체의 채무가 증가하는 금융 상품은 채권이며, 채권의 투자 비율은 t 시기가 t+1 시기보다 높다.

③ 배당 수익을 기대할 수 있는 금융 상품은 주식이며, 주식의 투자 비율은 t 시기가 t+1 시기보다 낮다.

④ 이자 수익을 기대할 수 있는 금융 상품은 정기 예금과 채권이며, 이 금융 상품들의 투자 비율은 t 시기가 80%, t+1 시기가 40%이다.

⑤ 시세 차익을 기대할 수 있는 금융 상품은 주식과 채권이며, 이 금융 상품들의 투자 비율은 t 시기가 50%, t+1 시기가 80%이다.

06 금융 상품의 이해

문제 분석 A는 채권, B는 요구불 예금, C는 주식이다.

정답 찾기 ⑤ 채권과 달리 주식의 투자자는 주주의 지위를 가진다.

오답 피하기 ① 채권의 발행 주체는 기업, 정부, 공공 기관 등이다.

② 요구불 예금은 시세 차익을 기대할 수 없다.

③ 주식은 시세 차익이나 배당 수익을 기대할 수 있는 금융 상품이며, 주로 자금을 보관하는 것이 목적인 금융 상품은 요구불 예금이다.

④ 채권과 요구불 예금은 모두 이자 수익을 기대할 수 있다.

07 금융 상품의 이해

문제 분석 제시된 그림은 보험의 약관 중 일부를 나타낸다. 약관의 내용으로 보아 해당 보험은 민간 보험사가 운용하는 손해 보험임을 알 수 있다.

정답 찾기 ⑤ 보험은 미래의 위험에 대비하기 위한 목적을 가진다.

오답 피하기 ① 간접 투자 상품은 펀드가 대표적이다.

② 자금 보관을 목적으로 하는 금융 상품은 요구불 예금이 대표적이다.

③ 만기 시 이자 수익을 목적으로 하는 금융 상품은 저축성 예금이 대표적이다.

④ 시세 차익과 배당 수익을 기대할 수 있는 금융 상품은 주식이다.

08 생애 주기 곡선의 이해

문제 분석 갑의 경우 소득은 t 시기 후부터 t+3 시기 전까지 발생하였고, 부채는 t+1 시기 전까지 지속적으로 증가하였으며, 저축은 t+1 시기 후부터 t+3 시기 전까지 지속적으로 발생하였다.

정답 찾기 ③ 저축은 소득에서 지출을 뺀 값이므로 t+1 시기와 t+3 시기의 저축은 각각 0으로 같다.

오답 피하기 ① t+1 시기 전까지 부채가 발생하므로 t 시기부터 저축이 발생한다고 볼 수 없다.

② 처분 가능 소득은 소득에서 비소비 지출을 뺀 값인데, 제시된 자료만으로는 처분 가능 소득의 크기를 알 수 없다.

④ 저축은 t+1 시기 후부터 t+3 시기 전까지 지속적으로 발생하므로 누적 저축액은 t+2 시기가 가장 많다고 볼 수 없다.

⑤ 소득은 t 시기 후부터 t+3 시기 전까지 지속적으로 발생하므로 누적 소득액은 t 시기가 t+3 시기보다 적다.

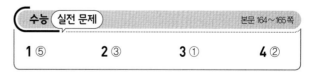

수능 **실전 문제**			본문 164~165쪽
1 ⑤	**2** ③	**3** ①	**4** ②

1 금융 상품의 이해

문제 분석 정기 예금 A는 매년 이자 수익만이 발생하므로 연 이자율이 지속적으로 하락했음을 알 수 있다. 주식 B는 배당이 없으므로 시세 차익만이 발생하였음을 알 수 있다.

정답과 해설

정답 찾기 ⑤ 2022년에 총투자금의 1/3을 A에 투자하고 나머지를 B에 투자했다면, 연간 투자 수익률은 6%이다. 예를 들어, 2022년에 총투자금이 300만 원이라고 가정하면, 100만 원을 A에 투자하여 4만 원의 수익과 200만 원을 B에 투자하여 14만 원의 수익을 얻어 총 18만 원의 수익이 발생하므로 연간 투자 수익률은 6%이다.

오답 피하기 ① A의 투자 수익률이 지속적으로 하락하였으므로 연 이자율은 지속적으로 하락하였다.
② B는 주식이므로 이자 수익을 기대할 수 없다.
③ 일반적으로 주식은 정기 예금에 비해 안전성이 낮고 수익성이 높은 금융 상품이다.
④ 2021년에 총투자금의 1/2씩을 각각 A와 B에 투자했다면, 연간 투자 수익률은 3.5%이다.

2 금융 상품과 투자의 이해

문제 분석 채권은 이자 수익과 시세 차익을 기대할 수 있는 금융 상품, 주식은 배당 수익과 시세 차익을 기대할 수 있는 금융 상품이다.

정답 찾기 ③ 이자 수익을 기대할 수 있는 금융 상품은 채권이므로 (가)만 발생하면, 자산은 3만 원 증가한다.

오답 피하기 ① 배당 수익을 기대할 수 있는 금융 상품은 주식이며, 갑은 주식에 총 100만 원을 투자하였다.
② 발행 시 발행 주체의 부채가 증가하는 금융 상품은 채권이며, 갑은 채권에 총 100만 원을 투자하였다.
④ 채권과 주식은 모두 시세 차익을 기대할 수 있으므로 (나)만 발생하면, 자산은 6만 원 감소한다.
⑤ (가)가 발생하면, 채권의 자산 가치만 증가한다. 그러나 이후 (나)가 발생하면, 채권과 주식은 각각 3%의 손해가 발생하므로 갑의 자산은 감소한다.

3 금융 상품의 이해

문제 분석 정기 예금은 이자 수익을, 채권은 이자 수익과 시세 차익을, 주식은 배당 수익과 시세 차익을 기대할 수 있다.

정답 찾기 ① 시세 차익을 기대할 수 있는 금융 상품은 주식과 채권이며, 이 금융 상품들에 투자한 금액은 갑이 을보다 적다.

오답 피하기 ② 이자 수익을 기대할 수 있는 금융 상품은 채권과 정기 예금이며, 이 금융 상품들에 투자한 금액은 갑이 을보다 많다.
③ 배당 수익을 기대할 수 있는 금융 상품은 주식이며, 주식에 투자한 금액은 갑이 을보다 적다.
④ 투자자가 주주의 지위를 가지는 금융 상품은 주식이며, 주식에 투자한 금액은 갑이 을보다 적다.
⑤ 투자금을 일정 기간 동안 예치한 후 만기 시 원리금을 수령하는 금융 상품은 정기 예금이며, 정기 예금에 투자한 금액은 갑이 을보다 많다.

4 금융 상품의 이해

문제 분석 카드 A는 정기 예금, 카드 B는 주식, 카드 C는 채권의 이익이나 손실 변동 요인이다. 카드 A~C가 각각 제시된 경우 갑, 을, 병의 이익과 손실, 정의 성공 보수를 나타내면 다음과 같다.

(단위: 만 원)

구분	갑		을		병		정
	이익	손실	이익	손실	이익	손실	성공 보수
카드 A	2	0	3	0	0	0	2.5
카드 B	0	2.5	0	1.5	0	2.5	0
카드 C	3	0	4	0	5	0	6

정답 찾기 ㄱ. 카드 A가 제시된 경우 정기 예금 투자액의 10%에 해당하는 이익이 발생하므로 갑은 2만 원의 이익이 발생한다. 갑은 이익 중 50%를 정에게 성공 보수로 지급해야 하므로 갑의 수익은 1만 원이다.
ㄷ. 카드 C가 제시된 경우 채권 투자액의 10%에 해당하는 이익이 발생한다. 갑~병 채권 투자 이익의 합은 12만 원이므로 정의 성공 보수는 6만 원이다.

오답 피하기 ㄴ. 카드 B가 제시된 경우 주식 투자액의 5%에 해당하는 손실이 발생하므로 을은 1만 5,000원의 손실이 발생한다.
ㄹ. 카드 A가 제시된 경우 갑과 을만 총 5만 원의 이익이 발생하므로 정의 성공 보수는 2만 5,000원이다. 카드 B가 제시된 경우 갑~병은 모두 손실이 발생하므로 정의 성공 보수는 없다. 따라서 정의 성공 보수는 카드 A가 제시된 경우가 카드 B가 제시된 경우보다 2만 5,000원 많다.

V단원 기출 플러스

본문 166~167쪽

| 01 ⑤ | 02 ② | 03 ① | 04 ④ |

01 소득과 지출의 이해

문제 분석 소득은 주로 경상 소득과 비경상 소득으로 구분할 수 있으며, 지출은 주로 소비 지출과 비소비 지출로 구분할 수 있다.

정답 찾기 ⑤ 이동 통신비는 소비 지출, 소득세는 비소비 지출에 해당한다.

오답 피하기 ① 기본 급여는 근로 소득으로, 경상 소득에 해당한다.
② 상여금은 근로 소득에 해당한다.
③ 복권 당첨금은 비경상 소득에 해당한다.
④ 주식 배당금은 재산 소득에 해당한다.

02 금융 상품의 이해

문제 분석 정기 예금은 저축성 예금으로 만기 시 이자 수익을 기대할 수 있다. 주식은 시세 차익과 배당 수익을 기대할 수 있다. 펀드는 간접 투자 상품으로 다양한 구성이 가능하다.

정답 찾기 ② 주식은 채권 등과 더불어 시세 차익을 기대할 수 있는 금융 상품이다.

오답 피하기 ① 주주로서의 지위를 부여하는 금융 상품은 주식이다.
③ 발행 주체가 빌린 돈을 갚기로 약속한 증서는 채권이다.
④ 갑이 구성한 포트폴리오에서 간접 투자 금융 상품은 펀드이며, 그 비중은 10%이다.
⑤ 갑이 구성한 포트폴리오에서 이자 수익을 기대할 수 있는 금융 상품에는 정기 예금이 있고 펀드도 그 구성에 따라 이자 수익을 기대할 수 있으므로 그 비중은 60% 이상이다.

03 금융 상품의 이해

문제 분석 A, C는 B와 달리 이자 수익을 기대할 수 있으므로 B는 주식이고, C는 A, B에 비해 안전성이 높으므로 C는 정기 예금이다. 따라서 A는 채권이다.

정답 찾기 ① 주식은 배당 수익이나 시세 차익을 기대할 수 있다.

오답 피하기 ② 시세 차익을 기대할 수 있는 금융 상품은 주식과 채권이다.
③ 주식과 채권은 모두 시장에서 거래된다.
④ 주식은 만기가 존재하지 않는다.
⑤ 예금자 보호 제도의 적용을 받는 금융 상품은 정기 예금이므로 (가)에는 해당 내용이 들어갈 수 없다.

04 금융 투자의 이해

문제 분석 입출금이 자유로운 상품은 요구불 예금이고, 이자 수익을 기대할 수 있는 상품은 요구불 예금, 정기 예금, 채권이며, 시세 차익을 기대할 수 있는 상품은 주식, 채권이다. 총 투자액은 100만 원으로 일정하므로 투자 비율의 변함이 없는 A는 요구불 예금이다. 이자 수익을 기대할 수 있는 상품의 비율이 80%이므로 B와 C는 각각 정기 예금과 채권 중 하나이고, 주식은 D이다. 시세 차익을 기대할 수 있는 상품의 비율이 높아졌으므로 C는 채권이다. 따라서 B는 정기 예금이다.

정답 찾기 ④ 배당 수익을 기대할 수 있는 상품은 주식이며, 투자 포트폴리오 조정 후 주식의 총액은 10만 원 증가한다.

오답 피하기 ① 요구불 예금은 채권보다 유동성이 높다.
② 주식은 정기 예금에 비해 안전성이 낮다.
③ 정기 예금과 같이 만기가 있는 금융 상품들의 총액은 감소하였다.
⑤ 예금자 보호 제도의 적용을 받는 상품은 요구불 예금과 정기 예금이며, 이 금융 상품들의 총액은 감소하였다.

고2~N수 수능 집중 로드맵

로드맵 (단계별)

수능 입문	기출/연습	연계+연계 보완	심화/발전	모의고사
윤혜정의 개념/패턴의 나비효과	윤혜정의 기출의 나비효과	수능특강 사용설명서	수능연계완성 3주 특강	FINAL 실전모의고사
하루 6개 1등급 영어독해	수능 기출의 미래	수능특강 연계 기출		만점마무리 봉투모의고사
수능 감(感)잡기	수능 기출의 미래 미니모의고사	수능 영어 간접연계 서치라이트	박봄의 사회·문화 표 분석의 패턴	만점마무리 봉투모의고사 시즌2
수능특강 Light	수능특강Q 미니모의고사	수능완성 사용설명서		
강의노트 수능개념		수능연계교재의 VOCA 1800 / 수능연계 기출 Vaccine VOCA 2200 / 연계 수능특강 / 수능완성		

구분별 상세표

구분	시리즈명	특징	수준	영역
수능 입문	윤혜정의 개념/패턴의 나비효과	윤혜정 선생님과 함께하는 수능 국어 개념/패턴 학습		국어
	하루 6개 1등급 영어독해	매일 꾸준한 기출문제 학습으로 완성하는 1등급 영어 독해		영어
	수능 감(感) 잡기	동일 소재·유형의 내신과 수능 문항 비교로 수능 입문		국/수/영
	수능특강 Light	수능 연계교재 학습 전 연계교재 입문서		영어
	수능개념	EBSi 대표 강사들과 함께하는 수능 개념 다지기		전 영역
기출/연습	윤혜정의 기출의 나비효과	윤혜정 선생님과 함께하는 까다로운 국어 기출 완전 정복		국어
	수능 기출의 미래	올해 수능에 딱 필요한 문제만 선별한 기출문제집		전 영역
	수능 기출의 미래 미니모의고사	부담없는 실전 훈련, 고품질 기출 미니모의고사		국/수/영
	수능특강Q 미니모의고사	매일 15분으로 연습하는 고품격 미니모의고사		전 영역
연계 + 연계 보완	수능특강	최신 수능 경향과 기출 유형을 분석한 종합 개념서		전 영역
	수능특강 사용설명서	수능 연계교재 수능특강의 지문·자료·문항 분석		국/영
	수능특강 연계 기출	수능특강 수록 작품·지문과 연결된 기출문제 학습		국어
	수능완성	유형 분석과 실전모의고사로 단련하는 문항 연습		전 영역
	수능완성 사용설명서	수능 연계교재 수능완성의 국어·영어 지문 분석		국/영
	수능 영어 간접연계 서치라이트	출제 가능성이 높은 핵심만 모아 구성한 간접연계 대비 교재		영어
	수능연계교재의 VOCA 1800	수능특강과 수능완성의 필수 중요 어휘 1800개 수록		영어
	수능연계 기출 Vaccine VOCA 2200	수능-EBS 연계 및 평가원 최다 빈출 어휘 선별 수록		영어
심화/발전	수능연계완성 3주 특강	단기간에 끝내는 수능 1등급 변별 문항 대비서		국/수/영
	박봄의 사회·문화 표 분석의 패턴	박봄 선생님과 사회·문화 표 분석 문항의 패턴 연습		사회탐구
모의고사	FINAL 실전모의고사	EBS 모의고사 중 최다 분량, 최다 과목 모의고사		전 영역
	만점마무리 봉투모의고사	실제 시험지 형태와 OMR 카드로 실전 훈련 모의고사		전 영역
	만점마무리 봉투모의고사 시즌2	수능 완벽대비 최종 봉투모의고사		국/수/영

성신!

BEYOND THE BEST

성신, 새로운 가치의 인재를 키웁니다.
최고를 넘어 창의적 인재로,
최고를 넘어 미래적 인재로.

심리학과 정정윤

2025학년도 성신여자대학교 신입학 모집

입학관리실 | ipsi.sungshin.ac.kr   입학상담 | 02-920-2000

 성신여자대학교
SUNGSHIN WOMEN'S UNIVERSITY

입학처
인스타그램

입학처
홈페이지

너의 '목표'는 국립목포대 에서 이루어진다!

전공 선택권 100% 보장

입학해서 배워보고 전공을 고르는
학부제·자율전공제 도입!

해외연수 프로그램

미국주립대 복수학위
재학중 한 번은 장학금 받고 해외연수!
(글로벌 해외연수 장학금)

다양한 장학금 혜택

3명 중 2명은 전액 장학금
미래를 위한 다양한 장학금 지원!

국립목포대학교
경영학과
3학년

MANAGEMENT
PRINCIPLES IN A
CHANGING
BUSINESS

프리미엄 조식뷔ㅍ

재학생 끼니 챙기는 것에 진
엄마보다 나를 더 챙겨주는 대학

전 노선 무료 통학버스

호남권 최대 규모 기숙사와 더불
방방곡곡 무료 통학버스 운영

국립목포대학교
약학과
5학년

국립목포대학